LaLe Verlag

ARION GOLMAKANI, geboren 1956 in Tehran und aufgewachsen in Mashad, wandert 1974 nach Amerika aus und kehrt nie wieder zurück.

BERAUBTE WUT

Memoiren

Arion Golmakani

Finalist 2012 in der Kategorie Bestes Sachbuch
Stanford University Libraries
William Saroyan International Prize for Writing

LaLe Verlag

Deutsche Erstausgabe
Veröffentlicht im LaLe Verlag, Januar 2015

Aus dem Amerikanischen übersetzt von Tanja Selzer
Die Originalausgabe erschien 2012 unter dem Titel »Solacers« in Amerika.

Fotografie Umschlag: Melina Lilienfeldt – Karstner
Satz: www.jan-frerichs.com
Druck und Bindung: CPI books GmbH, Leck, Germany
ISBN 978-3-9817035-1-1

www. LaLe-Verlag.de

Für Kia, meine Mutter, Maman Bozorg
und meine Schwester Shahnaz

VORWORT

Als ich begann, den Inhalt dieses Buches in Worte zu fassen – meinen Bericht darüber, wie ich im Iran aufwuchs –, machte ich mir nicht viele Gedanken dazu, weshalb, wofür und warum ich meine Geschichte gerade jetzt, nach all diesen Jahren, niederschrieb. Ich dachte nicht darüber nach, welchem höheren Ziel sie dienen würde, wer sie lesen würde und inwieweit sie das Leben ihrer Leser verbessern oder beeinflussen würde, wenn dies denn überhaupt der Fall wäre. Es war nicht meine Absicht, an Orten und Menschen Rache zu üben, sie mit dem geschriebenen Wort zu verunglimpfen oder für mich einen Weg zu finden, mit der Vergangenheit abzuschließen.

Ein Buch über meine Kindheit zu schreiben, war das Letzte, was ich tun wollte. Ich mag es nicht besonders, über unangenehme Ereignisse zu reden. 2003 verlor ich nach einer komplizierten Gehirnoperation den Großteil meiner Sehkraft und war daher gezwungen, zu Hause zu bleiben. So hatte ich jedoch die Möglichkeit, einfach dazusitzen, meine Augen zu schließen und mit dem Geiste auf meinen Lebensweg zurückzublicken. Nach etwa einem Jahr begann ich, langsam auf der Tastatur meines alten Computers herumzutippen und mühevoll ein Wort nach dem anderen zu schreiben. Meine Absicht war es, meine Geschichte in einem Buch zu verpacken und in den Ozean des Lebens zu werfen, aus dem sie jeder, der Interesse daran hat, herausfischen und lesen kann.

Dies ist kein Buch über den Iran oder das iranische Volk, denn ich bin bezüglich beidem kein Experte. Dies ist schlichtweg meine eigene Lebensgeschichte, die nur rein zufällig im Iran spielt; sie hätte sich auch überall anders ereignen können. Ich verstehe mein Leben im Iran als eine kurze Reise auf einem schmalen Pfad mit einem sehr eingeschränkten Blickfeld; daher kann ich hier nur die Dinge beschreiben, die ich damals sehen konnte, und nichts, was sich damals meiner Wahrnehmung verschloss und mir folglich entging. Der Iran, der die Bühne meines Lebens darstellte, existiert in dieser Form nicht mehr.

Aus Respekt vor der Privatsphäre der Menschen, die in meinem iranischen Leben eine Rolle spielten, habe ich die Namen und Orte in diesem Buch verändert.

Als ich in den frühen 1980er Jahren Bürger der Vereinigten Staaten wurde, entschied ich, meinen Namen in Arion zu ändern. Damals wollte ich mich unbedingt von dem Vornamen trennen, den mein Vater mir gegeben hatte und der für mich all das repräsentierte, was nicht mehr Teil meiner Persönlichkeit war. Alireza war nirgendwo willkommen gewesen, deshalb gab es für mich keinen Grund, weiter an ihm festzuhalten, und ich ließ ihn ziehen. In Gedenken an meine Mutter, Aqa Bozorg (meinen Großvater), meine Tante Sarvar und meine Cousins aus Gorgan, die alle Golmakanis waren, sowie aus Liebe und Respekt für das Dorf Golmakan und all seine wunderbaren Bewohner behielt ich meinen Nachnamen.

◆ EIN ABEND IM WINTER 1962

Wie ein sanfter Wind schlängelte sich Baba durch den chaotischen Verkehr der frühen Abendstunden. Er fuhr sein Fahrrad mit der Anmut eines Edelmanns, der auf einem Pferd ritt. Sein Oberkörper blieb aufrecht und bewegungslos, während er in die Pedale trat. Ohne auf seine Beine zu sehen, bemerkte man kaum, dass er auf einem Fahrrad fuhr. Sogar die eiskalte Winterluft, die wie ein Ledergürtel gegen mein taubes Gesicht schlug, schien ihn nicht aus seinen Gedanken zu reißen oder ihn zurück in die Realität holen zu können. Hin und wieder drehte ich meinen Kopf um und sah zu ihm hinauf, in der Hoffnung, einen Blick von ihm zu erhaschen, jedoch vergebens. Seine kleinen, braun umrandeten Pupillen hatten Babas Seele an einen fernen Horizont geführt, der weit über die vor uns liegenden städtischen Bauten hinaus reichte. Ich fragte mich, ob er über mich nachdachte. Ich fragte mich, ob er mich gar nicht erst weggegeben hätte, wenn er die Mittel gehabt hätte, mich zu versorgen.

Ich saß vor Baba und klammerte mich mit meinen bloßen Händen, die vor Kälte bereits lila angelaufen waren, am kalten Chromlenker seines Fahrrads fest. Die Winter waren im Nordosten des Irans unerbittlich. Meine Ohren fingen den eisigen Wind ein und ermöglichten dem Schmerz und der Kälte, tief in meinen Kopf zu dringen. Ich war zu ängstlich, um den Lenker loszulassen und meine Ohren mit den Händen zu schützen. Ich wünschte mir, dass ich eine von diesen Mützen hätte, die ganz weit hinunterreichten und die Ohren bedeckten. Ich presste meine spröden Lippen aufeinander, kniff die Augen zusammen und versuchte, die Kälte abzuhalten, indem ich den Atem so lange wie möglich anhielt. Ich wurde von meinem Stiefvater zurück zu einer Pflegefamilie gebracht, aus der ich gerade weggelaufen war. Ich vermisste meine Mutter und meinen kleinen Bruder Mehdi jetzt schon.

Ich liebte Baba. Er war der Ehemann meiner Mutter und kam während meines gesamten Lebens einer Vaterfigur am nächsten. Meine Mutter nannte ihn Mansoor Aqa – Herrn Mansoor –, aber ich nannte ihn lieber Baba, Farsi für Papa. Er war der Erste, der mir als kleines Kind all die wunderbaren Dinge des Lebens zeigte: Kino, Pepsi-Cola und Eiscreme. In seinen frühen Zwanzigern war Baba ein relativ großer und gut aussehender Mann mit breiten Schultern und einer John-Wayne-Attitüde. Männer mit unehrenhaften Absichten trauten sich nicht mehr, meine Mutter vom Markt nach Hause zu verfolgen, oder sie zu unangebrachten Zeiten in der Nacht mit Ständchen in der Gasse neben unserem Zuhause zu verängstigen – nicht nachdem Baba in unser Leben getreten war. Er war furchtlos und stark und konnte es mit mehr als einem Mann aufnehmen, ohne dabei sein perfekt sitzendes Haar durcheinander zu bringen. Ich hatte ihn einige Male in Aktion gesehen. Er sprach sehr ruhig, aber wenn es die Situation erforderte, waren seine Fäuste unerbitterlich. Als Schneider besaß er das Erscheinungsbild der Stars aus den 50er-Jahre-Schwarz-Weiß-Filmen, zu denen er mich freitags immer mitgenommen hatte.

Vor Baba waren die einzigen Männer, die ich kannte, die Brüder meiner Mutter und ihr Vater, die aus einer ländlichen Gegend stammten und sich auf eine spezielle Art und Weise kleideten und sprachen. Sie trugen Anzüge aus billigem Stoff, der nach einigen Wochen des Tragens an den Ellenbogen und Knien auszuleiern und auszubeulen begann. Die Ärmel ihrer Jacketts schienen nie bis zu den Handgelenken zu reichen und die Hosen bedeckten nach mehrmaligem Waschen gerade eben noch ihre Knöchel. Sie hielten nichts vom Bügeln der Kleidung, da sie glaubten, dass es die Lebensdauer des Stoffes verringern würde. Baba hingegen trug immer neue Kleidung aus europäischem Stoff, die stets perfekt gebügelt war. Meine Mutter pflegte zu sagen: »Mit Mansoor Aqas Bügelfalten kann man eine Melone durchschneiden.« Abgesehen von meinem leiblichen Vater war er der einzige Mann, den ich persönlich kannte, der eine Krawatte und gestärkte, weiße Hemden trug. Baba hatte einen dünnen, perfekt gestutzten Schnurrbart, der zwingend zu seiner Oberlippe gehörte. Sein Gesicht war sorgfältig rasiert und mit europäischen Aftershaves benetzt, sein Haar stets mit Öl nach hinten sowie zur Seite gekämmt.

Ich hörte die anderen Frauen des Hauses oft tuscheln, während sie sich am Brunnen um ihre Wäsche kümmerten oder das Geschirr abwuschen; warum nur, bei so vielen geeigneten Jungfrauen in der Welt, würde ein gut aussehender, junger, alleinstehender Mann wie Mansoor Aqa von Orumiyeh von der anderen Seite des Landes quer nach Mashhad reisen, um eine geschiedene Frau mit Kind zu heiraten? Meine Mutter glaubte aus tiefster Seele daran, dass Baba in ihr Leben getreten war, weil Imam Reza, der heilige Prophet, ihre Gebete erhört hatte. Was mich betraf, ich war einfach nur dankbar, dass Baba Teil unseres Lebens war – wie und warum er meine Mutter überhaupt ausgewählt hatte, war mir völlig egal. Er veränderte unsere ungewisse und eintönige Existenz vom ersten Tag an, an dem er in unser Leben getreten war, und eröffnete uns Farben, wo meine Mutter und ich sonst nur Grau gesehen hatten. Er verfügte über all die Eigenschaften, die sich ein sechsjähriger Junge wie ich bei einem Vater wünschte; er war stark, lustig und liebenswert.

Unter dem in tiefdunklem Königsblau getränkten Himmel der frühen Abendstunden erhellten Hängelampen und summende Kaminlaternen auf beiden Seiten der Naderi-Avenue die Gehwege. Unter ihnen präsentierten Händler in ihren Auslagen eine überwältigende Auswahl an saisonalen Früchten und süß riechenden Backwaren sowie frittierten Leckereien. Pyramiden aus schimmernden süßen Zitronen, Orangen, Kakis, Granatäpfeln und großen, weichen Datteln ließen die Gehwege in einem bunten Licht erstrahlen und führten die Geschmacksknospen der hungrigen Fußgänger, die gerade nach Hause eilten, in Versuchung. Die schwere, kalte Luft war mit köstlichen Aromen aus Zucker, Rosenwasser und Kardamom durchtränkt, die von Blechen verschiedener regionaler Süßwaren entwichen, und füllte meine Lunge. Allein der Anblick der Berge von Baklavas, die vor den Ladenfronten und auf den hölzernen Händlerkarren dargeboten wurden, ließ mir das Wasser im Munde zusammenlaufen. Ich hätte schwören können, dass mir all diese Köstlichkeiten einladend zuzwinkerten, während Baba an ihnen vorbeifuhr. Ich erinnere mich noch, wie Baba, kurz nachdem er meine Mutter geheiratet hatte, jeden Donnerstagabend mit einer Schachtel oder einer Tasche unter dem Arm nach Hause kam und sich darin stets irgendeine Art Leckerbissen befand – ganz gleich ob Backwaren, Süßigkeiten oder frisches Obst.

Ich war zuvor an jenem Tag sehr hungrig gewesen. Meine Mutter war so damit beschäftigt, sich darüber Sorgen zu machen, wie Baba reagieren würde, wenn er nach Hause kam und mich dort vorfand, dass sie an nichts anderes denken konnte, und schon gar nicht daran, mich zu verpflegen. Einige Stunden bevor Baba normalerweise von der Arbeit kam, wurde sie unruhig, lief in dem kleinen Raum auf und ab, murmelte vor sich hin und betete. Das letzte Mal, als ich aus einer Pflegefamilie weggelaufen war, hatte das Baba keineswegs erfreut. Die finster blickenden Gesichter von meiner Mutter und Baba am nächsten Morgen sowie die ohrenbetäubende Stille beim Frühstück am *Sofreh* – einem tischdeckenähnlichen Tuch aus Plastik oder Stoff, das auf dem Boden ausgebreitet wird und auf dem Essen serviert wird – verrieten mir, dass sie, während ich schlief, einen weiteren Streit meinetwegen gehabt hatten. Obwohl Baba meine Mutter dazu drängte, gegenüber meinem leiblichen Vater standhaft zu bleiben und mich zurück in die Pflegefamilie zu schicken, zögerte meine Mutter. Sie wollte einfach nur, dass ihr Sohn bei ihr bleiben konnte, und hatte daher wenig Interesse daran, etwas nur aus Prinzip zu tun oder ihrem Exmann eine Lektion zu erteilen.

Mir wurde schwer ums Herz, als ich den charakteristischen Klang von Babas Schritten aus der anliegenden, schmalen Diele hörte. Sein Gesicht lief knallrot an, als er durch die Tür trat und mich erneut in seinem Zuhause vorfand. Er sah meine Mutter enttäuscht an, hauptsächlich wegen ihrer Unentschlossenheit. Das Gesicht meiner Mutter verzog sich zu einem gequälten Blick, während sie sanft Hallo zu Baba sagte.

Nach einer kleinen Pause und etwas Bedenkzeit – und ohne seine Schuhe auszuziehen und sich hinzusetzen, wie er es sonst häufig tat, wenn er von der Arbeit nach Hause kam – warf er seine Arme in die Luft und sagte in seinem verzückend türkisch-teheranischen Akzent: »Ich kann das nicht, Soory *joon* (liebe Soory). Ich bin ein einfacher Schneider, der sich abrackert, nur um die Miete für diese kleine Schachtel, in der wir leben, zahlen zu können – und um die Mägen meiner Frau und Kinder zu füllen.« Er weigerte sich, die Tasse mit heißem Tee anzufassen, die meine Mutter für ihn auf einem kleinen Chromtablett auf den Teppich gestellt hatte.

»Du scheinst es nicht zu verstehen, Soory. Alirezas Vater sollte sich um Alireza kümmern. Er hat die finanziellen Mittel dazu; ich nicht. Jedes Mal, wenn dieser Junge wegrennt und hierher kommt und du nicht widersprichst, sagst du deinem Exmann indirekt, dass es in Ordnung ist, ein verantwortungsloser Mistkerl zu sein.«

Meine Mutter stand da wie ein trauriges, kleines Waisenkind, sah nach unten auf das Muster des schäbigen, roten Perserteppichs auf dem Boden und sagte sanft: »Er ist doch nur ein Kind. Es würde Gott nicht erfreuen, wenn ich meinem eigenen Sohn sage, dass er nicht herkommen kann. Was soll ich denn tun, Mansoor Aqa?«

»Ich habe es schon tausend Mal gesagt und ich sage es ein weiteres Mal: Bring ihn zu seinem Vater und lass ihn vor der Haustür stehen. Dieser Mistkerl hätte dann keine andere Wahl, als sich um seinen eigenen Sohn zu kümmern. So wahr Gott mein Zeuge ist, Soory, ich liebe Alireza wie meinen eigenen Sohn, aber der Gedanke, dass dieser Mann am ersten Tag jedes Monats ein ordentliches und einfach verdientes Gehalt vom Militär bekommt, während ich sein Fleisch und Blut durchfüttern muss, macht mich wahnsinnig. Ich, ein völlig Fremder aus Orumiyeh, der sechs Tage die Woche hinter einer Nähmaschine sitzt und jeden einzelnen *Rial* Nadel für Nadel mit seinen eigenen Fingern verdient. Glaubst du, darüber ist Gott erfreut?«

Meine Person war keineswegs Gegenstand einer neuen Diskussion an jenem Abend. Die beiden hatten diese Richtung schon mehrfach zuvor eingeschlagen. Genau genommen musste meine Mutter schon länger ähnliche Bemerkungen und Ratschläge über sich ergehen lassen, nicht nur von Baba, sondern auch von anderen, und das häufig direkt vor meinen Augen.

»Bring Alireza zu seinem Vater«, sagten sie zu ihr. »Warum solltest du deine Ehe und Jugend für sein Kind aufopfern, während er das Leben in den Armen seiner neuen Frau genießt?«

Meine Mutter stand demütig mit dem Rücken an der klammen Wand ihres kleinen und spärlich beleuchteten Zimmers, sie hatte die Hände vor ihrem Körper übereinandergelegt und sagte kein weiteres Wort mehr. Ihr Kopf hing nach unten, ihre Lippen waren gespitzt und ihre Augenbrauen zusammengezogen – ein stillschweigendes Zeichen des Widerstands und gleichermaßen eine Geste der unwilligen Niederlage – eine Geste, die ich inzwischen nur allzu gut kannte. Baba war der Mann und dies war sein Zuhause. So sah sie es und so wurde es ihr von den Eltern anerzogen. Sie war eine Frau – und Frauen hatten kein Mitspracherecht, wo sie herkam. Sie sagte mir immer, dass sie sich glücklich schätzen könne, einen jungen und gut aussehenden alleinstehenden Mann gefunden zu haben, der gewillt war, sie zu heiraten und sie und ihren Sohn bei sich aufzunehmen. Dieser Mann, der eine Jungfrau mit einer Mitgift hätte haben können, die zwei große Räume ausstatten konnte, hatte stattdessen sie gewählt, und deswegen konnte sie nicht undankbar sein.

Während des gesamten Gesprächs saß ich zusammengekauert neben dem Kinderbett meines kleinen Halbbruders Mehdi auf dem Boden in der Ecke des Raumes und umklammerte meine

Knie. Ich starrte Mehdis pummelige, rosige Wangen neidisch an, denn während er friedlich schlief, wurde erneut über mein Schicksal entschieden. Ich versuchte bewusst, mich selbst weniger bedeutend erscheinen zu lassen, in der Hoffnung, dass Babas Herz weich werden und er sich dagegen entscheiden würde, mich zurück in die Pflegefamilie zu bringen. Aber ich wusste, dass es dafür zu spät war. Ich war hier nicht mehr willkommen. Genau genommen wusste ich, dass ich nirgendwo willkommen war, solange mein leiblicher Vater am Leben war. Für jemanden in meiner Situation war es eine schwere Bürde, einen Vater zu haben, der gesund und munter war.

Der berufliche und der darauffolgende finanzielle Erfolg meines Vaters, nachdem er sich von meiner Mutter getrennt hatte, war lediglich das Sahnehäubchen auf dem bitteren Kuchen der Feindseligkeit, den jeder, der auf der Seite meiner Mutter stand, für ihn gebacken hatte. Dass er sich von meiner Mutter hatte scheiden lassen, war jedoch der wahre Grund für ihre Wut und in vielerlei Hinsicht der Ursprung meines Unglücks. In dem Dorf meiner Eltern kannte jeder jeden. Es schien, als wenn die Hälfte der Dorfbewohner mit meiner Mutter verwandt war und die andere Hälfte mit meinem Vater – zumindest auf irgendeine Weise. Und diejenigen, die mit keinem von beiden verwandt waren, hatten eine Verbindung mit der neuen Frau meines Vaters, die ebenfalls aus demselben Dorf stammte.

Assad Banafsheh – Assad, Sohn von Banafsheh, mein Vater – ließ sich von der Tochter von Qolamali, dem Fleischer, scheiden. In einer Gesellschaft, in der das Motto für eine Braut »Betrete das Heim deines Ehemanns in einem weißen Kleid und verlasse es erst wieder in einem weißen Leichentuch« lautete, war die Scheidung wie ein Todesstoß für die Frau, da sie damit unweigerlich Schande über ihre Familie brachte. Eine geschiedene junge Frau wurde oft als ausrangierte Ware und Belastung für ihre Eltern gesehen, und hierfür konnte man meinem Vater nicht vergeben. Die Gefühle kochten hoch, insbesondere aufseiten der Familie meiner Mutter, die meinen Vater zutiefst verachtete. Dies bedeutete nichts Gutes für mich. Ich sah aus wie mein Vater, grinste wie mein Vater und war, zweifelsohne, der Sohn meines Vaters – woran mich die Verwandten meiner Mutter regelmäßig erinnerten. Und für meinen Vater und seine Familie war ich der Sohn Soorys, ein Name, der von meinem Vater und insbesondere seiner Mutter nie wohlgesonnen in den Mund genommen wurde. Meine Existenz schien auf beiden Seiten am Schorf der Wunden zu kratzen, die die Scheidung verursacht hatte.

Ich wollte Baba an jenem Abend versprechen, von nun an ganz wenig zu essen, ein braver Junge zu sein und auf meine Mutter zu hören. Ich wollte versprechen, nicht mehr ins Bett zu machen. Aber dafür war es zu spät. Sein Entschluss stand schon seit über einem Jahr fest. Abermals war es Zeit für mich, zu gehen. Wie ein Welpe, der immer wieder aus dem Tierheim ausbrach und zu dem einzigen Herrchen zurücklief, das er kannte, kam auch ich immer wieder zurück zu dem einzigen Zuhause, das ich kannte.

Baba signalisierte mit einer Kopfbewegung, dass es Zeit war, zu gehen, und marschierte mit energischem Schritt auf die Tür zu. In der dunklen und engen Diele zog ich meine kleinen, schwarzen Gummischuhe an, die meine Tante Sarvar für mich bei den Zigeunern für ein Säckchen getrockneter Maulbeeren und zwei *Rial* eingetauscht hatte. Ich bekam jetzt schon Heimweh und befürchtete, ich könnte den Schmerz, erneut von meiner Mutter getrennt zu werden, nicht ertragen. Ich wollte weinen und sie anflehen, bleiben zu dürfen, tat es jedoch nicht. Es hätte nur noch mehr Salz in die Wunden ihres Herzens gestreut und ich konnte es nicht ertragen, wenn meine Mutter litt. Ein schwermütiger Blick zum Abschied war alles, was ich aufbringen konnte, während ich aus der Tür hinausging und Baba in die dunkle Gasse folgte. Ähnlich wie die Schafe meines Großvaters, wenn er eines ihrer Lämmer zum Schlachten mitnahm, stand nun auch meine Mutter bewegungslos vor dem Eingang und beobachtete, wie Baba und ich auf seinem Fahrrad um die Ecke verschwanden. In ihren Augen war dieselbe Hilflosigkeit zu erkennen, wie ich sie damals in den Augen der Schafe gesehen hatte.

Auf mein Signal hin bog Baba in eine enge Seitenstraße ab und fuhr anschließend in eine alte Gasse, wo meine damalige Pflegefamilie lebte, die mein leiblicher Vater ausgewählt hatte. Aus Angst vor den Schlaglöchern und dem Rinnstein, der sich in der Mitte der dunklen Gasse befand, stieg Baba vom Fahrrad und wir liefen den Rest des Weges, der nur noch einige hundert Meter umfasste.

»Bist du sicher, dass du weißt, wo sie wohnen?«, fragte Baba. Ich nickte zustimmend. Widerwillig brachte ich ihn zu dem Haus. Er lief mit dem Fahrrad zur Hoftür vor, nahm den Türklopfer in die Hand und schlug ihn einige Male gegen die Tür. Nach ein paar Minuten hörte man, wie sich auf der anderen Seite der schweren Holztür Schritte näherten. Die linke Türseite öffnete sich und die alten Angeln quietschten unter dem Gewicht. Ein Mann, den ich nur allzu gut kannte, erschien in seiner Pyjamahose und mit einer zum Dreieck gefalteten Militärdecke über seinen Schultern, die ihn warm halten sollte.

»*Salam* (Hallo)«, sagte er fragend zu Baba. Bevor Baba sich vorstellen konnte, entdeckte mich der Mann, während ich versuchte, mich im Halbdunkeln an der Backsteinmauer seines Hauses zu verstecken, fernab von der Hoftür und von Baba. Ich starrte den Mann wie ein erschrockenes, federloses Spätzchen an, das aus seinem Nest gefallen war und gleich von einem Menschen berührt werden würde.

»Du bist's!«, rief er ein wenig unglücklich, klang dabei jedoch ebenfalls etwas erleichtert. »Wo bist du gewesen, Junge? Meine Söhne haben überall nach dir gesucht!« Dann richtete er seine Aufmerksamkeit wieder auf Baba und fragte: »Und wer sind Sie, mein Herr?«

»*Salam, aqa*. Ich bin der Mann seiner Mutter«, antwortete Baba und streckte ihm seine Hand hin. »Mir wurde gesagt, sein Vater gab ihn in Ihre Obhut, also habe ich ihn zurückgebracht.«

»Ja.« Der Mann nickte unglücklich, während er Babas Hand

schüttelte. »Er ist heute früh während der Arbeit weggerannt und wir machten uns schon Sorgen darüber, was wir wohl seinem Vater sagen sollten, wenn er nicht mehr wiederkommt. Das ist einfach nicht in Ordnung, *aqa*. Sein Vater ist ein Mann des Militärs und könnte uns viele Probleme bereiten, wenn wir seinen Sohn verlieren, wissen Sie.«

»Tut mir leid, es wird nicht wieder passieren. Er ist nur ein Kind und weiß es nicht besser. Bitte vergeben Sie ihm«, beschwichtigte Baba den Mann und warf mir dabei einen strafenden Blick zu. »Er hat versprochen, bei Ihnen zu bleiben und ein braver Junge zu sein.«

»Das will ich hoffen. Nun gut. Vielen Dank, mein Herr, und Gott sei gepriesen, dass er gefunden wurde. Komm schon, mein Junge, lass uns reingehen, es ist eiskalt hier draußen«, sagte der Mann und schüttelte Babas Hand. Baba und ich tauschten einen flüchtigen Blick aus, während er sein Fahrrad anhob und umdrehte. Dann verschwand er im Schatten der Nacht. Sofort schloss der Mann die Hoftür, verriegelte sie hinter uns und eilte über den gefliesten Innenhof.

Ich folgte ihm, während ich mich hoffnungslos nach meiner Mutter, Baba und Mehdi sehnte.

◆ MEINE SCHWESTER SHAHNAZ

Ich bin im Frühjahr 1956 in der Stadt Teheran geboren, als Sohn eines jungen Pärchens aus einem im Nordosten gelegenen iranischen Dorf in der Provinz Chorasan. Mein Vater war bei der Armee und zu dem Zeitpunkt in Teheran stationiert. Etwa an meinem zweiten Geburtstag wurde er in die Stadt Maschhad, südlich des Heimatdorfes meiner Eltern, versetzt. Mit einer Einwohnerzahl von damals ein paar Hunderttausend war Maschhad die Hauptstadt der Chorasan-Provinz und beheimatete den Schrein von Imam Reza, dem achten der zwölf schiitischen Imame. Wortwörtlich übersetzt bedeutet *Maschhad* »ein Ort des Märtyrertums«. Kurz nach dem Umzug verliebte mein Vater sich in ein Mädchen aus seinem alten Dorf, ließ sich von meiner Mutter scheiden und heiratete die junge Frau. Zu diesem Zeitpunkt war ich fast drei und meine kleine Schwester Shahnaz nur einige Monate alt.

Ich erfuhr die Lebensgeschichte meiner Mutter nur nach und nach, während ich aufwuchs, einiges hörte ich aus ihrem eigenen Mund, anderes erzählten mir Freunde und Verwandte. Kurz nach der Scheidung mietete mein Großvater ein kleines Zimmer in einem großen, jahrhundertealten Haus in der Nähe des Imam-Reza-Schreins, dort lebten wir vorübergehend und warteten darauf, dass mein Vater entschied, was mit mir und meiner Schwester geschehen sollte. Meiner Mutter zufolge hatten ihre Eltern ihr angeboten, sie wieder zurück in die Heimat zu holen, sie lehnte jedoch ab, da sie sich zu sehr schämte und sich dem Tratsch und den neugierigen Blicken der Dorfbewohner nicht aussetzen wollte. Eine junge, hübsche Frau, die in ihre Heimat zurückkehrte, würde in dem kleinen Dorf zweifelsohne die Gerüchteküche anheizen, insbesondere weil sich ihr Mann von ihr hatte scheiden lassen.

Mein Großvater konnte höchstens ein paar Monate für unsere Miete aufkommen. Er war ein alter Farmer mit sehr wenigen Mitteln, er und seine Frau lebten mit vier ihrer eigenen Kinder zusammen, die immer noch zu Hause wohnten, um sich um ihn zu kümmern. Das Leben im Dorf war kein einfaches und jedes Familienmitglied musste mithelfen, damit sie über die Runden kamen. Was Lebensmittel anging, waren meine Großeltern und meine jungen Tanten und Onkel auf ein kleines Stück Ackerland, einige Aprikosen-, Maulbeer- und Walnussbäume sowie eine Handvoll Schafe angewiesen. Für alles andere tauschten sie ihre Ware ein und arbeiteten, um Geld zu verdienen. Mein Großvater war halbtags als Dorffleischer tätig und meine Großmutter stellte Seifenstücke, *rooshoor* und Ähnliches her und verkaufte alles. *Rooshoor* waren runde, helle Kügelchen, etwa so groß wie kleine Walnüsse, die aus Schafshirn gefertigt wurden. Diese recht öligen Kügelchen waren sehr beliebt im Iran, besonders bei Frauen, die sie unter der Dusche benutzten, um abgestorbene Hautzellen mithilfe eines groben Waschlappens abzurubbeln. Viele Frauen behaupteten, dass meine Großmutter die besten *rooshoor* des Dorfes machte. Sie hatte sogar einige Kunden in Maschhad.

Meine Großmutter, die wir liebevoll *Madar Joon* (liebste Mutter) nannten, war die wahre Säule der Familie. Sie war eine unbeirrbare, aufrichtige und kluge Hausfrau, die so etwas wie Durchschnorren nicht duldete, selbst bei Kindern nicht. Wenn man laufen konnte, konnte man auch arbeiten, so ihre Ansicht, also webten drei ihrer vier Kinder, die noch zu Hause wohnten, in einem Betrieb im höher gelegenen Teil des Dorfes Teppiche. Sie arbeiteten dort sechs Tage die Woche, außer während der Erntezeit. Jeden Donnerstag brachten sie ihren Lohn nach Hause und gaben ihn Madar Joon. Von dem Gehalt überreichte sie jedem ein paar *Shahi* – ein *Shahi* entsprach einem Zwanzigstel eines *Rials* – eine Währung, die heutzutage im Iran nicht mehr existiert. Die durften die Kinder dann im Warenhaus des Dorfes ausgeben, vorausgesetzt Madar Joon hatte gute Laune und sie bettelten lange genug.

Ich erinnere mich noch an den gewaltigen Maulbeerbaum, der bei meinen Großeltern direkt vor der Tür stand und das gesamte Haus in Schatten hüllte, während er zudem der Familie jedes Jahr mehr als genügend Beeren lieferte. Meine Großmutter nutzte einige der Maulbeeren, um Sirup zu machen, trocknete den Rest in der Sonne, genau wie die Aprikosen, die sie auf ihrer kleinen Obstplantage am Rande des Dorfes pflückte, und füllte sie für die langen Winter in Säcke ab. Die getrockneten Früchte und Walnüsse waren eine wunderbare Energiequelle sowie ein beliebter Snack und eine Leckerei für ihre Kinder und Enkelkinder, wenn sie zu Besuch waren.

Mein Vater war der Hauptgrund dafür, dass meine Mutter entschied, in der Stadt zu bleiben. Sie war in ihn verliebt und trotz der Scheidung konnte sie sich nicht mit der Tatsache abfinden, dass er nicht mehr ihr Ehemann war. Irgendwo tief in ihrem Herzen glaubte sie fest daran, dass es nur eine Frage der Zeit war, bis mein Vater wieder zur Besinnung kam, und sie wollte in der Nähe sein, wenn dies geschah. Sie musste lediglich abwarten und sich gedulden, bis die neue Braut meines Vaters ihren Reiz verlor. Früher oder später würde er sicher seine Kinder und seine erste Frau vermissen, die hundertmal schöner war als seine neue Ehefrau, so die Meinung meiner Mutter. Aber dieser Tag kam nie und der Druck, für zwei kleine Kinder verantwortlich zu sein und kein Einkommen zu haben, trieb meine Mutter immer weiter in die Enge. Einige Zeit lang schaffte sie es, mit dem Geld auszukommen, das sie bekam, indem sie nach und nach die paar Goldschmuckstücke verkaufte, die sie während der Scheidung vor meinem Vater verstecken konnte. Aber nachdem ihr letztes Goldarmband weggegeben war, geriet sie in Panik, wendete sich an ihren gealterten Vater und fragte ihn, was sie tun solle. Mein Großvater riet ihr, dass es die einzige Lösung sei, zu meinem Vater zu gehen und von ihm Unterhalt für uns Kinder zu verlangen.

Ich war damals zu jung, um mich an alle Einzelheiten dieser Zeit zu erinnern, aber über die Jahre hinweg füllte meine Mutter die Lücken mit Verlautbarungen über diese Ungerechtigkeit und Beschreibungen ihres Leids.

Einige Jahre später, als ich fünf oder sechs war, erzählte sie mir eine besonders erschütternde Geschichte, die für immer in meinem Gedächtnis bleiben wird. Ihre eigenen Worte drücken es am besten aus:

»Dein Vater nahm mir bei der Scheidung alles weg. Er setzte mich mit dir und deiner kleinen Schwester in den Armen und nichts außer der Kleidung, die ich am Leibe trug, auf die Straße. Ich hatte es damals geschafft, einige Goldschmuckstücke als Notgroschen für schlechte Zeiten zu verstecken und konnte sie nach der Scheidung verkaufen, um mit dem Geld dich und deine kleine Schwester Shahnaz zu versorgen. Unsere Lage wurde mit jedem Tag trostloser. Mit zwei kleinen Kindern, um die ich mich kümmern musste, und niemandem, der auf sie aufpassen konnte, war es unmöglich eine Arbeit zu bekommen. All meine Verwandten lebten damals noch in unserem Heimatdorf und ich war völlig allein in der Stadt. Unter diesen Umständen besaß dein Vater den Schlüssel zu unserer Rettung, aber er weigerte sich, mit mir zu reden. Er reagierte auf keine der zahlreichen Nachrichten oder meine Hilfegesuche, die ich bei Freunden und Verwandten für ihn hinterließ. Schließlich hatte ich keine andere Wahl, als all meinen Mut zusammenzunehmen und deinen Vater zu konfrontieren.« Dies war ein kühner Schritt für eine schwache und unsichere Frau, wie es meine Mutter war. »Ich kannte das Temperament deines Vaters nur allzu gut und wusste aus früheren Erfahrungen, wie brutal er mit seinen Fäusten sein konnte, aber ich war verzweifelt und hatte keine andere Wahl. Mein Vater, meine Tante und mein Onkel rieten mir alle, zu ihm zu gehen und ihm ein Ultimatum zu stellen; entweder er bezahlt Unterhalt oder er muss euch Kinder aufnehmen. Ich vermutete, dass er und seine neue Frau kein Interesse daran haben würden, zwei kleine Kinder aufzuziehen, und sie daher wahrscheinlich lieber zustimmen würden, Unterhalt zu zahlen. Wie dumm ich doch war.

Eines späten Nachmittags steckte ich also meine letzten zwei *Tooman* ein, die ich für Notfälle beiseitegelegt hatte, nahm dich und deine Schwester, stieg in ein Taxi und fuhr zu deinem Vater. Er und seine neue Frau wohnten zu der Zeit bei seinem Bruder Mohammad. Ich wünschte, Gott hätte an jenem Tag meine Beine gelähmt, Alireza«, sie seufzte bei diesem Gedanken, hielt wie benommen längere Zeit inne und fixierte mit den Augen einen Punkt in der Ferne – einen Punkt, der sich vermutlich tief im Innern ihrer Seele befand –, bevor sie mit ihrer Erzählung fortfuhr.

»Wir kamen ungefähr zur Abendbrotzeit an. Fateme, die Frau deines Onkels Mohammad – welch wunderbare und liebenswürdige Frau sie doch war –, öffnete die Tür und bat uns hinein. Ich trat ein und wartete mit Shahnaz in den Armen und dir neben mir an der Tür im Eingangsbereich. Wenn jemand anderes als Fateme die Tür geöffnet hätte, hätte ich mich wohl nicht getraut, in das Haus zu gehen. Dein Onkel Mohammad kam zu uns und begrüßte mich, während er dich in die Arme nahm und dir einen Kuss gab. Fateme stand an der Wand und beobachtete das Geschehen, ihr Gesichtsausdruck zeigte deutlich, dass wir ihr leidtaten, ihr jedoch die Hände gebunden waren. Schließlich kam auch dein Vater, und als du ihn sahst, strahltest du förmlich – wie eine Blume, die sich beim Anblick der Sonne öffnet – und grinstest breit. Mein Herz wurde schwer vor Angst, aber ich tat mein Bestes, um stark zu erscheinen. Ohne dich überhaupt eines Blickes zu würdigen oder auf mein Hallo zu reagieren, bat er Fateme, dich und Shahnaz mit reinzunehmen, während er und ich zum Reden rausgehen würden. Ich hatte Bedenken, meine Tochter in andere Hände zu geben, und es war offensichtlich, dass auch sie nicht aus meinen Armen wollte, denn sie begann zu weinen, ihren winzigen Körper in dem eng gewickelten Tuch, in dem sie lag, aus Protest zu drehen und zu winden. Fateme warf mir einen ermutigenden Blick zu und signalisierte, dass ich mir keine Sorgen zu machen bräuchte, also reichte ich ihr meine Tochter, gab dir einen Kuss und sagte, dass ich gleich zurück sein würde.

Draußen bei den Stufen begann ich also, zu reden, und erklärte deinem Vater, in welcher Situation wir uns befanden, erklärte, dass ich Schwierigkeiten hatte, euch beide zu verpflegen und einzukleiden. Ich machte ihm deutlich, dass ich Geld für die Miete brauchte, da mein Vater es sich nicht leisten konnte, immer für uns zu zahlen. Alles, was er antwortete, war, dass er kein Geld habe, das er mir geben könne. Aus Verzweiflung fing ich an, zu weinen, und flehte ihn mitleiderregend um Hilfe an, bettelte darum, dass er sich vor Gott und Imam Reza ein Herz fassen und das Richtige für seine Kinder tun sollte. In den Augen Gottes sei er dazu verpflichtet, seine Kinder zu unterstützen, sagte ich ihm. Als er auf meine Bitten nicht reagierte, stellte ich ihm das Ultimatum, dass wenn er nicht gewillt war, für seine Kinder Unterhalt zu zahlen, er sie nehmen müsste, obwohl ich dies natürlich nicht ernst meinte.

Mit verärgertem Gesichtsausdruck und schroffer Stimme, die er dennoch versuchte, gesenkt zu halten, packte er mich am Arm und sagte: ›Lass uns woanders hingehen und dort reden.‹ Ich müsse erst meine Kinder holen, sagte ich ihm. ›Denen wird es drinnen gut gehen‹, erwiderte er. Sobald wir die Hauptstraße erreicht hatten, hielt er, ohne ein Wort zu mir zu sagen, ein Taxi an und sagte dem Fahrer, er solle uns zum Qochan-Platz bringen. Er setzte sich vorn zum Fahrer, während ich mich hinten hineinsetzte. Wenn ich das Problem lösen wollte, hatte ich keine andere Wahl, als mitzufahren.

Wie du ja weißt, bin ich nicht gerade die durchsetzungsfähigste Person auf dieser Welt. Genau genommen bin ich in vielerlei Hinsicht, besonders was Männer betrifft, sehr gehorsam. Im Allgemeinen sehe ich Männer als Raubtiere und ich habe Angst vor ihnen. Wenn ich nicht verzweifelt gewesen wäre und wenn mein Vater und meine Verwandten mich nicht dazu überredet hätten, zu ihm zu gehen und mit ihm zu reden, wäre ich an jenem Abend nicht mit deinem Vater in dieses Taxi gestiegen. Ich fühlte mich wie ein Kind, das in Schwierigkeiten steckte und nicht wusste, was mit ihm passieren würde, ich war sehr verängstigt. Mein Herz schlug unter meinem *Tschador* – einem Ganzkörperschleier – so laut, dass ich mir fast sicher war, der Fahrer müsste es hören. Wusstest du, dass dein Vater mich nie geschlagen hatte, bis er diese Frau traf und entschied, sich für sie von mir scheiden zu lassen? Es begann, als ich seine Forderung nach einer Scheidung nicht erfüllen wollte. Aber in jener Nacht war ich nicht mehr seine Frau und er hatte weder einen Grund noch das Recht, mich anzufassen, so dachte ich und versuchte, mich auf die Weise selbst zu beruhigen.

Als wir am Qochan-Platz ankamen, war es draußen bereits völlig dunkel. Dein Vater bezahlte den Fahrer, stieg aus und lief eilig Richtung Norden auf die Naderi-Avenue. Ich folgte ihm. Damals stellte der Platz eher den Stadtrand dar. Um den Platz waren hier und da einige Geschäfte und Wohnheime verteilt, sonst gab es so gut wie nichts. Der faule Gestank des Qare-Khan-Kanals war gewaltig. Der Kanal zog sich vom Norden der Stadt bis zum Zentrum der Naderi-Avenue und trennte sie in zwei Hälften. Bevor der Kanal die Stadt erreichte, war er eine ungleichförmige, von Schlangen befallene Wasserstraße mit unebenen Ufern und unterschiedlichen Tiefen. Das klare Wasser wurde trüb und faul, sobald es durch die Stadt geflossen war.

Ich lief hinter deinem Vater her, hielt meinen *Tschador* fest und traute mich nicht, zu fragen, wo er mich hinführte.

Zu sehen, wie er vor mir herging, und zu wissen, dass er nicht mehr mein Ehemann war, brach mir das Herz. Trotz allem, was er mir angetan hatte, war er der Vater meiner Kinder und ich liebte ihn immer noch. Auf jeder Seite meiner kurzen Lebensgeschichte als Erwachsene stand sein Name geschrieben. Als ich das Haus meines Vaters verlassen hatte, war er der einzige Mann, den ich kennengelernt hatte. Wir hatten drei Kinder zusammen, deshalb glaubte ich, einen Anspruch auf ihn und sein Leben zu haben – so sehr, dass ich ihn nicht so einfach gehen lassen konnte. Ich glaube, es war das Gefühl, weggeworfen und ersetzt zu werden, das mir das Herz am meisten brach. Das furchtbare Gefühl, zurückgewiesen zu werden, gesagt zu bekommen, dass man nicht erwünscht ist, und der Gedanke, dass er nachts in den Armen einer anderen Frau einschlief, zerfraßen mich innerlich. Ich werde nie vergessen, wie viele Tränen ich am Abend seiner Hochzeit vergoss. Mit Shahnaz in meinen Armen und dir neben mir stand ich in einiger Entfernung hinter ein paar Bäumen, beobachtete die Braut und den Bräutigam bei der Hochzeit im Freien und weinte.

In jener unglückseligen Nacht, als ich mein Ultimatum geäußert hatte, lief dein Vater sehr schnell, er beschwerte sich über alles Mögliche und kritisierte meine Familie und mich bezüglich allem, was ihm einfiel. Mit jedem Schritt, den wir uns von der Stadtgrenze entfernten, wurde er aggressiver und lauter. So jung und leichtgläubig, wie ich war, dachte ich ernsthaft, dass wir auf dem Weg zu jemandem nach Hause waren, uns dort hinsetzen und über alles reden würden. Vielleicht hoffte ich auch, dass er auf ganz wundersame Weise seine Meinung ändern würde, sich plötzlich umdrehen und sagen würde: ›Meine Liebste, mir tut das alles schrecklich leid. Ich habe einen großen Fehler gemacht – bitte vergib mir! Lass uns einfach umkehren, die Kinder holen und nach Hause gehen!‹

Stattdessen beschuldigte er mich, ich hätte seinen Ruf ruinieren wollen, weil ich mit den Kindern in den Armen einfach vor dem Haus seines Bruders aufgetaucht war. Er sagte, ich würde alles übermäßig dramatisieren, da ich neidisch auf seine neue Frau war. Schließlich schäumte er vor Wut und drohte mir, er würde dieses und jenes mit mir und meiner Familie anstellen, wenn ich ihn nicht in Ruhe ließe.

›Ich bringe beide Kinder um, bevor ich dir auch nur einen *Shahi* gebe‹, sagte er, presste wütend die Zähne aufeinander und gestikulierte mit der Faust vor meinem Gesicht.

Er war blind vor Wut. Und ich, ich fühlte mich hilflos und völlig allein auf dieser Welt, ich schluchzte, folgte ihm widerwillig und blieb nur stehen, wenn er es auch tat, sich umdrehte und noch mehr auf mich einschrie. Aus Angst, es würde seinen Zorn noch weiter anfachen und meine einzige Chance vernichten, Unterhalt für euch Kinder zu bekommen, traute ich mich nicht, zu fragen, wo wir hingingen. Wir hatten schon vor einiger Zeit die letzte Straßenlaterne hinter uns gelassen. Der gepflasterte Bürgersteig ging zu Ende und wurde von einem Weg aus festgetretener Erde ersetzt, der entlang des Kanals verlief. Es war schwer, den Kanal im Dunkeln zu erkennen, aber ich konnte ihn links von mir riechen. Mich überkam langsam ein ungutes Gefühl. Etwas sagte mir, dass er mich nicht dorthin gebracht hatte, um über euch Kinder zu reden. Ich dachte darüber nach, umzudrehen und zurück Richtung Stadt zu rennen, tat es jedoch nicht. Ich hoffte, dass er sich schließlich beruhigen und mir zehn oder zwanzig *Tooman* geben würde. Das hätte gereicht, um die Miete zu zahlen und euch beide einen Monat lang zu verpflegen.

Schließlich stieg seine Stimmung auf den Siedepunkt und ohne jede Vorwarnung drehte er sich um und begann, gnadenlos auf mich einzuschlagen und mich zu treten. Die Mütter in meinem Heimatdorf hatten ihren Töchtern immer beigebracht, ihren Ehemännern nie zu sagen, sie sollen sie nicht schlagen, denn es war das Recht des Ehemanns, die Ehefrau zu verprügeln. Ihnen wurde gesagt, sie müssten Wege finden, ihren Mann davon zu überzeugen, sie weniger heftig zu schlagen. Aber er war nicht mehr mein Ehemann und hatte somit kein Recht, mich zu schlagen. Ich fing an, zu schreien, aber es war keine Menschenseele in der Nähe, die mir zur Hilfe hätte eilen können. Je mehr ich schrie, desto härter schlug er zu, bis ich schließlich am Boden lag. Er wickelte mein langes Haar um seine Faust und zog mich daran Richtung Kanal. Vergeblich versuchte ich, meinen *Tschador* festzuhalten, der hinter mir her schleifte, richtete mich irgendwie auf und folgte ihm, bevor mein Körpergewicht Haar und Kopfhaut von meinem Schädel reißen würde. Mit jedem Schritt wickelte er meine Haare enger um seine Hand und zog mich näher, während ich sein Handgelenk fest umklammerte. Plötzlich überkam mich ein eisiges und unheimliches Gefühl – ich fühlte mich, als ob ich gleich sterben würde. Er zog mich an den Rand des Kanals, meine Haare immer noch um seine Hand gewickelt, und zwang mich nach unten in die tiefe Dunkelheit zu blicken. Er wusste, wie sehr ich mich vor der Dunkelheit und vor Höhe fürchtete. Ich konnte das Kanalwasser unter mir nicht erkennen, aber der beißende Geruch brannte in meinen Augen.

›Wirst du es noch einmal wagen, dich bei meiner Familie blicken zu lassen und mich zu blamieren?‹, fragte er wütend.

›Nein, mein Herr‹, seufzte ich.

›Wirst du es noch einmal wagen, am Stützpunkt vorbeizukommen und mit meinen Kollegen über Unterhalt für die Kinder zu sprechen?‹

Ich schüttelte den Kopf.

›Das dachte ich mir doch‹, sagte er, ließ meine Haare los und trat mir in den Magen, sodass ich in den Kanal stürzte. Ich schrie, während ich fiel.

Schlimmer als der Sturz war es, nicht zu wissen, wohin ich fiel. Ich war wie gelähmt und dachte, dass mein Herz mit Sicherheit gleich aufhören würde, zu schlagen. Seit ich klein war, hatte ich Angst vor der Dunkelheit. Als ich im Haus meiner Eltern wohnte, ging ich nachts nie allein zum Toilettenhäuschen hinaus und meine Schwester, Sarvar, hänselte mich deswegen immer. Und das war noch nicht alles. Schwimmen konnte ich ebenfalls nicht. Wenn mich der Sturz nicht umbringen würde, dann sicherlich das Wasser. Dort, wo ich aufwuchs, existierte das Wort ›Schwimmen‹ für Frauen nicht. Für Mädchen in unserem Dorf bestand der einzige Kontakt mit offenen Gewässern, wie Flüssen oder Bächen, darin, Wäsche, Geschirr, Teppiche und Schafe zu waschen. Und dies tat ich vollständig bedeckt, mit dem *Tschador* um mich gewickelt und am Hals befestigt. Mädchen und offenes Gewässer durften in unserem Dorf nicht zusammengeführt werden. Jedes Mal, wenn wir während der heißen Sommertage an dem Fluss vorbeikamen und die Jungs, einschließlich unserer eigenen Brüder, in das kühle, klare Wasser hineinspringen und darin herumplanschen sahen, fragte ich mich, wie sich das wohl anfühlen müsste – wie es sich anfühlen müsste, diese seidige, kühle, nasse Substanz auf der bloßen Haut zu spüren. ›Was für eine Absurdität, dass Gott Flüsse geschaffen hat, um dann nur Männern und Schafen das Privileg zu gewähren, darin schwimmen zu dürfen‹, sagte meine Schwester damals stets sarkastisch und kopfschüttelnd. Sie liebte das Wasser so sehr, dass meine Mutter Witze darüber machte und sagte, sie sei in einem anderen Leben sicher einmal ein Fisch gewesen. Im Sommer, wenn mein Vater und meine Brüder zur Arbeit aufgebrochen waren, zog sie all ihre Kleidung aus und sprang in einen kleinen Springbrunnen, der sich in der Ecke unseres Hofes befand. Dies beunruhigte mich damals sehr und ich warnte sie, dass sie in die Hölle kommen würde, wenn jemals ein Mann vorbeikommen und sie so sehen würde. Sie lachte dann nur und planschte freudig weiter im Wasser. Obwohl Sarvar die Jüngere von uns beiden ist, war sie schon immer die Mutige unter uns Geschwistern und stand mir am nächsten.

›*Ya Zamene Ahoo* (Oh, du Bürge des Rehs), auch ich habe kleine Kinder, zu denen ich zurückkehren muss‹, betete ich zu Imam Reza, während ich fiel. Der Legende zufolge sah Imam Reza, während er durch den Wald reiste, einen Jäger, der gerade ein gefangenes Reh töten wollte. Er beobachtete, wie die Rehmutter den Jäger inständig anflehte, zu ihren Jungen zurückkehren zu dürfen, um sie noch ein letztes Mal zu füttern. Sie versprach, danach sofort wiederzukommen, doch der Jäger schlug ihr die Bitte ab. Imam Reza schritt ein und bürgte persönlich für die Rückkehr der Rehmutter, also ließ der Jäger das Reh ziehen.

Du magst es vielleicht nicht glauben, mein Sohn, aber als mir bewusst wurde, dass dein Vater mich in den Kanal stoßen würde, hatte ich zwar Angst, zu sterben, doch es war nicht das Sterben an sich, wovor ich Angst hatte. Es war die plötzliche Erkenntnis, dass meine Kinder keine Mutter mehr haben würden, die mir das Herz im Leib umdrehte. Alles, was ich in diesem Moment sehen konnte, waren die Gesichter meiner Kinder. Nach der demütigenden Scheidung wart ihr beide mein einziger Grund, weiterzuleben. Der Gedanke, dass ich sterben würde und meine Kinder bei einer Stiefmutter aufwachsen würden, war unerträglich.

Bevor ich meine Gebete beenden konnte, stürzte ich ins Wasser. Ich geriet in Panik und ruderte wild mit meinen Armen und Beinen. Wie durch ein Wunder spürte ich den schleimigen Boden des Kanals unter meinen Füßen und mein Kopf blieb über Wasser. ›Danke, Gott‹, flüsterte ich.

Meine Schuhe versanken im zähen und klebrigen Matsch, während ich versuchte, meinen Körper aus dem Wasser zu ziehen. Ich tastete mich in der Dunkelheit aus dem Wasser heraus und kroch leise zum großen Ufer des Kanals hinüber, wo ich mich ganz still hinsetzte und mir den Mund zuhielt. Ich konnte deinen Vater immer noch oben am Klippenrand sehen. Er lief einige Zeit auf und ab, suchte den Grund des Kanals mit seinen Augen ab und verschwand schließlich in der Dunkelheit. Das fahle Mondlicht, das von den Wolken abprallte, reichte nicht aus, um den Grund des Kanals zu beleuchten und ihm zu offenbaren, was nach dem Sturz aus mir geworden war. Er dachte womöglich, dass ich tot war oder sterben würde und dass sie morgen meine Leiche finden würden, die Sache wäre damit erledigt und er würde sich nie wieder mit mir herumschlagen müssen.

Sobald ich mir sicher genug war, dass dein Vater nicht mehr da war, zog ich meinen Körper aus dem Kanal heraus und humpelte langsam in Richtung Straße und Stadt. Plötzlich überfiel mich eine schreckliche Angst; was, wenn er plante, seine Vergangenheit mit mir auszulöschen, indem er mich *und* meine Kinder umbrachte? Was, wenn er jetzt gerade auf dem Weg zu euch war, um euch umzubringen? Orientierungslosigkeit und Angst davor, nachts mitten im Nirgendwo allein zu sein, versetzten mich bald in Panik und ich lief auf die Straßenlampen in der Ferne zu. Während ich rannte, ohrfeigte ich mich selbst, zog an meinen Haaren, schluchzte und verurteilte mich dafür, dass ich meine Kinder überhaupt erst zurückgelassen hatte. Ich flehte Gott an, für mich auf meine Kinder aufzupassen.

Mit meinem zerzausten Haar, dem Kleid und der Hose völlig durchnässt, an mehreren Stellen zerrissen und überall mit Schlamm bedeckt, ohne Schuhe und *Tschador*, sah ich aus, als wäre ich gerade aus dem Irrenhaus entflohen. Ich war mir sicher, dass ich in die Hölle kommen würde, weil ich mich so entblößt zeigte, hoffte jedoch, dass Gott die Umstände verstehen und dieses eine Mal eine Ausnahme machen würde. Die wenigen Männer, denen ich unterwegs begegnete, hielten Abstand von mir, als sie meinen Zustand sahen.

Auf meinem Weg zurück zum Qochan-Platz sah ich mich verzweifelt nach einem Taxi um. Ich wollte nach Hause fahren, mich umziehen und dann dich und deine kleine Schwester aus dem Haus deines Onkels holen. Tagsüber war der Qochan-Platz voller Pferdekutschen und manchmal wartete dort sogar das eine oder andere schwarz-weiße Taxi, um Reisende mitzunehmen, die mit dem Bus von außerhalb gekommen waren. Aber nachts war der Ort menschenleer. Im Grunde ging die gesamte Stadt kurz nach Einbruch der Dunkelheit schlafen.

Ich fasste an die Ecke meines Kopftuches, das von meinem Hals herabhing, und suchte nach dem Geld, das ich dort zuvor am Abend eingewickelt und festgebunden hatte, und zu meiner großen Überraschung war es noch immer da. Endlich erschien auch ein Taxi auf der Straße und der Fahrer stimmte zögerlich zu, mich nach Haus zu fahren. Ich hatte schreckliche Angst, nachts um diese Uhrzeit mit einem fremden Mann allein in einem Wagen zu sitzen. Jedes Mal, wenn das Taxi unter einer Straßenleuchte hindurchfuhr, konnte ich sehen, wie mich der Fahrer im Rückspiegel beobachtete.

›Soll ich Sie lieber zu einem Krankenhaus oder zur Polizei bringen, die Dame?‹, fragte der Fahrer und durchbrach damit die Stille.

Ich schüttelte den Kopf und versuchte dabei, mein Schluchzen zu unterdrücken. Er dachte wahrscheinlich, dass ich vergewaltigt worden war. Zur Polizei zu gehen, hätte nicht geholfen – es hätte deinen Vater nur noch wütender gemacht. Was ich brauchte, war eine stärkere Familie, eine, die deinem Vater in meinem Namen die Stirn bieten konnte. Bedauerlicherweise war mein Vater jedoch alt und gebrechlich und meine Brüder alle noch zu jung, außer einem, der jedoch mit der einzigen Schwester deines Vaters verheiratet war und weder helfen konnte noch wollte.

Zu meiner großen Freude wartete dein Großvater, Gott hab ihn selig, wie durch ein Wunder bereits in unserem kleinen Zimmer auf mich, als ich die Tür öffnete. Es war, als ob Gott meinen Vater zu meiner einsamsten Stunde in jener Nacht in die Stadt geschickt hatte, um mich zu trösten. Mit gesenktem Kopf murmelte ich: ›*Salam*.‹

Bevor ich ein weiteres Wort sagen konnte, war er bereits auf den Beinen und fragte mich besorgt, was passiert war und wo die Kinder waren. Er schlang die Arme um meine Schultern, küsste und streichelte meinen Kopf tröstend, während ich dem Kloß in meinem Hals nachgab und er in Form von Tränen auf die Schultern meines Vaters niederprasselte. Ich schluchzte und erzählte ihm alles.

Ironischerweise hatte mein Vater, obwohl er halbtags als Fleischer arbeitete, eine sehr friedvolle Persönlichkeit. Da die *Hammams* (öffentliche Badehäuser) so spät nicht mehr geöffnet waren, erhitzte dein Großvater, Gott sei seiner Seele gnädig, eilig etwas Wasser, ließ mich in meiner Unterwäsche in einer Waschwanne mitten im Raum Platz nehmen und begann, mich mit einem Schwamm zu waschen. Er goss das warme Wasser langsam Schüssel für Schüssel über meinen Kopf und wusch das Blut und den Schlamm behutsam aus meinem Haar und meinem Gesicht.

Ich schämte mich, von meinem Vater gewaschen zu werden. Es war das erste Mal, dass er mich derart wenig bekleidet sah. Es war ebenfalls das erste Mal, dass er mich wusch. Ich würde sogar so weit gehen, zu behaupten, dass es vermutlich das erste Mal war, dass ein Vater aus unserem Dorf jemals, aus welchen Gründen auch immer, seine eigene Tochter wusch. Aber meine Besorgnis verschwand schnell und wurde von einem warmen Gefühl der Zugehörigkeit und des Geliebtseins ersetzt. Es gab nicht viele intime Momente zwischen Vätern und ihren Töchtern in unserem Dorf, besonders nicht in einer Familie, die so groß war wie unsere. Ich schloss für einen Augenblick die Augen und stellte mir vor, ich sei wieder ein kleines Mädchen im Haus meines Vaters in unserem Heimatdorf. Ich stellte mir vor, ich würde in einer großen, schimmernden Kristallschale in der warmen Sonne sitzen und mein Vater goss aus einem goldenen Krug Wasser über mich, während meine Schwester Sarvar im Kreis um uns herumtanzte. Das glänzende Wasser im Krug schien nie zu erschöpfen.

Mein Vater ging hinaus, um seine Pfeife zu rauchen und mir etwas Privatsphäre zu verschaffen, damit ich mich anziehen konnte. Kurz danach war ich bereit, dich und Shahnaz zu holen und zurück nach Hause zu bringen, aber mein Vater riet mir davon ab. Er meinte, es sei spät, ich solle euch lieber über Nacht bei eurem Onkel lassen, und er versprach mir, mich zu begleiten, wenn ich euch gleich morgen früh holen ginge. Er versuchte, mich davon zu überzeugen, dass ich mich ausruhen müsste, und versicherte mir, dass meinen Kindern über Nacht nichts passieren würde. Dass der Mann schließlich euer Vater war und kein Vater, egal wie wütend oder herzlos er auch sein mochte, seinen eigenen Kindern Leid antun könnte. Also versorgte mein Vater meine Schnittwunden mit Mercuchrom und schlug vor, ich solle schlafen gehen. Er wies mich erneut darauf hin, dass wir so spät in der Nacht ohnehin kein Taxi finden würden.

Ich breitete meine Matratze auf dem Boden aus, damit dein Großvater darauf schlafen konnte, während ich mich auf deine kleine Matratze neben ihn legte. Nach der Scheidung besaß ich kaum etwas, um meinem Vater eine bessere Schlafstätte bieten zu können; die wenigen Sachen, die ich besaß, hatten mir meine Eltern überlassen.

Als ich meine Augen schloss, drang sofort dein Duft aus dem

Kopfkissen in meinen Kopf und ich bekam eine Panikattacke. Plötzlich wurde mir schlagartig bewusst, dass meine Kinder nicht neben mir lagen, und bei dem Gedanken vergrub ich mein Gesicht tief in dein Kissen und weinte. Die Erinnerung an deinen Vater, den Kanal und die Ereignisse des Abends sowie die Sorge um dich und deine Schwester hielten mich wach, schürten meine Angst und nährten meine Tränen. Als ich schließlich völlig die Kontrolle verlor und befürchtete, meinen Vater zu wecken, verließ ich schnell das Zimmer und weinte auf den Stufen im Hof weiter. Ich fühlte mich, als ob ich lebendig begraben worden war, als ob ich schreien und meinem Ärger Luft machen müsste, aber das hätte den Vermieter und die anderen Mieter im Haus geweckt. Als ich es nicht mehr ertragen konnte, lief ich raus in die Gasse und in ein altes, verlassenes Gebäude nebenan; dort ließ ich alles raus. Während ich weinte, schlug ich mir aus Selbstverachtung gegen den Kopf und ins Gesicht. Ich rief deinen Namen und kratzte mit den Nägeln an der Wand, bis meine Finger bluteten und taub wurden. Nach einer Weile erschien die Silhouette meines Vaters in der Eingangstür. Er kam zu mir, umarmte mich und flehte mich an, aufzuhören und zurück nach Hause zu kommen. ›Ich bin eine Mutter und es schmerzt, ohne meine Kinder zu sein‹, schluchzte ich. ›Ich vermisse sie so sehr und ich habe Angst, dass ich sie vielleicht nie wieder sehe, *aqa joon* (liebster Vater)‹, sagte ich weinend.

Mit trauriger Stimme erwiderte er: ›Das verstehe ich, *dokhtaram* (meine Tochter). Ich bin auch ein Elternteil. Was meinst du, wie ich mich dabei fühle, mein Kind so zu sehen und zu beobachten, wie du leidest?‹

Er legte den Arm um meine Schulter und führte mich aus dem verlassenen und leeren Haus.

Am nächsten Morgen hatte ich den Tee bereits gekocht, bevor mein Vater und ich unser Morgengebet begannen. An jenem Morgen betete ich inbrünstig und fügte meine eigenen Gedanken und Worte hinzu; als eine Art Anzahlung dafür, meine Kinder sicher zurückzubekommen. Ich vermisste dich, wie du sonst immer gegenüber von mir saßest und mit meiner Gebetstafel spieltest, während ich betete.

Kurz nach Sonnenaufgang stiegen mein Vater und ich draußen in ein Taxi und machten uns auf den Weg zum Haus deines Onkels am anderen Ende der Stadt, um dich und deine Schwester abzuholen. Dein Vater hätte um diese Zeit bereits zur Arbeit aufgebrochen sein müssen – um eine Konfrontation zu vermeiden, dachte dein Großvater, dass es am besten sei, wenn dein Vater nicht da wäre, wenn wir ankämen. Die Frau deines Onkels, Fateme, öffnete die Tür und ließ uns hinein. Sie bot uns eine Tasse heißen Tee an, während sie meine Schnittwunden und Prellungen mitfühlend betrachtete. Ich lehnte den Tee ab und fragte sofort nach dir und Shahnaz. Sie ging in ein anderes Zimmer und kam mit dir an der Hand zurück. Ich machte einen Satz nach vorn, nahm dich hoch in meine Arme, drückte dich, als ob ich dich schon tausend Jahre nicht gesehen hätte, tauchte mein Gesicht in die Tiefen deines Halses und füllte meine Lunge mit deinem süßen Babygeruch. Auch du warst verzückt, mich zu sehen, und als ich dich fragte, wo deine Schwester sei, meintest du: ›Shahnaz ist weg, *Maman* (Mami).‹ Mir wurde ganz plötzlich schwer ums Herz.

Ich sah Fateme an und fragte sie – mit einem Gesichtsausdruck, der sie förmlich anflehte, mir zu sagen, dass dies nicht stimmte –, wo meine Tochter war. Ich betete, dass du dich geirrt hattest und sie einfach nur noch schlief. Meine Brüste waren voll mit frischer Milch und erinnerten mich daran, dass ich mein Baby seit gestern nicht gefüttert hatte. Die ganze Welt schien über mir zusammenzubrechen, als Fateme den Kopf senkte und schwieg. Ich reichte dich zu deinem Großvater hinüber und rannte in den anliegenden Raum, aus dem sie dich gebracht hatte, suchte nach deiner Schwester, aber ich fand weder sie noch die Tasche mit ihren sauberen Wickeltüchern und dem Ersatzfläschchen.

›Wo ist meine Tochter?‹, schrie ich und rannte suchend von Zimmer zu Zimmer. Aber es gab nirgends eine Spur von Shahnaz.

Ich ging zurück zu Fateme, hielt ihre Hände, sah ihr in die Augen und flehte sie an, mir zu sagen, wo meine Tochter war.

›Ich weiß es nicht, Soory *joon*. Heute früh kam Habibollah vorbei, zusammen mit Assad wickelte er das Baby in eine Decke und nahm sie mit. Ich bin mir sicher, dass es ihr gut geht, Soory *joon*, mach dir keine Sorgen.‹«

Mein Vater hatte zwei Brüder. Der nettere von beiden war Mohammad, Fatemes Ehemann, Habibollah war der andere. Die Erzählung meiner Mutter ging weiter.

»Wir warteten bis zum späten Nachmittag darauf, dass dein Vater zurückkommen würde, tat er jedoch nicht. Mein Vater musste den Nachmittagsbus zurück in sein Dorf bekommen, also waren wir gezwungen, aufzubrechen. ›Der Mann ist ihr Vater, *Dokhtaram*, er wird seiner eigenen Tochter nichts antun‹, versuchte mein Vater, mich zu beruhigen.

Aus Angst, dass dein Vater dich mir ebenfalls wegnehmen würde, brachte ich dich am nächsten Morgen zu meinem Bruder Zabih, der kürzlich nach Maschhad gezogen war, und ließ dich bei ihm, während ich zurückfuhr, um nach Shahnaz zu suchen. Aber es gab keinen Hinweis auf ihren Verbleib, weder an jenem Tag noch an irgendeinem darauffolgenden. Sie war spurlos verschwunden. Nach diesen Ereignissen sah ich deinen Vater sechs oder sieben Monate lang nicht. Du glaubst nicht, wie viel Paar Schuhe ich auf der Suche nach meiner Tochter ablief. Sieben Tage die Woche, von früh bis spät, saß ich vor dem Armeestützpunkt, wo dein Vater stationiert war, oder vor dem Haus seines Bruders, wartete und hoffte darauf, ihn irgendwann abfangen zu können.

Die Familie deines Vaters verlor nach ihrem Verschwinden nie wieder ein Wort über Shahnaz – es war, als ob sie nie geboren ist. Meine Brüste, die vor Milch nur so barsten, waren eine unaufhörliche Erinnerung an die Abwesenheit meiner Tochter. Es machte mich wahnsinnig, nicht zu wissen, was mit meinem Baby geschehen war. Mit jedem Tag, der verging, an dem ich sie nicht in den Armen hielt, schossen mir tausend unerträgliche Gedanken durch den Kopf. Was, wenn er sie in den Bergen ausgesetzt hatte und sie die Wölfe gekriegt hatten? Was, wenn er sie an die Zigeuner verkauft hatte? Was, wenn er sie irgendwo lebendig begraben hatte? Für lange Zeit zerfraßen diese Gedanken meinen Verstand wie Termiten, mein Sohn.«

Unglücklicherweise besaß meine Mutter nie ein Foto von meiner kleinen Schwester. Und mein Vater leugnete ihre Existenz, als ich ihn einige Jahre später damit konfrontierte. Ich erinnere mich, wie ich, als ich fast ein Teenager war, zusammen mit meinen Cousins eines Abends eine Verwandte im Dorf meiner Mutter besuchte. Während ich aß, erblickte ich ein kleines Schwarz-Weiß-Bild, das ungerahmt in einer Nische stand. Ich stand auf, nahm das Bild in die Hand und sah es lange an. Da waren wir also alle, meine Mutter und mein Vater nebeneinandersitzend, ich auf dem Schoß meines Vaters und Shahnaz auf dem meiner Mutter. Als die Verwandte mich fragte, ob ich wüsste, wer die Menschen auf dem Bild seien, nickte ich zustimmend, ohne mich umzudrehen, andernfalls hätte sie die Tränen in meinen Augen bemerkt.

Ich hatte mir gewünscht, das Foto behalten zu können, aber unter den damaligen Umständen war es wohl besser, dass es dort blieb, wo es hingehörte – in der Vergangenheit.

◆ MEINE ELTERN

Meine Mutter und mein Vater sind in einem kleinen, grünen, oasenähnlichen Dorf namens Golmakan, an den Ausläufern des Hezarmasjed-Gebirges in der Nähe der Stadt Maschhad, geboren und wurden dort auch großgezogen. Ihr Dorf war wahrhaftig das Land, in dem Milch und Honig flossen. Es war gesegnet mit einer Fülle von Nuss- und Obstplantagen, natürlichen Quellen, die überall wie flüssiges Kristall aus der Erde sprudelten, und glitzernden Bächen, die den Berggipfeln entsprangen. Tagsüber strahlte der Himmel leuchtend blau, während nachts die Sterne an einem samtschwarzen Himmel funkelten. Jedoch waren es vor allem die Bewohner dieses wunderschönen Dorfes, die es zu einem besonderen Ort machten. Wie die meisten Menschen vom Land waren sie eifrig, gastfreundlich und liebenswürdig, besonders gegenüber Besuchern aus der Stadt. Schlichtheit und Treuherzigkeit waren der Kern dessen, was ihr Leben wunderschön machte und ihnen Anmut verlieh.

Der Großraum des Dorfes bestand aus drei unterschiedlichen Bezirken: dem unteren, dem mittleren und dem oberen Dorf. Jeder Bezirk existierte unabhängig vom anderen und besaß jeweils eigene Gutsherren, Hirten, eine Gemischtwarenhandlung, eine Teppichweberei und eine Moschee. Jeder Dorfbezirk hatte außerdem sein eigenes Zentrum, wo ein Bus, der zwischen Stadt und Dorf hin und her fuhr, zwei Mal am Tag Reisende abholte und absetzte.

Einem altertümlichen Brauch entsprechend und aus Gründen der Sicherheit waren die Lehmhäuser alle in Gruppierungen aneinandergebaut. Ein Netz aus wirren, ungepflasterten, schmalen Gassen ermöglichte den Zugang zu den Häusern. Das gesamte Ackerland sowie die Obstplantagen waren außerhalb des Dorfes verstreut und umgaben die Häuser mehrere Quadratkilometer weit.

Im Dorf lag immerzu der Duft von frisch gebackenem Brot in der Luft, ebenso wie der Geruch von getrockneten Sträuchern und Hölzern, die in den Lehmöfen im Boden brannten. Hähne, die krähten, Esel, die brüllten, Hunde, die hier und da bellten, das Zwitschern unzähliger Spatzen in den Büschen und Baumwipfeln sowie das Blöken der Lämmer verbanden sich zu einer Symphonie des alltäglichen Lebens dort. Am Ende jedes Tages nahm man den eindrucksvollen Anblick sowie Klang der Schafs- und Ziegenherde wahr, die mit von Seite zu Seite schwingenden und vor Milch nur so strotzenden Eutern von der Weide zurückkamen. Sie mähten und kündigten ihre Rückkehr an, während sie zu ihren hungrigen Babys nach Hause eilten, die im Gegenzug ebenfalls hinter den Lehmziegelmauern der Häuser ungeduldig mähten. Die Hufe der Tiere polterten und wirbelten eine Staubwolke auf, die in die Luft stieg und sich vor der Kulisse der untergehenden Sonne abzeichnete – ein wahrhaftig großartiger Anblick.

Meine Mutter kam aus dem mittleren Dorfbezirk und war eins von acht Kindern in ihrer Familie. Sie hatte einen älteren Halbbruder und eine ältere Halbschwester, die aus der ersten Ehe ihres Vaters stammten, und fünf jüngere Geschwister. Wie alle Mädchen in ihrem Dorf war sie ungebildet und wurde unter strengen islamischen Regeln erzogen. Ihre Erziehung in der Kindheit war vollends darauf bedacht, ihr dabei zu helfen, die Fähigkeiten zu erlangen, die nötig waren, um eines Tages eine gute Ehefrau zu werden. Als sie aufwuchs, war auf dem Land die Schulbildung für Mädchen ein völlig fremder Gedanke. Je mehr Fertigkeiten in der Haushaltsführung ein Mädchen bis zu dem Zeitpunkt besaß, an dem die Eltern entschieden, dass sie reif genug für die Heirat war, desto besser waren die Chancen, einen passenden Verehrer anzulocken. Mit natürlicher Schönheit gesegnet zu sein und eine wohlhabende und ehrenvolle Familie zu besitzen, war natürlich immer ein Pluspunkt. Und meine Mutter war sowohl mit Schönheit als auch mit einer ehrenvollen Familie gesegnet.

Im Alter von dreizehn Jahren begleitete meine Mutter eine Bekannte und deren Tochter, die ebenfalls im Teenageralter war, auf eine Reise nach Gorgan, eine Stadt in der Nähe des Kaspischen Meeres im Norden Irans, wo sie ihren älteren Halbbruder besuchen wollte. Der Sohn der Dame und der Bruder meiner Mutter waren kurz zuvor der Armee beigetreten und im Begriff, ihre Grundausbildung abzuschließen. Dies war die erste große Reise meiner Mutter aus ihrem Heimatdorf. Ihr zufolge fanden die beiden jungen Männer jeweils an der Schwester des anderen Gefallen und beschlossen gleich an Ort und Stelle, sie zu heiraten. Banafsheh, die Bekannte, war hocherfreut über die Möglichkeit, zugleich einen Sohn und eine Tochter ehelichen zu können und schickte meinen Großeltern ein Telegramm, in dem sie sie darum bat, zu ihr nach Gorgan zu kommen. Eine Woche später heiratete meine Mutter, mit dem Segen aller, Assad Banafsheh und mein Onkel nahm Fateme, Banafshehs Tochter, zur Frau. Zu dieser Zeit war meine Mutter noch minderjährig und konnte daher dem Gesetz nach nicht die Ehe eingehen. Um vorläufig eine Lösung zu finden und das Gesetz zu umgehen, entschieden die Erwachsenen, eine Vertragsregelung im schiitischen Islam zu nutzen, die *siqeh* heißt. Sie ermöglicht es einem Mann, eine Frau vorläufig zu heiraten, und dies für wenigstens vierundzwanzig Stunden und höchstens neunundneunzig Jahre. Historisch gesehen wurde der Brauch des *siqehs* größtenteils im Iran und von Pilgern in Schrein-Städten wie Maschhad ausgeübt. Die Argumentation war, dass die reisenden Pilger sexuelle Bedürfnisse hätten, und die Zeitehe bot einen legalen Weg, diese zu befriedigen. Am darauffolgenden Tag fuhren meine Großeltern zurück in ihr Dorf und übergaben ihre dreizehnjährige Tochter in die Obhut ihres Ehemanns und Gottes. Banafsheh hingegen war verwitwet, hatte keine Kinder mehr zu Hause, zu denen sie zurückkehren musste, und blieb daher in Gorgan, wo sie sich dauerhaft bei ihrer Tochter und meinem Onkel, ihrem neuen Schwiegersohn, niederließ.

Meine Mutter brachte ihren ersten Sohn in Gorgan zur Welt und verlor ihn zwei Jahre später an eine rätselhafte Krankheit, während sie zu Besuch in ihrem Heimatdorf war. Ich bin in Teheran, Irans Hauptstadt, geboren, etwa zwei Jahre nachdem das erste Kind meiner Mutter gestorben war. Meine Schwester, die später spurlos verschwand, ist in Maschhad geboren, kurz bevor die Scheidung meiner Mutter rechtskräftig geworden war.

Ich kann nicht anders als die Ehe meiner Mutter als eine äußerst schmerzhafte Berg-und-Tal-Fahrt zu sehen. Sie verließ ihr Heimatdorf, heiratete meinen Vater und brachte drei Kinder in drei verschiedenen Städten verteilt im gesamten Land auf die Welt, nur um dann zwei ihrer Kinder zu verlieren, eines an den Tod und das andere an das Schicksal, und anschließend im Alter von neunzehn Jahren wieder dort zu sein, wo sie angefangen hatte. Ihre einzigen Erinnerungsstücke an diese Reise waren ich und ihr gebrochenes Herz. Welch ein Abenteuer für ein einfaches Mädchen vom Lande, das vor dem Tag, an dem Banafsheh sie mit nach Gorgan nahm, nichts über die Welt außerhalb ihres Heimatdorfes wusste.

◆ MELODIEN MEINER KINDHEIT

Im Jahre 1958, sieben Jahre nachdem meine Mutter erstmals ihr Heimatdorf verlassen hatte, führte sie ein ungewisses Leben, lebte von einem Tag in den nächsten und wohnte mit mir, ihrer einzigen Erinnerung an ihre kurze Ehe, in einem winzigen, gemieteten Zimmer in Maschhad.

Das Leben hatte ihr so schnell so viel geschenkt, nur um es ihr dann von einem Moment zum nächsten wieder wegzunehmen, so als ob alles nur ein Albtraum gewesen wäre. Wenn sie einem Fremden ihre Lebensgeschichte erzählen wollte, hätte sie, außer mir, nichts in ihrem Besitz, um ihre Erzählung belegen zu können – kein Foto, kein Kleid oder Schmuckstück. Die bittere und schwierige Reise, für die andere unglückselige Menschen ein ganzes Leben brauchten, beendete meine Mutter noch vor ihrem zwanzigsten Lebensjahr. Die arme Frau war zu jung, um die Wunden so vieler Verluste in sich zu tragen: des Verlusts ihrer Ehe, ihres Ehemanns (des ersten Manns, den sie jemals geliebt hatte) und zweier ihrer Kinder. Viele Frauen in ihrem Alter lebten damals noch immer wohlbehütet bei ihren Vätern, gingen in die Schule und träumten von einer wunderbaren Zukunft. Die Zukunft meiner Mutter war jedoch durch ihre Vergangenheit besiegelt worden. Nun war sie eine mittellose alleinerziehende Mutter, zu beschämt, um in ihr Heimatdorf zurückzukehren, und zu arm, um in der Stadt zu leben. Ihr Leben war durchzogen mit herzlosen und unbedeutenden Momenten in einer Kultur, die sich immer noch schwer damit tat, eine klare Haltung bezüglich Frauen einzunehmen, besonders wenn es sich um geschiedene Frauen handelte. Es war, gelinde gesagt, eine ungewisse und schwierige Zeit für sie.

Zu jener Zeit war eine Scheidung ein schreckliches Schandmal für eine Frau, egal wie alt sie war. »Mit ihr muss etwas nicht gestimmt haben, wenn ihr Ehemann sie so einfach gehen lässt«, mutmaßten die Leute häufig. Ungeachtet dessen, was die Wahrheit sein mochte, eine geschiedene Frau wurde als eine Art Ware gesehen, die von einem unzufriedenen Kunden zurück in den Laden gebracht wurde, nachdem er das Siegel aufgebrochen und die Schachtel geöffnet hatte. Sehr wenige Familien, und vor allem nicht solche, die sich für ehrbar hielten, würden sich so eine Frau für ihre Söhne wünschen.

Meine Mutter sollte auf der Suche nach einem zuverlässigen und begehrenswerten Mann also alles andere als Glück haben. Nicht nur, dass sie geschieden war, sie hatte außerdem schon drei Kinder auf die Welt gebracht und dies war, gemessen an den Anforderungen der Zeit, für alle Frauen eine starke Bürde. Das Einzige, was sie noch für sich verbuchen konnte, waren ihre außergewöhnliche Schönheit und ihre körperlichen Attribute.

Sie war eine attraktive Dame mit perfekt ausgerichteten, perlweißen Zähnen, die jedes Mal strahlten, wenn sie den Mund öffnete. Ihr liebenswürdiges und romantisch-trauriges Halblächeln ließ sogar das härteste aller Herzen dahinschmelzen. Ohne in ihre Augen zu blicken und sich in der unerschöpflichen, warmen und braunen Tiefe zu verlieren, hätte man kaum erahnen können, welch schlechte Karten das Leben ihr bisher ausgeteilt hatte. In ihrer Situation war ihre Schönheit jedoch eher ein Nachteil als ein Trumpf.

Da meine Mutter eine sehr religiöse Frau war, bedeckte sie sich sowohl mit einem *Tschador* als auch mit einem Kopftuch, dennoch brachte sie alle Männer dazu, sich nach ihr umzudrehen, egal, wo sie hinging. Ich erinnere mich, wie uns an Tagen, an denen wir zum Markt gingen, arbeitslose junge Männer von einem Gemüsestand zum nächsten folgten. Sie taten so, als ob sie Einkäufe erledigten, und begutachteten die Ware stümperhaft, während sie jedoch aus den Augenwinkeln jede Bewegung meiner Mutter nervös und voller Lust beobachteten. Ohne dass meine Mutter gefragt hätte, boten ihr verheiratete Händler mittleren Alters Rabatte auf ihre Einkäufe an, obwohl diese Geste normalerweise nur feilschenden Kunden vorbehalten war, und dies nur, weil sie von ihrer Anwesenheit in ihrem Geschäft so entzückt waren. Sie nannten mich *amoo joon* (liebster Neffe) und boten mir kostenlos Äpfel, Lutscher oder Roster-Kaugummis an, die meine Mutter jedoch jedes Mal ablehnte. Daraufhin lächelten sie nervös und sagten ihr mit zittriger Stimme, dass es nichts in ihrem Geschäft gebe, dass ihrer würdig sei, was auch immer das bedeuten sollte. Sie hatte zu viel Angst vor Gott und davor, in die Hölle zu kommen, und außerdem war sie zu gutmütig, um aus solchen Situationen Nutzen zu ziehen.

Junge, iranische Männer, ähnlich wie ihre italienischen Pendants, ließen sich keine Gelegenheit entgehen, um einer hübschen Dame nachzustellen und sie zu bedrängen, sobald sie eine sahen. Andere Frauen hätten diese Erfahrung als schmeichelhaft empfunden, meine Mutter jedoch nicht. Sie sah die meisten Männer als Raubtiere und hatte Angst vor ihnen.

Ich werde niemals diese eine Nacht vergessen, in der meine Mutter und ich vom Gebrüll eines betrunkenen Mannes geweckt wurden, der in der Gasse lautstark ihren Namen rief und ihr seine Liebe gestand. Sie schlich sich auf Zehenspitzen aus dem Zimmer, um den Ursprung der späten Störung zu erkunden, und ich folgte ihr. Durch die Spalten des alten Holztors erspähte ich einen Mann, der unsicher an einem Laternenpfahl lehnte und direkt zu unserer Tür hinübersah. Er trug einen schwarzen, leicht zur Seite gekippten Filzhut und hielt eine Flasche in der Hand, die Jacke hing über seinen Schultern.

Meine Mutter zitterte wie eine Taube, die einen Adler gesehen hatte. Wir warteten leise im dunklen Hof hinter dem Tor, bis der Mann endlich verschwand. Wieder zurück in unserem Zimmer, weinte meine Mutter völlig aufgewühlt und bat Gott, bald einen Ehemann für sie zu finden.

In jenem Jahr lebten wir in einem gemieteten Zimmer in einem großen Backsteinhaus in der Nähe des Qochan-Platzes. Es war typisch iranisch mit einem gefliesten Hof und einem rechteckigen Brunnen im Zentrum. Die Wohneinheiten lagen gegenüber voneinander auf zwei Seiten des Hofes, während auf den anderen beiden Seiten hohe Mauern standen. In der Ostmauer war ein altes, schweres Holztor eingelassen, das in eine enge Gasse führte, während die Westmauer die Grenze zum nächsten Haus bildete und zum Wäscheaufhängen genutzt wurde. Sheikh Aliakbar, der Vermieter, wohnte mit seiner Familie in den Räumen auf der einen Seite des Hauses und vermietete den anderen Bereich an meine Mutter und eine weitere kleine Familie.

Jedes Haus in Maschhad hatte einen Brunnen als Dreh- und Angelpunkt. Da der Brunnen häufig die einzige Wasserquelle eines Hauses war, spielte sich das gesellschaftliche Leben um ihn herum ab, besonders, wenn das Haus von mehr als einer Familie bewohnt wurde, was für gewöhnlich in den Wohngegenden mit mittlerem bis schwachem Einkommen der Fall war. Ein paar Goldfische, die darin schwammen, und ein auf dem Kopf stehender, L-förmiger Messingwasserhahn oder eine Handpumpe zur Gewinnung von frischem Wasser zum Kochen und Trinken waren typisch für jeden Brunnen. Die Frauen tauschten sich gerne über Rezepte, Nachrichten und den neuesten Tratsch aus, während sie um den Brunnen sitzend Geschirr abwuschen, ihre Wäsche erledigten oder Gemüse und Kräuter zum Kochen vorbereiteten. In Mehrfamilienhäusern tauschten Jungen und Mädchen im Teenageralter am Brunnen verstohlene Blicke aus, verliebten sich und arrangierten geheime Treffen, während sie so taten, als ob sie ihre Hände wuschen oder etwas Wasser tranken. An den Brunnen redeten einige Frauen schlecht über abwesende Mieter oder stritten mit anderen Frauen, und manch ergebener Mann machte seine rituelle Waschung zunichte – das muslimische Ritual, Hände,

Gesicht und Füße vor dem Gebet zu waschen –, indem er heimlich nach dem zum Teil freiliegenden Hals der Nachbarsfrau stierte, während diese ihren Teekessel füllte. Wenn Maschhads Brunnen reden könnten!

Am Brunnen von Sheikh Aliakbars Haus gab es viele Frauen, die über meine Mutter reden könnten, sollte nicht bald ein passender Mann auftauchen, befürchtete sie.

Die einzige Toilette des Hauses befand sich in der hintersten Ecke des Hofes, weit entfernt von den Wohneinheiten. Vor vielen Jahren habe ich irgendwo einmal gelesen, dass wenn man feststellen möchte, wie kultiviert eine Gesellschaft ist, man prüfen sollte, wie sie ihre Toiletten und Hunde behandelten. Im Arbeiterklassenbereich der Gesellschaft, in der ich aufwuchs, wurden sowohl Toiletten als auch Hunde als unrein betrachtet und deshalb stets vernachlässigt. Sie waren oft langweilige und farblose winzige Bauten, ausgestattet wie in der Steinzeit, für kleine Kinder und ältere Menschen mit schlechten Knien eine Zumutung und so weit weg vom Rest des Hauses errichtet wie nur möglich – und dies aus gutem Grund. Das Fehlen jeglichen Belüftungssystems oder Spülmechanismus sorgte häufig für einen scheußlichen Anblick und Geruch, besonders an heißen Sommertagen. Für viele Kinder wie mich war es eine angenehmere Alternative, ins Bett zu machen und am nächsten Morgen die Konsequenzen zu tragen, als mitten in der Nacht über den dunklen Hof auf die Toilette gehen zu müssen und sich mit allen möglichen Schatten und imaginären Monstern zu befassen. Und um die Angelegenheit noch komplizierter zu machen, war ein sperriger und schwerer Kupferkrug, der für viel besuchte Toiletten konzipiert war, das einzig verfügbare Mittel, um für den hygienischen Gebrauch Wasser vom Brunnen zur Toilette zu transportieren. Ich konnte den Krug nicht tragen, nicht einmal, wenn er leer war. Aufgrund der eben genannten logistischen Schwierigkeiten und aus anderen, mir unbekannten Gründen, war ich ein chronischer Bettnässer und litt sehr darunter.

Eine hellblaue Holzflügeltür im französischen Stil führte auf den quadratischen Hof hinaus und fungierte sowohl als Eingang zu unserem kleinen Zimmer als auch als Fenster. Im Innern ließen die Wände noch einen leichten Hauch von Azurblau erahnen, das vielleicht noch aus der Zeit stammte, als das Haus erbaut worden war. Eine spärliche Glühbirne hing von der Decke und warf abends ein unverschämt grelles Licht in den Raum. Ein kleines Regalbrett aus Mauerputz ragte aus der Wand, auf ihm standen ein Koran, in einen grünen Samtumschlag gehüllt, das Gebetstuch meiner Mutter und ein kleiner ungerahmter Handspiegel. Das Regalbrett war die einzige Dekoration in dem Raum, sonst gab es nur leere Wände. Kein Bild von niemandem und nichts. Damals war die Fotografie eine Technologie, die nur für Experten und Intellektuelle zugänglich war. Einige Menschen hatten zumindest ein farbiges Poster von Imam Ali oder Hussein, dem König Irans, oder wenigstens das Wort »Gott« in arabischer Schrift an ihren Wänden, aber wir nicht; wir konnten uns nichts davon leisten. Wenn einer von uns am nächsten Tag gestorben wäre, hätte es keine Fotos oder sonst irgendetwas zum Beweis gegeben, dass wir existiert hatten.

Die paar grundlegenden Dinge, die meiner Mutter nun zur Verfügung standen, um aus dem Zimmer ein Zuhause zu machen, hatte sie von ihren Eltern bekommen, einschließlich des ausgefransten Teppichs, der den Boden bedeckte, auf dem wir saßen und schliefen.

Alle irdischen Besitztümer meiner Mutter wurden in einem begehbaren Schrank aufbewahrt, der als Abstellkammer bezeichnet wurde. Ein bescheidenes Set Bettwäsche, zwei kleine Töpfe und Pfannen aus Aluminium, ein Kessel und eine Teekanne, ein paar billige Teetassen aus Glas, ein tragbarer, kleiner Aladin-Petroleum-Heizofen (der größtenteils zum Kochen verwendet wurde), einige Utensilien und zwei oder drei Sets Wechselkleidung meiner Mutter – all das wurde in der Abstellkammer aufbewahrt. Ich erinnere mich noch daran, dass die Porzellanteekanne eine große rote Rose auf der Seite hatte und an einigen Stellen bereits ausgebessert worden war.

Im Leben eines Mieters war die Abstellkammer viel mehr als nur ein Schrank; sie diente zusätzlich als Ankleideraum und Vorratskammer. Sie war ein Ort, an dem die Kinder spielen konnten oder an den sie geschickt wurden, wenn sie eine »Auszeit« nehmen mussten, und sie bot einen Zufluchtsort für alle, die einen Moment Privatsphäre brauchten. Aber vor allem war sie ein Requisitenraum. Alles, was man brauchte, um ein Zimmer in ein Esszimmer, Schlafzimmer, Wohnzimmer oder auch eine Küche zu verwandeln, wurde in der Abstellkammer aufbewahrt. Ich hatte große Freude daran, mich in unserer zu verstecken und dort stundenlang zu spielen.

Jeden Morgen verrichtete meine Mutter ihre rituelle Waschung am Brunnen, füllte ihren Kessel mit Wasser und stellte ihn auf den Heizofen, um ihn zu erwärmen, während sie betete. Sobald sie mit ihrer Verpflichtung gegenüber ihrem Gott fertig war, kochte das Wasser. Sie bereitete ihren Tee zu, trank ihn und wartete vor dem Fenster darauf, dass alle männlichen Bewohner des Hauses aufgebrochen waren, bevor sie mit ihrer Arbeit, der Wollspinnerei, begann. Ihre erste Pause machte sie erst am Vormittag, wenn ich wach wurde und sie mit der Arbeit pausierte, um mir Frühstück zuzubereiten. Sie ging ihrem Geschäft unter der hölzernen Überdachung vor unserem Zimmer nach und arbeitete, indem sie auf einem kleinen, zerfransten Teppich saß, dabei standen vor ihr nur ein Spinnrad aus Holz und ein großer Sack Wolle. Sie schuftete an sechs Tagen der Woche und fand ihren inneren Frieden im Summen ihres Spinnrads, während sie sanft vor sich hin sang und Wolle zu Garn verarbeitete. Ihre Lieder schienen mit der feinen Wolle zu verschmelzen und sich zu Fäden zu spinnen. Ich verbrachte meine Tage damit, mit anderen Kindern im Hof zu spielen, Nickerchen zu halten oder neben meiner Mutter zu sitzen und ihr beim Arbeiten zuzusehen. Sie summte herzzerreißende, melancholische Volksmelodien, die von ihrem gebrochenen Herzen, ihrer verschollenen Tochter, einer treulosen Welt und dem geliebten Heimatdorf, das sie zurücklassen musste, handelten und drehte zugleich mit einer Hand das Rad und gab mit der anderen die flauschige, feine Wolle behutsam frei. Meine Mutter liebte es, zu singen, und dachte sich die meisten Texte spontan aus. Wo auch immer möglich, fügte sie den Namen meiner Schwester oder das Wort *khodaya* (mein Herr) in die Texte ein. Ich liebte die beruhigende und traurige Singstimme meiner Mutter, besonders abends, wenn sie sanft Schlaflieder mit meinem Namen darin säuselte und ich in den Schlaf glitt.

Sie wurde ein Mal in der Woche bezahlt. Jeden Donnerstagabend brachte ein kleiner, dürrer Mann mit einem schmalen Schnurrbart einen neuen Sack mit Schafswolle, nahm das fertige Garn mit und bezahlte meine Mutter für die geleistete Arbeit, bevor er wieder davoneilte.

Ich besaß keine Spielsachen und wollte zu dem Zeitpunkt schon länger einen roten Spielzeugbus aus Plastik haben, den ich in einem kleinen Geschäft in der Nähe unseres Zuhauses gesehen hatte. Jeden Donnerstagabend, wenn meine Mutter ihren Lohn bekam, fragte ich sie, ob sie ihn für mich kaufen könnte, und ausnahmslos jeden Donnerstagabend sagte sie Nein. Der kleine Bus kostete zwei *Rial* und sie meinte, dass dies viel zu viel Geld für ein Spielzeug sei. Das verstand ich und so enttäuscht ich auch war, brachte ich das Thema nicht wieder zur Sprache, bis der nächste Donnerstagabend kam.

Wenn es für meine Mutter keine Wolle zu spinnen gab, knackte und entkernte sie Mandeln, Walnüsse und Aprikosenkerne, um Geld zu verdienen. Den Nussknacker-Job mochte ich am liebsten; ich durfte die beschädigten Nüsse essen. Meine Mutter arbeitete hart, egal welche Beschäftigung sie auch fand, dennoch reichte ihr Einkommen kaum für die Miete. Wenn meine Großmutter uns nicht alle zwei Wochen Brot und Käse aus dem Dorf gebracht hätte, bin ich mir nicht sicher, wie wir uns sonst verpflegt hätten. Wir hatten Brot und heißen, gesüßten Tee zum Frühstück und

Brot und Käse zum Mittag- sowie Abendessen. Eier, Fleisch und Reis waren Luxusgüter, die wir uns nicht leisten konnten.

Obwohl wir kein Geld hatten, besaßen wir einige elegant aussehende Kleidungsstücke, die meine Mutter aus günstigem Stoff oder Garn genäht oder gewebt hatte. Da ich mit den Genen meiner Eltern gesegnet war – sie waren beide sehr attraktive Menschen – und weil ich stets gepflegt und sowohl ordentlich als auch geschmackvoll gekleidet war, sah ich eher wie die Kinder aus den vornehmeren Stadtbezirken aus und nicht wie die Kinder aus dem Bezirk, in dem wir lebten. Meiner Mutter zufolge war ich ihr Kronjuwel, den sie mit ihrem Leben schützte und niemals aus den Händen geben würde. Und ich war verrückt nach meiner Mutter, der einzigen Person in meinem Leben.

Ich kann mich nicht daran erinnern, zu jener Zeit jemals meinen Vater gesehen zu haben.

◆ BESCHWERLICHER FREITAG

An den Freitagen begann für uns das Wochenende und meine Mutter legte an diesem Tag die Arbeit nieder. Sie hätte gerne weiter gearbeitet, tat es jedoch nicht, weil alle Nachbarsmänner übers Wochenende zu Hause blieben. Als tiefgläubige Muslimin würde sie sich niemals vor fremden Männern ohne *Tschador* zeigen, und Garn unter einem *Tschador* zu spinnen, war nicht unbedingt praktisch.

Das gesamte Haus und die Nachbarschaft erwachten freitags zum Leben und es wurde regelrecht festlich. Unser Vermieter hielt Musik für sündhaft und gestattete keine Radios im Haus, aber wir konnten dennoch Mahvash, eine berühmte Sängerin, im Radio des anliegenden Hauses singen hören.

Am Vormittag kehrten die Männer mit ihren Söhnen aus dem *Hammam* zurück, die Haare enorm aufgeplustert und die Gesichter rot glühend vom Dampf und Schrubben. Die Frauen gingen unter der Woche in den *Hammam* und blieben daher freitags zu Hause, um sich vollends dem Zubereiten des Festmahls für ihre Ehemänner zu widmen.

Je nach Saison kauften die Frauen Auberginen und Kürbisse von reisenden Händlern, die ihre Ware von Packeseln oder Holzkarren aus in der Nachbarschaft verkauften. Freitagmorgens stellten die Frauen Körbe und Bretter mit geschälten und gesalzenen Auberginenscheiben in die Sonne, um ihnen fürs spätere Braten das Wasser zu entziehen und ihren bitteren Geschmack zu reduzieren. Gleichzeitig war die Luft mit dem Aroma von Lammstücken durchzogen, die in Zwiebeln und unterschiedlichen Kräutern und Gewürzen wie Bockshornklee, Zimt und Kurkuma gebraten wurden. Kurz vor Mittag stieß ein himmlischer Duft von Basmati- und Jasminreis hinzu, der mit Kermanshahi-Butter (eine sehr edle, teure Butter, die in der Stadt Kermanshah hergestellt wird) und Safran veredelt war und jedem Hungrigen das Wasser im Munde zusammenlaufen ließ. Die Schafe der Kermanshah-Region grasen auf Gebirgswiesen mit der angeblich feinsten und wohlschmeckendsten Pflanzenwelt und produzieren daher die begehrteste Butter im Land.

Während für die meisten Menschen der Freitag ein Tag war, an dem man genussvoll schlemmte, sich entspannte und Freunde oder Familie besuchte, verbrachten meine Mutter und ich die Hälfte des Tages im *Hammam*, um uns zu waschen, und den Rest des Tages suchten wir entweder nach meinem Vater oder gingen in den Imam-Reza-Schrein. Mit ihrem Glauben an Imam Reza und dem Ziel, meinen Vater zu finden und sein Herz zu erweichen, brach meine Mutter an diesem Tag immer wieder zu der Mission auf, ihre verschollene Tochter zu finden. Meine Mutter hatte durch und durch Angst vor meinem Vater, das hielt sie jedoch nicht davon ab, stundenlang am Tor des Stützpunktes zu warten und nach ihm zu suchen. Leider war mein Vater kein Mann, den man einfach so antraf. Wenn Houdini (der Entfesselungs- und Zauberkünstler) einen iranischen Bruder gehabt hätte, wäre er mit großer Sicherheit mein Vater gewesen. Im Laufe der Zeit wurde er durch das ständige Vermeiden seiner Gläubiger zum Meister des Versteckspiels. Niemand bekam ihn zu fassen, wenn er dies nicht wollte. Meine Mutter pflegte zu sagen: »Er könnte sogar den Teufel in die Irre führen, wenn er wollte.«

Die Freitage begannen für uns lange bevor der Nachbarshahn überhaupt seinen Schnabel geöffnet hatte. Nach einem eiligen Gebet zog mir meine Mutter sofort die Schuhe an, schnappte sich das Bündel mit den *Hammam*-Utensilien, das sie am Vorabend bereitgelegt hatte, und wir gingen los, um uns zu waschen. Das Bündel diente als Taschenersatz und bestand aus einem großen

Tuch, in dem ein Handtuch, saubere Kleidung und ein Beutel mit weiterem Waschzubehör eingewickelt waren. Niemand nahm das Baden so ernst wie meine Mutter.

Für gewöhnlich waren wir die Ersten im *Hammam*, es war meist noch dunkel draußen und ich schlief noch halb. Meine Mutter wollte möglichst früh da sein, um so viel Zeit fürs Waschen zu haben wie nur möglich. Da mein Vater nicht da war, hatte meine Mutter keine andere Wahl, als mich in den Frauen-*Hammam* mitzunehmen. Solange die Kinder nicht älter als vier Jahre waren und keiner der Gäste Einwände hatte, erlaubten die meisten Frauen-*Hammams*, dass man kleine Jungen mitnahm.

Abgesehen vom vorderen Eingangsbereich, in dem der Kassierer saß – der meist auch der Leiter des *Hammam* war –, bestanden die öffentlichen *Hammams* grundsätzlich aus zwei Hauptbereichen: einem großen Umkleideraum mit einigen Spiegeln an den Wänden und einem großen Baderaum. Fast alles im Baderaum war gekachelt – der Boden, die Wände, die Bänke und sogar die Becken. Bevor es Pflicht wurde, Duschköpfe im *Hammam* einzubauen, verwendeten die Gäste zum Waschen und Abspülen zwei unterschiedliche Becken: In einem kleineren wurde die Seife abgewaschen und in einem größeren befand sich heißes, klares Wasser, das zum letzten Abspülen verwendet wurde. Überall gab es Wasserhähne, an denen die Gäste während des Waschens frisches Wasser holen konnten. Ich erinnere mich, dass es im Frauen-*Hammam* immer sehr voll war und dass die gekachelten Oberflächen den ohnehin schon hohen Lärmpegel noch weiter steigen ließen.

Meine Mutter suchte sich stets eine abgelegene Ecke, die sich möglichst nah an einem Wasserhahn befand, legte den Inhalt ihres Beutels ordentlich auf den Boden und machte sich ans Werk. Ihre Arbeitsmaterialien umfassten ein krummes, duftloses Stück Seife – das ihre Mutter im Dorf hergestellt hatte und vermutlich am besten für große Nutztiere geeignet war –, einen rauen Waschlappen, einen Schwamm, ein Stück *rooshoor*, einen doppelseitigen

Holzkamm, einen Lavastein für die Füße und eine kleine Schüssel. Ich war zuerst dran. Sie wollte meine Körperpflege schnell hinter sich bringen, um sich dann vollends ihrer eigenen widmen zu können. Sie rieb mich zuerst mit *rooshoor* ein und schrubbte meinen Körper mehrmals hintereinander von Kopf bis Fuß erbarmungslos mit dem rauen Waschlappen ab. Anschließend nahm sie den Schwamm und die Seife und wusch damit meinen gesamten Körper und meine Haare, wobei die Seife auf der Haut brannte und in den Augen biss. Wenn meine Mutter mich ohne jede Sanftheit abschrubbte, besaß sie sogar noch weniger Feingefühl als die Seife meiner Großmutter. Während sie mich rücksichtslos wusch, verdrehte und verbog sie meine Körperteile, als ob ich keine Knochen hätte. Nach der Hälfte der Zeit fing ich also jedes Mal an, zu weinen.

Sobald ich meiner Mutter mit meiner Quengelei auf die Nerven ging, warf sie mir ihren Todesblick zu und fauchte mit zusammengebissenen Zähnen: »Ich will keinen einzigen *jeek* (Pieps) mehr von dir hören«. Wenn sie versuchte, mich zu waschen, war es wie ein Wettkampf im Tauziehen zwischen uns. Sie drehte und verbog meinen Körper in alle Richtungen und hob meine Arme, sodass mein Intimbereich entblößt war, während ich verzweifelt versuchte, ihn zu bedecken. Da ich mir der neugierigen Blicke der Mädchen im *Hammam* bewusst war und mich vor ihnen schützen wollte, nahm ich die Arme stets wieder herunter und drehte mich um. Meine Mutter gab mir dann frustriert einen Klaps auf den Po und zerrte mich zurück in die gewünschte Position.

Für mich war es daher so gut wie immer eine schmerzhafte und erniedrigende Erfahrung. Ich hasste es abgrundtief, mit meiner Mutter in den *Hammam* zu gehen; mich schreckte nicht nur ihre brutale Waschtechnik ab, sondern ich schämte mich auch, vor einer Gruppe nackter Mädchen und Frauen so entblößt zu werden. Hungrig, müde und gelangweilt, wie ich war, begann ich also, zu nörgeln und zu weinen, und wollte einfach nur noch nach Hause. Einige Frauen brachten Orangen oder zur Saison passendes Obst mit, um ihre Kinder damit zu belohnen, sobald sie fertig mit dem Waschen waren; meine Mutter tat dies jedoch nicht. Um mich zum Schweigen zu bringen, zeigte sie lediglich auf die Mädchen um uns herum und sagte: »Jungs weinen nicht! Die Mädchen gucken schon alle und fragen sich bestimmt, was für einen Jungen du denn darstellen willst!« Ich dachte mir damals, dass sie sich wohl eher fragten, was für ein Junge denn in den Frauen-*Hammam* ging.

Erst viele Jahre später begriff ich, dass meine Mutter unter einer Art Zwangsneurose litt. Sie schrubbte uns beide so gründlich, dass beinahe keine Haut mehr übrig blieb, und jedes Mal, wenn ich dachte, dass sie fertig sei und wir endlich nach Hause gehen könnten, fing sie wieder von vorn an. Obwohl meine Mutter sich alle Mühe gab, möglichst früh wieder gehen zu können, verbrachten wir meist vier bis sechs Stunden im *Hammam.* Die meisten Frauen mit einem oder zwei Kindern waren schon nach einer Stunde fertig. Meine Mutter war bereits aus dem *Hammam* bei uns in der Nähe verbannt worden, weil sie darin zu viel Zeit verbracht und zu viel Wasser verbraucht hatte. Auch hier wurde sie schon gewarnt, nicht länger zu bleiben, als es für die gezahlten fünf *Rial* Eintritt angemessen sei.

Sobald wir den *Hammam* verlassen hatten, gingen wir kurz nach Hause, wo meine Mutter hastig ein bis zwei Tassen heißen Tee trank und mich dabei eilig mit mundgerechten Brotstücken mit Käse fütterte, bis wir schließlich aufbrachen, um meinen Vater zu suchen.

Der Stützpunkt, auf dem er stationiert war, befand sich auf der anderen Seite der Stadt, am Randgebiet von Maschhad. Auf dem Weg zum Stützpunkt gingen wir meist erst bei meinem Onkel Mohammad vorbei. Er wohnte neben meinem Vater und ihre Häuser grenzten aneinander. Sie trennte lediglich eine hohe Backsteinmauer. Er konnte meiner Mutter sagen, ob mein Vater an jenem Tag im Dienst war und sich auf dem Stützpunkt befand oder eben nicht, sodass wir wussten, ob wir uns den Weg sparen konnten. Meiner Mutter war verboten worden, an der Haustür meines Vaters zu klopfen, da sich seine neue Frau sehr schnell aufregte. Sie stillte ihr Neugeborenes und man sagte uns, dass ihre Milch sauer werden würde, sollten wir sie verärgern.

Onkel Mohammad war ein überdurchschnittlich großer Mann und sprach sehr wenig. Er war dünn, gut aussehend und besaß eine warme, beruhigende Stimme. Sein getrimmter Oberlippenbart, die grünen Augen und das militärisch frisierte, volle, rötliche Haar ließen ihn wie einen britischen Safariführer aussehen, besonders wenn er in seinem Land Rover umherfuhr und seine kakifarbene Dienstkleidung für das Landwirtschaftsministerium trug. Wie bei vielen iranischen Geschäftsmännern der Mittelklasse waren er und seine Krawatte unzertrennlich. Ich kann mich nicht erinnern, ihn jemals ohne Krawatte gesehen zu haben, selbst zu Hause mit Pyjamahose trug er eine. Von allen Verwandten meines Vaters war Onkel Mohammad am nettesten zu meiner Mutter und mir.

Aus Sorge, meinen Vater zu verärgern, bat uns mein Onkel niemals hinein, wenn meine Mutter und ich ihm einen Besuch abstatteten. Wir standen jedes Mal vor seiner Haustür und meine Mutter flehte ihn mit trauriger und verzweifelter Stimme an, in ihrem Namen mit seinem Bruder zu reden. Sie erklärte ausführlich, wie schwer unser Leben war, wie wenig Geld sie mit der Wollspinnerei verdiente, wie sehr sie ihre Tochter vermisste und dass sie finanzielle Hilfe bräuchte, um mich zu füttern und einzukleiden.

»Alireza ist euer eigen Fleisch und Blut. Gott wird euch am Tag des Jüngsten Gerichts keinesfalls wohlgesinnt sein, wenn ihr ihn alle derart im Stich lasst«, sagte sie dann zu ihm. Das tränenerstickte, verzweifelte und sorgenvolle Flehen meine Mutter machte mich traurig, während ich neben ihr stand und zuhörte. Mein Onkel reagierte meist mit einem mitfühlenden Blick, sagte jedoch selten etwas dazu.

Ich habe keine Ahnung, warum wir uns überhaupt die Mühe machten, dort hinzugehen. Wir liefen uns auf dem Weg lediglich unsere Schuhsohlen ab – die langen Fußmärsche zum Haus meines Onkels oder zum Stützpunkt bewirkten nie eine Veränderung. Vielleicht war es der verzweifelte Versuch meiner Mutter, an ihrer Vergangenheit festzuhalten. Damals verstand ich nicht viel von dem, was vor sich ging, aber ich begriff, dass meine Mutter immer unglücklich war und wir freitags nicht zu Hause bleiben konnten, um zu kochen, zu essen, der Musik aus dem Nachbarradio zu lauschen und Spaß zu haben wie alle anderen. Ich kannte meinen Vater kaum und das Bisschen, was ich über ihn wusste, hatte ich aus Gesprächen zwischen meiner Mutter und ihren Verwandten erfahren.

»Ich muss mal Pipi, Mama«, murmelte ich an einem dieser besagten Freitage, als wir gerade wieder vom Haus meines Onkels aufbrachen.

»Warum hast du nichts gesagt, als wir noch bei deinem Onkel waren?«, fragte sie und starrte mich dabei mit großen Augen und zusammengezogenen Brauen an.

Ich sah nach unten und zuckte mit den Schultern. Außer in den Parks gab es in der Stadt nirgendwo öffentliche Toiletten und es befanden sich keine Parks in unserer Nähe. Frustriert, wie meine Mutter war, sagte sie: »Du bist der Ursprung all meiner Probleme, weißt du das? Wenn ich kein Kind hätte, hätte mich bereits irgendein Mann geheiratet und mein Leiden hätte ein Ende. Kein Mann möchte eine Frau mit nach Hause nehmen und sie heiraten, wenn ihr ein Kind am Rockzipfel hängt.« An diesem Punkt sprach sie eher mit sich selbst. Obwohl meine Mutter mich liebte, reagierte sie oft sehr schroff, wenn sie das Gefühl hatte, in die Enge getrieben zu werden oder überfordert zu sein. Aber wer konnte ihr das schon verübeln, nach all dem, was sie durchgemacht hatte?

Sie sagte mir, ich solle aushalten, bis wir an eine abgelegene Stelle kämen. Ich schwieg und folgte ihr. An der ersten Nebenstraße griff sie nach meiner Hand und zerrte mich hinter sich. Sie setzte sich neben einen kleinen Baum in die Hocke, zog meine Hose hinunter, nahm meinen *Doodool*, wie sie ihn nannte, zielte auf den unteren Teil des Baumstammes und sagte mir, ich solle lospinkeln. Unter diesen Umständen konnte ich nicht und das verärgerte sie noch mehr.

»Beeil dich! Ich kann nicht den ganzen Tag darauf warten, dass du und dein Vater auf mein Leben pinkeln.«

Verlegen fragte ich, ob ich es allein machen dürfte. Sie knirschte mit den Zähnen, runzelte die Stirn und fauchte: »Nein! Du versaust dir nur die Hose. Mach schon, pinkel endlich. Glaub mir, niemand hier interessiert sich für deinen kleinen Piephahn.«

Nach ein paar Schlägen auf den Hinterkopf war ich schließlich in der Lage, meine Notdurft zu verrichten, und wir machten uns erneut auf den Weg zum Stützpunkt.

»Ich bin müde und habe Hunger«, sagte ich, während ich hinter ihr herlief.

Ohne stehen zu bleiben oder auch nur ein Wort zu sagen, drehte sie ihren Kopf nach hinten und warf mir ihren Todesblick zu. Die Freitage waren stets sehr lang und ermüdend. Nachdem ich von meiner Mutter sechs Stunden lang im *Hammam* malträtiert worden war, wollte ich einfach nur noch ein Mittagsschläfchen halten.

»Ich bin müde und habe Hunger, Mama.«

»Ich habe dich schon beim ersten Mal gehört. Wir essen etwas, sobald wir am Stützpunkt deines Vaters angekommen sind. Jetzt sei ein braver Junge und hör auf, mir auf die Nerven zu gehen«, entgegnete sie und ging weiter, ohne sich überhaupt umzudrehen.

Ich hörte, wie sie weinte und leise zu Gott sprach, während sie vor mir herlief.

Kurze Zeit später bogen wir in die Ahmadabad-Avenue ein, eine lange und begrünte Straße, die nach Norden und Süden führte und sich bis über die Stadtgrenzen hinaus erstreckte. Die Straße war zu beiden Seiten symmetrisch mit hochgewachsenen Mammutbäumen gesäumt, die stets Schatten spendeten. Maschhads stechende Sommersonne durchdrang die dichten und üppigen Baumkronen nur selten, sodass sie den vereinzelten Spaziergängern eine angenehme Kühle boten. In manchen Bezirken schützten hohe Backstein- oder Gipsmauern sowie riesige Eisentore die

Häuser der glücklichen Menschen, die dort wohnten. An einigen Passagen der Allee versperrten durchgängige, lange Mauern die Sicht auf das umliegende brache Land und trugen so zusätzlich zu der romantischen und malerischen Atmosphäre des Ortes bei. Wie bei den meisten älteren Straßen und Wegen in der Stadt üblich, verlief auch hier ein natürlicher Bach entlang der Bäume. Im Frühling und Sommer zierten außerdem Pfefferminze und Wildblumen die Ufer des Baches.

Es war fast unmöglich, sich als Jugendlicher nicht zu verlieben, wenn man an den langen Baumreihen dieser verborgenen Allee entlang spazierte. Besonders im Herbst, wenn die Schritte der Fußgänger auf den laubbedeckten Gehwegen ein Knirschen in der gesamten Umgebung widerhallen ließen und den moschusartigen Duft der Blätter befreiten. Dank der farbenfrohen Bäume, die den romantischen Gehweg im Herbst in Orange, Gelb und Rot hüllten, und des Krächzens der Nebelkrähen, die über den Bäumen kreisten und den nahenden Winter beklagten, bot die Straße stets eine eindrucksvolle Szenerie. Und im Winter war die Ahmadabad-Avenue mit dem empfindlichen Schneedach auf den Baumkronen sogar noch eindrucksvoller.

Schließlich kamen wir zum Golkari-Platz, der den Spitznamen wegen all der Blumen trug, die die Stadt in seinem kreisförmigen Zentrum gepflanzt hatte. Links von uns konnten wir einen schmalen, weißen Rauchstreifen aus einem offenen Grill einer kleinen beliebten Kebab-Imbissbude aufsteigen sehen. Der Duft von geschmortem Lammhackfleisch in Kombination mit der brennenden Kohle machte meine letzten Anstrengungen, ein braver Junge zu sein, zunichte und ich konnte meinen Hunger nicht mehr im Zaum halten, wie es meine Mutter von mir verlangt hatte. Es war sehr lange her, dass wir etwas anderes als Brot und Käse gegessen hatten.

Meine Mutter blieb vor dem offenen Fenster der Imbissbude stehen und starrte neidisch auf die Fleischspieße und Tomaten, die auf dem Grill brutzelten und zischten. Ich bat sie, mich hochzuheben, um besser sehen zu können. Ein dünner Mann stand hinter dem Grill, er fächerte der Holzkohle mit einer Hand Luft zu und drehte die Spieße mit der anderen. Er wischte sich mit seinem Ärmel den Schweiß von der Stirn und grüßte meine Mutter.

»*Befarmaeyd* (Kommen Sie doch rein)«, sagte der Mann und deutete mit einem Kopfnicken auf die freien Tische im Innern der Imbissbude. Abgesehen von einem Mann, der sein Essen scheinbar zum Mitnehmen bestellt hatte und nun darauf wartete, war der Ort zu dieser Uhrzeit völlig leer. Meine Mutter schluckte den Speichel hinunter, der ihr im Mund zusammengelaufen war, und schüttelte den Kopf, ohne dabei den Mund zu öffnen oder auch nur den Blick von den Kebabs zu wenden. Sie war keine Frau, die einfach ihren Gelüsten nachgab. Ich wiederum hätte für einen der Spieße, die sich vor mir befanden, mein letztes Hemd hergegeben. Der Anblick der Kebabs und der Stapel *Nan* (Fladenbrot) neben dem Grill entlockte meinem Magen ein lautes Knurren. Neben uns vor der Imbissbude stand eine weiße Kühlbox, die mit Eis und angefrorenen Limonadeflaschen gefüllt war. Obwohl ich vorher noch nie eine Limonade getrunken hatte und daher nicht wusste, wie sie schmecken würde, sah die orangene Flüssigkeit sehr verlockend aus.

Meine Mutter ließ mich wieder herunter und wir liefen weiter.

»Ich habe Hunger, Mama«, sagte ich und zog an ihrem *Tschador.*

Sie seufzte deprimiert und antwortete: »Ich auch, *pesaram* (mein Sohn), ich auch …«

Wir liefen um den Platz herum und setzten uns an einen kleinen Felsvorsprung eines seichten Baches, der aus Koohsangi herabfloss, einem Felsberg einige Kilometer die Straße hinauf. Meine Mutter faltete auf dem Boden ein Taschentuch auseinander, in dem sich ein kleines Fladenbrot und etwas Käse mit Rosmarin befanden, und wir fingen an, zu essen. Ich sah immer wieder zur Imbissbude auf der anderen Seite des Platzes hinüber und beobachtete, wie der wohlriechende weiße Rauch vom Grill aufstieg und sich in den dichten Ästen der Schatten spendenden Bäume verlor. Meine Mutter aß nicht viel, aber sie nahm immer etwas Fladenbrot und Käse mit, falls ich Hunger bekommen sollte.

Sie saß schweigend da und starrte mit trauriger Miene auf einen Punkt in der Ferne. Einen Punkt, der sich jenseits des Platzes, der hochgewachsenen Bäume und sogar der Stadt und dieser Welt zu befinden schien. Das Flüstern des sanft durch die Äste streifenden Nachmittagswindes und das beständige Plätschern des über die Felsen fließenden Wassers ließen meine Mutter das Freitagsgetümmel um uns herum völlig vergessen. Ich beobachtete voller Interesse, wie die Ein-*Rial*-Busse, die Pferdekutschen und die Schwarz-Weiß-Taxis, alle mit glücklichen Menschen gefüllt, die Koohsangi-Avenue auf und ab fuhren. Während all der Fußmärsche zum Armeestützpunkt sah ich die Sonne kein einziges Mal den Boden des Golkari-Platzes oder der Koohsangi-Avenue berühren, denn die riesigen Bäume legten schützend ihre Äste über die beiden Orte. Ganz gleich, wie heiß es sonst überall war, in Golkari war es stets angenehm kühl.

Als wir mit dem Essen fertig waren, ging meine Mutter mit mir zum Wachposten am Tor des Armeestützpunktes. Nachdem wir der Wache gesagt hatten, wen wir sehen wollten, stellten wir uns auf den Gehweg in der Nähe des Tors und warteten. Ich beobachtete, wie die Wache in seinem Häuschen die Handkurbel des armeegrünen Telefons mehrfach drehte und mit jemandem am anderen Ende der Leitung sprach, während er uns die ganze Zeit über ansah. Ich glaube, alle Wachen kannten unsere Geschichte. Sie wussten, dass wir unsere Zeit vergeudeten und dass mein Vater niemals ans Tor kommen würde, aber damit wir uns besser fühlten, taten sie so, als ob sie es versuchten.

Wir warteten im Schatten eines kleinen Baumes und meine Mutter befeuchtete ihre Finger mit Speichel, um mir die Haare aus den Augen und zur Seite zu streichen. Jedes Mal, wenn in der Ferne ein Soldat auftauchte, der auch nur ansatzweise Ähnlichkeit mit meinem Vater besaß, begann mein Herz, wie wild zu pochen. Ich konnte mich nicht erinnern, wann ich ihn zuletzt gesehen hatte, aber ich kannte sein Gesicht von einem Foto, das ich im Haus meiner Großeltern im Dorf entdeckt habe. Soweit ich mich zurückerinnern kann, hörte ich meine Mutter immer sagen, dass Gott, Imam Reza und mein Vater unsere einzige Hoffnung waren, also war ich davon überzeugt, dass die tiefe Traurigkeit meiner Mutter endlich ein Ende hätte und sie wieder lächeln könnte, wenn er nur einfach zum Tor käme. Aber das tat er nie.

Meine Mutter saß am Baum lehnend in der Hocke und fixierte mit müden Augen das Tor des Armeestützpunktes. Sie war während der letzten paar Stunden mindestens schon vier Mal zu den Wachen gegangen, um mit ihnen zu reden. Vielleicht war mein Vater auch einfach nur zu Hause bei seiner Frau und seinem neuen Kind und genoss seinen freien Tag, während er Radio hörte und heißen Tee trank. Wer wusste das schon. Mein Onkel ließ uns wahrscheinlich einem Phantom nachjagen.

»Ich bin müde, Mama«, sagte ich und legte meinen Kopf in ihren Schoß.

»Ich weiß, *pesaram*, ich weiß.«

Damit erklärte meine Mutter die heutige Mission für beendet. Sie stand auf, nahm mich auf den Arm und wir machten uns auf den langen Weg nach Hause bis zur anderen Seite der Stadt. Die Sonne war schon fast hinter dem Horizont verschwunden und mit ihr die Überreste eines weiteren anstrengenden Freitags. Mit der Handfläche legte meine Mutter meinen schläfrigen Kopf in die Halswölbung über ihrer Schulter und säuselte ein trauriges Schlaflied in mein Ohr, während wir auf dem langen und leeren Gehweg nach Hause schritten.

Das Wort »*Khodaya*«, gefolgt von einem langen Seufzer, war das Letzte, was ich von meiner Mutter hörte, bevor ich an dem für mich liebsten und sichersten Ort auf Erden einschlief.

Ich liebte meine Mutter mehr als alle Zwei-*Rial*-Spielzeugbusse, Kebabs und funkelnden roten Dreiräder dieser Welt zusammen.

◆ OH, DU BÜRGE DES REHS

Ein langes Jahr ging vorüber und an unserer Situation hatte sich nicht viel geändert. Es gab immer noch keine Neuigkeiten über den Verbleib meiner verschollenen Schwester und kein Anzeichen von meinem Vater, geschweige denn finanzielle Hilfe von seiner Seite. Meine Mutter hatte immer noch hier und da kleinere Jobs, um die Miete zahlen und sich Lebensmittel für uns beide leisten zu können. Es gab damals nicht viel anständige Arbeit für Frauen, weil Frauen im Iran nicht als Teil der Arbeiterschaft angesehen wurden. Putzen, kochen und auf die Kinder anderer aufzupassen, oder zu tun, was meine Mutter tat – Wolle spinnen und Nüsse knacken –, fasste die Arbeitsmöglichkeiten für ungebildete Frauen mehr oder weniger zusammen. Arbeit in der Teppichweberei gab es immer, aber meine Mutter konnte diese Jobs nicht annehmen, da sie sonst jemanden hätte finden müssen, bei dem ich in der Zeit hätte bleiben können.

Während des Sommers nutzte meine Mutter ihre Kochkünste, um Geld zu verdienen, und bereitete Tomatenmark sowie eingelegtes Gemüse zu, das sie dann an die wohlhabenden Hausfrauen in den Wohngegenden der Oberschicht verkaufte. Tomatenmark war ein wichtiger Bestandteil der persischen Küche und eingelegtes Gemüse wurde zu fast jeder Mahlzeit gereicht. Meine Mutter und ich verbrachten sehr viel Zeit in dem Bezirk *Koye Doktorha* (das Doktorenviertel). Dort legten wir Gemüse wie Mini-Auberginen, Perlzwiebeln, Knoblauch, Gurken und Ähnliches in Essig und Gewürze ein. Einige Tage war meine Mutter ausschließlich damit beschäftigt, Tomatenmark zuzubereiten. Sie wusch kistenweise Tomaten, passierte sie durch ein Sieb und reduzierte das Fruchtfleisch sowie den Saft zu Tomatenmark. Dazu nutzte sie riesige und schwere Kupfertöpfe über einem offenen Feuer im Hof ihrer Kunden. Da ich noch zu klein war, um zu helfen, saß ich einfach in ihrer Nähe und hörte ihr beim Summen zu oder machte unter den Quitten- oder Apfelbäumen ein kleines Nickerchen, während sie arbeitete. Am Ende eines jeden Tages wurde meine Mutter bar ausgezahlt und wir durften meist noch ein kleines Glas ihrer eigenen Ware mit nach Hause nehmen. Wir brachten außerdem immer die ausgesiebten Kerne sowie die Haut der Tomaten mit nach Hause, wo meine Mutter sie zu runden Kugeln zusammendrückte, zum Trocknen in die Sonne legte und im Winter dann als Brennmaterial verwendete.

An Tagen, an denen meine Mutter gerade nicht arbeitete, durchkämmten wir anfänglich meist die Stadt und suchten nach meiner Schwester. Dabei statteten wir stets denselben Waisenhäusern, Polizeiwachen und Leichenhäusern einen Besuch ab. Mit der Zeit jedoch sank die Hoffnung, Shahnaz zu finden, immer mehr und meine Mutter veränderte ihre Vorgehensweise, sodass sie nun für meine Schwester betete, statt nach ihr zu suchen. Sie besuchte also regelmäßig mit mir den Schrein. Mittlerweile war ich drei Jahre alt und kannte mich dank unserer vielen Fußmärsche recht gut in der Stadt aus.

Ein paar Mal im Monat opferte meine Mutter einen ganzen Freitag für einen Besuch des Imam-Reza-Schreins. Wir lebten nur einige Kilometer vom Schrein entfernt, am anderen Ende der Naderi-Avenue, der Hauptverkehrsader, die vom Qochan-Platz zum Schrein führte.

Die Naderi-Avenue wurde nach König Nader benannt, einem Herrscher Persiens im achtzehnten Jahrhundert. Einige Historiker bezeichnen ihn wegen seiner militärischen Genialität als den Napoleon Persiens und man sagt, dass er der letzte große Heerführer des Nahen Ostens gewesen sei.

Jeder, der aus dem Norden nach Maschhad reiste, musste den

Qochan-Platz überqueren. Alle Busse, die aus den Dörfern und kleineren Städten im nördlichen Teil der Provinz kamen oder dorthin fuhren, hatten hier ihre Haltestelle.

Freitags wimmelte es auf dem Platz nur so vor Bussen. Sie setzten sehr viele Leute vom Land ab, die in die Stadt kamen, um Geschäfte zu tätigen, Verwandte oder den Schrein zu besuchen und ins Kino zu gehen. Während der ersten Hälfte des Tages waren die Bürgersteige der Naderi-Avenue gefüllt mit Menschen, die nach Süden strömten; Frauen und ältere Männer wanderten zum Schrein, während Jungen im Teenageralter in Scharen und so schnell sie konnten Richtung Stadtzentrum und zu den Kinos rannten. Am späten Nachmittag verlief der Menschenstrom dann in umgekehrter Richtung. Kurz vor Sonnenuntergang saßen alle, die am Morgen in die Stadt gekommen waren, schon wieder in den Bussen und waren auf dem Weg zurück in ihre Dörfer. Bis der nächste Freitag kam.

Während meine Mutter das Ziel unserer kleinen Reise schätzte, genoss ich eher den Weg zum Schrein. Das geschäftige Treiben der Naderi-Avenue und die Vielfalt der Geschäfte entlang der Straße versetzten mich immer wieder ins Staunen. Die Luft war durchzogen von einem Geräuschwirrwarr aus Autohupen, Fahrradklingeln, dem Pfeifen der Verkehrspolizisten und dem Bimmeln der reisenden Händler, die ihre Ware ankündigten. Pferde zogen Kutschen über den gepflasterten Gehweg und die Glocken an den Tierhälsen ertönten im gleichen Rhythmus wie die trampelnden Hufe.

In dem Alter war mein leerer Magen ständig im Fokus meiner Aufmerksamkeit und die Naderi-Avenue bot die wohl eindrucksvollste Auswahl an Lebensmitteln. Entlang der gesamten Straße verkauften Händler essbare Waren, die sie auf Holzkarren zur Schau stellten oder auf großen Holzbrettern über ihren Köpfen trugen. Im Frühling verkauften sie frisch gepflückte, saftig-süße Maulbeeren, nicht ganz reife, saure grüne Pflaumen sowie grüne Mandeln, die mit etwas Salz serviert wurden und die die Leute zwischendurch naschten. In den heißen Sommermonaten verkauften die Karrenhändler neben dem in der Saison erhältlichen Obst auch noch selbst- gemachtes Eis und gefrorene Reisnudeln, die wahlweise mit Sauerkirschen- oder Zitronensirup als Garnierung serviert wurden. Im Herbst wurden die Gaumen der Fußgänger mit Orangen, Granatäpfeln, Datteln und Kakis umschmeichelt. Im Winter funktionierten die Händler ihre Karren um und verkauften heißen Milchreis, gedünstete Rote Bete sowie gekochte dicke Bohnen. Um die Fußgänger auch in die Geschäfte zu locken und die Kunden nicht an die Händler zu verlieren, präsentierten die Ladenbesitzer ihre Ware ebenfalls auf den Gehwegen vor ihren Geschäften. So bot das gesamte Jahr eine verführerische Abfolge von Eindrücken und Gerüchen, die einem das Wasser im Munde zusammenlaufen ließen.

Mein Höhepunkt auf dem gesamten Weg zum Schrein war es jedoch, einem Porträtfotografen neben dem Finanzamt bei der Arbeit zuzusehen. Er fotografierte seine Motive auf dem Bürgersteig vor einem dunkelgrauen Stofftuch, das von der Wand herabhing. Sein gesamter Laden bestand aus einem Koffer, in dem sich alle nötigen Utensilien verstauen ließen: der graue Hintergrund und eine große, auf einem Holzstativ montierte Nassplattenkamera. Nachdem er die Fotos geschossen hatte, verschwand er mit seinem Kopf unter einem dicken schwarzen Vorhang, der hinten von seiner Kamera hinabhing. Kurze Zeit später kam er mit einem nassen Stück Fotopapier, auf dem das Motiv nun für immer verewigt war, wieder hervor. Ich hätte damals alles gegeben, um nur ein einziges Mal unter den schwarzen Vorhang seiner Kamera linsen zu dürfen. Jedes Mal flehte ich meine Mutter an, dass der alte Mann ein Foto von uns machen dürfte – aber sie sagte Nein. Sie war der Meinung, dass zwei *Rial* zu viel Geld waren, um sie für ein mickriges Foto auszugeben. Wenn meine Mutter gewusst hätte, was das Leben noch für uns bereithalten würde, hätte sie im Nachhinein wohl die Gelegenheit ergriffen und den alten Fotografen ein Bild von uns beiden machen lassen. Meine Mutter, wie auch der Rest ihrer Familie, hielt nichts von extravaganten und unnützen Ausgaben, wie mit dem Bus zu fahren, wenn man auch überall hinlaufen konnte, oder sich auch mal ein Sandwich-Eis zu gönnen.

Die goldenen und türkisen Kuppeln des Schreins ragten majestätisch in Maschhads tiefblauen Himmel, ebenso wie die zwei Minaretts an beiden Seiten der Goharshad-Moschee. Mittags rief ein *Muezzin* mit melodischer Stimme von einem der Minaretts die Menschen zum Gebet. Über den Tag verteilt ließen uniformierte Männer außerdem von den Türmen aus regelmäßig lange Messinghörner ertönen und trugen so ebenfalls zur imposanten Atmosphäre des Ortes bei. Das Bauwerk bot nicht nur für meine Mutter, sondern auch für viele andere gewöhnliche und weniger glückselige Menschen, die das Gefühl hatten, dass ihnen Unrecht widerfahren war, Hoffnung auf Gerechtigkeit und Erlösung. Es ließ die Existenz eines höheren Gerechtigkeitssystems erhoffen, das sowohl die Unterdrücker als auch die Unterdrückten erfasste. Für viele benachteiligte Menschen wie meine Mutter war göttliche Gerechtigkeit alles, worauf sie hoffen konnten, deshalb stellte der Schrein für sie ein Symbol dieser Gerechtigkeit dar.

Das riesige Gelände aus dem fünfzehnten Jahrhundert verfügte über zahlreiche Balkons, Höfe mit großen Brunnen und eine scheinbar nie enden wollende, wunderschöne Mosaikarbeit aus winzigen Spiegeln und Keramikkacheln, die die Wände der gewaltigen Gebetshallen schmückten. Die handgewebten Perserteppiche, die von Wand zu Wand reichten und den gesamten Boden bedeckten, sowie die Kronleuchter, die von den gewaltigen Decken hinabhingen, verliehen den Hallen eine gemütliche Atmosphäre. Die Luft im Innern war durchzogen mit dem Duft von Rosenwasser, das die Diener des Schreins regelmäßig versprühten. Besucher saßen überall auf dem Boden verteilt und beteten, weinten, lasen den Koran, lauschten der Predigt, redeten miteinander oder machten einfach ein Nickerchen.

Jedes Mal, wenn wir den Schrein besuchten, durchlief meine

Mutter dieselbe Routine. Zuerst zogen wir unsere Schuhe aus und stellten sie neben hundert andere an die Wand. Dann küsste meine Mutter die riesige Messingtür, sprach ein Gebet und wir betraten ihre Lieblingsgebetshalle. Im Innern setzten wir uns in eine abgelegene Ecke – wahrscheinlich dachte meine Mutter, dass sie dort die besten Chancen hatte, Imam Rezas ungestörte Aufmerksamkeit zu bekommen – und sie betete sehr lange.

Während der gesamten Zeit saß ich einfach nur neben ihr und beschäftigte mich selbst, indem ich mit den Fingern über die Muster im Teppich fuhr und so tat, als ob ich ein Spielzeugauto auf den Straßen entlangschob. Oder ich beobachtete die Füße der Menschen, die um uns herumliefen, und machte irgendwann ein Nickerchen. Sobald meine Mutter bereit für das große Abschlussritual ihres Besuches war, machten wir uns auf den Weg zum Grab. Mit mir in den Armen ging sie zur Grabkammer und reihte sich in die dicke Menschenwand ein, die sich in Kreisen um das Grab herumbewegte, und näherte sich so dem Zentrum mit jeder Runde etwas mehr. Sobald sie am goldenen Käfig, der das Grab schützend umringte, angekommen war, klammerte sie sich an den Stäben fest und bewegte sich nicht mehr vom Fleck. Wir wurden von der Menschenmenge unaufhörlich gestoßen, geschubst und mit Ellenbogen angerempelt, da die Gläubigen ebenfalls versuchten, sich voranzukämpfen und den Käfig zu berühren. Meine Mutter hielt sich weiter an den Gitterstäben fest und ließ nicht los. Sie weinte sich die Augen aus und küsste die Stäbe wieder und wieder, während sie Imam Reza um Hilfe anflehte.

»*Ya Zamene Ahoo*, erbarme dich meiner. Bitte bringe mir meine Tochter zurück, bitte zeige mir neue Wege, ich flehe dich an«, klagte sie immer wieder. Das Verschwinden meiner Schwester stand für alles, was meine Mutter verloren zu haben glaubte. Es symbolisierte das Martyrium, das sie in ihrem Inneren spürte, und ließ gleichermaßen den Wunsch in ihr aufkommen, eine Märtyrerin zu sein. Die Gerechtigkeit, nach der sie dort suchte, sollte nicht nur meiner verschollenen kleinen Schwester gelten, sondern ebenso ihr selbst und ihrem gebrochenen Herzen. Ich erinnere mich, dass ich es ihr gleichtat, mich in ihren Armen nach vorn lehnte und die kalte Oberfläche der schützend um das Grab verlaufenden Goldstäbe mit Küssen bedeckte. Ich dachte wirklich, dass sich Imam Reza im Innern des goldenen Käfigs befand und dass er uns sehen und hören konnte – wir ihn jedoch nicht.

Schließlich sprossen auf dem weißen, tränenüberströmten Gesicht meiner Mutter überall pfingstrosenartige Flecken hervor und sie brach in ein lautes, mit Schluckauf durchzogenes Schluchzen aus. Erst dann ließ sie die Gitterstäbe los und bahnte uns langsam einen Weg aus dem dichten Gedränge von Menschen, die sich rücksichtslos gegen uns schoben. Sie befürchtete, ohnmächtig zu werden und mich hilflos zurückzulassen, sodass ich in dem aufgewühlten Menschenmeer zerquetscht würde. Zu sehen, wie meine Mutter in ihrem Leid versank und derart die Kontrolle verlor, jagte mir jedes Mal schreckliche Angst ein.

Meine Mutter lehnte für eine Weile an einer leeren Wand und versuchte, sich wieder zu beruhigen, bevor wir schließlich die Halle verließen und uns an den Brunnen im Hof setzten. Dort fütterte sie mich mit etwas Fladenbrot und Käse, während Dutzende Tauben vor unseren Füßen hin und her liefen und uns förmlich anflehten, unser Brot mit ihnen zu teilen.

Manchmal trafen wir auf dem Hin- oder Rückweg auf Moosa, einen der vielen Verehrer meiner Mutter. Er transportierte auf seinem zu einer Pferdekutsche umfunktionierbaren Karren Reisende zwischen Schrein und dem Qochan-Platz. Moosa war ein großer, spindeldürrer Mann um die dreißig. Ein dünner und etwas traurig wirkender Bart aus feinen, gekräuselten Haaren bedeckte hier und da flickenartig sein eingefallenes Gesicht. Jedes Mal, wenn wir zum Schrein liefen oder wieder auf dem Weg nach Hause waren, suchte ich die Straße nach seiner Kutsche ab. Sobald er uns auf dem Gehweg sah, konnte man fest davon ausgehen, dass er anhalten und darauf bestehen würde, uns mitzunehmen, unabhängig davon, ob noch Platz auf seiner Kutsche war oder nicht. Wenn sein Wagen bereits voll war, setzte er seine Fahrgäste einfach um, um Platz für meine Mutter und mich zu schaffen. Wenn es nötig war, forderte er sie sogar auf, ihre Kinder auf den Schoß zu nehmen. Er nannte mich *amoo joon* (liebster Neffe). So lernte ich, dass jedes Mal, wenn ein fremder Mann eine Frau mochte und ernsthaft Interesse an ihr zeigte, er ihr Kind oder ihre Kinder *amoo joon* nannte. Ich war begeistert, wenn Moosa mir manchmal erlaubte, neben ihm auf der Fahrerbank zu sitzen, und mich einen Teil der langen Zügel halten ließ, sodass ich so tun konnte, als ob ich die Pferde führte.

Meine Mutter jedoch fand Moosa abscheulich und hätte ihm am liebsten überhaupt keine Beachtung geschenkt. Sie ermahnte mich immer, dass ich bloß keine Aufmerksamkeit auf uns ziehen sollte, wenn ich seine Kutsche auf der Straße entdeckte. Armer Moosa, er war ein unattraktiver Opiumabhängiger mit den Lippen eines Kamels – wie meine Mutter zu sagen pflegte. Er war völlig vernarrt in meine Mutter, und obwohl er wusste, dass er absolut keine Chance hatte, ihre Gunst zu gewinnen, hielt er jedes Mal an, wenn er uns sah, und bestand darauf, uns überall hin mitzunehmen. Wenn meine Mutter ausnahmsweise dann doch seinen hartnäckigen Einladungen und meinem Betteln nachgab, schaute sie die gesamte Fahrt über mit saurer Miene in eine andere Richtung, während ich einfach nur überglücklich darüber war, auf einer Kutsche mitfahren zu dürfen.

◆ EIN UNVERGESSLICHER TAG

Eines Tages kam meine Großmutter in die Stadt und schien in großer Eile zu sein. Sie brachte ein breites Tuch mit, in dem sie alles Mögliche an Geschirr, Teetassen und sonstigen Utensilien eingewickelt hatte, die normalerweise verwendet wurden, um wichtige Gäste zu bewirten. Für manche Menschen war es gang und gäbe, Geschirr von einem Nachbarn zu borgen, das Besteck von einem anderen und Teetassen mit passenden Untertassen wiederum vom nächsten. So konnte man wichtigen Besuch beeindrucken, der häufig von außerhalb kam. Aber meine Mutter bekam nie Besuch, außer vielleicht von ihren Eltern, Brüdern und Schwestern.

Es machte mich wahnsinnig, nicht zu wissen, wer kommen würde, aber ich traute mich nicht, meine Großmutter Madar Joon zu fragen – sie konnte neugierige Kinder nicht ausstehen –, und meine Mutter war zu der Zeit gerade nicht gut auf mich zu sprechen. Ein paar Tage zuvor hatte sich ein Vorfall ereignet, bei dem sie einem Polizisten fünf *Tooman* zahlen musste – was fast dem entsprach, was meine Mutter innerhalb einer Woche beim Wollespinnen verdiente –, um mich wieder zurückzubekommen.

Alles begann damit, dass meine Mutter mich allein zu Hause ließ, während sie zur Fleischerei die Straße hinaufging. Sie wollte nur kurz Besorgungen machen und mich nicht mitnehmen, obwohl ich jammerte und darauf bestand.

»Ich brauche nur fünf Minuten für mich allein, ohne dass du mir am Rockzipfel hängst. Also sei ein braver Junge und bleib hier im Zimmer, bis ich wieder zurück bin. Ich verspreche dir, du wirst ohne mich schon nicht sterben.«

Das sagte sie so einfach. Aber sie war die Luft, die ich atmete, und ich glaubte nicht daran, dass es möglich war, ohne sie zu leben. Mit ihr befand ich mich immer im Paradies und es war mir egal, dass wir nicht viel besaßen, immer nur Fladenbrot und Käse aßen, auf einem Strohteppich schliefen und dass mich die Mädchen auslachten, weil ich in den Frauen-*Hammam* ging. Solange ich sie hatte, brauchte ich niemand anderen und auch sonst nichts weiter.

Widerwillig versprach ich ihr, ein »braver Junge« zu sein und in unserem Zimmer zu bleiben, während sie weg war. Aber mein Versprechen war nur so viel wert wie meine Aufmerksamkeitsspanne zu der Zeit. Es dauerte nicht lange, bis ich meine Mutter vermisste, also zog ich schnell meine Schuhe an und ging hinaus, um nach ihr zu suchen. Es gab nur zwei Fleischereien auf der gesamten Naderi-Avenue: eine in der Nähe unseres Hauses und die andere lag etwas weiter die Straße hinauf am Platz bei der Statue. Ich sah zuerst bei der Fleischerei in unserer Nähe nach, aber sie war nicht da, deshalb lief ich zur nächsten weiter.

Auch in der zweiten Fleischerei fand ich meine Mutter nicht, also machte ich mich wieder zurück auf den Weg nach Hause. Plötzlich sah ich jedoch den alten Fotografen und ich richtete meine volle Aufmerksamkeit auf ihn. Er schoss ein Foto von einem alten Mann vom Lande und ich konnte einfach nicht anders, als mich daneben zu stellen und zuzuschauen. Ich wollte schon immer einmal den gesamten Prozess von Anfang bis Ende beobachten, aber meine Mutter ließ mich nie.

Es dauerte jedoch nicht lange, bis sich ein Polizist näherte und mich fragte, was ich dort tat und zu wem ich gehörte. Ich sagte ihm, dass ich nach meiner Mutter suchte. Er griff mit einer Hand nach meinem Handgelenk, spielte mit der anderen an seinem Schnurrbart, zog eine Augenbraue hoch und fragte mich in einem einschüchternden Ton, ob ich mich verlaufen hätte. Verängstigt und mit einem Kloß im Hals schüttelte ich den Kopf. Dann fragte er, ob ich wüsste, wo ich wohnte, und ich sagte Ja.

»Okay, Junge, dann lass uns mal zu deiner Mutter gehen«, erwiderte der Polizist und befahl mir, voranzugehen und ihm zu zeigen, wo wir lebten.

Ich wusste, dass meine Mutter mich dafür umbringen würde, dass ich das Haus verlassen hatte, aber damals hatte ich keine andere Wahl, als zu tun, was mir gesagt wurde.

Als wir bei mir zu Hause angekommen waren, wollte der Polizist mich nicht eher zu meiner Mutter lassen, bis er dafür bezahlt wurde, dass er mich gefunden hatte. Sie war völlig panisch, weil sie nach Hause gekommen war und ich dem Anschein nach verschwunden war. Und obwohl meine Mutter wiederholt um Vergebung bat und dem Polizisten rührselige Geschichten darüber erzählte, dass sie eine alleinerziehende Mutter ohne richtiges Einkommen war, ließ er mich nicht eher zu ihr, bis er fünf *Tooman* von ihr erpresst hatte. Meine Mutter hatte keine andere Wahl, als sich das Geld von ihrer Vermieterin zu leihen und den Polizisten auszuzahlen. Ursprünglich wollte er zwanzig *Tooman* dafür haben, dass er mich angeblich gefunden und sicher zurück nach Hause gebracht hatte, aber wie bei allem anderen konnte man sogar bei Erpressungen feilschen.

Der Polizist faltete den Geldschein, steckte ihn unter das Futter seiner Mütze und ging lässig davon. Die Erinnerung an das, was er getan hatte, blieb jedoch für immer. Meine Mutter und ich standen in der engen Gasse vor unserem Haus und waren sprachlos. Ich starrte mit gesenktem Kopf reumütig auf meine Füße, während sie den Blick geistesabwesend auf einen Punkt am Ende der Gasse fokussierte, wo der Polizist verschwunden war. Vielleicht rechnete sie im Kopf gerade aus, wie viele Säcke Wolle sie zusätzlich spinnen musste, um die Schulden bei ihrer Vermieterin abzuzahlen.

Ich war mir sicher, dass mich meine Mutter bestrafen würde, sobald wir im Haus waren, doch sie beschloss stattdessen, für eine Weile nicht mehr mit mir zu sprechen. Dass der einzige Mensch, den ich im Leben besaß, nicht mehr mit mir redete, war schmerzvoller als es eine Tracht Prügel je hätte sein können.

Kurz nachdem Madar Joon angekommen war, begannen meine Mutter und sie, unser kleines Zimmer gründlich zu putzen und aufzuräumen. Als ich am nächsten Morgen aufwachte, war meine Mutter bereits zum *Hammam* aufgebrochen. Soweit ich mich zurückerinnerte, war es das erste Mal, dass sie ohne mich in den *Hammam* gegangen war. An jenem Tag herrschte eine sehr angespannte Atmosphäre in unserem Zimmer. Madar Joon rannte wie ein kopfloses Huhn umher, wischte Staub und räumte die wenigen Besitztümer meiner Mutter mal hier und mal dort hin. Während meine Mutter noch im *Hammam* war, gingen Madar Joon und ich kurz zum Markt, wo wir Obst und Gebäck kauften. Zu Hause wusch sie das Obst sofort, richtete es auf einem Servierteller an und stellte diesen neben die Schachtel mit dem Gebäck auf ein Regalbrett, das sich wenig überraschend außerhalb meiner Reichweite befand. Ich traute mich immer noch nicht, Madar Joon zu fragen, was denn überhaupt los war, denn ihre Antwort war stets dieselbe: »Es hat nichts mit dir zu tun. Ein Kind sollte nicht so neugierig sein.« Im Gegensatz zu meinem Großvater, der so sanft wie eine Taube war, zeigte Madar Joon wenig Feingefühl, wenn sie mit ihren Kindern und Enkelkindern redete. Egal, was sie sagte, es verließ ihren Mund ohne jede Rücksichtnahme auf Gefühle.

Es war lange nach Mittag, als meine Mutter schließlich aus dem *Hammam* zurückkehrte, und meine Großmutter stritt kurz mit ihr darüber, dass sie so lange fort gewesen war. Gleich nachdem meine Mutter angekommen war, versteckte sie ihr Spinnrad und ihre Arbeitsutensilien, während Madar Joon am Brunnen meine Hände, meinen Kopf und mein Gesicht mit ihrer berühmt-berüchtigten, selbst gemachten, rauen Seife schrubbte. Danach wusste ich, wo meine Mutter ihre brutalen Waschmethoden herhatte. Ich weinte während des gesamten erbarmungslosen Waschvorgangs, aber Madar Joon blieb unbeeindruckt von meinen Tränen – wahrscheinlich weil sie durch das Großziehen all ihrer eigenen Kinder bereits abgehärtet war.

Als sich der Abend näherte, beschloss Madar Joon, mir endlich zu sagen, dass wir bald sehr wichtige Gäste empfangen würden. Außerdem warnte sie mich im Voraus davor, bestimmte Dinge vor den Gästen zu tun, wie zum Beispiel nach dem Gebäck zu greifen oder danach zu fragen. »Niemand kann gefräßige Kinder ausstehen«, sagte sie und gab mir einen Vorgeschmack auf ihr berühmtes, mörderisches Stirnrunzeln, bei dem sie gleichzeitig die Augen weit aufriss.

Madar Joon hatte hohe, markante Wangenknochen und hervorstehende Brauenknochen wie die eines Kriegers, sodass es aussah, als ob ihre großen Augen tief in ihr knochiges Gesicht eingelassen waren. So kam ihr missbilligender Gesichtsausdruck noch mehr zur Geltung. Eines war sicher – ich würde sie an jenem Abend nicht enttäuschen, aber ich verstand erst einige Jahre später, was sie damit erreichen wollte, mich vor Gefräßigkeit zu warnen.

Den Rest des Nachmittags saß Madar Joon mit gekreuzten Beinen vor meiner Mutter auf dem Boden und bearbeitete sorgfältig ihr Gesicht. Ich setzte mich ebenfalls und beobachtete, wie sie meine Mutter verwandelte, indem sie mit Fäden die Brauen zupfte und schmälerte, Augen und Wimpern mit Kohlepulver betonte, das Gesicht mit einem kosmetischen Weißpigment aufhellte und Rouge auf Wangen sowie Lippen auftrug.

Die letzten Sonnenstrahlen verschwanden hinter der westlichen Backsteinmauer. Auf einem mit Holzkohle beheizten Samowar am Fenster kochte schwarzer Tee in einer Porzellankanne, die mit großen Rosenmustern verziert war. Auf dem Boden neben dem Samowar standen vier Teetassen samt Untertassen geduldig auf einem runden, silbernen Tablett. Eine kleine Glasschale mit Zuckerbröckchen, die Madar Joon zuvor gehackt hatte, stand ebenfalls auf dem Tablett. Meine Mutter hatte zwei Polsterkissen von unserer Vermieterin geborgt und an die Wand gegenüber der

Eingangstür gelegt, wo sie unsere Gäste später Platz nehmen ließ. Ich vermutete, dass uns jemand sehr Wichtiges besuchen müsste. Ich hatte unser kleines Zimmer noch nie zuvor so herausgeputzt und perfekt in Szene gesetzt gesehen.

Die Sonne war nun vollständig verschwunden und der Himmel färbte sich blassblau. Meine Mutter schien unruhig und lehnte an einem Holzpfahl auf der Veranda vor unserem Zimmer, als plötzlich der Türklopfer zu hören war. Es war ein unbekanntes Klopfmuster.

»Sie sind da!«, rief Madar Joon sanft und erwartungsvoll. Sie sprang auf, lief aus dem Zimmer und auf die Veranda, sodass ihr *Tschador* wie die Flügel eines Riesenvogels hinter ihr flatterte. Sie und meine Mutter murmelten kurz miteinander und Madar Joon eilte anschließend zur Vordertür. Ich stand auf, klammerte mich am Bein meiner Mutter fest und fixierte mit neugierigem Blick das Vordach des Haupteingangs auf der anderen Seite des Hofes. »Stell dich aufrecht hin«, befahl mir meine Mutter. Ich freute mich, als sie dies zu mir sagte, weil es bedeutete, dass wir wieder miteinander redeten. Madar Joon tauchte zuerst unter dem Vordach wieder auf, dicht gefolgt von einem Mann und einer Frau, die ich noch nie zuvor gesehen hatte. Die Frau war nicht ganz so alt wie Madar Joon und der Mann schien recht jung zu sein. Er trug einen sehr eleganten Anzug und eine Krawatte.

»*Saaaalaaaaam*, Soory *joon*«, sagte die Dame mit türkischem Akzent zu meiner Mutter und lächelte dabei unter ihrem locker zugehaltenen *Tschador* über das ganze Gesicht.

»*Salam*, Roqye Khanom, willkommen«, erwiderte meine Mutter leise und neigte ihren Kopf.

»Das ist Mansoor, mein Cousin. Er ist zu Besuch aus Teheran«, erklärte die Frau und stellte damit den jungen Mann vor. »Und das ist Soory *joon*, die Dame, von der ich dir so viel erzählt habe, Mansoor *joon*.«

»*Salam*«, sagte er und nickte meiner Mutter freundlich zu.

»*Salam*«, antwortete sie vorsichtig und sah nach unten, dabei wurde sie rot und kleine Schweißperlen bildeten sich auf ihrer Oberlippe.

Die Dame wendete sich nun mir zu, bückte sich, um mir einen Kuss zu geben, und lobte mich, wie sehr ich seit dem letzten Mal, dass sie mich gesehen hätte, doch gewachsen sei.

Meine Mutter lächelte stolz.

Meiner Mutter zufolge war die Dame eine Freundin von Madar Joon und lebte nur einige Straßen von uns entfernt. Die beiden hatten sich über Madar Joons *rooshoors* kennengelernt. Scheinbar war sie schon seit einiger Zeit Kundin bei meiner Großmutter gewesen. Plötzlich fiel mir ein, dass ich die Frau im *Hammam* schon einmal mit meiner Mutter reden gesehen hatte. Aber irgendetwas sagte mir, dass sie an jenem Abend nicht bei uns war, um *rooshoors* zu kaufen.

Der junge Mann nahm mich hoch, gab mir einen Kuss und redete kurz mit mir, bevor Madar Joon uns schließlich alle zurück in unser Zimmer führte.

Sobald alle saßen, unterhielten sich die Erwachsenen miteinander, tranken heißen Tee und naschten vom Obst und Gebäck. Ich saß brav neben meiner Mutter, rührte nichts an und bettelte auch um nichts. Während die Gäste da waren, mussten Madar Joon und meine Mutter mir kein einziges Mal einen bösen Blick zuwerfen.

Am nächsten Tag sagte mir meine Mutter, dass der junge Mann ein möglicher Verehrer war. Sie erklärte mir außerdem, was dies für uns beide bedeuten sollte. Wenn alles gut lief, so sagte sie, würde er ihr Ehemann werden, ich hätte einen neuen Vater und wir würden nie mehr allein sein.

Einige Tage später waren Roqye Khanom und ihr Cousin abends wieder bei uns, sprachen freudig miteinander, tranken heißen Tee, aßen Gebäck und Nüsse und rauchten *qelyan* (eine Wasserpfeife, die zum Tabakrauchen verwendet wurde). Mein Großvater war wieder nicht anwesend, da er sehr krank war und nicht laufen konnte. Irgendwann im Laufe des Abends schlief ich schließlich auf dem Boden ein, mit dem Kopf im Schoß meiner Mutter.

Am nächsten Morgen teilte mir meine Mutter mit, dass sie mit Roqye Khanoms Cousin verlobt sei. Ich wusste nicht, was genau das bedeutete, aber ich war froh, zum ersten Mal in meinem Leben zu sehen, dass meine Mutter glücklich war und lächelte.

Am ersten Freitag nach der Verlobung meiner Mutter mit Mansoor Aqa nahm sie mich wie gewohnt mit in den *Hammam*. Wie immer war es draußen noch dunkel und ich schlief noch halb. Gott sei Dank waren wir diesmal nur zwei Stunden da und nicht vier bis sechs wie sonst. Nachdem wir wieder zu Hause angekommen waren, schien meine Mutter den gesamten Morgen über freudig aufgeregt. Sie probierte unterschiedliche Kopftücher an und betrachtete sich in ihrem buchgroßen Handspiegel. Sie war natürlich schön, wie ein Vers eines Omar-Khayyam-Gedichts oder eine Blüte an einem der Aprikosenbäume meines Großvaters im Frühling. Zum ersten Mal blitzte in ihren romantisch-traurigen Augen so etwas wie Hoffnung oder Liebe oder etwas anderes auf, das ich wegen meines jungen Alters noch nicht verstehen konnte. Sie meinte, dass Mansoor Aqa uns später ausführen würde. Ich hatte keine Ahnung, was es bedeutete, mit einem Mann wegzugehen. Soweit ich zurückdenken konnte, war ich immer nur mit meiner Mutter unterwegs gewesen und die Ausflüge mit ihr waren alles andere als amüsant. Aber da meine Mutter sich auf den bevorstehenden Tag freute, tat ich dies auch.

Nachdem sie mich fertig angezogen und meine Haare gekämmt hatte, saß ich draußen auf der Veranda gegenüber von unserem Zimmer, wendete den Blick keine Sekunde vom Eingangstor ab und wartete darauf, dass Mansoor Aqa ankam. Am Vormittag hörte ich schließlich sein Klopfen – der Türklopfer schlug drei Mal langsam, jedoch bestimmt, gegen seinen Sockel. Ich hatte mir alle Klopfmuster der Hausbewohner gemerkt und seines war wie kein anderes. Weil so viele Menschen in dem Haus wohnten, war das Tor tagsüber natürlich immer offen, aber es war üblich, dass man als Gast nicht einfach eintrat, und so wartete Mansoor Aqa, bis ich zum Eingang gerannt kam und ihn begrüßte.

»*Salam*, Mansoor Aqa.«

»Oh, das war aber schnell. *Salam*, Alireza *joon*. Wie geht es dir?«

»Gut.«

»Ist deine Mutter zu Hause?«, fragte er lächelnd.

»*Bale* (ja), Mansoor Aqa.«

»Nun denn, darf ich eintreten?«

»*Bale*, Mansoor Aqa.«

Wir liefen zusammen in den Hof, wo er aus Anstand stehen blieb und auf meine Mutter wartete. Angesichts der Tatsache, dass es sich bei unserem Vermieter um den streng religiösen Sheikh Aliakbar handelte, war dies sehr aufmerksam von Mansoor Aqa. Ich war mir sicher, dass bereits alle Hausbewohner uns von ihren Fenstern aus beobachteten und sich dabei hinter den Vorhängen versteckten. Mansoor Aqa schien sich dessen ebenfalls bewusst. Meine Mutter konnte es nicht gebrauchen, dass ihr Ruf dadurch befleckt wurde, dass ein gut aussehender, junger Mann einfach so in ihr Zimmer kam. Und ihr Ruf wäre in diesem Fall tatsächlich ruiniert gewesen, auch wenn die beiden nun offiziell verlobt waren. Die Mieter und der Vermieter waren bereits über diese neue Entwicklung im Leben meiner Mutter informiert worden.

Mansoor Aqa trug eine Krawatte und einen zweiteiligen Anzug, wie ich ihn noch nie zuvor an einem Mann in unserem Arbeiterviertel oder der näheren Umgebung gesehen hatte. Er roch fantastisch und sein glänzendes Haar war perfekt frisiert und mit Öl zur Seite und nach hinten gekämmt. Alles an ihm war neu, aufregend und ungewohnt für mich, einschließlich seiner schimmernden Schuhe. Die Verwandten meiner Mutter warfen Schuhe so gut wie nie weg; stattdessen wechselten sie die Sohlen immer und immer wieder aus, bis das Obermaterial nur noch aus völlig zerfetztem Rohleder bestand und keine weiteren Ausbesserungen mehr überstehen würde. Mit einem Lächeln, das fast so breit war wie seine Schultern, grüßte Mansoor Aqa meine Mutter, als sie schließlich aus dem Zimmer kam, und bald saßen wir drei in einem Taxi auf den Weg zu einem Ort, den man Arg nannte. Ich verliebte mich sofort in die Art und Weise, wie Mansoor Aqa redete; ich kannte sonst niemanden, der sich so anhörte. Er sprach mit einem niedlichen und eleganten Akzent, der – wie ich später herausfand – eine Mischung aus Teherani und Türkisch war. Damals waren die Leute aus Maschhad dafür bekannt, die unerträglichsten Akzente des Landes zu haben.

Wie ich einige Jahre später erfuhr, war die Arg-Avenue – oder Arg, wie die Gegend allgemein genannt wurde – im Grunde Maschhads Zentrum und ein vornehmes sowie glanzvolles Viertel im Herzen der Stadt samt Einkaufsmöglichkeiten und Unterhaltungsprogramm. In Arg fand man Lokalitäten, die es nirgendwo anders in der Stadt gab: Maschhads neun Kinos, vornehme Hotels und Restaurants, schicke Boutiquen und die feinsten Konditoreien und Eiscafés im europäischen Stil. Args Schmuckstück war jedoch der ebenfalls europäisch geprägte Melli-Park inmitten all des Trubels. Mansoor Aqa und meine Mutter besprachen sich und entschieden, einen Film ansehen zu gehen. Ein Film – was war das? Ich fragte Mansoor Aqa und er sagte mir, dass ich es einfach abwarten sollte und es mit eigenen Augen erleben müsste.

Mein erstes Kinoerlebnis war einfach nur magisch. Die riesigen, farbenfrohen Poster über dem Kinoeingang, der volle Kinosaal, die gemütlichen Sitze, die kalten Brausegetränke, die in den Gängen von auf und ab laufenden Männern verkauft wurden, und vor allem die bewegten Bilder auf der Leinwand waren Teil einer Welt, von deren Existenz ich nie gewusst hätte, wenn es diesen Tag mit Mansoor Aqa nicht gegeben hätte. Während der Vorstellung kaufte er meiner Mutter und mir jeweils eine Flasche eiskalte Pepsi-Cola. Dies war meine allererste Limonade. Durch die Pepsi schossen mir Tränen in die Augen und mein Körper begann, von Kopf bis Fuß zu kribbeln. Ich konnte nicht anders, als diesen Freitag mit denen zu vergleichen, die ich sonst mit meiner Mutter verbracht hatte. Die Ereignisse dieses Tages waren zweifelsohne besser als in den Schrein zu gehen, meiner Mutter und allen anderen um mich herum dabei zuzuhören, wie sie wehklagten, Dinge auf Arabisch sagten, die ich nicht verstand, und dabei in der Menschenmenge zerquetscht zu werden. Mein Großvater pflegte immer zu sagen, dass Glückseligkeit noch mehr Glückseligkeit aufkeimen ließ und Kummer wiederum noch mehr Kummer entfachte. Ich hatte keine Ahnung, wie meine Mutter Glückseligkeit finden wollte, wenn sie ausschließlich an Orten des Leids und der Trauer nach ihr suchte; und das einen Freitag nach dem anderen.

Nach dem Film lud uns Mansoor Aqa auf ein spätes Mittagessen in einem edlen Kebab-Restaurant ein. Er bestellte für mich einen eigenen Teller, auf dem sich zwei unterschiedliche Kebab-Sorten, ein Spieß mit gegrillten Tomaten und dazu noch dampfender Langkorn-Basmatireis befanden. Der Reis war mit einem rohen Eigelb garniert und die Kebabs mit pikantem, gemahlenem Sumach bestreut. Zu trinken hatte ich noch eine Flasche Pepsi, während meine Mutter und Mansoor Aqa *dooq* bestellten – ein Joghurtgetränk mit Minzgeschmack. Ich hatte noch nie zuvor so viel Essen vor mir stehen. Weil ich nicht wusste, wie kurzweilig oder langlebig dieser neu gefundene Luxus sein würde, beschloss ich, kein Risiko einzugehen und so viel zu essen wie nur möglich. Mein Magen war aufgebläht und ich konnte kaum laufen, als wir das Restaurant verließen. Madar Joon hätte gesagt, dass meine Augen beim Essen immer größer waren als mein Magen. Meine Mutter fasste an meinen prall gefüllten Bauch und scherzte darüber, wo ich nur all das Essen hingesteckt hätte, woraufhin sie und Mansoor Aqa laut lachten.

Mansoor Aqa lief mit uns zum Melli-Park, wo er und meine Mutter sich auf eine Bank setzten und sehr lange miteinander redeten. Zufrieden und sicherlich mit einem Lächeln auf dem Gesicht, machte ich währenddessen im Schoß meiner Mutter ein Nickerchen.

Als ich aufwachte, war die Sonne bereits untergegangen und der Park voller stilvoll gekleideter Menschen, die auf den zahlreichen Pfaden zwischen den Blumenbeeten und frisch gemähten Wiesen entlangspazierten. Pärchen sowie kleine Gruppen unterhielten sich miteinander und lachten, während sie umherschlenderten; einige Männer rauchten Zigaretten und einige Frauen knabberten auf gerösteten Melonen- oder Kürbiskernen herum. Mansoor Aqa und meine Mutter saßen nun näher beieinander und schienen mittlerweile etwas unbefangener. Mansoor Aqa schlug vor, dass wir – jetzt wo ich wieder wach war – einen Spaziergang durch den Park machen könnten, und meine Mutter stimmte zu.

Der Park war gesäumt von großen, alten Bäumen und wo man hinsah, erblickte man farbenfrohe, wunderbar duftende Blumenbeete sowie Immergrün und perfekt gepflegte Wiesen. Im Zentrum verlief ein langer, rechteckiger Springbrunnen von einer Seite des Parks zur anderen. Eine kleine Kunstgalerie sowie ein Café im Freien hielten sich ganz am Ende des Brunnens in der hintersten Ecke des Parks versteckt. In der Mitte des Springbrunnens schossen dicke Wasserstrahlen energisch in den frühen Abendhimmel und kühlten die Luft mit ihrem feuchten Dunst. Die riesigen Fontänen wurden unter Wasser mit bunten Lichtern angestrahlt, sodass sie vor dem dunkel gefärbten Himmel wie ein riesiges Eis am Stiel aussahen. Für ein paar *Rial* konnten sich die Parkbesucher dort von professionellen Fotografen verewigen lassen und die Bilder ins gesamte Land verschicken.

Im Gegensatz zur Naderi-Avenue und dem Gebiet um den Schrein herum, wo alle Frauen *Tschadors* trugen und die meisten Menschen einen finsteren Blick besaßen, sah man hier im Park und auf der Arg-Avenue nirgendwo *Tschadors* und alle schienen glücklich. Die Menschen hier zogen sich nicht nur anders an, sondern sie verhielten sich auch anders. Der Ort war gefüllt mit Gelächter und fröhlichem Geschnatter von Leuten, die aus einer ganz anderen Welt zu stammen schienen als meine Mutter und ich. Ich fragte mich, warum meine Mutter nichts von diesem Ort gewusst hatte und, wenn sie es doch getan hatte, warum wir freitags nicht stattdessen hierher gekommen waren.

Auf dem Weg nach Hause lag ich auf dem Rücksitz des Taxis mit dem Kopf im Schoß meiner Mutter, ließ die Ereignisse des

Tages Revue passieren und fragte mich, ob es sich so anfühlte, einen Vater zu haben. Ich werde diesen Freitag niemals vergessen.

Ungefähr eine Woche später standen meine Mutter und Mansoor Aqa Schulter an Schulter vor der nackten, verputzten Wand in unserem kleinen Zimmer und wurden zu Mann und Frau. Meine Mutter trug ein seidenes Kopftuch, ein weißes Paar Schuhe und ein cremefarbenes Kleid, das aus schwerem Baumwollstoff gemacht war und gerade einmal bis unter ihre Knie reichte. Und Mansoor Aqa, er sah immer wie ein Bräutigam aus, egal ob er gerade heiratete oder nicht.

Ich erinnere mich, wie ich direkt gegenüber von meiner Mutter und Mansoor Aqa auf dem Teppich saß, zusah und vom Gebäck naschte. Eine Handvoll Verwandte und Nachbarn waren bei der Zeremonie anwesend und standen mit uns im Zimmer. Sie klatschten im Rhythmus der Musik, die aus dem Grammofon kam, das Roqye Khanom mitgebracht hatte. Mein Großvater konnte wegen seiner Krankheit nicht dabei sein und das stimmte meine Mutter traurig.

Meiner Mutter zufolge war Mansoor Aqa einen Monat zuvor aus Teheran nach Maschhad gekommen, um seine Cousine für ein paar Tage zu besuchen. Dabei war er meiner Mutter in einer Gasse über den Weg gelaufen und hatte sich sofort in sie verliebt. Wie es der Zufall wollte, war Roqye Khanom mit Madar Joon befreundet, da sie *rooshoors* von ihr kaufte; daher kannte sie meine Mutter und hatte sie im *Hammam* bereits nackt gesehen. Als Mansoor Aqa seine Cousine um Rat fragte, befürwortete sie seine Absichten und bürgte für die Unbescholtenheit meiner Mutter sowie ihren wunderschönen Körper. Damals war es gang und gäbe, dass zuerst Erkundigungen über eine Frau eingeholt wurden, bevor man um ihre Hand anhielt. Es war ebenfalls nicht unüblich, dass der Mann eine weibliche Verwandte schickte, um der Frau in den *Hammam* zu folgen, wo sie deren körperliche Attribute begutachten sollte. Und obwohl er über jedes Detail des Körpers meiner Mutter Bescheid wusste, erzählte man Mansoor Aqa nie von meiner verschollenen Schwester und meinem toten Bruder. Deshalb war es mir verboten worden, in seiner Anwesenheit jemals über sie zu sprechen.

◆ DIE SCHÖNEN SEITEN DES LEBENS

Madar Joons anfängliche Befürchtung, dass Mansoor Aqa ihre Tochter nach der Hochzeit in ein fernes Land mitnehmen würde, sollte sich als unbegründet herausstellen. Gleich nach der Vermählung fand Mansoor Aqa einen Job in einer Schneiderei und ließ sich endgültig in Maschhad nieder. Und ein paar Wochen später mussten wir uns ein neues Zuhause suchen.

Da meine Mutter nun verheiratet war, wollte unser Vermieter, Sheikh Aliakbar, meiner Mutter das Zimmer nicht weiter vermieten. Sheikh Aliakbar war ein Mann Gottes und Mansoor Aqa ein gut aussehender Mann, der ins Kino ging und Radio hörte – und somit nicht in seine Welt passte. Menschen wie Mansoor Aqa waren anders und Andersartigkeit wurde von unerfahrenen Seelen immer als Bedrohung angesehen. Nur ein paar Monate mit Mansoor Aqa in seinem Haus hätten vermutlich gereicht, um die Augen seiner Frau und seiner jungen Töchter zu öffnen. Und ehe er sichs versah, würden auch sie Radio hören und ins Kino gehen wollen oder – was noch viel schlimmer gewesen wäre – lernen, höhere Erwartungen an ihre Männer zu stellen. Alles, was den geistigen Horizont einer Frau erweitern könnte, stellte eine Gefahr dar und war folglich verboten. Je mehr man Frauen im Ungewissen ließ und von der Außenwelt abschottete, desto einfacher war es für Männer, sie zu kontrollieren.

Dank Mansoor Aqa schlug unser Leben eine ganz andere Richtung ein. Wir trieben freitags nicht mehr hilflos am Schrein oder am Stützpunkt umher, um dort nach Hoffnung und einem Wunder zu suchen. Es gab kein Wehklagen und keine Tränen.

Meine Mutter hatte nun einen Mann, der ihre Tränen trocknen und ihre Ängste auslöschen konnte. Die Wollspinnerei und das Nussknacken verschwanden ebenfalls aus unserem Leben.

Gleich nachdem er meine Mutter geheiratet hatte, nahm Mansoor Aqa einen kleinen Bankkredit auf – für den er einen Teppich, den seine Cousine ihm als Hochzeitsgeschenk überlassen hatte, als Schuldensicherheit hinterlegte – und kaufte sich ein Fahrrad. In Maschhad bewegte man sich überwiegend mit dem Fahrrad voran, zumindest bis sich einige Jahre später Mopeds immer mehr durchsetzten. Damals gab es für jedes Auto auf der Straße etwa ein paar Hundert Fahrräder. Das Fahrrad verlieh Mansoor Aqa die nötigen Flügel, um seine neue Stadt zu erkunden. Er fuhr mit dem Fahrrad überall hin. Er kannte in Maschhad kaum jemanden, also nahm er mich oft mit; und ich konnte mein Glück kaum fassen.

Ich war noch zu klein, um zu verstehen, wann man einen Mann als seinen Vater bezeichnen konnte, daher akzeptierte ich Mansoor Aqa beinahe sofort als meinen Vater – genauer gesagt nahm ich einfach an, dass er mein Vater sei. Er war der Ehemann meiner Mutter, wohnte bei uns, nahm mich auf Ausflüge mit und war nett und liebevoll zu mir, also glaubte ich, dass ihn das zu meinem Vater machte. Ich erinnere mich, wie ich jeden Abend, kurz bevor er von der Arbeit wieder nach Hause kam, am Fenster unseres Zimmers im zweiten Stock saß, den Blick starr auf das Eingangstor auf der anderen Seite des gefliesten Hofes richtete und darauf wartete, dass er hindurchkam. Manchmal erlaubte mir meine Mutter, draußen am Eingang auf ihn zu warten. Ich war immer überglücklich, wenn ich seine Silhouette am Ende der engen Straße entdeckte und sah, wie er in die Pedale des Fahrrads trat. Er kam nie mit leeren Händen nach Hause – ein Kilo Gebäck, eine Melone oder anderes Obst, das gerade Saison hatte –, er hielt immer irgendeinen Leckerbissen in seinen Armen und schritt mit einem breiten Grinsen im Gesicht durch die Tür.

Dank Mansoor Aqa war der Freitag für uns nun ein Tag der Freude und Festlichkeit, so wie er es auch für die meisten anderen

Nachbarn war. Wenn wir an dem Tag mal nicht als Familie ausgingen, bereitete meine Mutter – die sich mit ihren Kochkünsten einen Namen gemacht hatte – für ihren neuen Ehemann ihre besten Gerichte zu. Nach dem Mittagessen hielt Mansoor Aqa für gewöhnlich ein kleines Nickerchen und machte sich dann fertig, um nach Arg zu fahren und dort einen Film zu sehen; natürlich nahm er mich mit.

Meine Mutter entschied sich immer, zu Hause zu bleiben, wenn unsere Ausflüge das Kino als Ziel hatten. Sie mochte das Kino nicht besonders, nicht nur, weil ihr eingetrichtert worden war, dass es eine Sünde sei, sondern auch wegen der hohen Kosten (die nur meine Mutter als hoch empfand) von zehn bis fünfzehn *Rial* pro Karte. Mit dem Geld könnte sie ein Kilo Fleisch, ein paar Kilo Kartoffeln oder Auberginen kaufen und mehrere Mahlzeiten zubereiten, so ihr Argument. Sie war zu Sparsamkeit und Gottesfurcht erzogen worden. Obwohl Mansoor Aqa wiederholt versuchte, sie zu überreden, und ihr neckend versicherte, dass Gott sie nicht bestrafen würde, wenn sie einen indischen Film ansah (die bekannt dafür waren, sehr familienorientiert und moralisch unproblematisch zu sein), kam meine Mutter nie mit. Sie erwiderte, dass sie auf keinen Fall riskieren wollte, wegen so etwas eines Tages in die Hölle zu kommen. »Dieses eine Mal war mehr als genug«, sagte sie immer und bezog sich dabei auf unseren allerersten Kinobesuch mit Mansoor Aqa. Genau wie bei den meisten ihrer Verwandten, die ihren religiösen Glaubenssätzen blind und ohne sie wirklich zu verstehen Folge leisteten, war es auch bei meiner Mutter eher die Angst vor Gott als die Liebe zu ihm, die sie zu ihren Entscheidungen trieb. Sie versuchte, das Richtige zu tun, meist jedoch aus den falschen Gründen.

Meine Zuneigung zu Mansoor Aqa wurde mit jedem Tag stärker. Je mehr Zeit wir miteinander verbrachten, desto mehr wurde mir bewusst, wie sehr er sich von anderen Männern unterschied. Er war stark, stilvoll und, rückblickend betrachtet, sehr reif für sein Alter. Er verhielt sich stets wie ein Prinz im Exil, jedoch ohne ein richtiges Vermögen, dafür aber mit viel Stil und Anmut. Obwohl er recht wenig Geld verdiente, lebte er immer sehr verschwenderisch, was ein entscheidendes Manko für jemanden war, dessen Ausgaben häufig seine Einnahmen überstiegen. Und trotz seiner nicht vorhandenen Schulbildung war er ein intelligenter und einfühlsamer Mensch.

Ich erinnere mich noch, wie ich schließlich aus dem Frauen-*Hammam* in unserem Viertel verbannt wurde und meine Mutter keine andere Wahl hatte, als Mansoor Aqa darum zu bitten, mein wöchentliches Waschen zu übernehmen. Der letzte *Hammam*, in den meine Mutter und ich gegangen waren, wurde von einer alten Dame geführt, die meinte, ich sei zu alt, um meine Mutter weiterhin zu begleiten. Scheinbar hatten sich einige Frauen beschwert, dass ich sie unsittlich angesehen hätte. Ich weiß noch, wie meine Mutter mich vorher schon einmal konfrontiert und davor gewarnt hatte, die Frauen anzustarren. Es stimmte, ich hatte sie wirklich angestarrt, aber aus einem völlig anderen Grund, als man mir vorgeworfen hatte; und daran war nur Lulu schuld.

Hierfür muss man verstehen, dass meine Mutter mir immer mit Lulu gedroht hatte, wenn ich unartig war oder nicht tat, was man mir gesagt hatte. Lulu war ein imaginäres Monster, das Eltern erfunden hatten, um ihren Kindern Angst einzujagen, wenn sie nicht brav waren. Ich bin mir sicher, dass jedes Kind ein eigenes Bild von Lulu im Kopf hatte. In meiner Vorstellung war Lulu ein dunkles, haariges Etwas mit keinem klar definierbaren Körper. Ich war also starr vor Angst, als ich ein Jahr zuvor in einem *Hammam* zum ersten Mal in meinem Leben etwas sah, von dem ich dachte, dass es Lulu in Person sei. Dieser besagte *Hammam* war ein etwas älteres Bauwerk und besaß einen riesigen Waschbereich, in dem sicherlich vierzig bis fünfzig Personen Platz hatten. Der nebelige und spärlich beleuchtete Baderaum konnte ziemlich unheimlich wirken, besonders wenn es noch früh am Morgen war und noch nicht viele Menschen da waren.

Ich erinnere mich, wie meiner Mutter und mir eines Tages

eine Frau gegenübersaß, die sehr groß und schlank war und ungewöhnlich weiße Haut besaß. Außerdem reichte ihr langes, lockig-schwarzes Haar bis zum Boden. Die ungewöhnliche Kombination ihrer körperlichen Attribute – die buschig-schwarzen Augenbrauen, die dunklen, tief im schmalen und lang gezogenen Gesicht eingelassenen Augenhöhlen, das ungewöhnlich schwarze Haar, das von ihrer schneeweißen Haut abstach, der große, fleischige Leberfleck über dem Mundwinkel und die dünnen, langen Beine – hatte bereits seit ihrer Ankunft meine volle Aufmerksamkeit für sich vereinnahmt. Während sie mit Waschen beschäftigt war, löste sich plötzlich ein Teil ihres traditionellen Badetuches, das sie um ihre Taille gewickelt hatte, und enthüllte ein buschiges, schwarzes Etwas, das sich in der dunklen Tiefe zwischen ihren dürren Beinen versteckt hielt. Ich war damals der festen Überzeugung, dass ich nun endlich das berühmte Lulu-Monster mit eigenen Augen gesehen hatte, und bekam schreckliche Angst. Ich weinte und jammerte, dass ich nach Hause wollte, sodass mir meine Mutter ein paar Mal einen Klaps auf den Hintern gab. Ich erzählte meiner Mutter nie wirklich davon, aber von diesem Tag an fürchtete ich immer um mein Leben, solange wir uns in einem *Hammam* befanden. Daher wollte ich kein Risiko eingehen und starrte jeder Frau, die sich in der Nähe meiner Mutter und mir befand, in den Schritt. Und dafür wurde ich schließlich, noch vor meinem vierten Lebensjahr, aus dem Frauen-*Hammam* verbannt.

Selbst der Gang in den *Hammam* wurde bei Mansoor Aqa zu etwas Stilvollem. Ich erinnere mich noch sehr gut an das erste Mal, dass meine Mutter ihn darum bat, mich in den *Hammam* mitzunehmen. So sehr ich *Hammams* auch hasste, ich war dennoch begeistert von der Vorstellung, endlich in einen Männer-*Hammam* zu gehen, wie alle anderen Jungs auch. Am Abend zuvor packte meine Mutter alles zusammen, von dem sie glaubte, dass Mansoor Aqa und ich es gebrauchen könnten.

Der *Hammam*, in den mich Mansoor Aqa mitnahm, war völlig anders als die *Hammams*, in die meine Mutter und ich sonst immer gegangen waren. Dieser Ort hatte einen geräumigen Empfangsbereich, in dem überwiegend recht junge Männer und Frauen auf Metallklappstühlen saßen und warteten. Sie schienen alle zu lesen: Zeitschriften, Zeitungen – für die sich Mansoor Aqa am meisten interessierte – oder Bücher. Mansoor Aqa bekam am Empfangsschalter eine Nummer, wir setzten uns und warteten gemeinsam mit den anderen. Ich hielt mich an dem Bündel mit den Waschutensilien fest, das meine Mutter aus einem Tuch zusammengeschnürt hatte, und stellte keine Fragen. Ich war es gewohnt, dass mir meine Mutter befahl, still zu sein, und dass sie mir sagte, es sei unhöflich, wenn ein Kind so viele Fragen stellte. Deshalb wollte ich einen guten Eindruck bei Mansoor Aqa hinterlassen und war ganz still. Innerlich platzte ich jedoch beinahe vor Neugier und wollte unbedingt wissen, wie in aller Welt nur so viele Männer und Frauen gleichzeitig baden sollten.

Als unsere Nummer schließlich aufgerufen wurde, folgten wir dem Bediensteten einen langen, engen und hell beleuchteten Gang hinunter, der mit Kacheln und Pflanzen dekoriert war. Den gesamten Korridor entlang befanden sich auf beiden Seiten schmale, nummerierte Metalltüren. Der Mann öffnete eine der Türen, Mansoor Aqa ging hindurch und ich folgte ihm. Mansoor Aqa sagte dem Mann etwas, schloss dann die Tür und zog sich aus, während er mich bat, dasselbe zu tun.

Ich hatte mit einem riesigen Umkleidesaal und jeder Menge Männern und Jungen gerechnet, stattdessen stand ich jedoch in einem Raum, der gerade mal so groß wie ein durchschnittliches Badezimmer war. Darin befanden sich eine gekachelte Bank, ein paar Haken zum Aufhängen der Kleidung und ein großer Spiegel an der Wand. Ich vermutete, dass die zweite kleine Metalltür in dem Raum zum Badebereich führen würde. Da der Umkleideraum so klein war, erwartete ich auf der anderen Seite der mysteriösen Tür einen winzigen, völlig überfüllten *Hammam*. Mansoor Aqa konnte mit dem Lachen nicht aufhören, als ich ihn schließlich fragte, ob sich hinter der Tür sehr viele Menschen wuschen. Er erklärte mir, dass wir uns in den Einzelkabinen unseres *Hammam* befanden und dass man hier als Kunde zehn *Rial* pro Stunde bezahlte. In den *Hammams,* in die meine Mutter und ich sonst immer gegangen waren, zahlte sie fünf *Rial* und konnte beinahe so lange bleiben, wie sie wollte. Das erklärte jedoch, warum im Empfangsbereich auch Frauen gewartet hatten.

Bevor wir in den Duschraum gingen, nahm Mansoor Aqa nur seinen Rasierer aus dem großen Bündel, das meine Mutter vorbereitet hatte, und ließ den Rest liegen. Auch Madar Joons gelbe Seife blieb zurück. Ich war verwirrt und wunderte mich, wie er uns beide waschen wollte, wenn er keine Utensilien mitnahm, aber dann fiel mir ein, dass es unhöflich war, Fragen zu stellen, und ich schwieg. Der Duschbereich war ein gemütlicher, kleiner Raum mit weißen Keramikkacheln sowie einer Bank, einem Wasserhahn und einem Duschkopf. Wenn nur meine Mutter diesen Ort sehen könnte, dachte ich mir.

Mansoor Aqa drehte die Dusche auf und wir stellten uns unter das Wasser, ich in meiner Unterhose und er mit einem traditionellen *long* (einem Badetuch) um seine Taille gewickelt. Die Menschen waren generell sehr schüchtern, wenn es um ihre Körper und ihre Sexualität ging. Man zeigte sich nie vollkommen nackt vor jemanden, egal in welcher Beziehung man zueinander stand – obwohl ich mir sicher bin, dass Eheleute da eine Ausnahme waren. Sogar Schwestern, die sich ein Zimmer teilten, zogen sich nie voreinander aus oder um.

Als ich Mansoor Aqa beobachtete und seine Bewegungen imitieren wollte, klopfte es plötzlich an der Tür und ein Mann kündigte sein Eintreten an. Verwundert und mit weit aufgerissenen Augen sah ich zu Mansoor Aqa hinauf. Aber bevor ich irgendetwas sagen konnte, kam der Mann – ebenfalls im Badetuch – hinein, hielt eine Metallschüssel in den Händen und begrüßte uns. Ich fand schnell heraus, dass er ein *dallack* war – ein Körperwäscher. Ich hatte weibliche *dallacks* schon einmal im Frauen-*Hammam* gesehen. Für ungefähr fünf *Rial* wuschen und schrubbten sie Kunden und für einen kleinen Zuschlag gaben sie zusätzlich noch umfangreiche Massagen.

In der Schüssel des Mannes befand sich alles, was er benötigte, um uns beide zu waschen und abzuschrubben. Ich werde die kleinen Verpackungen des metallisch-gelben Shampoos, mit dem der Mann unsere Haare wusch, nie vergessen. Ich hatte noch nie zuvor mein Haar mit Shampoo gewaschen bekommen und wusste bis zu diesem Tag noch nicht einmal, was Shampoo war.

Anschließend bat der Mann Mansoor Aqa darum, sich auf den Bauch zu legen, und begann, seine Körperteile in alle Richtungen zu biegen, seinen Rücken mit den Händen zu bearbeiten und seinen Hals sehr rabiat hin und her zu drehen. Mansoor Aqa nannte es eine Massage, aber für mich sah es eher wie eine Folter aus. Nachdem der *dallack* fertig war, verließ er den Raum, und gerade als ich dachte, dass ein Besuch im *Hammam* nicht besser werden könnte, klopfte es wieder an der Tür und Mansoor Aqa bat die Person ohne zu zögern hinein. Es war derselbe Bedienstete, den wir schon am Anfang gesehen hatten, und er hielt ein kleines Tablett in der Hand. Darauf standen zwei eisgekühlte Flaschen Orangenlimonade, eine große und eine kleine. Ich konnte es nicht fassen und riss die Augen weit auf. Wer hätte gedacht, dass das Leben und der *Hammam* so fantastisch sein könnten? Ich trank also in aller Ruhe meine Limonade und sah Mansoor Aqa dabei zu, wie er sein Gesicht rasierte.

Eins ist sicher, wenn man einige Zeit in einem dunstigen Raum verbracht hat, schmeckt nichts so gut wie eine eiskalte Limonade. Mansoor Aqa bezahlte am Empfangsschalter die Rechnung und wir liefen mit rosig-glänzenden Gesichtern nach Hause. Nach dieser Erfahrung wollte ich nie wieder mit meiner Mutter in ein Badehaus gehen, selbst wenn man mir nochmals erlaubt hätte, einen Frauen-*Hammam* zu betreten.

◆ DAS KLEINE DORF GOLMAKAN

Wir mieteten nun ein etwas größeres Zimmer in einem neueren Haus, nicht weit von dort entfernt, wo meine Mutter und ich vorher gelebt hatten. Die Miete hier war ein wenig höher und Mansoor Aqa schien von Anfang an Probleme damit zu haben, die gesamte Summe zu Beginn des Monats aufzubringen. Da Mansoor Aqa ziemlich verschwenderisch mit seinem Geld umging und weil Schneider im Sommer generell eher einen schlechten Umsatz hatten, gab es kaum Hoffnung, dass sich die Situation in nächster Zeit bessern würde. Ich bekam ein- oder zweimal mit, wie unser Vermieter Hadsch Sinichi mit Mansoor Aqa über die überfällige Miete sprach.

Ich sollte an dieser Stelle vielleicht erwähnen, dass unser neuer Vermieter den Ehrentitel *Hadsch* bereits mit Stolz trug, obwohl er ihn genau genommen noch nicht verdient hatte. Wie die meisten Menschen im Nahen Osten liebten es die Iraner, Titel für alles Mögliche zu vergeben und zu bekommen, wie zum Beispiel: Herr Ingenieur, Herr Vorgesetzter, Herr Doktor, *Hadsch* (jemand, der eine Pilgerfahrt nach Mekka gemacht hatte, was auf unseren Vermieter nicht zutraf), *Karbalaey* (jemand, der eine Pilgerfahrt nach Karbala im Irak gemacht hatte) oder *Maschhadi* (jemand, der eine Pilgerfahrt nach Maschhad gemacht hatte). Vor den Namen der Menschen standen meist Titel, die entweder ihren Bildungsgrad, die berufliche Stellung, die Machtposition oder die religiöse Hingabe offenbarten – Letzteres gab außerdem Aufschluss über den finanziellen Status eines Menschen, da es sehr kostspielig war, auf eine Pilgerfahrt zu gehen. Damals war ein *Hadsch* nämlich ohne Zweifel höher angesehen als ein *Maschhadi.* Im Iran konnte es sich fast jeder leisten, nach Maschhad zu gehen, aber nach Mekka zu reisen, das erforderte Erfahrung und finanzielle Mittel. Der *Hadsch,* also die Wallfahrt nach Mekka, ist derzeit die größte jährliche Pilgerfahrt der Welt und stellt als fünfte Säule des Islam eine religiöse Pflicht dar, der jeder körperlich gesunde Muslim, der es sich leisten kann, wenigstens einmal in seinem Leben nachkommen muss. Unser Vermieter hatte seine Pflicht noch nicht erfüllt, aber da er schon eine Anzahlung getätigt hatte und auf der Liste einer künftigen Pilgergruppe nach Mekka stand, nannten ihn seine Frau und seine Mieter bereits jetzt Hadsch Aqa. Dies schien ihn jedoch nicht sonderlich zu stören.

In einem Sommer wurden wir spät nachts durch ein Klopfen am Eingangstor geweckt und hörten auf der Straße einen scheinbar betrunkenen Mann schreien. Mit einem provozierenden Tonfall forderte er Mansoor Aqa auf, hinauszukommen. Meine Mutter war die Erste, die reagierte und sich verängstigt in ihrem Bett aufrichtete. Da sie so lange ohne Mann an ihrer Seite gelebt hatte, schreckte sie nachts immer noch bei dem kleinsten Geräusch von draußen auf.

Mansoor Aqa, der mittlerweile auch wach geworden war, sagte meiner Mutter, sie solle sich beruhigen. Er zog sein Unterhemd an, um das Zimmer zu verlassen und zum Eingangstor zu gehen. Meine Mutter hatte ganz offensichtlich schreckliche Angst und flehte ihn an, nicht zu gehen. Sie meinte, dass sich einer der anderen Mieter oder ihr Vermieter darum kümmern könnte. Aber bevor sie ihren Satz überhaupt zu Ende sprechen konnte, hatte er das Zimmer bereits verlassen. Ich beobachtete vom Fenster aus, wie er über den gespenstischen, in Mondlicht getauchten Innenhof ging. Ohne das Licht anzumachen, eilte meine Mutter ebenfalls zum Fenster und stellte sich neben mich. Ihr Gesicht schien im trichterförmig durch die Vorhänge sickerndem Mondlicht beinahe völlig blutleer. Sie hatte denselben versteinerten Gesichtsausdruck wie damals, als nachts in der Gasse neben unserem alten Zuhause ein betrunkener Mann ihren Namen gesungen hatte. Plötzlich drangen Geräusche wie bei einer Schlägerei von der vorderen Hauswand und vom Tor aus zu uns. Ich hatte schreckliche Angst um Mansoor Aqa.

Es lebten noch zwei weitere Familien in dem Haus, einschließlich der von Hadsch Sinichi. Seltsamerweise ging in ihren Wohnungen jedoch kein einziges Licht an. Sie schienen all den Tumult zu verschlafen. Es dauerte nicht lange und ich sah, wie Mansoor Aqa wieder zurück ins Haus ging, das Tor leise hinter sich schloss und über den Innenhof auf unser Zimmer zulief. Ich atmete erleichtert auf.

Als er in den Raum kam, war sein sonst immer perfekt frisiertes Haar völlig zerzaust und sein Oberkörper mit Schnittwunden übersät, die durch sein weißes Unterhemd bluteten. Meine Mutter hielt sich mit beiden Händen den Mund zu, stieß einen stummen Schrei aus und schlug sich dann mit den Handflächen gegen den Kopf – eine Geste, die Mansoor Aqa nicht ausstehen konnte. Als meine Mutter den Lichtschalter betätigen wollte, griff er nach ihrem Handgelenk und schüttelte den Kopf. Er gab keinen einzigen Laut von sich, der darauf hindeuten könnte, dass er Schmerzen hatte; nur das versteinerte Stirnrunzeln ließ erahnen, dass er wütend war. Mir wurde gesagt, ich solle wieder schlafen gehen, und meine Mutter kümmerte sich um Mansoor Aqas Wunden. Scheinbar waren die Schnittwunden nicht so tief, dass sie einen Besuch im Krankenhaus erfordert hätten. Am nächsten Morgen, als Mansoor Aqa sich für die Arbeit fertig machte, beauftragte er meine Mutter, nach einem neuen Zuhause für uns zu suchen, und sagte mir, ich solle mit niemandem darüber reden, was letzte Nacht geschehen war.

Damals hatten meine Mutter und ich sonst niemanden auf dieser Welt, und als Mansoor Aqa in unser Leben getreten war, konnte ich mein Glück kaum fassen. Für mich war er wie eine uneinnehmbare Festung, in der wir Zuflucht finden konnten. Als ich ihn ein- oder zweimal kämpfen gesehen hatte und wusste, wie stark und erbarmungslos er sein konnte, wurde er zu meinem Idol. Und mein Idol nun so verwundet und blutverschmiert zu sehen, machte mir Angst und beunruhigte mich. Ich wollte nicht, dass uns irgendetwas oder irgendjemand diesen Mann wegnahm.

Ich erinnere mich, dass Mansoor Aqa Rüpeln immer die Stirn bot, sehr oft sogar im Namen anderer. Meine Mutter gewöhnte sich schnell daran, bei gemeinsamen Ausflügen stets auf der Hut sein zu müssen. Es passierte nämlich nicht selten, dass irgendein Raufbold – denn an jeder Straßenecke schien einer zu stehen – meine Mutter falsch ansah oder eine unpassende Bemerkung machte und Mansoor Aqa deshalb eine kurze Schlägerei anfing. Meine Mutter versuchte, sein Verhalten mit seiner türkischen Herkunft zu rechtfertigen. »Er ist ein Türke, er kann einfach nicht anders«, sagte sie dann immer.

Den iranischen Türken wurde nachgesagt, sehr übereifrig zu sein, wenn es darum ging, die Ehre ihrer Frauen zu beschützen. Aber ich glaube, in Wahrheit ging es um etwas ganz anderes. Rückblickend würde ich sagen, dass Mansoor Aqa einfach zu viele John-Wayne-Filme gesehen hatte und sich deshalb bei der geringsten Herausforderung wie ein Superheld aufführte. Und so verkehrt konnte meine Theorie nicht sein, da er ohne Vater aufgewachsen war und keinerlei männlichen Einfluss in seiner Erziehung erlebt hatte.

Trotz Mansoor Aqas deutlicher Anordnung, dass unsere Verwandten nie etwas über die Ereignisse jenes Abends erfahren sollten, tauchte ein paar Tage später plötzlich Rahbar – der hochgewachsene und gut aussehende Cousin meiner Mutter – vor unserer Tür auf. Er saß auf einem prachtvollen, braun glänzenden turkmenischen Pferd und hatte sein Brno-Gewehr um die Schulter geschnallt. Cousin Rahbar, wie wir ihn alle nannten, war ein leibhaftiger Golmakani-Volksheld. Frauen aus seinem Dorf und aus den umliegenden Dörfern wünschten sich heimlich, mit ihm zusammen zu sein, während Männer wie er sein wollten.

Dem Gespräch mit meiner Mutter nach zu urteilen, waren

die Neuigkeiten über das Geschehene bis nach Golmakan vorgedrungen und Rahbar war seit dem Morgengrauen ohne Pause nach Maschhad durchgeritten, um den Schuldigen ausfindig zu machen, der mit einem Messer auf den Ehemann seiner Cousine losgegangen war. Irgendwie schienen Nachrichten immer sehr schnell nach Golmakan zu gelangen, wo sie sich sogar noch schneller verbreiteten.

Wenn man ein Golmakani war – jemand aus dem Dorf Golmakan – oder auch nur im Entferntesten mit einem verwandt war, konnte man sich darauf verlassen, dass in Zeiten des Konflikts fast das gesamte Dorf hinter einem stand. Und Mansoor Aqa war nun ein Verwandter der Golmakanis. Das Stammessystem wurde in Golmakan noch großgeschrieben; wenn man sich mit einem Stammesmitglied anlegte, hatte man sich mit allen angelegt. Es war nicht ungewöhnlich, irgendwo einen großen Truck sowie den Dorfbus voll mit Golmakani-Männern zu sehen, die Holzknüppel und Schaufeln dabei hatten und gerade auf dem Weg waren, im Namen einer ihrer Männer einen Kampf auszutragen.

Ich erinnere mich an diesen hellen und sonnigen Sommertag, als wäre es gestern gewesen; Cousin Rahbar setzte mich auf sein Pferd und lief auf der asphaltierten Straße um den Häuserblock, während er und meine Mutter miteinander redeten. Da meine Mutter nicht wusste, wer hinter dem Angriff steckte, konnte Rahbar nicht viel tun, außer sicherzustellen, dass seine Anwesenheit als Abschreckung für alle diente, die ihn sahen.

Am nächsten Tag kam Abbas Pahlavan – Abbas der Champ, ein weiterer Cousin meiner Mutter – vorbei, der ebenfalls von dem Vorfall gehört hatte. Er war ein Weltmeister im Ringen und ein Held für alle Golmakanis und ebenso für viele Iraner. Er trank ein paar Tassen Tee mit meiner Mutter und unterhielt sich eine Weile mit ihr, bevor auch er zur Machtdemonstration durch unsere Straßen lief. Wenn der Mann, der für die Messerattacke auf Mansoor Aqa verantwortlich gewesen war, auf unserer Straße gelebt hätte, hätte er sich beim Anblick des legendären Cousins

Abbas sicher sofort in die Hose gemacht. Ich erinnere mich, dass an jenem Tag alle möglichen Männer auf Cousin Abbas zugingen und seine Hand schüttelten und küssten, während er die Straße auf und ab schritt. Ganz offensichtlich genoss er diese Verehrung seiner Fans, gleichzeitig ging er jedoch sicher, dass jeder wusste, dass meine Mutter seine Cousine war.

All dies geschah, während Mansoor Aqa bei der Arbeit war. Er wusste nichts von der Unterstützung, die er von seinen neuen Golmakani-Verwandten erhalten hatte, denn meine Mutter wollte nicht, dass er herausfand, dass sie sich über seinen Willen hinweggesetzt und ihrer Schwester von dem Vorfall erzählt hatte. Eine Woche später fand meine Mutter ein Zimmer im Pole-Khaki-Viertel – nicht weit von dort entfernt, wo mein biologischer Vater lebte – und wir zogen um.

Einige Jahre später erfuhr ich, warum und von wem Mansoor Aqa an jenem Abend attackiert worden war. Meiner Mutter zufolge hatte unser Vermieter, Hadsch Sinichi, zwei Schläger engagiert, die meinem Stiefvater eine Warnung wegen der überfälligen Miete überbringen sollten, und die Situation artete aus, als Mansoor Aqa einen von ihnen schlug. Schläger zu engagieren, um sie als Schuldeneintreiber einzusetzen oder um mit ihnen eine Rechnung zu begleichen, war nichts Ungewöhnliches.

◆ NIRGENDWO WILLKOMMEN

An einem sonnigen und bitterkalten Tag im Januar 1961 begleitete ich Mansoor Aqa ins Krankenhaus, um meine Mutter und meinen neugeborenen kleinen Bruder, Mehdi, nach Hause zu bringen. Ich erinnere mich noch, wie das Baby auf dem Rückweg im Schoß meiner Mutter schlief und warm in eine Decke eingewickelt war. Mehdi trug eine Mütze und eine kleine Strickjacke, die meine Mutter während ihrer Schwangerschaft für ihn gemacht hatte.

Mansoor Aqa strahlte über das ganze Gesicht und saß vorn beim Taxifahrer. Er platzte beinahe vor Stolz, als er dem Fahrer erklärte, dass er mit der Geburt seines Sohnes der erste unter seinen Geschwistern war, der einen Jungen bekommen hatte. Er erzählte dem Taxifahrer, dass seinem älteren Bruder bereits drei Töchter geboren waren, bevor er schließlich aufgab und seine Frau für eine andere verließ, in der Hoffnung, endlich einen Sohn geschenkt zu bekommen. Und Mansoor Aqa hatte gleich beim ersten Mal einen Treffer gelandet. Im Gegensatz zu Mansoor Aqa war sein Bruder gebildet und hatte deshalb einen einfachen und gut bezahlten Job als Lehrer an einer Oberschule in Teheran. Und aus diesem Grund empfand Mansoor Aqa eine tiefe Abneigung gegenüber seinem Bruder. Er betrachtete die Geburt seines Sohnes als ein Zeichen des Universums, diese Ungerechtigkeit zu seinen Gunsten ausgleichen zu wollen. Zu sehen, wie glücklich Mansoor Aqa war, und zu wissen, dass sie etwas damit zu tun hatte, machte meine Mutter unglaublich stolz und ließ sie zufrieden aufseufzen, während sie auf die Straße vor uns blickte und zuhörte, wie ihr Ehemann prahlte.

Als ich auf dem Rücksitz des Taxis saß und Mansoor Aqa reden hörte, erinnerte ich mich plötzlich daran, wie meine Mutter mir immer erzählte, dass mein Vater bei meiner Geburt ebenfalls unglaublich stolz gewesen sei.

»Ich kann dir gar nicht oft genug sagen, wie glücklich dein Vater war, als du geboren wurdest, *pesaram*. Er wollte niemanden in deine Nähe lassen, weil er befürchtete, dass jemand Bakterien oder etwas anders auf dich übertragen könnte. Aus Angst, dass du dir einen Zug holen könntest, erlaubte er außerdem nicht, dass man irgendwelche Fenster öffnete, wenn du im Raum warst. Und wer hätte es ihm nach dem plötzlichen und unerwarteten Tod deines Bruders Parveez verübeln können? Nachdem dein Bruder gestorben war, konnte ich sehr lange Zeit nicht mehr schwanger werden, egal wie sehr wir es auch versuchten und wie viele Ärzte wir deshalb um Rat fragten. Doch schließlich erhörte Imam Reza unsere Gebete und er schenkte uns erneut einen Sohn. Die Opfergaben deines Vaters und meine Gebete zahlten sich aus und ich wurde schwanger mit dir. Um Imam Reza seine Dankbarkeit zu zeigen, benannte dein Vater dich nach ihm: Ali-Reza. Erneut einen Sohn zu haben, ließ deinen Vater auf Wolken schweben. Er überhäufte mich mit Küssen und Goldschmuck.«

Ich hatte diese Geschichte schon so oft gehört, dass ich sie bereits auswendig konnte, und jedes Mal zauberte sie mir ein Lächeln auf das Gesicht und gab mir ein wohliges Gefühl, denn so wusste ich, dass es eine Zeit gegeben haben musste, in der ich einen Platz im Herzen meines Vaters hatte.

Als ob er damit die Geburt von Mehdi feiern wollte, hatte sich Gevatter Winter dazu entschlossen, die gesamte Stadt in Weiß und Silber zu hüllen. Einige Tage alter Schnee und Eiszapfen schmückten die Baumwipfel und Gebäudekanten, die nun wie Ornamente im Sonnenlicht glitzerten. Auch ich war überglücklich und feierte im Herzen die Ankunft meines kleinen Bruders. Durch ihn war ich nun für immer mit Mansoor Aqa verbunden.

Nach der Geburt meines kleinen Bruders gehörten die Ausflüge nach Arg und die Kinobesuche mit Mansoor Aqa der Vergangenheit an. Er ging kaum mehr irgendwo hin und verbrachte den Großteil seiner Freizeit zu Hause mit dem Baby. Mansoor Aqa versuchte schon sehr früh, Mehdi das Wort *baba* – Papa in Farsi – beizubringen. Natürlich war Mehdi noch viel zu jung, um überhaupt etwas sagen zu können, aber ich konnte es. Ich war zu der Zeit viereinhalb Jahre alt und nannte Mansoor Aqa beinahe sofort Baba.

Nun, da sie ein Kind hatte und ihre recht frische Ehe somit abgesichert war, bestand der einzige Traum meiner Mutter noch darin, ein eigenes Haus zu besitzen; so wie ihre zwei jüngeren Schwestern. Ein Traum, der in ihrer damaligen Situation nur durch ein Wunder oder einen Lottogewinn wahr werden konnte – und Baba spielte Lotto sehr gewissenhaft. Jeden Mittwochabend saß er um Punkt acht Uhr mit dem Ohr an das Radio gepresst und dem Lottoticket in der Hand auf dem Boden und verfolgte die Ziehung. Nur um jedes Mal aufs Neue enttäuscht zu werden.

Schließlich schien es immer schlimmer zu werden. Wir wechselten fast alle vier oder fünf Monate unseren Wohnsitz. Meist waren wir gezwungen, umzuziehen, da Baba mit der Mietzahlung im Rückstand war. Er verdiente nicht genug Geld und hatte ganz offensichtlich Probleme damit, für die Kosten, die mit einer Ehe und einer Familie einhergingen, aufzukommen. Und als ob dies nicht schon genug gewesen wäre, wurde Baba auch noch jedes Fahrrad, das er sich kaufte, gestohlen; ohne Fahrrad war es sehr schwer für ihn, zur Arbeit zu kommen. Außerdem bekam meine Mutter ein zweites Kind mit Mansoor Aqa. Ich war dabei, als ihre Fruchtblase platzte, während sie gerade unsere kleine Abstellkammer putzte. Mit Hilfe einer unserer Nachbarinnen brachte sie ihr Baby direkt dort zur Welt.

Meine Mutter konnte Baba schließlich doch überreden, seinen Stolz zu überwinden und sie für einige Zeit Wolle spinnen und Aprikosenkerne knacken zu lassen, wie sie es früher getan hatte. So wollte sie den finanziellen Druck, unter dem ihr Ehemann stand, etwas lindern. Doch trotz des Geldes, das sie nun zusätzlich verdiente, und trotz ihrer einzigartigen Fähigkeit, unglaublich sparsam zu haushalten und alles aus einem *Rial* rauszuholen, schien sich die finanzielle Lage nicht zu bessern.

Es war wohl doch nicht Babas beste Entscheidung gewesen, nach der Hochzeit mit meiner Mutter in Maschhad zu leben. Das Geschäft mit der Schneiderei von Männeranzügen war seiner Aussage nach hier in Maschhad nicht so gewinnbringend und beständig wie im größeren und anspruchsvolleren Teheran, wo er viele Jahre lang gelebt hatte. Und bedauerlicherweise hatte er keinen anderen Beruf erlernt und besaß keine Schulbildung, die ihn für einen besser bezahlten Job bei der Regierung qualifiziert hätte. Denn die Regierung war der größte Arbeitgeber der Nation.

Direkt vor *Nouruz* (dem persischen Neujahr) und im letzten Sommermonat, kurz bevor die Schule wieder anfing, machte Baba am meisten Umsatz. Doch obwohl er während dieser lukrativeren Monate Überstunden leistete, mühte er sich den Rest des Jahres weiterhin ab, um überhaupt über die Runden zu kommen. Er war nicht diszipliniert genug, um zu sparen und mit seinem Einkommen angemessen hauszuhalten. Wenn man bedenkt, dass er gerade mal etwas über zwanzig war, überraschte dies jedoch kaum.

Als sich die Lage weiter zuspitzte, wurde ich Thema einer neuen, unerfreulichen Diskussion. Sobald meine Mutter und Baba dachten, dass ich schlief, flüsterten sie meinen Namen, während sie nachts im Bett auf der anderen Seite des Zimmers lagen. Sie überlegten, wie sie es am besten angehen könnten, von meinem Vater Unterhalt für mich zu bekommen – eine Angelegenheit, die völlig in Vergessenheit geraten war, als meine Mutter Baba kennengelernt hatte. Wenn man den Erzählungen meiner Verwandten Glauben schenken konnte, schien es meinem Vater finanziell recht gut zu gehen; daher verspürte meine Mutter immer mehr den Drang, etwas zu unternehmen.

Während Baba bei der Arbeit war, ließ meine Mutter deshalb eines Nachmittags meine beiden kleinen Geschwister bei einer

Nachbarin, nahm mich an die Hand und wir gingen los, um meinen Vater nach Unterhalt für mich zu fragen. Im Gegensatz zu früher lief sie dieses Mal jedoch direkt zum Haus meines Vaters und drückte auf die Türklingel. Er öffnete die Tür höchstpersönlich. Mein Vater trug schwarz glänzende Armeestiefel, grüne Armeehosen und ein weißes Unterhemd, was darauf hinwies, dass er gerade von der Arbeit gekommen war. Sein Bruder Habibollah – der am Verschwinden meiner Schwester beteiligt gewesen war – befand sich hinter ihm im Eingangsbereich. Ich stand auf dem Gehweg neben meiner Mutter, hob den Kopf und blickte zu meinem Vater oben auf den Stufen. Mein Herz klopfte wie wild vor Aufregung. Soweit ich zurückdenken konnte, war es das erste Mal, dass ich ihn gesehen hatte. Wegen all der Dinge, die ich über ihn gehört hatte, löste sein Anblick bei mir sowohl ein Gefühl der Angst als auch Liebe aus. Ich suchte sein Gesicht nach einem Zeichen väterlicher Zuneigung mir gegenüber ab. Er warf mir zwar einen flüchtigen und gleichgültigen Blick zu, widmete sich jedoch sofort wieder meiner Mutter und frage sie in einem kalten Ton, was sie wolle. Meine Mutter antwortete ihm mit unschuldiger und demütiger Stimme, dass sie da sei, um nach Unterhalt für mich zu fragen; meine verschollene Schwester erwähnte sie mit keinem Wort.

Sie sprachen noch ein paar weitere Sätze miteinander, bis uns mein Vater schließlich aufforderte, einzutreten. Meine Mutter hielt mich immer noch an der Hand fest und wir liefen zusammen die Stufen hinauf in den Flur. Er schloss die Tür hinter uns und sah mich erneut flüchtig und gleichgültig an, bevor er sich meiner Mutter zuwandte. Ich war zu jung, um auch nur die Hälfte von dem zu verstehen, was sie sagten. Es dauerte nicht lange, bis er meine Mutter wütend anschrie, sie beschimpfte und wild mit der Faust vor ihrem Gesicht gestikulierte. Sie stritten eine Weile, bis mein Vater plötzlich ausrastete. Er packte meine Mutter an den Haaren, zog sie daran zu Boden und trat wieder und wieder auf sie ein. Ich lief sofort zu ihr und klammerte mich, in einem vergeblichen Versuch, ihn aufzuhalten, am Bein meines Vaters fest. Bevor ich wusste, wie mir geschah, flog ich quer durch den spärlich beleuchteten Flur und prallte gegen die Wand. Mittlerweile hatte sich Habibollah zu seinem Bruder gesellt und nun traten und schlugen sie beide auf meine Mutter ein. Mit dem Rücken an der Wand saß ich sprachlos und starr vor Angst auf dem kalten Marmorboden und weinte hilflos, während ich zusehen musste, wie die beiden Männer den Kopf meiner Mutter gegen den Boden schlugen. Dann wurden wir hinausgeworfen und ich hörte, wie die Eingangstür hinter uns zuknallte.

Meine Mutter hatte Schwierigkeiten, das Gleichgewicht zu halten, als wir uns auf den Weg zurück nach Hause machten. Sobald wir an dem Bach in der Nähe unseres Hauses angekommen waren – wo sie sonst immer ein Mal in der Woche die Wäsche wusch –, setzte sie sich im Schatten eines Baumes auf einen großen Felsen, gab mir ein kleines Taschentuch und bat mich, es für sie nass zu machen, damit sie sich das Blut aus dem Gesicht waschen konnte. Ich diente ihr als Spiegel und zeigte auf die blutverschmierten Stellen, während sie weinte und sich bei Gott über diese ungerechte Welt beklagte.

Auf dem restlichen Weg nach Hause befahl mir meine Mutter, Baba nichts von dem zu erzählen, was vorgefallen war. Teilweise flehte sie mich sogar an, denn sie hatte Angst, und das zu Recht; Baba hätte meinen Vater getötet und den Rest seines Lebens im Gefängnis verbracht. Und das wäre das Ende für meine Mutter gewesen. Obwohl ich mir nichts sehnlicher gewünscht hatte, als dass Baba von dem Vorfall erfuhr, damit er sich die zwei Brüder schnappte und ihre Köpfe ebenfalls gegen die Wand und den Boden schlug, behielt ich es für mich. Sobald wir zu Hause angekommen waren, überdeckte meine Mutter ihre Blutergüsse mit Make-up und erfand für die restlichen Wunden, die sie nicht verstecken konnte, eine Geschichte. Sie erzählte Baba, dass sie ausgerutscht und hingefallen sei. Geheim zu halten, was meiner Mutter widerfahren war, obwohl ich so sehr auf Rache sann, war eine der schwersten Entscheidungen, die ich jemals in meinem

Leben treffen musste. Aber so wie ich Baba kannte, hätte nur ein Wort über die Ereignisse gereicht und er hätte dem Leben meines Vaters ein Ende gesetzt; so jedoch auch seinem eigenen und dem meiner Mutter.

Ich konnte meiner Mutter nach diesem Tag für einige Zeit nicht mehr in die Augen sehen. Ich fühlte mich für das Geschehene verantwortlich und schuldig dafür, der Sohn meines Vaters zu sein.

Bald schnappte ich überall um mich herum Gesprächsfetzen auf. Vielleicht waren die Diskussionen schon vorher da gewesen, doch ich war erst jetzt alt genug, um sie zu verstehen. Meine Mutter und Baba, unterschiedliche Verwandte, die zu Besuch kamen, und manchmal sogar Nachbarn; sie alle schienen über mich zu reden.

»Es ist ja nicht so, als ob sein Vater tot wäre.« »Sein Vater sollte ihn großziehen.« »Armer Junge. Er wurde von seinem eigenen Vater im Stich gelassen.« »Armes, kleines Waisenkind, was soll nur aus ihm werden, wenn er mal groß ist?« »Bring ihn zum Haus seines Vaters und lass ihn einfach vor der Tür stehen. Es ist sein Kind, warum solltest du deine Ehe für ihn aufopfern müssen?« »Armer Mansoor Aqa, er hat keine Sünde begangen und muss dennoch das Kind eines anderen großziehen.«

Ich merkte langsam, dass ich nirgendwo hinzugehören schien und dass niemand wirklich daran interessiert war, mein Erziehungsberechtiger zu sein. Ich fühlte mich wie ein Eindringling, mit dem niemand etwas anzufangen wusste. Als sich meine Mutter – noch vor der Zeit mit Baba – einen guten Mann an ihrer Seite und ein Zuhause wünschte und stets dafür betete, hatte ich automatisch angenommen, dass ihre Gebete auch mich einschließen würden. Ich war davon ausgegangen, dass meine Mutter und ich ein Gesamtpaket darstellten und dass die Person, die meine Mutter heiraten würde, auch mich in ihrem Leben haben wollte.

»Ich möchte nicht gehen, Maman«, flehte ich meine Mutter an, aber es war zu spät. Ein kleines Bündel mit ein paar Kleidungsstücken darin lag bereits zurechtgeschnürt bei der Tür. Ich wurde weggeschickt, um für eine Weile bei meinem Vater zu leben – eine Vereinbarung, die wohl durch Verwandte zwischen meinem Vater und meiner Mutter getroffen worden war. Es wäre etwas anderes gewesen, wenn meine Mutter gesagt hätte, ich würde meinen Vater eine Weile *besuchen*, aber bei ihm *leben?* Das Wort »leben« hatte eine niederschmetternde Wirkung auf mich. Für mich war nicht begreiflich, wie das geschehen konnte. Meine Mutter war der einzige Elternteil, den ich je hatte, und ich dachte immer, dass sie und ich unzertrennlich wären. Wie konnte sie mich zu einem Mann schicken, von dem sie, soweit ich zurückdenken konnte, immer nur schlecht geredet hatte? Einen Mann, den ich kaum kannte?

»Ich verspreche, dass ich nie wieder ins Bett machen werde, Maman, bitte ...« Ich hatte diese seltsame Vorstellung, dass ich nicht nur ein weiteres Kind war, das durchgefüttert werden musste – während die finanzielle Lage die Ehe meiner Mutter ohnehin schon belastete –, sondern dass der Hauptgrund dafür, dass ich zu meinem Vater geschickt wurde, darin bestand, dass ich nachts regelmäßig ins Bett machte. Jeden Morgen, lange bevor die Sonne aufging, hatte meine Mutter bereits meine Hose und die kleine Baumwollmatratze zum Trocknen auf die Wäscheleine gehängt und verkündete damit der gesamten Welt, was ich getan hatte. Ich erinnere mich, wie ich gedemütigt vor unserer Tür stand und meiner Mutter zusah, wie sie mich auszog, dabei schimpfte, wütend die Zähne zusammenbiss und flüsterte: »Wie beschämend, dass Mansoor Aqa jeden Morgen mit dem Gestank deines Urins aufwachen muss.«

Sie wusch meine Hose, schrubbte den Teil der Matratze, auf dem der Fleck zu sehen war, und hängte sie auf; und das alles geschah noch bevor Baba aufstand. Aber er konnte meine nasse Hose und die kleine, nasse Matratze unmöglich übersehen, da beides auf der Leine an der Wand direkt gegenüber von unserem Fenster hing, wo er jeden Morgen vor der Arbeit stand und sich rasierte.

Weil sie nicht wollte, dass ich die Tränen in ihren Augen sah, drehte sie sich weg, tat so, als ob sie etwas in der Wandnische umräumen müsste, und sagte: »Es ist gut, dass dein Vater zugestimmt hat, etwas Zeit mit dir zu verbringen. Jeder Junge braucht einen Vater.«

»Aber Baba ist mein Vater.«

»Ja, aber es ist auch schön, dass du endlich deinen echten Vater kennenlernen kannst.«

Als Baba an diesem Abend von der Arbeit nach Hause kam, servierte meine Mutter ihm ein paar Tassen heißen Tee, die er trank, ohne sich vorher seinen Pyjama anzuziehen, wie er es sonst immer tat. Dann fragte er meine Mutter, ob ich fertig sei, und sie nickte niedergeschlagen. Sie sahen mich beide an und Baba wollte wissen, ob ich die Idee, für eine Weile meinen echten Vater zu besuchen, nicht auch gut fände. Mit einem dicken Kloß im Hals und heruntergezogenen Mundwinkeln als Zeichen meines Unmuts schüttelte ich den Kopf. Wenn es die Begegnung mit meinem Vater in dem Flur seines Hauses nicht gegeben hätte, wäre mein Widerwillen sicherlich nicht so groß gewesen. Ich hatte kein Interesse daran, den Mann näher kennenzulernen, der erst vor Kurzem meine Mutter so brutal attackiert hatte.

Meine Mutter gab mir einen Kuss und flüsterte mir ein paar letzte Ratschläge ins Ohr:

»Trink abends nicht so viel Wasser und iss keine Wassermelonen, selbst wenn sie dir welche anbieten. Wegen Wassermelonen machst du ins Bett. Und achte darauf, dass du vor dem Schlafengehen noch mal auf die Toilette gehst. Sei höflich und sag immer Hallo, Guten Morgen und Gute Nacht, *pesaram.* Niemand kann gefräßige Kinder ausstehen, also fass das Essen nicht an, ohne dass man dir etwas anbietet. Gib niemanden einen Grund, dich zu bestrafen, *pesaram.*«

»Aber ich will nicht gehen, Maman«, flüsterte ich mit gesenktem Kopf.

»Ich weiß, *pesaram.* Aber vielleicht magst du deinen Vater ja. Du bist schließlich sein Sohn und er liebt dich.«

Kurz darauf saß ich vorn auf Babas Fahrrad und hielt mich

an dem Bündel mit all meinen Habseligkeiten fest, während wir zum Haus meines Onkels fuhren, wo ich abgesetzt werden sollte. Mir wurde gesagt, dass mich mein Vater dann später am Abend abholen würde. Baba versuchte, mir die Angst zu nehmen, indem er mir erklärte, dass niemand den echten Vater ersetzen könne und dass dieser Aufenthalt eine wunderbare Chance für mich sei. Was ich jedoch viel lieber hören wollte, war die Antwort auf die Frage, wann er wiederkommen und mich zurück nach Hause bringen würde. Ich weinte bitterlich, während wir in die frühe Abenddämmerung fuhren und uns immer weiter und weiter von unserem Zuhause entfernten. Zu dem Zeitpunkt wusste ich noch nicht, dass es bestimmte Wörter auf dieser Welt geben sollte, die in meinem Leben niemals dieselbe Bedeutung haben würden wie im Leben anderer. Das Wort »Zuhause« war eines davon.

In einem letzten Versuch, Baba umzustimmen, während er die Stufen zum Haus meines Onkels hinaufstieg und auf die Türklingel drückte, sagte ich ihm, dass es mir leidtäte, immer ins Bett gemacht zu haben. Er tätschelte meinen Kopf und lächelte mich an, ohne etwas zu sagen.

Bibi-Fateme, die Frau meines Onkels, öffnete die Tür, lächelte und meinte, dass sie mich schon erwartet hätte. Meine Augen waren jedoch nur auf Baba fixiert, als er Auf Wiedersehen sagte, auf sein Fahrrad stieg und in die Nacht verschwand.

◆ DAS LEBEN IN DER FREMDE

Ich hatte mittlerweile über eine Woche im Haus meines Onkels verbracht und mein Vater war immer noch nicht gekommen, um mich abzuholen. Während ich tagsüber mit meinen Cousins und meiner Cousine im Innenhof meines Onkels spielte, konnte ich ab und zu Babygeschrei und eine Frauenstimme auf der anderen Seite der Mauer und somit aus dem Hof des anliegenden Hauses hören – dem Haus meines Vaters. Meinen Cousins zufolge gehörte die Frauenstimme meiner Stiefmutter und das Babygeschrei stammte von meinem kleinen Halbbruder. Obwohl ich meine Stiefmutter noch nie zuvor getroffen hatte, ließ mir ihre Stimme einen eisigen Schauer über den Rücken laufen.

Schließlich kam mein Vater eines frühen Abends vorbei und nahm mich mit nach nebenan in sein Haus. Er sagte kaum etwas zu mir, dankte jedoch der Frau seines Bruders, Bibi-Fateme, dass sie auf mich aufgepasst hatte. Meine Cousine Mehri lächelte mitfühlend und leicht traurig, als sie mir das Bündel mit meiner Wechselkleidung reichte.

»Mach dir keine Sorgen, Alireza, meine Brüder werden morgen rüberkommen und dich zum Spielen abholen, okay?«, sagte sie und zwinkerte mir zu.

»Okay.« Mehri war die älteste Tochter meines Onkels und zu dem Zeitpunkt etwa acht oder neun Jahre alt. Wie ein Engel nahm sie mich unter ihre Fittiche. Während ich bei ihnen wohnte, passte sie auf mich auf und linderte damit den Schmerz, von meiner Mutter getrennt zu sein. Sie hatte die liebenswerte Fürsorglichkeit ihrer Mutter geerbt. Mit dem langen, lockig-rötlichen Haar, der mit Sommersprossen gesprenkelten weißen Haut und den grünen Augen sah sie aus wie eine Figur aus der Bibel, die geschickt worden war, um mir in diesen ersten schweren Nächten ohne meine Mutter Trost zu spenden. Mehri sagte mir zwar, ich solle mir keine Sorgen machen, aber genau das tat ich; ich hatte sogar schreckliche Angst davor, bei meinem Vater und seiner Frau zu leben. All die Geschichten, die ich als Kind gehört hatte, ließen vermuten, dass Stiefmütter herzlose und eifersüchtige Menschen waren, die vor nichts haltmachten, um ihre Stiefkinder wieder loszuwerden. Und was meinen Vater betraf, seine gewalttätige Ader durfte ich bereits am eigenen Leib erfahren – und ich wusste, dass er für das Verschwinden meiner Schwester verantwortlich gewesen war. Was, wenn auch ich verschwinden und meine Mutter, Baba und meinen kleinen Bruder Mehdi nie wieder sehen würde?

Meine Beine zitterten, als ich meinem Vater die Stufen zu seinem Haus hinauf folgte – dieselben Stufen, die meine Mutter nur einen Monat zuvor mit mir schon einmal hochgelaufen war, nur um anschließend brutal zusammengeschlagen zu werden. Sobald ich im Haus war, schloss ich die Tür hinter mir und zog meine Schuhe aus. Die Steinfliesen des engen Hausflurs fühlten sich unter meinen nackten Fußsohlen eiskalt an. Plötzlich überkamen mich Erinnerungen an diesen einen Tag und mich durchfuhr ein Gefühl von Panik und Niedergeschlagenheit. In diesem Moment wünschte ich mir meine Mutter sehnlicher herbei, als ich es je getan hatte. Eine Deckenleuchte warf ein fahles und gespenstisch flackerndes Licht in den Flur und ließ ihn kalt und surreal erscheinen. Ich presste das Bündel mit meinen Habseligkeiten fest gegen meine Brust, denn es roch nach Zuhause und nach meiner Mutter. Vor meinem geistigen Auge sah ich, wie meine Mutter zu Boden geworfen wurde und einen stummen Schrei ausstieß, während sie die Hand nach mir ausstreckte und flüsternd um Hilfe bat. Für einen kurzen Augenblick dachte ich darüber nach, mich umzudrehen und wegzulaufen. Aber wohin? Ich konnte nirgendwo sonst hin.

Ich folgte meinem Vater in das Wohnzimmer. »*Salam, khanom*«, sagte ich ängstlich zu einer Dame, die an einer Wand auf der anderen Seite des Raumes auf dem Boden saß. Ohne den Kopf zu bewegen, sah sie mich mit hochgezogenen Augenbrauen aus der Ferne an und fragte mich, wie es mir ginge.

»Gut, *mercy, khanom* (danke, meine Dame).«

Ihr starrer Blick ließ vermuten, dass sie mich musterte, vielleicht um von meinem Aussehen darauf zu schließen, wie hübsch meine Mutter war, oder wie sehr ich möglicherweise ihrem Ehemann ähnelte – ein Recht, das ihrer Meinung nach vielleicht nur ihren eigenen Kindern zustand.

Dann wendete sie plötzlich ihren Blick ab, um sich um den Säugling in ihrem Schoß zu kümmern, und sagte nichts weiter.

Als es Zeit war, ins Bett zu gehen, zeigte man mir, wo ich schlafen sollte: auf einer Kindermatratze, die in einem anderen Raum bereits fertig ausgerollt lag. Ich hatte noch nie zuvor allein in einem Raum geschlafen. Ich vermisste meinen kleinen Bruder Mehdi und meine Mutter. Völlig einsam in dem Raum, fühlte es sich für mich so an, als ob ich weit weg in einem fremden und feindseligen Land zurückgelassen worden war. Während des gesamten Abends vor der Schlafenszeit hatte mein Vater kaum ein Wort zu mir gesagt – ich nahm an, dass dies etwas Gutes war. Wenn man den Verlauf des ersten Abends betrachtete, war es sehr unwahrscheinlich, dass mein Vater überhaupt vorhatte, mich kennenzulernen. Womöglich dachte er bereits darüber nach, wie er mich loswerden könnte. Ich hörte ihn und seine Frau ein- oder zweimal in *Zargary* miteinander sprechen. Wenn sie nicht wollten, dass man sie verstand, unterhielten sich Erwachsene in Gegenwart von Kindern oft in *Zargary*. Das war eine Sprache, die nur im Gesprochenen existierte und erfunden wurde, um private Unterhaltungen führen zu können. Um den Zuhörer zu verwirren, wurde der Buchstabe Z in jedes gesprochene Wort eingebaut. Es gab keine festen Regeln, wo der Buchstabe Z eingefügt werden musste; solange das Wort leicht von der Zunge ging. Aus »Buch«

wurde zum Beispiel »Buzuch« und aus »Rückkehr« wurde »Rüzückkezehr«. Ich kannte *Zargary*, weil meine Mutter und meine Großmutter es oft gesprochen haben, aber damals konnte ich es noch nicht verstehen.

Nachdem ich eine Weile in mein Kissen geweint hatte, schlief ich schließlich ein. Ich hatte einen lebhaften und gleichzeitig beruhigenden Traum, in dem ich auf einer Hochebene saß und auf eine saftig-grüne Wiese mit Riesenweizengras hinabblickte, dessen Halme im Wind tanzten. Auf einem glatten Felsbrocken neben mir saß ein Mann mit einem freundlichen und sympathischen Lächeln auf dem Gesicht. Er sah sehr maskulin aus, denn er hatte einen Körper wie ein Krieger aus dem alten Griechenland und trug ein *Himation* um seine Schulter und die Taille gewickelt. Der perfekt getrimmte, weiße Bart passte zu dem kurzen und leicht lockigen Haar. Obwohl ich den Mann nicht wiedererkannte, war er mir sehr vertraut und schien mir nahezustehen. Alles an ihm übermittelte ein beruhigendes und unmissverständliches Gefühl; das des Trosts. Als ich am nächsten Morgen aufwachte, merkte ich, wie berührt ich von dem Traum war. Ich bekam ihn mehrere Tage lang einfach nicht mehr aus dem Kopf.

Wie ein Garten ohne Gärtner befand auch ich mich nach etwa einem Monat im Haus meines Vaters in einem sehr verwilderten Zustand. Meine Haare und meine Nägel waren sehr lang gewachsen, meine Kopfhaut juckte und ich musste unbedingt mal wieder ordentlich abgeschrubbt und gewaschen werden. Ich sah wie einer dieser kleinen Bettlerjungen aus, die meine Mutter und ich freitags um den Schrein herum die Pilger bestehlen sahen. Wenn meine Cousine Mehri meine Kleidung nicht ein- oder zweimal nebenan gewaschen hätte, wäre sie sicherlich einfach an meinem Körper verfault. Auch meine Gefühle waren in ziemlicher Unordnung.

Als ich von zu Hause weggeschickt worden war, nahm ich an, dass ich nur für kurze Zeit bei meinem Vater bleiben müsste. Mittlerweile verspürte ich starkes Heimweh und wusste nicht, was ich tun sollte. Es gab keine Nachrichten von meiner Mutter und im Haus meines Vaters kein Anzeichen dafür, dass ich dauerhaft dort bleiben würde. Meine ungewaschene Wechselkleidung lag immer noch – zusammengeschnürt in demselben Bündel, in dem ich sie mitgebracht hatte – neben meinen Schuhen bei der Eingangstür. Ich hatte Angst, meinen Vater zu fragen, und wusste nicht, was ich tun oder mit wem ich reden müsste, um nach Hause zu können. Ich war mir sicher, dass ich den Weg nach Hause allein finden würde, und dachte ein- oder zweimal darüber nach, wegzulaufen. Doch jedes Mal entmutigte mich die Erinnerung an den Polizisten damals, der mich nach Hause gebracht und Geld von meiner Mutter erpresst hatte.

Hier im Haus meines Vaters redete niemand wirklich viel mit mir und keiner sagte mir, was mit mir geschehen sollte. Außer an ein paar Freitagen schien mein Vater immer bei der Arbeit zu sein, und wenn er zu Hause war, schlief er viel. Ich hatte Angst, ihn anzusprechen, und er zeigte wenig Interesse daran, mit mir zu reden. Meine Stiefmutter, Zahra Khanom, sprach nur mit mir, wenn sie wollte, dass ich für sie Besorgungen machte oder mit ihrem Baby im Arm auf und ab lief, weil es müde war und schrie.

Zahra Khanom war eine durchschnittlich aussehende Frau mit einem runden, leicht molligen Gesicht. Sie lächelte so gut wie nie, und wenn doch, dann war es meist kalt und bedeutungslos. Ein unentwegtes Stirnrunzeln oder ein leerer Blick schienen ihre einzigen beiden Gesichtsausdrücke zu sein. Damals hatte sie zwei Kinder: Ihre Tochter war im Kleinkindalter und ihr Sohn ein Säugling. Ich erinnere mich nur noch daran, dass der Junge einen riesigen Bauchnabel hatte – so groß wie ein Golfball – und dass seine Mutter ihm fast jeden Tag rohe, mit Zucker verrührte Eidotter zu essen gab.

Zu der Zeit hatte ich jedoch nicht nur Mitleid mit mir selbst, sondern auch mit meiner Mutter. Ich konnte mir kaum vorstellen, was sie ohne mich durchgemacht haben musste. Bevor sie Baba kennengelernt hatte, war ausschließlich ich allein ihr Begleiter, ihr Trostspender und, ihr zufolge, ihr Grund zum Weiterleben. Ich stellte mir vor, wie sie weinte und traurige Volksmelodien sang, in deren Texte sie meinen Namen einstreute; ähnlich wie sie es in den ersten Jahren nach dem Verschwinden meiner Schwester getan hatte. Weil sie im Land der ewigen Opferrolle aufgewachsen war, sah sich meine Mutter – wie viele andere in ihrer Situation auch – als Märtyrerin. Alles Gute oder Schlechte war Gottes Wille. Gott in ihre persönlichen Angelegenheiten hineinzuziehen, war für viele Menschen wie meine Mutter die perfekte Ausrede, um sich vor ihren Verantwortungen zu drücken und um ihre Unfähigkeit zu verschleiern. Unter den gegebenen Umständen und so wie ich meine Mutter kannte, war es wohl besser, wenn sie Gott die Schuld gab und nicht sich selbst.

Außer für die Botengänge für Zahra Khanom verließ ich die Straße, in der mein Vater wohnte, nur ein einziges Mal, während ich dort lebte. Meine Stiefmutter nahm mich einmal mit, als sie ihre jüngere Schwester besuchte, die auf der Naderi-Avenue in der Nähe des Schreins wohnte.

Sobald wir bei ihrer Schwester angekommen waren, zog ich im Eingangsbereich meine Schuhe aus, ging die Treppe hinauf und betrat den Raum, in den meine Stiefmutter bereits verschwunden war. Ich erinnere mich, dass sich in dem Raum sehr viele Frauen befanden, die meisten davon waren Zahra Khanoms Schwestern und ihre Mutter. Als die Frauen ihre Aufmerksamkeit auf mich richteten, trat ganz plötzlich überall völlige Stille ein, die anschließend in ein Murmeln überging. Die Gäste musterten mich aus den Augenwinkeln und ihre Blicke wirkten wegen des allgegenwärtigen schwarzen Augen-Make-ups noch intensiver. Das Gemurmel drehte sich wohl darum, ob ich meinem Vater ähnlich sah oder nicht. Ich wurde niemandem offiziell vorgestellt. Ich nehme an, es war nicht nötig, da alle bereits zu wissen schienen, wer ich war. Ich fühlte mich wie ein Soldat, der sich plötzlich ganz allein hinter feindlichen Linien befand, mein Herz wurde schwer und mir wurde schlecht. Wenn mich in diesem Moment eine der Frauen angesprochen hätte, wäre ich ganz sicher in Tränen ausgebrochen.

Schließlich verließen die Frauen alle den Raum, um gemeinsam als Familie im kleinen Innenhof unten *ash* (eine iranische Nudelsuppe) zuzubereiten. Mir wurde aufgetragen, im Raum zu bleiben und auf Zahra Khanoms Baby aufzupassen. Nachdem alle gegangen waren, kam ein Mädchen auf mich zu, das im Teenageralter war und Zahra Khanom sehr ähnlich sah. Sie tätschelte mein Gesicht, lächelte mich an und sagte: »Du bist sehr süß. Sag mir Bescheid, wenn du Durst bekommst oder auf die Toilette musst, okay?«

»*Chashm, khanom* (Ja, mein Fräulein)«, antwortete ich und lächelte zurück.

Zur Mittagszeit versammelten sich alle auf dem Boden um den *Sofreh* im Wohnzimmer und aßen die heiße Nudelsuppe, die sie soeben zubereitet hatten. Meine Stiefmutter brachte mich in einen anderen Raum und gab mir eine kleine Kupferschüssel mit etwas Nudelsuppe, bevor sie wieder zurück ins Wohnzimmer zu ihrer Mutter und ihren Schwestern ging.

Ich hatte noch nie etwas so übel Schmeckendes gegessen wie diese Schüssel *ash*, die mir meine Stiefmutter gegeben hatte. Die Flüssigkeit war leicht warm, hatte eine schleimig-dicke Konsistenz und sah weder wie Nudelsuppe aus noch schmeckte sie wie eine. *Ash* war eine beliebte regionale Suppe, die während religiöser Ritualien sowie anderer wichtiger Zeremonien serviert und in Restaurants und von Holzkarren aus auf der Straße verkauft wurde. Wenn man nicht gerade hinter dem Mond lebte, war es unmöglich, als Iraner egal welchen Alters nicht zu wissen, wie *ash* schmecken und aussehen musste. Aber ich war zu hungrig, um wählerisch zu sein, also aß ich die ganze Schüssel leer und ignorierte den ekligen Geschmack. Einige Zeit später kam das Mädchen zurück – das, wie ich herausfand, die Schwester meiner Stiefmutter war –, sah meine leere Schüssel und fragte mich, ob ich noch mehr wollte. Ich nickte. Sie nahm die Schüssel und kam kurz darauf mit einer vollen wieder. Die Suppe darin war kochend heiß, roch so, wie echtes *ash* riechen sollte, und war mit Sauermolke, gebratenem Knoblauch, Zwiebeln und Minze garniert. Rückblickend vermute ich, dass meine Stiefmutter die erste Schüssel absichtlich verdorben hatte, damit sie ungenießbar schmeckte.

Eines wunderbaren Nachmittags jedoch beschloss das Universum, Mitleid mit mir zu haben und mich angenehm zu überraschen. Ich saß gelangweilt und unglücklich am Brunnenrand im Innenhof meines Vaters und planschte leicht mit der Hand im Wasser hin und her, um die kleinen Goldfische am Boden anzulocken. Zahra Khanom saß einige Meter entfernt mit ihrem Sohn im Schoß auf einem Klappstuhl und fütterte ihn aus einer kleinen Schüssel mit ihrer Eidotter-Zucker-Mischung. Plötzlich kamen mein ältester Cousin, Aliakbar, und sein jüngerer Bruder von nebenan in den Innenhof gelaufen und fragten Zahra Khanom, ob ich mit ihnen raus zum Spielen dürfte. Sie sagte Nein. Ich kann mich nicht mehr erinnern, warum sie Nein sagte, aber das war ihre Antwort. Nach etwas Betteln und Flehen vonseiten Aliakbars ließ sich meine Stiefmutter schließlich doch überreden und ich durfte für eine Weile mit meinem Cousin raus. Er hatte so getan, als ob er für das Spiel, das er mit seinem Bruder spielen wollte, unbedingt eine dritte Person brauchte. Sobald wir draußen waren, packte er mich an meinem Handgelenk, rannte mit mir ans Ende des Häuserblocks und blieb an der Straßenecke vor dem kleinen Lebensmittelladen des Viertels stehen. Bevor er mich hineinführte, sagte er mir, ich solle meine Augen schließen, und ich gehorchte. Als ich im Geschäft meine Augen wieder öffnete, konnte ich mein Glück kaum fassen; dort stand meine Mutter und wartete auf mich.

Ich habe in meinem Leben schon viele mir nahestehende Personen wiedergetroffen, aber dieses Wiedersehen werde ich niemals vergessen. Ich lief zu meiner Mutter und schlang meine Arme um ihren Hals. Noch nie hatte etwas so wunderbar gerochen und gleichzeitig so ein starkes Gefühl der Geborgenheit ausgelöst wie der Geruch meiner Mutter an jenem Tag. Meine Mutter hatte früher immer gesagt, dass sie selbst mit verbundenen Augen ihr eigenes Kind aus einer Gruppe von tausend Kindern herauspicken könnte, indem sie einfach hinter den Ohren eines jeden Kindes schnupperte; nun wusste ich, was sie damit meinte. Während wir beide weinten, küsste sie meinen Kopf, mein Gesicht, meine Hände und meinen Hals wieder und wieder. Wie ein Welpe, der seine Hundemutter wiedergefunden hatte, sprang ich überglücklich auf und ab. Sie küsste meine Tränen weg und wiederholte in einem rhythmischen Tonfall: »Mein wunderbarer Junge, Mamis Leben, Mamis Atem, ich wünschte, tausend Tode für dich sterben zu dürfen, *pesaram*. Ich wünschte, Gott nähme mir mein Leben und würde deines dafür umso besser machen, Ali *joon*. Mamis wunderbare Blume, was haben sie nur mit dir gemacht, *pesaram?* Wäscht dich denn keiner, mein Schatz?« Sie weinte, als sie sah, in welchem Zustand ich mich befand.

Mein Cousin erinnerte sie daran, dass ich nicht lange bleiben konnte. Sie versuchte, sich zusammenzureißen, setzte sich in der Ecke des Geschäfts in die Hocke, faltete das Wachspapier in ihrer Hand auseinander und enthüllte ein Stück Baklava, mit dem sie mich dann eilig fütterte.

Ich berührte ihr nasses, rot angelaufenes Gesicht und fragte nach Mehdi und Baba. Sie sagte, dass es ihnen gut ginge und dass Mehdi mich sehr vermissen würde. »Er läuft mit seiner Flasche im Mund im Haus herum, ruft deinen Namen und sucht dich.« Dann änderte sich plötzlich ihre Stimmung und sie wirkte noch angespannter und gehetzter. »Wir haben nicht viel Zeit. Ich muss zurück und Mansoor Aqas Abendessen zubereiten, bevor er nach Hause kommt. Ich muss gehen, bevor dein Vater auftaucht und mich hier in der Nähe seines Hauses entdeckt«, sagte sie und sah sich dabei ängstlich um.

Ich warf ihr einen Blick zu, der ihr mein Verständnis übermitteln sollte. Sie wischte die Krümmel aus meinen Mundwinkeln und bombardierte mich dann erneut mit kräftigen und lauten Küssen. Anschließend bezahlte sie beim Ladenbesitzer das Baklava und gab meinem Cousin für das Arrangieren des Treffens fünf *Rial*. Unsere kurze Wiedervereinigung war zu Ende. Ich stand an der Ecke der engen Straße und beobachtete, wie meine Mutter fortging. Sie lief eine Weile rückwärts, um mich weiterhin sehen zu können, schüttelte immerfort den Kopf und weinte.

Ich kann mich nicht erinnern, dass mir in meinem Leben eine Person jemals so sehr leidgetan hat wie meine Mutter in diesem Moment, an jenem Tag. Obwohl jede Zelle meines Körpers ihren Namen schreien, ihr nachrennen und sie weinend anflehen wollte, mich mit nach Hause zu nehmen, konnte ich es nicht. Sie musste einen guten Grund gehabt haben, meine Heimkehr nicht anzusprechen. Sie danach zu fragen, hätte nur Salz in ihre Wunden gestreut. Ich wusste, dass sie auf dem Weg nach Hause weinen würde, dass sie wieder schluchzen und Schluckauf bekommen würde und dass sie Gott für alles die Schuld geben würde. Armer Gott. Arme Mutter.

◆ BLUTENDE WUNDEN

Während mein Vater kaum etwas über mich und mein Leben wusste, kannte ich ihn sogar noch weniger. Und die paar Informationen, die ich über ihn hatte, stammten aus zweiter Hand und waren oft von den Gefühlen und persönlichen Meinungen derjenigen getrübt, dir mir von ihm erzählten. Wir verbrachten nie genügend Zeit miteinander, um uns wirklich kennenzulernen – bei den paar Dutzend Begegnungen, die wir im Laufe unseres Lebens hatten, schien er immer in Eile und auf dem Sprung zu sein.

Mein Vater war ein gut aussehender Mann, jedoch etwas kleiner als der Durchschnitt. In seinem Heimatdorf Golmakan kannte jeder Assad, Sohn von Banafsheh. Er war berühmt dafür, clever und auf Zack zu sein, und je nachdem, mit wem man gerade sprach, hörte man viele weitere schmeichelhafte, aber auch weniger schmeichelhafte Adjektive wie furchtlos, schlagfertig oder betrügerisch. Man glaubte, dass er fast alles in die Wege leiten konnte, und dafür erhielt er den Spitznamen »Cousin des Königs«. In den Köpfen vieler Dorfbewohner konnte nur ein Cousin des Königs so viel Macht besitzen, um derart einflussreich zu werden, wie Assad es ihrer Meinung nach war.

Seine Lebensgeschichte war jedoch keine leichte. Seine Mutter, Banafsheh, hatte insgesamt acht Kinder zur Welt gebracht, von denen jedoch nur vier überlebt hatten – drei Jungen und ein Mädchen. Kurz nach der Geburt ihrer Tochter Fateme, als mein Vater gerade einmal neun Jahre alt war, verstarb Banafshehs Ehemann. Da ihr einflussreicher Vater sie schon lange verstoßen hatte, weil sie gegen seinen Willen handelte und den nun verstorbenen Ehemann heiratete, war sie völlig mittellos. Verwandte hatten erzählt, dass mein Vater die Verantwortung auf sich nahm, der Ernährer der Familie zu werden, obwohl er der jüngste der drei Jungen war. Ich fand nie heraus, warum gerade er, und nicht seine älteren Brüder, diese schwere Bürde auf sich nahm.

Meinem Cousin Jam zufolge – der sozusagen von Banafsheh großgezogen wurde und seine Lebensgeschichte besser kannte als jeder andere – hatte sich Banafsheh in einen gut aussehenden, jungen Bauern verliebt, der auf dem Land ihres Vaters als Pächter arbeitete. Ihr Vater war das Dorfoberhaupt vom oberen Teil Golmakans, und als Banafsheh mit dem Wunsch auf ihn zukam, den jungen Mann zu heiraten, verbot er die Vereinigung ausdrücklich. Banafsheh war unsterblich verliebt und sah deshalb keinen anderen Ausweg, als ihre Sachen zu packen und mitten in der Nacht von zu Hause wegzulaufen. Sie traf ihren Liebhaber am Stadtrand, stieg auf sein Pferd und die beiden ritten gemeinsam in die Nacht, sodass man viele Jahre nichts mehr von ihnen hörte. Untröstlich und beschämt, sah der Vater dies als Verrat an und verbot es dem Pärchen, je wieder Fuß in Golmakan zu setzen. Als Banafsheh ihrem Vater jedoch einige Jahre später eine Nachricht zukommen ließ und darin um Vergebung bat und ihn anflehte, dass sie und ihr Ehemann wieder in das Dorf zurückkehren durften, erlaubte er dies; jedoch nur unter folgenden Bedingungen: Sie durften das Dorf wieder betreten, sofern sie seinen Weg niemals kreuzen und ihn auch niemals um irgendetwas bitten würden.

Der Tod ihres Ehemanns einige Jahre später änderte an der Situation mit ihrem entfremdeten Vater nichts. Sie hatte also keine andere Wahl, als all ihre Hoffnung auf den kleinen Assad, meinen Vater, zu setzen. Der kleine Junge nahm hier und da Jobs auf Bauernhöfen und Obstplantagen in und um Golmakan an, pflückte Obst und erntete Getreide sowie Gemüse, um seine Familie zu unterstützen. Am meisten Geld brachte ihm jedoch die Arbeit auf einem Schlafmohnfeld ein, wo er für ein paar *Rial* pro Tag in den frühen Morgenstunden mit einer Rasierklinge die Schlafmohnkapseln anritzte. Er kam jeden Tag mit zerschnittenen und blutenden Fingern nach Hause. Da kurz vor Sonnenaufgang die beste Zeit war, um die Mohnkapseln anzuritzen und das Opium abzuschaben, musste der kleine Assad sich auf den Weg zur Arbeit machen, lange bevor der Rest des Dorfes überhaupt aufgestanden war. Jeden Morgen legte er im Dunklen einige Kilometer auf gefährlichen Bergwegen zurück, um zu den versteckten Schlafmohnfeldern zu gelangen. Erst kürzlich erlassene Gesetzte machten Opium und alle damit verbundenen Aktivitäten im Land illegal, sodass der kleine Assad manchmal ins Kreuzfeuer zwischen den Regierungskräften und den Opiumanbauern sowie Schmugglern geriet.

Im Alter von zwölf Jahren gab Assad die gefährliche Arbeit mit dem Schlafmohn auf und verdiente nun sein Geld damit, kleinere Haushaltsartikel zu verkaufen. Er ritt auf dem Esel der Familie in die Stadt, wo er die Ware – größtenteils Töpfe und Pfannen – erstand und sie dann in Golmakan und den umliegenden Dörfern weiterverkaufte. Hiervon hatte mir mein Vater sogar selbst erzählt, vermutlich, um hervorzuheben, dass er ebenfalls kein leichtes Leben hatte.

Als einige Jahre später die Armee in sein Dorf kam, um jeden jungen Mann, der auch nur ansatzweise lesen und schreiben konnte, anzuwerben und zu rekrutieren, nutzte mein Vater die Gelegenheit und meldete sich freiwillig. Als kleiner Junge hatte er freitags im Koranunterricht gelernt, seinen Namen und ein paar weitere Worte zu schreiben. Im Alter von sechzehn Jahren verpflichtete er sich zusammen mit seinem besten Freund Abdul, dem älteren Halbbruder meiner Mutter, fürs Militär und die beiden verließen das Dorf für immer.

Ich bin kein Psychologe, aber ich komme nicht umhin, mir die Frage zu stellen, wie sehr die schwere Vergangenheit und verlorene Kindheit meines Vaters eine Rolle dabei gespielt haben mussten, aus dem Mann das zu machen, was er später geworden war. Ich frage mich, ob die Rasierklinge aus der Zeit auf den Schlafmohnfeldern nicht nur auf seinen kleinen Fingern, sondern auch in seinem Herzen blutende Wunden hinterlassen hatte.

◆ KALTE WINTERTAGE

Mein Vater stand vor einem Spiegel am Wohnzimmerfenster und rasierte sich. Zu der Zeit waren nur sehr wenige Häuser mit modernen Badezimmern mit Waschbecken, Spiegeln und Lampen ausgestattet, daher rasierten sich die meisten Männer am Fenster im Sonnenlicht. Während meiner gesamten Zeit in seinem Haus hatte ich das erste Mal mitbekommen, dass er erst so spät am Morgen aufgestanden und immer noch daheim war. Als Mann des Militärs ging er an sechs Tagen in der Woche noch vor Sonnenaufgang und bevor irgendwer anders überhaupt aufgestanden war aus dem Haus; und an seinem freien Tag schlief er aus und rührte sich um diese Uhrzeit noch nicht. Ich saß an jenem Morgen zufällig gerade im Wohnzimmer, und da sein Blick nichts anderes deuten ließ, beschloss ich, sitzen zu bleiben und ihm beim Rasieren zuzusehen; in der Hoffnung, dass er vielleicht auch mit mir reden würde. Ich hatte es geliebt, Baba beim Rasieren zuzuschauen, und kicherte jedes Mal, wenn er mir im Spiegel zuzwinkerte. Den luftigen Rasierschaum auf Babas Gesicht zu sehen, war für mich immer wieder ein Vergnügen, und er erinnerte mich an einen leckeren Nachtisch.

Ich saß mitten im Raum und sah meinem Vater dabei zu, wie er mit einem elektrischen Rasierer über sein Gesicht fuhr. Trotz meiner bis dahin eher begrenzten und weniger angenehmen Erfahrungen mit ihm sehnte ich mich in jenem Moment instinktiv nach seiner Zuneigung. Ich fühlte mich einsam und verunsichert und erhoffte mir daher etwas Trost, indem er sich mit mir unterhielt. Er drehte und verzog einzelne Gesichtspartien, während er mit dem Rasierer über die Hautobfläche glitt. Begeistert beobachtete ich im Spiegel seine Mimik. Als er die Lippen spitzte und zur Seite zog, wahrscheinlich um dem Rasierer einen besseren Kontakt zu ermöglichen, schien es mir, als würde er mich anlächeln, und ich lächelte zurück. Plötzlich schaltete mein Vater das Gerät aus und drehte sich zu mir um. Er sah mich mit kaltem Blick an und fauchte: »Was grinst du so blöd, du Hurensohn?« Er starrte mich mit weit aufgerissenen und hervortretenden Augen an, als ob er auf eine Antwort wartete. Überrascht von seiner feindlichen Reaktion, wusste ich nicht, was ich sagen oder tun sollte. Gleich einem heißen Stück Eisen, das aus dem Feuer gezogen wurde und beim Eintauchen in einen Eimer Wasser zischend abkühlte und verhärtete, erstarrte auch mein Lächeln, und die Hoffnung, mit meinem Vater eine Verbindung aufbauen zu können, schwand ebenso schnell.

»Tut mir leid, Aqa«, war alles, was ich hervorbringen konnte. Ich war schockiert und untröstlich, nicht nur wegen seiner derart ungerechtfertigten und grausamen Reaktion, sondern auch, weil noch nie zuvor jemand meine Mutter eine Hure genannt hatte. Zu dem Zeitpunkt wusste ich noch nicht, dass solche Beschimpfungen lediglich der Beleidigung dienten und nicht unbedingt der Wahrheit entsprechen mussten. Ich konnte jedoch sehr lange nicht vergessen, wie er meine Mutter genannt hatte.

Als mein Vater mit dem Rasieren fertig war, befahl er mir, meine Sachen zusammenzusuchen, da wir bald aufbrechen würden. Seine Worte waren Musik in meinen Ohren; ich konnte endlich wieder zurück nach Hause zu meiner Mutter gehen. Ich musste nicht viel packen, da ich nur mein Bündel mit einer ungewaschenen Hose und einem Hemd darin besaß. Eilig zog ich meine Schuhe an und wartete an der Eingangstür darauf, dass auch mein Vater fertig wurde.

Kurz bevor wir losfuhren, steckte ich leicht widerwillig meinen Kopf in das Schlafzimmer von Zahra Khanom und sagte Auf Wiedersehen. Sie tat so, als ob sie schlief, und antwortete nicht, also rannte ich nach draußen und stieg in den VW-Käfer meines Vaters.

Zum ersten Mal saß ich in einem privaten Auto. Ich hatte noch nie jemanden mit einem eigenen Auto gekannt. Meinen Verwandten zufolge hatte mein Vater damit Geschichte geschrieben, als erster Mann aus Golmakan ein Auto zu besitzen. Ich machte es mir auf dem Rücksitz gemütlich und wie ein Patriot, der gerade aus dem Exil zurückkehrte, verschlang ich mit meinen Augen die bekannten Orte und Sehenswürdigkeiten, die an meinem Fenster vorbeizogen. Als mein Vater sich immer mehr dem Viertel näherte, in dem wir gelebt hatten, stellte ich mir vor, wie ich meine Mutter und meinen kleinen Bruder Mehdi umarmte, und mein Herz begann, wie wild zu pochen. Mein Vater sprach kein Wort mit mir und ich traute mich nicht, ihm irgendwelche Fragen zu stellen. So schnell mein Herzschlag auch in die Höhe geschossen war, als wir uns der Wohnung meiner Mutter näherten, desto schneller beruhigte er sich auch wieder, als wir daran vorbeifuhren. Schließlich hörte mein Herz beinahe völlig zu schlagen auf. Ich verstand nicht. Warum bog er nicht in unsere Straße ein? Wo brachte er mich hin? Tausend Gedanken und Sorgen schossen durch meinen Kopf, während die Hoffnung, endlich nach Hause zu dürfen, immer mehr schwand.

Im Herbst waren die mit riesigen Bäumen gesäumten Straßen stets wunderschön, aber sie hatten auch etwas Melancholisches. So beeindruckend das Blättermeer auch war, das die Straßen orange, rot, gelb, braun und grün färbte und die Gehwege bedeckte – es vermittelte ebenso ein Gefühl des Abschieds und eines traurigen Endes. Der graue Himmel und der moderige Geruch der hinabfallenden nassen Blätter deuteten darauf hin, dass der Sommer vorüber war und bald dem Winter weichen würde. Als ich klein war, dachte ich immer, dass die Krähen oben am Himmel so laut krächzten, um die Bäume dafür anzuklagen, dass sie sich ohne Gegenwehr vom Wind ihr Blattwerk aus den Armen reißen ließen. »Warum halten sie den Wind nicht auf? Warum interessiert sie nicht, was mit ihren Blättern geschieht?«, schienen die Krähen zu rufen.

An jenem Morgen herrschte das typisch frische und graue Herbstwetter.

Als mein Vater am Saadabad-Fußballstadion vorbeifuhr und weiter Richtung Osten steuerte, war ich mir sicher, dass er mich nicht nach Hause bringen würde.

»Du bist an unserer Straße vorbeigefahren, *aqa*«, sagte ich leise zu ihm.

Er sah mich kurz im Rückspiegel an und schwieg. In der Annahme, dass er mich beim ersten Mal nicht gehört hatte, wiederholte ich meine Bemerkung.

»Du wirst eine Weile bei meinem Onkel bleiben«, erwiderte er.

»Aber ich will nach Hause, *aqa*. Ich vermisse meine Mami.«

Er antwortete nicht.

Enttäuscht lehnte ich meinen Kopf gegen die Autotür, sah in den grauen Himmel und stellte keine weiteren Fragen mehr. Ich wollte weinen, aber vor meinem Vater schämte ich mich zu sehr. Zu dem Zeitpunkt wusste ich noch nicht, dass die Tage, die ich bei meiner Mutter gelebt hatte, für immer vorbei waren. Genau genommen waren sie schon an dem Abend vorbei gewesen, als mich Baba zu meinem Onkel gebracht hatte. Von dem Tag an sollte ich nur noch ein Gespenst aus der Vergangenheit meiner Mutter sein. Mein Großvater pflegte zu sagen, dass ein Kind die Präsenz mindestens eines Elternteils immer spüren müsste. Nun schien ich mir komplett selbst überlassen zu sein.

Mein Vater setzte mich am Haus seines Onkels ab, redete kurz mit den Bewohnern und fuhr wieder davon, ohne ein Wort zu mir zu sagen. Ich hatte den Onkel meines Vaters noch nie zuvor gesehen, aber die Gegend, in der er wohnte, kannte ich wie meine Westentasche. Wir hatten damals in einer Gasse gegenüber seines Hauses gelebt; in der Wohnung, in der meine Mutter ihr letztes Kind in der Abstellkammer zur Welt gebracht hatte. Meine Tante Sarvar wohnte auch nur ein paar Häuserblocks die Straße hinauf. In einem mir bekannten Viertel zu sein und zu wissen, dass meine Tante in der Nähe war, schenkte mir wenigstens etwas innere Wärme.

Nach etwa einer Woche kam mein Vater zurück und brachte mich in ein anderes Haus auf der gegenüberliegenden Straßenseite. Meinem Vater zufolge lebten hier seine Cousins. Wir hatten damals also in derselben Gasse und nur ein paar Wohnungen von ihnen entfernt gewohnt. Mein Vater blieb nicht lange, und bevor er ging, bedankte er sich bei dem jungen Paar und beteuerte, dass dies nur vorübergehend sei, bis er eine dauerhafte Lösung für mich gefunden hätte.

Maschhads berühmt-berüchtigter kalter und langer Winter hielt Einzug und machte es sich gemütlich. Ich hingegen hatte immer noch keine Ahnung, was mit mir geschehen sollte. Ich hatte mich noch nicht vollständig an dieses neue Leben gewöhnt und wusste nicht, wann sich die Dinge wieder normalisieren würden; wenn sie dies denn jemals täten. Sicher schien nur die Autorität meines Vaters. Zweifelsohne hatte er, und nur er allein, mein Schicksal in der Hand. Ich vermisste meine Mutter sehr und wollte zu ihr zurück, aber ich schien solche Forderungen nicht stellen zu können. Die meisten Kinder in dem Alter werden wütend und machen ein furchtbares Theater, wenn sie nicht bekommen, was sie wollen; bei mir war das nicht der Fall. Wut resultiert oft aus enttäuschten Erwartungen, und ich hatte mittlerweile überhaupt keine Erwartungen mehr. Mir fiel es schwer, überhaupt irgendwelche Ansprüche zu erheben und wütend zu werden, da mir mein gesamtes Leben über das Gefühl gegeben wurde, dass meine Existenz für andere eine einzige Bürde war. Wenn ich meine Mutter vermisste, weinte ich nur noch im Bett oder wenn ich allein war. Ich erinnere mich, dass ich meinem Vater einmal sagte, dass ich nach Hause wollte, und er reagierte bloß mit einem kalten und verschmitzten Lächeln.

Ein paar Tage nachdem mein Vater mich bei seinen Cousins abgesetzt hatte, kamen zwei Männer vorbei und teilten der Dame des Hauses mit, dass sie mich auf Anweisung meines Vaters mitnehmen würden. Die Dame gab mir mein Bündel und verabschiedete sich von mir, ohne den Männern irgendwelche Fragen zu stellen. Draußen behaupteten die Männer, Freunde meines Vaters zu sein, und wir liefen auf dem schneebedeckten Gehweg zur Hauptstraße. Sie sagten, dass sie mich nach Golmakan bringen würden, ins Heimatdorf meiner Großeltern, und dass sie sich dort für eine Weile um mich kümmern würden.

Im Maydoneh-Bar-Viertel – Maschhads einzigem Großhandelsmarkt für Obst und Gemüse – stiegen wir in den Morgenbus Richtung Dorf. Golmakan war ein Gebirgsdorf und im Winter häufig unter sehr viel Schnee begraben, deshalb zog es während dieser Jahreszeit kaum jemanden dorthin – außer natürlich den Einwohnern.

Ich folgte den Männern bis in den hinteren Teil des Busses und setzte mich auf einen Fensterplatz. Die zwei Männer positionierten sich auf der anderen Seite des Gangs. Sie sprachen kaum ein Wort miteinander – und mit mir redeten sie überhaupt nicht. Ich war schon häufiger in Golmakan gewesen. Früher hatten mich meine Mutter und manchmal auch meine Großeltern oder mein Onkel Zabih in das Dorf mitgenommen, jedoch nie im Winter.

Der Assistent des Busfahrers drehte mit einem Hebel von außen die Anlasskurbel des Motors bis er ansprang und wir schließlich losfahren konnten. Die gesamte Landschaft war mit Schnee bedeckt, hier und da ragten vereinzelt Bäume auf. Eins, zwei, drei … Ich begann, die weißen Kilometersteine am Straßenrand zu zählen, die vor meinem Fenster vorbeihuschten. Ich konnte damals erst bis drei zählen. Ich fragte mich, warum mein Vater wollte, dass ich zu dieser Jahreszeit nach Golmakan fuhr. Kein Ereignis der letzten paar Monate ergab für mich wirklich Sinn – warum sollte diese Reise also eine Ausnahme sein? Aber ich hatte ohnehin nichts Besseres zu tun. Zumindest bestand so die Möglichkeit, meinen Großvater wiederzusehen und etwas Zeit mit ihm zu verbringen. Ich liebte meinen Großvater sehr.

Schließlich hielt der Bus an, um aufzutanken. Ich beobachtete, wie die beiden Männer aus dem Bus stiegen und zum anderen Ende der Tankstelle am Straßenrand liefen. Einer von beiden schien die ganze Zeit zuzuhören, während der andere eine Zigarette rauchte, redete und wild mit seinen Händen gestikulierte. Ich schaute auf die zwei Messgläser auf der einzigen Zapfsäule der Tankstelle, die sich abwechselnd mit leicht durchsichtigem, rötlichem Benzin füllten und wieder leerten. Kurz darauf fuhren wir weiter nach Golmakan. Nach einer Weile verließ der Bus die Hauptverkehrsstraße und fuhr nach Westen Richtung Gebirge, in dessen Vorland sich das Dorf eingenistet hatte.

Meine Erinnerung an diesen Tag ist leider etwas schemenhaft, aber ich weiß noch, dass die Männer, sobald der Bus sich Golmakan genähert hatte und wir uns kurz vor dem unteren Teil des Dorfes befanden, den Fahrer baten, anzuhalten und uns am Rand des schneebedeckten Kieswegs hinauszulassen; und das lange bevor der Bus seinen ersten planmäßigen Halt erreichen sollte. Als wir aus dem Bus ausgestiegen waren, folgte ich den Männern über eine weite winterliche Wiese, wobei mir der Schnee beinahe bis zur Taille reichte.

Nachdem wir eine beachtliche Strecke zurückgelegt hatten, kamen wir zu den Ruinen eines uralten Gebäudes. In einem so alten Land wie dem Iran waren solche Bauwerke beinahe überall zu sehen. Die zwei Männer betraten die Ruinen und machten aus zum Teil schon verbrannten Holzstücken, die sie gefunden hatten, ein Feuer. Sie meinten, dass wir uns für eine Weile dort ausruhen würden.

Außerhalb des teilweise dachlosen Gebäudes war die Hügellandschaft so weit das Auge reichte mit Schnee bedeckt. Ich hörte Wasser in der Nähe plätschern und folgte dem Geräusch bis zu einem schmalen Bach, der sich durch den Schnee schlängelte. Am Ufer des Baches ragten die oberen Blätter junger Pfefferminzpflanzen durch den Schnee.

Durch eine große Öffnung, früher war dort vermutlich eine

riesige Tür, beobachtete ich aus der Ferne die beiden Männer, die nun am brennenden Feuer saßen und offensichtlich stritten. Der jüngere von beiden war schätzungsweise Anfang zwanzig oder jünger und hörte die ganze Zeit nur zu, während der ältere, etwa Ende zwanzig, unaufhörlich auf ihn einredete. Sie schienen sich keine Sorgen darüber zu machen, dass ich wegrennen könnte.

Nach einer Weile rief mich der jüngere Mann zu sich und bot mir ein Stück zusammengerolltes Fladenbrot mit Käse an. Plötzlich hatte ich eine Idee. Ich sagte den Männern, dass sie warten sollten, und rannte zurück zum Bach. Kurz darauf kam ich mit einer Handvoll Pfefferminze wieder und reichte sie den Männern zum Essen. Der jüngere Mann war begeistert, nahm sich etwas Pfefferminze aus meiner Hand und steckte sie in sein zusammengerolltes Brot. Dabei schaute er mir zum ersten Mal in die Augen. Vielleicht lag es an der eisigen Kälte, aber ich hätte schwören können, Tränen in seinen Augen gesehen zu haben, als ich ihm die Pfefferminze anbot. Der andere Mann aß nichts, also lehnte er die Minze ab. Die beiden tauschten einen flüchtigen Blick aus und der jüngere Mann biss schließlich in sein Brot.

Während ich dort saß und die beiden beobachtete, kam ich zu dem Schluss, dass der jüngere Mann definitiv aus Golmakan stammte; nicht nur, weil sein Akzent ihn verriet, sondern auch, weil er dem älteren Mann etwas über die Gegend erzählt hatte. Ich spürte außerdem, dass es zwischen den beiden eine Meinungsverschiedenheit gab. Scheinbar hatte der jüngere Mann ein Versprechen gebrochen und der ältere versuchte, ihn davon zu überzeugen, sein Wort doch zu halten. Dabei rauchte er die gesamte Zeit über Zigaretten.

Durch meine vielen Besuche in Golmakan wusste ich, dass alle Häuser oben im Dorf in Blocks gebaut waren. Deshalb war ich mir nicht sicher, was wir dort mitten im Nirgendwo wollten. Ich entschied mich, nicht nachzufragen, nahm jedoch aus irgendwelchen Gründen an, dass mein Vater jeden Moment auftauchen würde. Als ich mit dem Essen fertig war, sagte mir der ältere Mann, ich solle wieder nach draußen gehen und dort eine Weile spielen; also tat ich dies.

Sehr viel später rief mich der jüngere Mann zu sich und meinte, wir würden aufbrechen. Der Himmel war sehr bewölkt, also hatte ich keine Ahnung, wie viel Uhr es wohl war, aber alles in allem musste es recht spät am Nachmittag gewesen sein. Um meine Begleiter mit meinem Orientierungssinn zu beeindrucken, lief ich voraus und rannte zum schneebedeckten Kiesweg. Dort warteten wir drei nun auf den Nachmittagsbus, der uns zurück in die Stadt brachte.

In Maschhad angekommen, stiegen wir im Maydoneh-Bar-Viertel aus und der junge Mann fragte mich, ob ich wüsste, wie ich wieder zurück zum Haus der Cousins meines Vaters käme. Als ich bejahte, verschwanden beide Männer ganz plötzlich um die Ecke. Es war bereits dunkel, als ich am Haus der Verwandten meines Vaters ankam.

Der Tagesausflug in diesem kalten Winter war mir schon immer ein Rätsel gewesen. Über die Jahre hinweg stellte ich mir jedoch immer wieder ein und dieselbe Frage, die mich jedes Mal aufs Neue erschaudern ließ: Sollte ich an jenem Tag etwa unter ähnlichen Umständen verschwinden wie damals meine Schwester Shahnaz?

◆ DIE KLEINEN TEPPICHKNÜPFER

Ein oder zwei Tage nachdem die beiden Männer mich nach Golmakan und wieder zurückgebracht hatten, erfuhr ich, dass meine Mutter die ganze Zeit nur ein paar Wohnungen weiter in derselben Straße wie ich lebte. Anscheinend war meine Familie hierhin zurückgezogen und für eine Weile in unserem alten Zimmer untergekommen. Wenn unsere damalige Vermieterin mich nicht zufällig in der Gasse gesehen und wiedererkannt hätte, wären meine Mutter und ich uns wohl nie dort begegnet.

Während der restlichen Zeit, in der die Cousins meines Vaters sich um mich kümmerten, verbrachte ich den Tag über bei meiner Mutter und meinem kleinen Bruder. Jeden Morgen stand ich im Haus der Verwandten meines Vaters gleich nach dem Aufwachen an der Eingangstür parat und wartete, bis Baba zur Arbeit aufbrach. Sobald er aus dem Haus gegangen und um die Ecke verschwunden war, rannte ich zu meiner Mutter und blieb dort, bis er wieder zurückkam. Obwohl Baba nichts gegen meine täglichen Besuche hatte, sorgte er sich dennoch, dass sie zur Gewohnheit werden könnten und er erneut das Kind eines anderen großziehen müsste. Das formulierte er folgendermaßen: »Wenn man dem Kamel erlaubt, seine Nase in das Zelt hineinzustecken, dann folgt auch irgendwann der Rest des Körpers.«

In meinem Herzen wusste ich, dass mich Baba lieb hatte, aber gleichzeitig wollte er nicht, dass mein Vater sich seiner Verantwortung entzog. Ich erinnere mich, wie ich ein- oder zweimal bei meiner Mutter eingeschlafen war, und immer, wenn Baba nach Hause kam und mich dort vorfand, gab es einen riesigen Streit.

Meine Mutter sagte dann, dass sie es nicht übers Herz bringen konnte, mich zu wecken und wegzuschicken, aber Baba entgegnete, dass ihr Verhalten es meinen Vater nur einfacher machen würde. Meine Mutter wollte lediglich ihrem tief verwurzeltem Mutterinstinkt nachkommen – einem Bedürfnis, das kein Mann, einschließlich Baba, jemals verstehen könnte.

Glücklicherweise musste meine Mutter nicht lange überlegen, wie sie mit Babas Einwänden umgehen sollte. Ich wurde bald zu einer neuen Familie in ein anderes Stadtviertel gebracht.

An einem besonders kalten Winterabend im Jahr 1962 saß mein Vater hinter dem Lenkrad seines VW-Käfers und fuhr mich erneut zu einer anderen Bleibe. Ich saß derweil auf dem Rücksitz, in meinem Schoß dasselbe Bündel mit derselben, alten Wechselkleidung. Mittlerweile war bereits über ein Jahr vergangen, seit Baba mich zu meinem Vater gebracht hatte, damit ich dort angeblich »etwas Zeit mit ihm verbringen« konnte. Inzwischen war ich schon über ein Dutzend Mal von Haus zu Haus geschoben worden. Für gewöhnlich stellte ich keine Fragen und mein Vater lieferte auch nie irgendwelche Erklärungen, aber dieses Mal kam es anders. Die Familie, zu der er mich brachte, könnte die sein, auf die »wir« die ganze Zeit gehofft hatten, erklärte er mir mürrisch. Die Chancen ständen gut, dass sie mich für immer bei sich behalten würden, fügte er hinzu. Das bezweifelte ich jedoch. Mein Vater hielt seine Versprechen selten ein, deshalb dauerte es auch nie lange, bis die Familien dies bemerkten und mich wieder zu ihm zurückschickten.

Das selbstbewusste und professionelle Auftreten meines Vaters und seine Fähigkeit, Leute mit seinem Charme und seinem guten Aussehen zu bezaubern, täuschten oft selbst die schlausten Menschen. Er trug einen Anzug und eine Krawatte, drückte sich vornehm aus und fuhr ein Auto, aber hinter dieser eleganten Fassade steckte nichts als ein Schwindler. Bisher hatten mich die meisten Familien, zu denen mich mein Vater gebracht hatte, wieder hinausgeworfen, weil er sein Versprechen gebrochen hatte. Jeder neuen Familie gab er etwas Geld im Voraus und versprach, künftig jeden Monat dreißig *Tooman* zu zahlen (was damals etwa drei Euro entsprach). Dies war seiner Meinung nach eine angemessene Summe, um die Kosten für meine Verpflegung und meine Unterbringung abzudecken; alles andere, wie Schuhe und Kleidung, würde er selbst besorgen. Natürlich kam er nie wieder und ich musste jede Familie schließlich verlassen. Ich glaubte nicht, dass es dieses Mal anders sein würde, und offen gesagt war es mir auch egal. Nichts konnte mich mehr glücklich machen, außer in die Arme meiner Mutter zu laufen, und das schien unmöglich.

Ich erinnere mich noch, wie ich meinen Vater nur aus Neugier fragte, warum ich nicht einfach bei ihm bleiben könnte. Er antwortete, dies sei keine gute Idee. Zahra Khanom sei schwanger und könne den zusätzlichen Stress nicht gebrauchen. Meine Anwesenheit widerte sie so sehr an, dass sie mir einige Jahre später sogar verbot, in ihre Nähe zu kommen. Die Möglichkeit, bei meinem Vater ein dauerhaftes Zuhause zu finden, war damit also vollständig zunichte gemacht. Zahra Khanom ging sogar einen Schritt weiter und löschte mich sozusagen völlig aus ihrem Leben aus. Das iranische Gesetz sah damals vor, Kinder auf den Geburtsurkunden der Eltern einzutragen. Nach dem Tod eines Elternteils erbten die Kinder dann automatisch das Vermögen des Verstorbenen. Verwandte erzählten mir, dass meine Stiefmutter, nachdem mein Vater sehr wohlhabend geworden war, die Beamten im Standesamt bestochen hatte, damit sie meinen Namen für immer aus der Geburtsurkunde meines Vaters entfernten.

Der kulturellen Definition nach war ich also offiziell ein Waisenkind, obwohl meine Eltern beide noch lebten. So nannte mich auch die Familie meiner Mutter immer wieder, um an die Ungerechtigkeit zu erinnern, die ihnen wegen der Scheidung meines Vaters und meiner Mutter zuteilgeworden war. Mich ein »Waisenkind« zu nennen, sollte Gott scheinbar daran erinnern, dass ihnen Unrecht widerfahren war und sie daher Anspruch auf seine Erlösung hatten. Dass die Verwandten meiner Mutter so empfanden und glaubten, war im Iran keineswegs unüblich. Die untere Schicht der Gesellschaft sah sich generell gerne in der Opferrolle – ein Konzept, das sie nicht nur zu genießen, sondern eigenartigerweise sogar zu begrüßen schienen. Als Opfer war man ein Märtyrer, und als Märtyrer hatte man bei Gott gewissermaßen etwas gut.

Als Waisenkind wurde mir sehr viel Mitleid entgegengebracht, das änderte jedoch kaum etwas an meiner Situation. Ich fühlte mich verstoßen, verlassen und heimatlos, und alles Mitgefühl der Welt, egal ob in Worten oder Blicken verpackt, konnte daran nichts ändern. In den Augen aller war ich die »Saat« meines Vaters, und aus irgendwelchen Gründen nahm man mir dies übel.

Mein Vater parkte sein Auto auf der Naderi-Avenue, nur einen Block nördlich des Schreins, und wir gingen den Rest des Weges zu Fuß. Wie immer wollte er die Angelegenheit schnellstmöglich hinter sich bringen und zurück nach Hause fahren, also lief er hastig eine enge Seitenstraße entlang und bog anschließend in eine alte Gasse ein. Ich folgte ihm, jedoch mit etwas weniger Eifer.

Er blieb vor einem großen Holztor stehen und betätigte den Türklopfer. Ich erinnere mich noch, dass es draußen eisig kalt war. Ein dünner Mann mittleren Alters mit grau meliertem Haar öffnete die Tür, und nachdem die beiden sich ausgiebig begrüßt hatten, bat uns der Mann hinein. Ich folgte ihnen über einen gefliesten Innenhof und einige Stufen hinauf in ein Wohnzimmer, in dem uns der Duft von gedämpftem Reis und kochendem Tee willkommen hieß. Gegenüber dem Eingang auf der anderen Seite des Raumes saßen zwei Jungen im Teenageralter und ein etwa acht oder neun Jahre altes Mädchen an einem *Korsi* – einem niedrigen Holztisch mit einer großen, dicken Decke darüber. Eine Schüssel mit glühender Kohle unter dem Tisch erzeugte genügend Hitze, um eine Familie die ganze Nacht über warm zu halten. Für gewöhnlich wurden Baumwollmatratzen und Kissen um den Tisch herum so arrangiert, dass bis zu zwanzig Menschen dort sitzen oder schlafen konnten. Für viele Familien mit niedrigem Einkommen war das Herrichten eines *Korsi* mehr als nur eine Tradition; nämlich die einzige Möglichkeit, die kalten Wintermonate zu überstehen, besonders in den ländlichen Gebieten.

Obwohl der Mann und später auch seine Ehefrau darauf bestanden, lehnte mein Vater ihre Einladung zum Abendessen oder Tee ab. Er reichte dem Mann einen Zwanzig-*Tooman*-Schein, verabschiedete sich und versprach, Anfang nächsten Monats für die erste vollständige Zahlung wiederzukommen. Der Mann gab das Geld an seine Frau weiter und verließ den Raum, um meinen Vater hinauszubringen. Das alles kann nicht länger als fünf Minuten gedauert haben.

Ich stand die ganze Zeit über bei der Tür und beobachtete aus der Ferne die Kinder. Zum ersten Mal lebte ich in einem Haus mit Teenagern. Nachdem mein Vater gegangen war, sah die Frau auf der anderen Seite des Raumes zu mir und flüsterte dem Mädchen etwas zu. Das kam dann zu mir, nahm mir mein Bündel ab und führte mich zum *Korsi*, wo ich für den Rest des Abends saß und später auch schlief.

Kurz nachdem mein Vater gegangen war, breitete das Mädchen über dem *Korsi* einen Kunststoff-*Sofreh* aus und die Frau brachte ein großes, rundes Kupfertablett mit, auf dem sich ein riesiger Berg gedämpfter Reis mit Kichererbsen befand. Sie stellte den Reis auf den *Korsi* und reichte jedem ein Stück Fladenbrot zum Essen. Es gab kein Besteck. Sobald sie das Zeichen gab, schaufelten alle den Reis in sich hinein, als ob sie seit Wochen nichts gegessen hätten. Für viele Menschen stellten Reis und Brot zwei entgegengesetzte Pole auf der Erschwinglichkeitsskala für Nahrungsmittel dar. Brot wurde von der Regierung subventioniert, war deshalb recht billig und in fast allen iranischen Haushalten eine unverzichtbare Beilage zu jedem Essen. Für Großfamilien mit einem mittleren bis niedrigen Einkommen war es schwer, wenn nicht sogar unmöglich, ohne Brot alle hungrigen Mägen zu füllen. Reis wiederum galt als Luxusartikel.

Die Teenager saßen auf ihren Knien am *Korsi* und schaufelten mit ihren Fingern und kleinen Fladenbrotstücken den Reis vom Tablett und unglaublich geschickt in ihre Münder. Ich hatte im Heimatdorf meiner Großeltern schon einmal Menschen ohne Besteck essen sehen, aber selbst konnte ich es nicht. Bis ich schließlich ansatzweise in der Lage war, mit meinen bloßen Händen zu essen, war nur noch ein wenig Fett auf dem Tablett übrig, das die beiden Jungen mit dem Brot jedoch ebenfalls im Nu aufgetunkt hatten. Als alle mit dem Essen fertig waren, brachten die Frau und das Mädchen das leere Tablett weg. Kurz darauf legten sich der Mann und die beiden Söhne am selben Platz, wo sie vorher gegessen hatten, unter der Decke schlafen. Am nächsten Tag fand ich heraus, dass die Frau an dem Abend nur Reis zubereitet hatte, um meinen Vater zu beeindrucken.

Die ersten Nächte in einem neuen Haus waren immer schwer für mich. Ich konnte häufig nicht einschlafen, und obwohl es genau genommen keinen Ort gab, den ich Zuhause nennen konnte, hatte ich unglaubliches Heimweh. Ich vermisste meine Mutter und meinen kleinen Bruder Mehdi mehr als alles. Ich nehme an, die beiden standen symbolisch für mein Zuhause. Auch diese erste Nacht an meinem neuen Wohnort war keine Ausnahme – ich lag die ganze Zeit über wach und weinte leise in mein Kopfkissen, das nach fremden Menschen roch.

Genauso schnell wie die Familie am Vorabend den Reis hinuntergeschlungen hatte, schüttete sie am nächsten Morgen auch tassenweise heißen Tee in sich hinein, bevor alle, außer den Frauen, zur Arbeit aufbrachen. Die Jungen nahmen Zuckerstücke in den Mund und gossen den kochend heißen Tee aus den typisch orientalischen Teegläsern, die in der Mitte schmal zusammenliefen, auf kleine Untertassen, pusteten dann energisch auf die Flüssigkeit und nahmen eilig kleine Schlücke davon. Ich mochte Tee nie besonders.

Ich saß den gesamten Tag am Fenster und beobachtete, wie der Schnee in den Innenhof fiel, während die Frauen das Zimmer aufräumten und das Essen sowie den *Korsi* für den bevorstehenden Abend vorbereiteten.

Von allen Familienmitgliedern war das Mädchen am ehesten in meinem Alter. Die Kleine schien mich zu mögen und wurde schnell zu meiner Trostspenderin. Am nächsten Morgen teilte sie mir sofort nach dem Aufstehen mit, dass ich nun zusammen mit ihr und ihren Brüdern zur Arbeit gehen würde. Nach einem kleinen Frühstück, bestehend aus heißem Tee und Brot, half sie mir, meine Schuhe anzuziehen, und war dabei so behutsam wie eine große Schwester. Und als wir das Haus verließen, flüsterte sie mir ins Ohr: »Mach dir keine Sorgen. Gott ist groß.« Vielleicht hatte sie bemerkt, wie aufgewühlt ich war, und ich tat ihr leid. Manchmal wünschte ich mir, dass es nur Frauen auf dieser Welt gab und keine Männer.

Die beiden Jungen gingen voraus und liefen mit kleinen, aber schnellen Schritten die eis- und schneebedeckte Gasse hinunter und bogen anschließend in die Naderi-Avenue ein. Das Mädchen folgte seinen Brüdern, trug in der einen Hand ein Bündel, in dem das Mittagessen für alle eingewickelt war, und hielt mit der anderen seinen kleinen *Tschador* fest. Ich lief direkt hinter ihm und hatte die Hände unter den Achselhöhlen eingeklemmt, um sie warm zu halten. Wie die meisten Kinder aus der Arbeiterklasse besaß ich weder Mütze noch Handschuhe oder einen warmen Mantel. Unser Ziel war eine Teppichweberei. Als wir das Gebäude betraten, erkannte ich den Geruch von Wolle und Nähstaub sofort wieder, denn ich hatte früher einmal meine noch sehr junge Tante und meinen Onkel bei der Arbeit in einer Teppichweberei in Golmakan besucht.

Der jüngere Bruder und seine Schwester setzten sich zu einem weiteren Jungen und einem Mädchen auf ein Gerüst vor einem fast fertigen Teppich und warteten. In der Zwischenzeit lief der ältere Bruder hinten ins Gebäude, wohl um mit dem Besitzer über meine Arbeit dort zu sprechen. Ich stand neben einem großen, schwarzen, zylinderförmigen Heizkörper und wärmte mich auf, während ich wartete. Der Ort war deprimierend – ein enges, lang gezogenes und spärlich beleuchtetes Gebäude mit unbefestigtem Boden. Über dem unfertigen Teppich baumelte eine einsame Glühbirne an einem staubigen Stromkabel – zur Beleuchtung des restlichen Gebäudes trug sie nur wenig bei. Ich betete, dass meine Geschichte nicht an diesem Ort und auf diese Weise enden würde – ich hatte gesehen, wie Kinder meines Alters in den Teppichwebereien in Golmakan behandelt wurden. Sie mussten zwölf Stunden am Tag sechs Tage die Woche arbeiten und am Ende eines jeden Tages bekamen die Eltern ihren Lohn. Ich weiß noch, dass der Entwurfsplaner den Kindern auf die ausgestreckten Handflächen schlug, wenn sie mit dem Knüpfen hinterherhinkten und nicht schnell genug arbeiteten. Die Schläge verteilte er mit einem Stahlkamm, mit dem normalerweise das Garn ausgekämmt und die Webarbeit festgedrückt wurde, nachdem die einzelnen Knotenreihen beendet waren. Mit sechs Jahren hatte ich schreckliche Angst, dass mich ein ähnliches Schicksal erwartete.

Es dauerte nicht lange, bis der ältere Junge aus dem dunklen Teil des Gebäudes zurückkam, auf das Gerüst kletterte und sich der Arbeit widmete. Er schien der Anführer der Webkinder zu sein. Der Teppichentwurf hing vor ihm und er rief Farben und Knoten aus. Dabei griff er selbst nach oben, zog pistazienfarbenes Garn von der Spule über seinem Kopf und fing an, zu weben. Ich verbrachte den Tag damit, kleinere Aufgaben zu erledigen und mich mit den Leuten und dem Ort vertraut zu machen.

Am Abend teilte der ältere Junge seinem Vater mit, dass Hajj Aqa, der Besitzer der Weberei, mich als Hilfskraft beschäftigen wollte. Ihm zufolge sollte ich im Betrieb kleinere Aufgaben erledigen, bis ich alt genug war, um weben zu lernen. Das bisschen Geld, das ich dort verdienen würde, sollte dann natürlich an die Familie gehen, so war es mit meinem Vater ausgemacht worden. Während des gesamten Gesprächs saß ich einfach nur da und hörte zu, denn niemand kam auf die Idee, mich zu fragen, was ich von dieser Abmachung hielt.

Ich lag fast die ganze Nacht über wach, nicht nur, weil ich mich noch nicht an die neuen Menschen und die neue Umgebung gewöhnt hatte, sondern auch, weil ich Angst davor hatte, für den Rest meines Lebens ein Teppichweber zu sein. Da ich nie Kontakt mit Schulkindern gehabt hatte, wusste ich nichts über die Schule und darüber, was es bedeutete, eine zu besuchen, aber irgendetwas sagte mir, dass ich nicht dazu bestimmt war, in einer Weberei zu arbeiten. Nichts war verkehrt daran, Teppiche zu weben, solange man sich selbst dazu entschieden hatte.

In den darauffolgenden Tagen bemühten sich die Jungen vergebens, mich dazu zu überreden, Weben zu lernen. Ich befürchtete, dass ich für immer dort festsitzen würde, wenn ich weben konnte und die Familie durch meine Arbeit Geld verdiente; also weigerte ich mich einfach. Ich tat alles, was man von mir verlangte – wie den Boden zu fegen, Tee zuzubereiten und zu servieren und Sachen aus dem Lager zu holen –, aber ich weigerte mich, das Knüpfmesser anzufassen. Denn es war immer noch möglich, dass mein Vater sein Versprechen wieder nicht halten würde und ich auch diese Familie wieder verlassen müsste. Ich brauchte nur lange genug durchzuhalten. Und ich hoffte, dass sich meine nächste Unterkunft als etwas vielversprechender erweisen würde.

Eines Abends, als alle am *Korsi* saßen, stieß einer der Jungen versehentlich eine Kanne Tee von der Kohleschüssel, sodass die kochend heiße Flüssigkeit über meinen Fuß lief. Ich erlitt Verbrennungen dritten Grades und hatte am nächsten Morgen auf meinem rechten Fuß eine Blase so groß wie ein Truthahnei. Da ich keinen Schuh anziehen konnte, blieb mir die Arbeit an dem Tag erspart. Vormittags war außer mir schließlich niemand mehr im Haus. Die Kinder und der Vater waren bereits zur Arbeit aufgebrochen und die Frau war einkaufen gegangen. In diesem Moment entschied ich plötzlich, meine Mutter besuchen zu gehen. Ich wollte unbedingt ein vertrautes Gesicht sehen und hatte seit meiner Ankunft in der neuen Familie ständig an sie denken müssen, besonders nach dem Vorfall mit meinem Fuß.

Ich erinnere mich, dass es wie immer bitterkalt draußen war und die Gehwege mit Eis bedeckt waren. Obwohl ich keinen Schuh anziehen und meinen Fuß auch nicht anders schützen konnte, war ich an jenem Tag fest dazu entschlossen, meine Mutter zu besuchen. Das bedeutete, dass ich die gesamte Naderi-Avenue vom Schrein bis zum Maydoneh-Bar-Viertel, wo meine Mutter wohnte, mit einem nackten Fuß hinunterlaufen musste. Ich hatte nicht nur unglaubliches Heimweh, sondern wusste auch, dass sich so eine Möglichkeit so schnell nicht wieder ergeben würde.

Bis ich in der Gasse angekommen war, in der meine Mutter lebte, war mein schuhloser Fuß bereits eingefroren und völlig taub. Als ich mein vorläufiges Zuhause vor über einer Stunde verlassen hatte, bewegte sich die Blase immer hin und her, jetzt jedoch war sie nur noch ein Eisblock und rührte sich kein bisschen. Mein restlicher Körper fühlte sich ähnlich stumpf an, da ich immer noch dieselbe Sommerkleidung trug wie an dem Tag, an dem ich vor über einem Jahr zum ersten Mal das Haus meiner Mutter verlassen hatte.

Da ich nicht für noch mehr Spannung zwischen meiner Mutter und Baba sorgen wollte, beschloss ich, erst unter ihrem Fenster in der Gasse zu lauschen, bevor ich an ihre Tür klopfte. Ich wollte sichergehen, dass Baba an dem Tag nicht da war. Denn manchmal blieb er zu Hause, wenn das Wetter schlecht war und es in der Schneiderei keine Bestellungen gab, an denen er arbeiten konnte. Leider hörte ich auf der anderen Seite der Wand seine unverwechselbare Stimme, also beschloss ich, stattdessen zu Madar Joon, meiner Großmutter mütterlicherseits, zu gehen, die nur einige Häuserblocks die Straße hoch wohnte. Sie und zwei ihrer jüngsten Kinder lebten nun in einem gemieteten Kellerraum in der Nähe meiner Mutter und meiner Tante. Nachdem mein Großvater gestorben war, zog Madar Joon in die Stadt und fuhr nur noch im Frühling und Sommer zurück in ihr Heimatdorf.

Madar Joon brach in Tränen aus, als sie mich sah und bemerkte, in welchem Zustand ich mich befand. Ich hatte meine strenge

Großmutter vorher noch nie weinen gesehen. Sie wärmte etwas Wasser auf, kümmerte sich um meinen Fuß und verfluchte die Menschheit. Sie warf Gott vor, herzlos zu sein, und wünschte sich, dass Assad, Sohn von Banafsheh, in der Hölle schmoren würde.

Erst am späten Nachmittag war ich wieder aufgewärmt und machte mich auf den Rückweg. Meine Großmutter konnte die eingefrorene Blase nicht aufstechen, also bastelte sie aus einem Stück Karton eine Sandale und schnürte sie mit Webgarn um meinen Fuß, damit ich etwas leichter gehen konnte. Bevor ich aufbrach, steckte sie mir eine Handvoll geröstete Aprikosenkerne und getrocknete Maulbeeren in die Tasche und betete zu Gott, dass er auf mich achtgab. Sie hätte mir stattdessen lieber einen *Rial* geben sollen, denn so viel kostete eine Busfahrt. Aber Madar Joon war sehr arm und musste sogar meinen Onkel, der im Teenageralter war, und meine achtjährige Tante in einer Teppichweberei in der Nähe arbeiten lassen. Sie verdiente zwar selbst etwas mit dem Verkauf von *Rooshoor* und ihrer selbst gemachten Seife, doch sie brauchte den zusätzlichen Lohn ihrer Kinder, um die Miete für ihr kleines Zimmer zahlen zu können.

Es war wohl doch besser, dass Baba an jenem Tag zu Hause gewesen war, denn wenn meine Mutter mich gesehen hätte, wäre sie bestimmt hysterisch geworden. Sie pflegte zu sagen, dass dies ihre Milch sauer werden ließ, und das wiederum wäre nicht gut für meine kleine Schwester gewesen.

Der Monatserste verstrich, und wie ich vorhergesagt hatte, war mein Vater nicht mit dem Geld vorbeigekommen, wie er es der Familie, bei der ich wohnte, versprochen hatte. Die Erwachsenen waren deshalb sehr verärgert und drängten mich weiter, das Weben zu erlernen, damit sie wenigstens meinen Lohn einziehen konnten. Ich weigerte mich und versuchte mehrfach, aus der Weberei wegzulaufen. Jedes Mal holten sie mich ein, brachten mich zurück und fesselten mich an einen Pfahl. Eines frühen Morgens gelang mir das Weglaufen jedoch und ich rannte direkt zum Haus meiner Mutter. Das Wiedersehen war wunderschön, meine Mutter bedeckte mich mit lauten Küssen und mein kleiner Bruder Mehdi konnte seine Freude kaum im Zaum halten. Meine Mutter erzählte mir, wie sehr sie weinen musste, als sie von meinem Fuß erfahren hatte. Sie erklärte, dass sie nicht gewusst habe, wo ich wohne, und deshalb nicht vorbeikommen konnte, um nach mir zu sehen.

Es war schön, wieder zu Hause zu sein. Und mit »zu Hause« meine ich überall dort, wo sich meine Mutter, Baba und mein kleiner Bruder aufhielten. Wie für einen Matrosen, der lange auf See verschollen war und nun endlich den Weg zurück nach Hause gefunden hatte, gab es auch für mich nichts Schöneres, als die vertrauten Gesichter meiner Mutter und meines kleinen Bruders wiederzusehen. Ich freute mich sogar über den abgewetzten Teppich, den tragbaren Heizofen und den *Sofreh.*

Als Baba abends von der Arbeit wiederkam und mich entdeckte, war er keineswegs erfreut, erst recht nicht, nachdem er von den Gründen meines Besuches erfahren hatte. Er war fest davon überzeugt, dass es richtig sei, mich wieder zu der Familie zurückzubringen, von der ich weggelaufen war. Meine Mutter flehte ihn an, mich wenigstens für diese eine Nacht bleiben zu lassen, aber Baba wollte keine falschen Signale senden und blieb bei seiner Meinung. So geschah es, dass mich Baba an jenem kalten Winterabend im Jahre 1962 vorn auf sein Fahrrad setzte und sich wie ein sanfter Wind durch den Verkehr der frühen Abendstunden schlängelte, um mich zu meiner damaligen Pflegefamilie zurückzubringen.

◆ NENN MICH DADASH

In den frühen Abendstunden eines Tages im Juni 1963 saß ich erneut auf dem Rücksitz des VW-Käfers meines Vaters und klammerte mich an dem alten Bündel in meinem Schoß fest, in dem sich wie immer meine Wechselkleidung befand und auf dem die Zeit mittlerweile deutlich ihre Spuren hinterlassen hatte. Ich war gerade erst sieben Jahre alt geworden, aber das wusste ich damals nicht. Ich bezweifelte außerdem, dass mein Vater mein genaues Geburtsdatum kannte. Geburts- oder Jahrestage zu feiern, war eine westliche Tradition, der meist nur von den gebildeten und anspruchsvollen Gesellschaftsschichten nachgegangen wurde. Um sich ein besonderes Datum zu merken, musste man lesen und einem gedruckten Kalender folgen können. Die meisten meiner Verwandten konnten weder lesen noch schreiben. Um einen Überblick zu behalten, verwendeten sie den Mondkalender. Dafür brauchten sie lediglich den Mond und einen klaren Nachthimmel.

Mein Vater hatte mich gerade aus dem Haus seiner entfernten Verwandten abgeholt, wo ich die letzten paar Wochen verbracht hatte. Wir sprachen kein Wort miteinander. Er war in seiner Welt und ich in meiner. Wie gewöhnlich erklärte er nicht, wo er mich hinbrachte, und ich stellte keine Fragen, auf die er ohnehin nicht antworten würde. Fragen wie: Was habe ich verbrochen, dass ich so jung schon zu diesem Vagabundenleben verdammt bin? Warum konnte ich nicht einfach ein Zuhause haben wie seine Kinder und die Kinder meiner Mutter? Obwohl ich mich immer noch nach einem Ort sehnte, den ich mein Zuhause nennen konnte, hatte ich meine Situation nach zwei Jahren des Umherziehens als normal hingenommen und mir war es mittlerweile egal, wo ich hingebracht wurde. Ich war wie Wasser, das aus einem umgekippten Krug zu Boden tropfte; ich konnte nichts anderes tun, als mich der Schwerkraft hinzugeben und darauf zu hoffen, dass der freie Fall eine Weile andauerte. Zumindest so lange, bis ich mich zu einem kleinen Fluss entwickeln und mir meinen eigenen Weg durchs Leben bahnen konnte.

Manchmal stellte ich mir vor, ein Reisender aus einer fernen Welt und hier lediglich zu Besuch zu sein, während mein Vater nur widerwillig für eine Weile meine Kontaktperson und meinen Vermittler spielte. Mir war er vielmehr eine fremde Autoritätsperson als ein Vater, und ich bin mir sicher, dass ich für ihn eher eine Verpflichtung und Unannehmlichkeit darstellte als einen Sohn. Ich hatte von meinem Vater nie erwartet, dass er mich so liebte, wie Baba Mehdi liebte. Abgesehen davon, dass wir uns etwas ähnlich sahen und er mir damals als mein Vater vorgestellt worden war, gab es kein weiteres Indiz dafür, dass wir miteinander verwandt waren. Das Höchste, was ich in meiner Situation von ihm erwarten konnte, war ein wenig Fürsorge; der Urinstinkt eines jeden Lebewesens.

Mein Vater bog von der Sardadvar-Avenue in eine ungepflasterte, ruhige Seitenstraße ab und parkte sein Auto vor einer Hauswand. Ich erkannte die Gegend wieder, da meine Mutter und ich hier immer vor dem Tor des Armeestützpunktes gewartet hatten, um meinen Vater zu finden. Ich erinnere mich noch, dass ich Sardadvar ständig falsch aussprach, was meine Mutter jedes Mal kichern ließ.

Draußen war es war völlig dunkel. Mein Vater klingelte, ein Junge in meinem Alter öffnete die Tür und bat uns schüchtern hinein. Nicht nur, dass er uns hineingelassen hatte, ohne irgendwelche Fragen zu stellen, auch sein Blick ließ darauf schließen, dass man uns bereits erwartete. Von der anderen Seite des langen Innenhofs kamen zwei Frauen auf meinen Vater zu, um ihn zu empfangen, und zogen dabei ihre *Tschadors* zurecht. Nach einer ausgiebigen Begrüßung führte die ältere Dame meinen Vater in einen Raum und ich folgte ihnen. Sie baten meinen Vater, auf einem großen Kissen an der Wand Platz zu nehmen, das offenbar extra für ihn dort hingelegt worden war. Ich saß gegenüber von ihm neben der Tür auf der anderen Seite des Zimmers, obwohl die jüngere Frau mich mehrfach gebeten hatte, näher zu kommen. Den Besuch an der Tür sitzen zu lassen, galt als unhöflich und nicht sehr gastfreundlich.

Der Raum schien gleichzeitig Schlaf- und Wohnzimmer zu sein. Auf der oberen Matratze eines Armee-Etagenbetts hinten im Zimmer lagen zwei Jungen auf dem Bauch und stützten ihre Köpfe auf den Händen ab, während sie meinen Vater und mich mit großem Interesse beobachteten. Der Junge, der uns die Tür geöffnet hatte, setzte sich auf das untere Etagenbett und fixierte mich mit seinem Blick. Ein vierter Junge, älter als die anderen, saß auf dem Boden neben den zwei Frauen.

Von all den Familien, zu denen mich mein Vater gebracht hatte, war diese die erste, bei der er seine Schuhe auszog und für eine Tasse Tee blieb.

Nur mein Vater und die ältere Dame sprachen miteinander, alle anderen hörten zu. Diesen Teil der Übergabe mochte ich am wenigsten, besonders wenn Kinder in meinem Alter anwesend waren. Sie sprachen über mich, als ob ich ein Welpe in einem Tierheim sei, und mein Vater erzählte den Interessenten von meinen tollen Eigenschaften, um sie von einer Adoption zu überzeugen: Er ist ein braver Junge, isst sehr wenig, gehorcht aufs Wort und tut, was man ihm sagt. Und die ganze Zeit über wünschte ich mir, unsichtbar zu werden und der Scham und dem Schmerz, den ich vor diesen Fremden empfand, endlich ein Ende setzen zu können.

Kurz nachdem er seine zweite Tasse Tee ausgetrunken hatte, stand mein Vater auf, bedankte sich bei den Damen, schenkte ihnen sein bezauberndstes Lächeln und versprach, Anfang des nächsten Monats wiederzukommen. Bei seiner Verabschiedung reichte er der älteren Dame einen Zwanzig-*Tooman*-Schein und versicherte ihr, dass er alles daran setzen würde, mir so schnell wie möglich ein dauerhaftes Zuhause zu suchen und mich ihnen wieder abzunehmen. Er warf mir einen kurzen Blick zu, als ob er mich dafür bestrafen wollte, was er meinetwegen ertragen musste. In Wahrheit schwieg er nur und ging.

Die ersten Nächte an diesem neuen Ort waren wie fast alle ersten Nächte bei den Familien, zu denen ich gebracht worden war: schlaflos, unangenehm, beunruhigend und wehmütig. Bisher waren zwei Jahre vergangen, seit ich das letzte Mal bei meiner Mutter gelebt oder Zeit mit jemandem aus ihrer Familie verbracht hatte. Ich hatte keine frischen Erinnerungen an einen angenehmen Ort oder ein freundliches Gesicht; daher bestand mein einziger Trost darin, an meine Mutter und an andere Menschen zu denken, denen ich einst etwas bedeutet hatte, und mir vorzustellen, dass ich bei ihnen sei. Ich dachte daran zurück, wie meine Mutter und ich damals Baba kennengelernt hatten und wie er mich auf seinem Fahrrad immer überallhin mitgenommen hatte. Ich stellte mir vor, wie ich bei meinem Großvater in den Aprikosengärten von Golmakan saß – seine beruhigende Stimme, sein freundliches, sonnengegerbtes Gesicht, der vertraute Geruch von brennendem Tabak in den Weizenfeldern, wenn er Pfeife rauchte, sein Lachen, die Krähen, die er immer beschuldigte, wenn er Blähungen hatte, das Brüllen seines Esels. Diese Erinnerungen waren wie Schlaflieder für mich.

Am nächsten Morgen aß ich das beste Frühstück, das ich jemals gegessen hatte, seit Baba meine Mutter geheiratet und bei uns eingezogen war: frisch gebackenes, heißes Berberei-Brot aus der Bäckerei um die Ecke mit dickflüssiger und geleeartiger Traubenmelasse sowie cremigem bulgarischen Schafskäse und heißem Tee. Während ich frühstückte, konnte ich die anderen Jungen im Innenhof schreien und einander jagen hören. Der älteste Junge saß als Einziger neben mir am *Sofreh* und sah mir vergnügt beim

Essen zu. Er schmierte Melasse auf kleine Brotstücke und legte sie mit einem breiten Grinsen auf einen Teller vor mir.

»Schmeckt dir das Frühstück?«, fragte er mich freudig.

»Ja, vielen Dank, *aqa*«, antwortete ich leise und zaghaft und blickte nach unten. Niemand war in den letzten Jahren je so nett zu mir gewesen.

»Mein Name ist Kia, aber nenn mich *dadash* (Bruder), wenn du möchtest. Alle Jungen, die du hier gestern Abend im Zimmer gesehen hast, nennen mich *dadash.*«

»In Ordnung, *aqa*«, stimmte ich nickend zu.

»Nein. Nicht *aqa!* Entweder Kia oder *dadash,* okay?« Er lächelte und zerzauste mir liebevoll das Haar.

Als ich mit dem Essen fertig war, verließen wir das Zimmer und gingen in den Innenhof, wo mich Kia mit den anderen drei Jungen und den beiden Frauen bekannt machte. Ich war es nicht gewohnt, miteinbezogen und vorgestellt zu werden. Für gewöhnlich redeten die Menschen über mich und nicht mit mir, manchmal sogar direkt vor meiner Nase, als ob ich taub oder tot wäre. Ich brauchte oft Tage, um die Namen der Menschen, bei denen ich untergebracht war, zu erfahren und herauszufinden, wie genau sie zueinander standen, aber nicht heute.

Denn später nahm mich Kia auf einen Spaziergang durch das Viertel mit und erklärte mir auf dem Weg alles Wichtige über seine eher unorthodoxe Familie. Außerdem sagte er mir, was mein und sein Vater mich betreffend ausgemacht hatten. Kia zufolge kannten sich unsere Väter, weil sie in demselben Gebäude des Armeestützpunktes arbeiteten. Aus irgendwelchen Gründen hatte Herr Rahimi, Kias Vater, zugestimmt, dass eine seiner Ehefrauen auf mich aufpassen könnte, während mein Vater nach einem Zuhause für mich suchte. Mein Vater hatte versprochen, Herrn Rahimi für jeden Monat, den ich bei ihm bleiben würde, dreißig *Tooman* zu zahlen; einen Teil hatte er gestern Abend angezahlt.

Herr Rahimi hatte drei Frauen, von denen ich zwei am Vorabend kennengelernt hatte. Ozra Khanom war Kias Mutter und die erste und älteste der drei Frauen, Rana war ungefähr zwanzig Jahre alt und somit die dritte und jüngste Ehefrau. Die mittlere Frau, Maryam Khanom, lernte ich erst einige Zeit später kennen. Die älteste und die jüngste Ehefrau teilten sich das Haus. Kia war der älteste Sohn seines Vaters und Ozra Khanoms einziges Kind. Rana war die Mutter von Herrn Rahimis jüngstem Kind, seiner damals einzigen Tochter. Kia erklärte, dass die anderen drei Jungen, die am Abend zuvor ebenfalls im Zimmer gewesen waren, zu Maryam Khanom, der mittleren Frau, gehörten und mit ihr in einem anderen Haus in den Bergen außerhalb der Stadtgrenzen wohnten. Die drei Jungen waren an dem Abend nur zu Besuch gewesen. Anscheinend kamen sie einmal in der Woche in die Stadt und blieben ein oder zwei Tage bei ihrem Vater. Zu dem Zeitpunkt war Herr Rahimi jedoch mit seiner Truppe irgendwo in der Nähe der Grenze zu Afghanistan stationiert und niemand wusste genau, wann er wieder nach Hause kommen würde.

Vom ersten Tag an war klar, bei welcher Frau ich leben würde. Maryam hatte bereits drei eigene Jungen und war mit ihrem vierten Kind schwanger. Rana musste sich um einen Säugling kümmern und war zu jung und unerfahren, um auf mich aufpassen zu können. Außerdem lebte sie bei Herrn Rahimi und der hatte kein Interesse daran, einen Fremden bei sich aufzunehmen. Dass ich bei Ozra Khanom blieb, die von allen Kindern Maman Bozorg (Großmutter) genannt wurde, war die logischste Entscheidung. Und so wie es aussah, würde mich Kia ohnehin nicht an eine der Konkurrenzfrauen seiner Mutter abtreten, selbst wenn diese mich gewollt hätten. Später erfuhr ich, dass er sich schon immer einen eigenen kleinen Bruder gewünscht hatte, und dies war nun seine Chance.

Offensichtlich hatte ich einen neuen Trostspender gefunden. Kia war zu dem Zeitpunkt fünfzehn Jahre alt und mochte mich wohl sofort. Mir kam es vor, als ob wir uns schon ewig gekannt hätten, und bald schien ich ein unentbehrlicher Teil seines Lebens zu sein. Es bereitete ihm große Freude, auf mich aufzupassen, fast so, als ob ich sein leiblicher Bruder wäre. Wir gingen überall zusammen hin, saßen beim Essen nebeneinander und schliefen nachts auf unseren zusammengeschobenen Matratzen. So sehr er seine Halbbrüder von der zweiten Frau seines Vaters auch mochte – anscheinend gab es eine Leere in seinem Leben, die ich nun füllen konnte.

Er schien es mehr als nur zu genießen, mir ein großer Bruder und Mentor zu sein. Mit tiefer und ernster Stimme sagte er Dinge wie: Du solltest deine Hände vor jeder Mahlzeit mit Wasser und Seife waschen; kaue niemals mit offenem Mund; sag immer Hallo, wenn du einen Raum betrittst. Nachdem ich zwei Jahre völlig vernachlässigt worden war, genoss ich all die Aufmerksamkeit, die Kia mir schenkte. Und den Unterricht in guten Umgangsformen konnte ich ebenfalls gebrauchen.

Ich hatte Herrn Rahimi immer noch nicht kennengelernt und sollte ihn auch erst wesentlich später treffen.

◆ DAS ALPHABET

Ich hatte seit dem Winterabend im Jahr 1962, als mich Baba zurück zur Familie mit den Webkindern gebracht hatte, meine Mutter weder gesehen noch etwas von ihr gehört.

Anfang des nächsten Monats passierte etwas sehr Ungewöhnliches; mein Vater kam nicht nur wieder zurück, wie er es versprochen hatte, er bezahlte sogar zum ersten Mal in den beiden Jahren, die wir miteinander verbracht hatten, den zweiten Betrag für meine Unterkunft dort. Vielleicht schlug er ein neues Kapitel in seinem Leben auf oder es lag einfach nur daran, dass Herr Rahimi und mein Vater einander gleichgestellt waren und Herr Rahimi ihn jederzeit ausfindig machen konnte, wenn es darauf ankäme. Was auch immer der Grund gewesen sein mochte, ich war überglücklich. Von all den Orten, an denen mich mein Vater untergebracht hatte, war Herrn Rahimis Zuhause bisher am besten. Und wenn ich nicht zurück zu meiner Mutter durfte, dann gab es keinen anderen Ort, an dem ich lieber sein wollte als hier bei Kia.

Mitte Juli kam Herr Rahimi schließlich nach Hause. Ich durfte jedoch nicht sofort zu ihm, da er an einer Art Krankheit litt.

Obwohl ich Herrn Rahimi noch nicht kennengelernt hatte, sah ich seiner Rückkehr mit gemischten Gefühlen entgegen. Ich hatte Angst, dass seine Anwesenheit an der ohnehin schon äußerst zerbrechlichen Fassade kratzen könnte, die mich gerade in seinem Zuhause und mit seiner Familie umgab. In meinem Kopf hatte sich nun schon seit einiger Zeit die beunruhigende Theorie breitgemacht, dass Männer keinerlei Interesse an Kindern hatten, besonders nicht, wenn sie kein eigen Fleisch und Blut waren. Da ich noch sehr jung war und kaum Erfahrungen hatte, war meine Meinung Männer betreffend kaum positiv und wie meine Mutter fürchtete ich mich vor ihnen. Abgesehen von meinem Großvater hatten bis zu dem Zeitpunkt fast alle Männer, denen ich je begegnet war, mir und den Menschen, die mir wichtig waren, mehr geschadet als genutzt. Mein Vater und sein Bruder waren verantwortlich für das Verschwinden meiner Schwester und den brutalen Angriff auf meine Mutter. So wundervoll Baba am Anfang auch zu mir gewesen sein mag und so sehr ich ihn auch immer noch liebte, er war dennoch teilweise Schuld an dem, was mit mir geschah. Und die Geschichten mit dem Polizisten und Hadsch Sinichi sprachen ebenfalls für sich. Ich kam langsam zu dem Entschluss, dass Männer nur existierten, um zu nehmen und zu zerstören, während Frauen neues Leben schenkten und erschufen. So unvoreingenommen ich auch sein wollte, Herr Rahimi war ein Mann und hatte damit bereits Minuspunkte bei mir.

Während der nächsten zwei Wochen sollte ich mich immer leise im Haus bewegen, da es Herrn Rahimi immer noch nicht gut ging. Außer Maman Bozorg und Rana durfte niemand sein Zimmer betreten. Er hatte sich während eines Militäreinsatzes vor Kurzem wohl eine Hautkrankheit zugezogen.

Eines Tages entschied Maman Bozorg schließlich, dass es Zeit für mich war, den Mann des Hauses kennenzulernen. Ich wusste bis dahin nur sehr wenig über den mysteriösen Herrn Rahimi. Während er fort gewesen war, schien nie jemand über ihn zu reden, und im Haus standen nirgendwo Fotos von ihm, sodass ich nicht einmal wusste, wie er aussah. Seine stille Rückkehr und die lange Isolation trugen daher nur noch mehr zu dem Mysterium bei. Ich hatte noch nie zuvor einen Mann getroffen, der mehr als eine Ehefrau und mehr als ein Haus besaß. Baba war mein Held gewesen und tat sich schon schwer damit, nur eine Familie zu versorgen. Im Universum eines Siebenjährigen musste Herr Rahimi daher ein absoluter Übermensch sein.

Maman Bozorg ging auf Zehenspitzen in das Zimmer, in dem Herr Rahimi die letzten Wochen verbracht hatte, und ich folgte ihr. Sie legte den Zeigefinger auf ihre Lippen, um mir zu signalisieren, dass ich leise sein sollte. Wir näherten uns einem weißen Metallbett, das mit einem sehr feinen, weißen Schutznetz verschleiert war, das wie ein Moskitozelt von der Decke herabhing.

»*Salam, aqa.* Alireza, der Sohn von Herrn Golmakani, möchte dich begrüßen«, sagte Maman Bozorg sanft zu dem Mann im Bett und bedeutete mir, näher zu kommen.

Ich ging zu ihr, trat durch einen Spalt im Schutzdach, den Maman Bozorg für mich offenhielt, und flüstere: »*Salam, aqa.*«

Vor mir lag ein riesiger, nackter Mann, der von Kopf bis Fuß mit einer klaren, gelartigen Substanz bedeckt war. Auf seiner Leiste lag ein sehr dünnes und durchsichtiges Stück Stoff, ebenfalls mit der Salbe durchtränkt. An einem Ende des Bettes stand ein Tischventilator aus Metall, der sich von einer Seite zur anderen drehte und sanft Luft über seinen Körper blies.

Der unerwartete Anblick und die schiere Größe von Herrn Rahimi verschlugen mir die Sprache und ich konnte nur noch den Ventilator und meinen eigenen Herzschlag hören. Ich hatte noch nie zuvor einen so gigantischen Menschen gesehen und ich konnte nicht glauben, dass ich nun neben einem solchen stand. Mit Ausnahme von Baba waren alle in meiner Familie klein und zierlich, und sogar er war winzig im Vergleich zu dem Mann, der vor mir lag. Ich schluckte schwer und stand bewegungslos da, fest an Maman Bozorgs Bein geklammert. Herr Rahimi wandte seine halb geöffneten Augen langsam von der Zimmerdecke ab und für einen kurzen Moment mir zu, dann stöhnte er wie ein verwundeter Löwe und schloss sie. Maman Bozorg bat mich, den Raum zu verlassen, und ich gehorchte nur allzu gerne.

Einige Zeit später konnte Herr Rahimi wieder ab und zu im Haus herumlaufen. Der riesige Mann ließ neben sich alles und jeden winzig wirken. Seine außergewöhnlichen Schultern schienen so breit wie zwei durchschnittlich große Männer zu sein,

sein dicker Schnurrbart, der ungewöhnlich große Kopf, die breite Stirn sowie die markanten Brauenknochen unterstrichen seine überwältigende Statur. Ich konnte mir nicht vorstellen, dass es einen Mann gab, der Herrn Rahimi länger als eine Sekunde in die Augen blicken konnte. Da ich von seinem außerordentlichen Körperbau und seiner tiefen, imposanten Stimme immer noch eingeschüchtert war, versuchte ich mich, so gut es ging, von ihm fernzuhalten.

Eines Tages jedoch, als ich gerade im Innenhof am Brunnen saß, hörte ich Herrn Rahimi oben aus einem Zimmer nach mir rufen.

»*Pesarrrr* (Junge)!«

Ich rannte sofort in das Zimmer, in dem Herr Rahimi immer auf einer Matratze saß, die extra für ihn an der Wand auf den Boden gelegt worden war.

»*Salam, aqa.*«

»*Salam.* Nimm fünf *Rial* aus meiner Hosentasche da drüben, geh in den Laden und kauf mir eine Packung *Eshno*-Zigaretten«, sagte er, ohne mich anzusehen.

»Gerne, mein Herr.«

Ich nahm das Geld aus seiner Hosentasche und lief aus dem Raum. Ich rannte so schnell ich konnte zum Geschäft, kaufte die Packung Zigaretten und eilte genauso schnell wieder zurück. Ich sah dies als meine Chance, bei Herrn Rahimi Eindruck zu schinden, und zwar unbedingt einen guten. Und so wie er aussah, als ich ihm die Zigarettenpackung gab, schien mir das gelungen zu sein.

»Du bist sehr schnell, Junge!«, sagte er beiläufig und sah mich dabei erneut nicht an.

»*Merci, aqa*«, entgegnete ich, schwitzend und außer Atem vor ihm stehend. Ich freute mich sehr, dass ihm aufgefallen war, wie viel Mühe ich mir gegeben hatte. Die Söhne seiner zweiten Frau kamen einmal die Woche zu Besuch und blieben dann oft für einige Tage, aber glücklicherweise waren sie an jenem Tag nicht da, so konnte ich die Gelegenheit nutzen und ihm behilflich sein.

»*Pesar!*«, rief mich Herr Rahimi später am Nachmittag wieder zu sich. Ich lief zu ihm, blieb direkt vor ihm stramm stehen und wartete darauf, dass er mir sagte, was ich für ihn tun sollte. Er sah gelangweilt aus und es schien ihm zuzusetzen, die ganze Zeit ans Haus gebunden zu sein.

»Wie alt bist du, Junge?«

»Ich bin mir nicht sicher, mein Herr. Entweder sechs oder sieben.«

»Weißt du, in welchem Jahr du geboren bist?«

»Nein, mein Herr, das hat mir nie jemand gesagt.«

Er schien kurz verwirrt, aber fragte schließlich weiter: »Kannst du das Alphabet?«

»Nein, mein Herr.«

»Weißt du, ob dein Vater vorhat, dich in die Schule zu schicken?«

»Nein, mein Herr.«

»Ich hoffe, dass er sich dafür entscheidet, denn nichts hilft einem Kind so sehr wie eine Schulbildung. Auf dieser Welt gibt es zwei Arten von Blindheit: Man besitzt entweder kein Sehvermögen oder man kann nicht lesen.«

An der Stelle hielt er kurz inne, zündete sich eine Zigarette an und sagte: »Geh zu Rana und sag ihr, sie soll dir ein Blatt Papier und einen Stift geben. Damit kommst du dann zu mir.«

»Ja, mein Herr.«

Ich schoss wie ein Blitz davon und kehrte ebenso schnell mit einem Blatt Papier und einem Stift in der Hand zurück. Und so begann Herr Rahimi eines wunderbaren Sommernachmittags damit, mir das Alphabet sowie die Grundzahlen beizubringen. Jeden Tag nahm er sich ein paar Minuten Zeit, um für mich eine Zahl und zwei Buchstaben niederzuschreiben und sie mir zu erklären. Ich übte das Gelernte dann den restlichen Tag über auf ein paar leeren Blättern für mich allein weiter. Bis Herr Rahimi vollständig genesen war und wieder zurück zur Arbeit durfte, konnte ich ihm alle Buchstaben des Alphabets auswendig aufschreiben. Außerdem konnte ich die Zahlen bis zwanzig zählen und schreiben. Herr Rahimi war sichtlich beeindruckt von dem Ergebnis.

Unsere Unterhaltungen waren immer sehr kurz und beschränkten sich auf die Buchstaben und Zahlen des Tages. Herr Rahimi fragte mich nie etwas Persönliches über mich, meine Eltern oder darüber, wo ich herkam, und ich traute mich ohnehin nicht, ihn irgendetwas zu fragen. Er sagte grundsätzlich zu jedem nur sehr wenig. Dabei erinnerte er mich an einen riesigen Gorilla, der ganz still und für sich allein in der Ferne saß, völlig desinteressiert an den Aktivitäten der eigenen Gruppe, und kaum etwas sagte oder tat.

Kia zufolge war sein Vater der älteste Sohn eines mächtigen Stammesführers. Da dem Iran eine starke Zentralregierung fehlte, wurde der Großteil der ländlichen Gegenden bis ins frühe zwanzigste Jahrhundert von Stämmen oder Banditenbanden beherrscht. Nachdem ein Armeeoffizier namens Reza Khan den letzten König der herrschenden Kadscharen-Dynastie gestürzt und sich 1925 selbst zum neuen König Persiens ernannt hatte, widmete er sich einem ehrgeizigen Ziel: Er wollte den Iran mit allen Mitteln aus dem mittelalterlichen Zustand befreien, in dem das Land sich wegen der schlechten Führung der Kadscharen während des letzten Jahrhunderts befunden hatte, und in die Moderne überführen. Reza Schah (König Reza) machte es sich zur obersten Priorität, für Recht und Ordnung in seinem Land zu sorgen und eine neue Armee sowie eine starke Zentralregierung zu gründen.

Die junge Zentralregierung wurde immer organisierter und mächtiger und weitete sich schließlich aus, um ihre Autorität im ganzen Land geltend zu machen. Die Stammesangehörigen weigerten sich erst, ihre Waffen niederzulegen, aber solange sie lesen und ihren eigenen Namen schreiben konnten, erlaubte man ihnen, der neuen Armee beizutreten, was viele taten. So auch der damals noch junge Herr Rahimi.

Kia erzählte mir außerdem, dass Herr Rahimi nur wegen eines Brauchs seiner Stammesältesten drei Ehefrauen besaß. Mehrere

Frauen gleichzeitig zu haben, war damals eine gewöhnliche Überlebensstrategie in Stammesgesellschaften. Insbesondere sollte so sichergestellt werden, dass jede Frau abgesichert und behütet war. Im traditionellen Stammesleben war ein Ehemann eher der Versorger und Beschützer einer Frau als ein Lebenspartner im romantischen Sinne. Und da es aus unterschiedlichen Gründen meist mehr Frauen gab als geeignete Männer, war es nur selbstverständlich, dass Männer mehr als eine Frau besaßen. Außerdem war ein Stamm häufig nur so stark wie seine männlichen Mitglieder, also sorgte man für diese Überlegenheit idealerweise, indem jede Frau einem Mann zugeteilt wurde und Babys produzierte, vorzugsweise Jungen.

Gemäß dieser uralten Tradition hatte Herr Rahimi daher drei Frauen geheiratet, ohne sich von einer scheiden zu lassen. Kia erzählte mir, dass seine Mutter früher einmal mit einem Mann eines anderen Stammes verheiratet gewesen war, bevor sie Herrn Rahimis Frau wurde. Nachdem ihr Ehemann in einem Feuergefecht mit dem Rahimi-Stamm umgekommen war, bat Herrn Rahimis Vater seinen Sohn, die junge Witwe zu heiraten, was er schließlich tat. Nach ein paar Jahren Ehe brachte Maman Bozorg Zwillinge zur Welt, die kurz darauf leider jedoch an einer Krankheit starben. Einige Jahre später ist Kia geboren, der sich nun Herrn Rahimis ältesten Sohn und Maman Bozorgs einziges Kind nennen konnte. Maman Bozorg war schon stark gealtert und ergraut, daher sah sie für Kia eher wie eine Großmutter als seine Mutter aus.

Bald brach der letzte Sommermonat an und im Haus der Rahimis wurde über ein Thema gesprochen, das mir bis zu dem Zeitpunkt noch unbekannt gewesen war: die Schule. Ich hatte schon von der Schule gehört, aber da ich bisher nie bei einer Familie mit Schulkindern gelebt hatte, wusste ich nur sehr wenig darüber. Kia war beeindruckt davon, dass ich die Buchstaben des Alphabets und die Grundzahlen so schnell lernen konnte. Deshalb schlug er vor, mich in der Schule anzumelden, und versuchte, auch seine Eltern davon zu überzeugen. Obwohl ich Angst hatte, dass mein

Vater die bereits fällige monatliche Zahlung nicht leisten würde – weshalb Herr Rahimi mich aus seinem Haus werfen könnte –, war die Diskussion darüber, mich zur Schule zu schicken, wie Musik in meinen Ohren. Die Gespräche über die Schule ließen mich sogar hoffen, dass die Rahimis mich vielleicht noch eine Weile bei sich behalten würden.

Mit seiner Hartnäckigkeit gelang es Kia schließlich, seine Mutter davon zu überzeugen, mich in der Schule anzumelden; sein Vater betonte jedoch, dass er sich aus allen Entscheidungen bezüglich meiner Person heraushalten würde. Kia war fest entschlossen, mich nicht nur als kleinen Bruder zu behalten, sondern mich auch in die Schule zu schicken, und Maman Bozorg brachte es einfach nicht übers Herz, ihren einzigen Sohn zu enttäuschen. Alles, was jetzt noch fehlte, war die Erlaubnis meines Vaters und natürlich meine Geburtsurkunde, wenn ich denn überhaupt eine besaß. Um an der Schule angenommen zu werden, musste man sieben Jahre alt sein, und Kia schien zu glauben, dass ich alt genug oder zumindest nahe daran war.

Der Monat war schon fast zur Hälfte verstrichen und mein Vater war immer noch nicht mit den dreißig *Tooman* für meinen monatlichen Unterhalt vorbeigekommen. Völlig unbekümmert davon und mit der Erlaubnis seiner Mutter brach Kia auf, um meinen Vater zu finden. Dabei hoffte er, sowohl seine Zustimmung zu meinem Schulbesuch als auch meine Geburtsurkunde zu ergattern. Natürlich begleitete ich ihn auf dieser Mission.

Herr Rahimi arbeitete nicht mehr im selben Gebäude wie mein Vater, aber er gab Kia ein paar Tipps, wo er ihn finden könnte. Kia war ein schlauer Junge und wusste, wie er die Wächter am Armeestützpunkt davon überzeugen konnte, uns hineinzulassen. Dass sein Vater ein Oberfeldwebel war und einen sehr bekannten Nachnamen hatte, war natürlich auch sehr hilfreich. Wir irrten eine Woche lang in der heißen Sommersonne auf dem riesigen Armeegelände umher und jagten vergebens Hinweisen verschiedener Soldaten nach, um meinen schwer auffindbaren

Vater zu entdecken. Schließlich sahen wir sein Auto, als er eines Nachmittags den Stützpunkt verlassen wollte. Er versuchte, uns auszuweichen, womöglich aus Angst, dass wir die überfällige Unterkunftszahlung eintreiben wollten, aber als er am Tor langsamer fahren musste, konnte Kia ihn schließlich einholen.

Ohne überhaupt darüber nachzudenken, tat mein Vater Kias Vorschlag als schlechte Idee ab und meinte, dass das für alle nur Zeitverschwendung wäre. Ich stand ganz in der Nähe und hörte, wie er die Stimme senkte und Kia erklärte, dass Kinder wie ich, die ohne eine fürsorgliche Mutter aufwuchsen, keine Chance hätten, in der Schule jemals erfolgreich zu sein. »Aus ihm wird wahrscheinlich mal ein Straßenkind, ein Krimineller oder ein Drogenabhängiger«, sagte er zu Kia. »Das Beste wäre, ihn irgendwo in ein Fahrradreparaturgeschäft oder eine Teppichweberei zu schicken und ihn dort seinen Unterhalt verdienen zu lassen«, fuhr er fort. Die Schule sei nichts für mich. Natürlich machten mich seine Worte sehr traurig. Er sprach über mich, als ob ich eine Sozialstatistik sei, und nicht sein Sohn. Seine kalte und grausame Vorhersage bezüglich meiner düsteren Zukunft war, gelinde gesagt, entmutigend. Und so fuhr er einfach wieder davon.

Kia legte seinen Arm um meine Schulter, um mich zu trösten, und sagte: »Hör nicht darauf, was dein Vater sagt. Er irrt sich, was dich angeht. Mein Vater glaubt, dass du sehr schlau bist. Er meinte, dass er niemanden kennt, der das Alphabet und die Zahlen so schnell lernen konnte wie du.«

Mich durchströmte ein völliges Gefühlschaos und unkontrolliert schossen mir Tränen in die Augen. Beschämt vergrub ich das Gesicht in meinem Arm. Ich weinte nicht etwa, weil mein Vater glaubte, dass ich es nicht wert sei, in die Schule zu gehen, oder weil seine Worte so hart und grausam gewesen waren. Ich weinte, weil das, was er sagte, mich daran erinnerte, wie einsam ich auf dieser Welt war.

Kia hielt plötzlich inne, zog meinen Arm von meinem Gesicht weg, sah mir in die Augen und sagte: »Hör mir zu, Alireza. Ich verspreche dir, dass ich dich dieses Jahr in die Schule bringen werde, *Dadash joon.*« Er küsste mich auf die Stirn und kitzelte mich, bis ich lachen musste.

Der junge und wunderbare Kia, mögen die schöpferischen Kräfte des Universums immer mit ihm sein, war sehr viel entschlossener in seinem Handeln als mein Vater. Wie versprochen gab Kia nicht auf, wartete noch viele weitere Tage am Tor auf meinen Vater und redete auf ihn ein, während ich einfach nur danebenstand und zusah. Alles, was er von meinem Vater noch verlangte, war meine Geburtsurkunde. Seine Erlaubnis interessierte ihn nicht mehr. Kias Beharrlichkeit zahlte sich schließlich aus und mein Vater gab irgendwann nach. An einem schönen, sonnigen Vormittag, hielt er mit seinem Wagen neben uns am Tor, reichte Kia durch das offene Autofenster meine Geburtsurkunde und fuhr wieder weg. Genau dort erfuhr ich dann, dass ich im Juni sieben Jahre alt geworden war. Kia fügte außerdem hinzu, dass ich im Zeichen der Zwillinge geboren sei. Als ich ihn fragte, was das bedeutete, lächelte er nur und meinte, dass ich ein guter Schüler werden würde. Ich war überglücklich. Die Ereignisse der letzten paar Wochen, die Gespräche und die Aussicht, bald in die Schule gehen zu können, ließen mich vor Freude beinahe platzen.

◆ ALIREZA GOLMAKANI – ANWESEND

Hoffnung und Lebenssinn können bei einer welken Seele Wunder wirken und sie wieder aufblühen lassen.

Mit zwei schwarz-weißen Porträtfotos, meiner Geburtsurkunde und ein paar *Tooman* konnte mich Kia schließlich an der örtlichen Grundschule anmelden. Ich war nun offiziell ein Schüler.

Zum ersten Mal fiel mir in der Stadt etwas auf, das mir vorher immer entgangen war. Am Ende eines scheinbar trägen Sommers brach plötzlich ein lebhaftes Treiben im Viertel aus. Unzählige Menschen mit Kindern im Schulalter kamen gerade aus ihrem Sommerurlaub zurück und Jungen sowie Mädchen gingen mit ihren Müttern in Geschäften ein und aus, um sich mit Schulsachen einzudecken. Friseurläden, Schneidereien und Schustergeschäfte waren zu dieser Zeit sehr gut besucht.

Ich erinnere mich noch, wie ich mit Maman Bozorg zu einem alten Schuster auf der Sardodvar-Avenue ging und sie ihm ein gebrauchtes Paar Kinderschuhe reichte. Die Schuhe waren für mich. Nach etwas Gefeilsche willigte der alte Mann ein, sie für einen *Tooman* »so gut wie neu« zu machen. Maman Bozorg bezahlte den Mann im Voraus und ging zurück nach Hause, während ich auf die Schuhe wartete. Ich saß auf dem Gehweg neben dem alten Mann – einem Straßen-Schuhputzer, der sein Geld größtenteils damit verdiente, Stiefel und Schuhe für Soldaten zu polieren – und sah zu, wie seine braunen, schrumpeligen Hände die Sohlen auswechselten, neue Absätze annagelten, die Schuhe schwarz färbten und die Schnürsenkel mit denen von gebrauchten Armeestiefeln aus seiner Holzkiste ersetzten.

»Bitte sehr, mein Junge. *Mobarak bashe* (sei gesegnet)«, sagte der alte Mann in seinem ländlichen Akzent und gab mir die neuen Schuhe.

Ich war verblüfft von dem Ergebnis. Die Schuhe sahen anfangs so aus, als hätte ein wildes Tier lange und genüsslich auf ihnen herumgekaut; sie waren farblos und abgenutzt und hatten Löcher in den Sohlen, wo einst die Zehen des Vorbesitzers angestoßen waren. Der ursprüngliche Besitzer tat mir leid, wer auch immer er gewesen sein mochte.

Zusätzlich zu den Schuhen hatte Maman Bozorg genügend kostenlosen Stoff besorgen können, um daraus für mich einen Schulanzug fertigen zu lassen. Für Jungen war es Pflicht, in der Schule Hose und Jackett zu tragen. Kia und ich brachten den Stoff am selben Tag zu einer Schneiderei in der Nähe und ich wurde für meinen neuen Anzug vermessen. Der Anzug sollte einen Tag vor Schulbeginn fertig sein. Ich konnte es kaum erwarten.

Als der letzte Tag vor der Schule gekommen war, ließen Kia und ich uns die Haare schneiden, gingen in den *Hammam* und holten meinen Anzug aus der Schneiderei ab. Abends nähte Kia einen weißen Kunststoffstreifen an den Kragen meines neuen Jacketts (Grundschulkinder mussten einen weißen Stoffstreifen am Kragen des Jacketts befestigen, damit man sie als Schüler erkennen konnte) und dann durfte ich ihm und Maman Bozorg den Anzug vorführen.

Kia hatte sichtlich Freude daran, zu beobachten, wie stolz ich mich im Spiegel betrachtete, während seiner Mutter einfach nur Tränen in den Augen standen. Ich konnte es kaum erwarten, den Gesichtsausdruck meiner Mutter zu sehen, wenn sie mich eines Tages in meinem Schulanzug bewundern würde. Besser konnte das Leben nicht werden.

Wenn es nach mir gegangen wäre, hätte ich mich an jenem Abend auch mit dem Schuljackett schlafen gelegt. Ich wälzte mich die gesamte Nacht über im Bett herum und dachte darüber nach, wie die Schule wohl sein würde und wie froh meine Mutter wäre, wenn sie erfuhr, dass ihr Sohn nun zur Schule ging. Ich war überglücklich und fühlte mich irgendwie sehr erwachsen.

Endlich war der erste Schultag gekommen und ich war mehr als nur bereit. Am Abend zuvor war ich der Letzte gewesen, der einschlief, und am nächsten Morgen der Erste, der wach wurde. Als Kia endlich aufgestanden war, saß ich bereits aufbruchbereit in der Nische auf dem Fenstersims. Ich hatte mir mein Gesicht gewaschen, war in meinen neuen, grauen Anzug geschlüpft und hielt mich an einem Notizbuch sowie einer Schachtel Buntstifte in meinem Schoß fest. Radiergummi, Spitzer und meinen allerersten Stift hatte ich in meine Jackentasche gesteckt. Ich erinnere mich noch ganz deutlich an den aufregenden Geruch der leeren Seiten des Notizbuches und der Buntstifte.

Kia war nun in der sechsten Klasse und somit im letzten Jahr in der Grundschule. Da er zur Schulpolizei gehörte, brauchte er zum Fertigmachen und Anziehen seiner Uniform sehr viel länger.

Worte können nicht beschreiben, wie ich mich an jenem Morgen fühlte, als ich stolz mit Kia an der Seite zur Schule ging. Ich hatte überall Gänsehaut und fühlte mich unglaublich wichtig in meinem grauen Anzug mit dem weißen Kragenstreifen, womit ich der Welt verkündete, dass ich nun ein Schüler war. Ich blickte jedem Passanten in die Augen und versuchte, Neid darin zu entdecken. Ich war so überglücklich an diesem Morgen, dass ich mich völlig in dem Moment verlor und vergaß, wer ich wirklich war und wo ich herkam. Kia trug eine perfekt gebügelte, graue Uniform mit einer weißen Lederschärpe, die von der Schulter bis zur Brust und dann zum weißen Gürtel verlief, an dem sie befestigt war. Eine rote Armbinde mit der Aufschrift »Schulpolizei«, eine Schulterschnur, eine weiße Baskenmütze, weiße Plastiküberzieher an den perfekt polierten schwarzen Schuhen und eine echte Polizeipfeife waren Teil seiner Uniform. Er schritt wie ein General die Straße hinunter und sah mit seinen zusammengezogenen Augenbrauen ernst und leicht angespannt aus. Sein Blick forderte Respekt von den kleinen Jungen, die auf demselben Gehweg liefen wie wir und zur selben

Schule gingen. Viele der jüngeren Kinder wurden an dem Morgen von ihren Müttern begleitet.

Am Eingangstor verabschiedeten sich die Mütter, und während einige Jungen weinten und sich weigerten, das Gebäude zu betreten, rannten andere freudig hinein. Kia gab mir, typisch für ihn, am winzigen Eingangsbereich der Schule noch schnell ein paar Ratschläge und verschwand anschließend, um sich mit den anderen Mitgliedern der Schulpolizei zu treffen. Die Schule war ein umfunktioniertes Wohnhaus mit einem kleinen Hof, über dem ein Schattenbaum seine Äste ausbreitete. Statt des traditionellen Brunnens befand sich im Zentrum des Hofes eine L-förmige Wasserpumpe mit einem angeschweißten Hahn.

Auf der obersten Stufe der Treppe zum Gebäude stand ein Mann, der die Kinder auf dem Hof zu beaufsichtigen schien. Plötzlich schlug er mit einem Hammer auf eine rechteckige Metallplatte, die neben ihm an der Backsteinmauer von einem Holzbalken herabhing. Die meisten Kinder eilten daraufhin herbei und stellten sich in Reihen auf, sodass sie mit dem Gesicht zum Gebäude sowie zum Mann auf der Treppe standen. Weil ich nicht wusste, was ich tun sollte, blieb ich einfach nur still stehen und sah nach vorn. Ein Dutzend andere Kinder in meinem Alter taten dasselbe. Einige Jungen weinten immer noch und wollten nach Hause. Der Mann hatte mittlerweile den Hammer in seiner Hand gegen einen dünnen Zweig eingetauscht, bat die Kinder, sich unten an der Treppe vor ihm zu versammeln, und stellte sich als der stellvertretende Schulleiter vor. Er begrüßte alle in einem freundlichen und liebevollen Ton und teilte uns dann weiter ein. Bald standen wir alle nach Klassen und Größen geordnet in unterschiedlichen Gruppen. Die größten Kinder standen in ihren jeweiligen Gruppen immer ganz hinten, ich befand mich irgendwo in der Mitte.

Im Klassenraum teilte ich mir dann eine Schulbank mit zwei weiteren Jungen. Als der Lehrer die Anwesenheit überprüfte, hörte ich zum ersten Mal in meinem Leben, wie mein vollständiger Name vor einer Gruppe laut genannt wurde.

»Alireza Golmakani?«

»Anwesend!«, sagte ich und ahmte damit die anderen Kinder nach, die vor mir aufgerufen worden waren. Meine Stimme zitterte und ich bekam erneut Gänsehaut, als ich hörte, wie mein Name an so einem besonderen Ort so förmlich ausgesprochen wurde. Als der Lehrer später fragte, ob jemand bereits die Buchstaben des Alphabets oder die Zahlen konnte, war ich einer der wenigen, die stolz und euphorisch die Hand hoben.

Während der Pause wurde meine Freude jedoch etwas getrübt, als ein paar ältere Jungen an mir vorbeiliefen, kicherten und mich einen *Soopoor* – einen Straßenkehrer – nannten. In der Aufregung des Tages war mir völlig entgangen, dass ich und ein Dutzend andere Kinder den exakt gleichen Anzug aus demselben fürchterlichen, grauen Stoff trugen, den man sonst immer an den Straßenkehrern und Müllmännern sah. Der Stoff wurde von der Sowjetunion gespendet und größtenteils genutzt, um Arbeitskleidung für Müllmänner herzustellen. Das übrig gebliebene Material wurde an Waisenkinder und andere hilfsbedürftige Menschen weitergegeben. Ich erinnerte mich plötzlich wieder daran, wie Baba, der selbst Schneider war, vor einigen Jahren über genau diesen Stoff gesprochen hatte. »Die Russen werden das iranische Volk nie auf ihre Seite bringen, wenn sie uns weiterhin diesen Schrott spenden und ihn auch noch als Stoff bezeichnen. Das Material ist noch nicht mal gut genug, um daraus eine Eselsdecke zu machen. Ich bete dafür, dass niemand, den ich kenne, jemals so tief sinkt, dass er diesen Kommunistenmüll tragen muss«, sagte er damals.

Glücklicherweise sorgte der Anzug selbst dafür, dass der Spott der Jungen nur von kurzer Dauer war, denn nach einigen Wäschen ging der Kommunistenstoff ein und löste sich schließlich komplett in seine Bestandteile auf – das sollte das Ende meines ersten Anzugs sein. Als dieser also fort war, gab mir eine Freundin von Maman Bozorg einen alten Anzug ihres Sohnes, aus dem dieser herausgewachsen war.

Die Klassen in unserer Schule waren völlig überfüllt, deshalb wurde ich nach einer Woche an eine andere Schule geschickt. Kia versuchte noch, zu verhindern, dass man uns trennte, hatte jedoch keinen Erfolg. Ich erinnere mich, wie der stellvertretende Schulleiter mit einer Liste in der Hand von einem Klassenzimmer zum anderen ging, dort die Namen einiger Kinder aufrief und ihnen sagte, dass sie sich auf dem Hof in einer Reihe aufstellen sollten. Ich stand ebenfalls auf dieser Liste. Zusammen wurden wir zu einer neuen Schule nur einige Straßen weiter geführt. Die neue Schule war ungefähr genauso weit von Herrn Rahimis Haus entfernt wie die alte, und es machte mir nichts aus, allein dorthin zu laufen. Die Trennung von Kia jedoch setzte mir sehr zu und ich war deswegen für einige Zeit unglaublich traurig.

◆ DER GROSSE BRUDER ALIREZA

Einen Monat nachdem ich mit der Schule begonnen hatte, ging ich meine alte Familie besuchen. Meine Mutter und mein kleiner Bruder Mehdi waren überglücklich, als sie mich durch die Tür kommen sahen und ich mein Schulbuch für die erste Klasse und andere Schulmaterialien zur Schau stellen konnte. Wir hatten uns seit dem letzten Winter nicht mehr gesehen und sie waren einige Häuser weiter gezogen, sodass ich ihren vorherigen Vermieter nach ihrer neuen Adresse fragen musste. Das Wiedersehen war sehr emotional, wie gewöhnlich voller Umarmungen, Küsse und Tränen. Meine Mutter sagte, sie hätte gehört, dass ich in einem anständigen Haus untergebracht worden sei und dass es mir gut ginge. Da sie aber nicht wusste, bei welcher Familie oder wo genau ich wohnte, konnte sie mich nicht besuchen. Als Baba abends nach Hause kam, war auch er sehr froh, mich zu sehen. Besonders begeistert war er, als er erfuhr, dass ich in geregelten Verhältnissen lebte und zur Schule ging. Da es Wochenende war und ich am nächsten Tag keine Schule hatte, verbrachte ich die Nacht bei meiner Mutter, und Baba schien dies keineswegs zu stören. An jenem Abend war er sehr emotional und hielt einen Vortrag darüber, wie viel Bildung wert sei und wie viel Glück ich doch hätte, in die Schule gehen zu dürfen, während so vielen anderen Kindern diese Möglichkeit verwehrt blieb.

Baba war noch ein Baby, als sein Vater starb. Seine Mutter heiratete nicht mehr, sondern widmete sich stattdessen vollständig der Erziehung ihrer Kinder, denn Baba hatte noch einen großen Bruder und eine Schwester. Das schlimmste Ereignis seines Lebens war, dass er dauerhaft der Grundschule verwiesen wurde, als er gerade einmal die zweite Klasse besuchte. Baba erzählte, dass er sich in der Schule öfter mal in die Hose machte, sodass die Schulbehörde nach ein paar Verwarnungen entschied, ihn endgültig von der Schule auszuschließen; das hatte Baba für den Rest seines Lebens gezeichnet. Missmutig fragte er sich oft, wie sein Leben wohl verlaufen wäre, wenn er die Möglichkeit gehabt hätte, weiter zur Schule zu gehen und seinen Bildungsweg fortzusetzen.

»Nachdem ich wegen meines ›Verbrechens gegen die Menschheit‹ von der Schule geflogen war, hatte meine Mutter keine andere Wahl, als mich allein zu Hause zu lassen, während sie zur Arbeit ging«, erzählte mir Baba. »Es gab sonst niemanden, der auf mich aufpassen konnte, da mein Bruder und meine Schwester tagsüber in der Schule waren und keine Verwandten in der Nähe wohnten, bei denen mich meine Mutter hätte unterbringen können. Sie schloss mich in unserem kleinen Mietzimmer ein, ließ Brot, Käse, Wasser und ein Urinalbecken da, in dem ich mein Geschäft verrichten konnte, und ging zur Arbeit. Ich war sechs Tage die Woche in diesem Zimmer eingesperrt, vom Morgen bis zum späten Nachmittag, wenn mein Bruder und meine Schwester von der Schule kamen. Ich spielte jeden Tag ganz allein in dem Zimmer, stellte mich auf die alte Holztruhe vor unserem kleinen Fenster und beobachtete neidisch, wie die Kinder draußen in der Gasse spielten oder ein Nickerchen machten. Meine alten Schulkameraden, die in derselben Straße wohnten, gingen immer noch zur Schule, und jeden Tag schaute ich zu, wie sie loszogen, und wünschte mir nichts sehnlicher, als sie begleiten zu können. Nach der Schule kamen sie oft an unser Fenster, unterhielten sich mit mir und reichten mir Süßigkeiten und Kaugummis durch das Fenstergitter.«

Als Babas Mutter nach Maschhad kam, um meine Mutter kennenzulernen, unterhielten sie sich häufig über Babas Kindheit. Jedes Mal weinte sie und verteidigte ihr Handeln. Sie sagte meiner

Mutter in gebrochenem Farsi dann immer, dass sie keine andere Wahl gehabt hätte, denn sonst wäre die gesamte Familie womöglich ausgewiesen worden oder sogar verhungert. Nachdem ihr Ehemann gestorben war, musste sie eine Arbeit finden, und ließ den kleinen Younes – aus irgendwelchen Gründen nannte sie Baba Younes statt Mansoor – allein zu Hause. Obwohl sie mehrfach darum gebeten hatte, weigerte sich die Schule, Baba wieder aufzunehmen. Also tat sie, was sie tun musste, um ihre Kinder ernähren zu können und sicherzustellen, dass sie ein Dach über dem Kopf hatten. Babas Mutter erzählte, dass er bereits einige Schuljahre verpasst hatte, als er sich schließlich nicht mehr in die Hose machte, daher war es irgendwann zu spät für ihn, wieder zurück in die Schule zu gehen.

Baba war sehr verbittert über dieses einschneidende Ereignis in seinem Leben und richtete seine Wut zum Teil gegen seinen älteren Bruder, der ihm privilegierter erschien als er selbst. Baba konnte damals nur ein wenig lesen und schreiben; das hatte er zu Hause von seinem Bruder beigebracht bekommen. Als Erwachsener las Baba jetzt so gut wie jeden Tag die Zeitung und löste die Kreuzworträtsel darin.

Ich besuchte meine Mutter nun jedes Wochenende und die ganze Woche über freute ich mich darauf, sie und besonders Mehdi wiederzusehen. Wenn donnerstags die Schulglocke läutete und somit das Ende der Woche einleitete (denn im Iran besteht die Arbeitswoche aus sechs Tagen und nur an Freitagen hat man frei), rannte ich aus dem Gebäude und lief quer durch die Stadt nach Maydoneh Bar, wo meine Mutter wohnte. Kia gab mir oft zehn *Shahi* (was einem halben *Rial* entsprach) oder sogar einen *Rial*, damit ich mir in der Schule einen Snack kaufen konnte. Ich nahm mir ein Beispiel an Baba, sparte das Geld und kaufte für Mehdi ein paar Leckereien, damit ich nicht mit leeren Händen dastand, wenn ich meinen kleinen Bruder besuchte. Ich freute mich sehr darüber, wie Mehdi gierig und erwartungsvoll meine Taschen nach Süßigkeiten durchsuchte, wenn ich donnerstagnachmittags das Haus betrat. Er wartete immer draußen am Eingangstor auf mich, und sobald er mich in die Straße einbiegen sah, rannte er zu mir, um mich zu begrüßen. Dabei fiel ihm stets sein Schnuller aus dem Mund, der dann an einer Schnur vor seiner Brust baumelte. Ich umarmte ihn und gab ihm einen Kuss, während er meine Taschen nach Leckereien durchforstete. Ich hatte meinen kleinen Bruder sehr lieb. Für mich verkörperte er all das, was ich an einer Familie liebte. Ich übte an ihm, was ich von Kia gelernt hatte: wie man ein guter großer Bruder war.

Freitags sprühte das gesamte Maydoneh-Bar-Viertel nur so vor freudigen Aktivitäten. Ich nahm Mehdi immer auf einen Spaziergang mit und suchte nach Straßenkünstlern. Und überall wetteiferten Künstler um Geldspenden, da dort viele Leute herumschlenderten oder auf dem Markt einkauften. Einer der Straßenkünstler versprach einen Kampf zwischen seiner Schlange und einem Nagetier – einen Kampf, der niemals stattfand. Ein weiterer hob mit seinen Zähnen schwere Gegenstände oder ließ einen kleinen Wagen über seine Brust fahren. Am beliebtesten war jedoch die Nachstellung der blutigen Schlacht zwischen Shemr (dem ungläubigen Henker) und Imam Hussein. So klischeehaft die Darbietung auch war, Mehdi und ich hatten sehr viel Spaß an den Schwertkämpfen zwischen den beiden Figuren, während die Erwachsenen – größtenteils Besucher vom Lande – in Anbetracht der rührseligen Geschichte Tränen vergossen.

Unsere Lieblingsbeschäftigung bestand jedoch darin, uns ein frisch gemachtes Sandwich-Eis zu teilen und dem Mann, der das Eis direkt auf der Straße zubereitete, dabei zuzusehen. Wir warteten auf dem Gehweg neben seinem Holzkarren und beobachteten, wie der Eismann Steinsalz über das zerstoßene Eis in der großen Außentrommel seiner Eismaschine streute, die sich in der Mitte seines Wagens befand. Anschließend drehte er die innere Metalltrommel emsig hin und her. In ihr befanden sich frische Sahne (die ihm aus der ländlichen Gegend geliefert wurde), Zucker, Vanille und ein paar Tropfen Rosenwasser. Sobald das Eis fertig war, standen Mehdi und ich für gewöhnlich schon als seine ersten Kunden bereit.

Mehdi lief bereits das Wasser im Munde zusammen, während der Mann das Sandwich zubereitete. Hierfür nahm er eine runde Metallform und stach damit ein Stück aus der Vanille-Waffel aus. Dann gab er die himmlische Eiscreme auf die Waffel und legte schließlich als Deckel eine weitere ausgestochene Waffelscheibe auf das Eis. Das strahlende Gesicht meines kleinen Bruders und das freudige Glänzen in seinen hellen, honigfarbenen Augen zu beobachten, während das Sandwich-Eis seine Form annahm, zauberte mir stets ein Lächeln auf die Lippen.

»*Duo qaran* (zwei *Rial*)«, sagte der Mann jedes Mal, ohne uns dabei anzusehen, und reichte mir das dicke Sandwich-Eis.

Wir bissen abwechselnd davon ab, bis wir es vollständig aufgegessen hatten. Zu sehen, wie Mehdi freudig seine rosa Lippen über das übergroße Sandwich stülpte, und zu wissen, dass ich es ihm gekauft hatte – das war stets der Höhepunkt meines Besuches.

Mehdi war mittlerweile über drei Jahre alt und lutschte immer noch an einem Schnuller. Ich konnte immer sehen, wie enttäuscht Baba war, wenn Mehdi vor ihm stand und genüsslich an seinem dicken Schnuller nuckelte. Trotz Babas zahlreicher Drohungen und Versprechungen wollte Mehdi nicht auf seinen kleinen Plastikfreund verzichten. Jeden Freitag, den wir miteinander verbrachten, wollte ich ihn also davon überzeugen, den Schnuller aufzugeben. Ich nahm an, dass dies die Aufgabe eines großen Bruders sei und dass Baba mir mehr Respekt zollen würde, wenn ich Erfolg hatte. Berauscht vom Genuss des Sandwich-Eises, stimmte Mehdi eines Tages zu, den Schnuller endgültig loszuwerden. Feierlich löste ich den Schnuller von der Schnur an seinem Hemd und warf ihn in den Kale-Qare-Khan-Kanal, denn so konnte er ihn niemals zurückbekommen, sollte er plötzlich seine Meinung ändern.

Kaum waren wir durch die Tür gekommen, bemerkte meine Mutter mit ihren Adleraugen sofort, dass der Schnuller nicht mehr dort war, wo sie ihn immer mit einer Sicherheitsnadel an Mehdis

Hemd befestigt hatte. Sie war keineswegs erfreut, als ich ihr wie ein Erwachsener erklärte, was ich getan hatte, und dass Mehdi den Schnuller nun nicht mehr brauchen würde. Meine Mutter klagte darüber, wie viel sie gerade erst für diesen neuen Schnuller ausgegeben hatte, der den ersetzen sollte, den Baba eine Woche zuvor ebenfalls weggeworfen hatte. Ich versicherte ihr, dass Mehdi nun ein großer Junge sei und er mir sein Wort gegeben hätte, nie wieder nach seinem Schnuller zu fragen.

Ungefähr eine Stunde nachdem wir nach Hause gekommen waren, begann Mehdi zu nörgeln und zu weinen, weil er seinen Schnuller haben wollte. Als ich ihn an sein Versprechen mir gegenüber erinnerte, sah er einfach weg und weinte noch heftiger. Bevor ich an diesem Tag wieder zurück zu Herrn Rahimis Haus lief, gab mir meine Mutter etwas Geld und schickte mich los, um einen neuen Schnuller für Mehdi zu kaufen. Sie war ganz offensichtlich enttäuscht von mir.

◆ MEHDIS SCHNULLER

Ein weiterer Donnerstag kam und wie gewöhnlich lief ich sofort aus dem Gebäude, sobald die Schulglocke läutete, um zum Haus meiner Mutter auf der anderen Seite der Stadt zu rennen. Als ich einige Stunden später endlich dort ankam, wartete Mehdi diesmal nicht wie sonst am Eingangstor auf mich. Da das Tor nicht verriegelt war, betrat ich den Innenhof einfach so und sah Mehdi schweigend und an seinem Schnuller nuckelnd auf dem Brunnenrand sitzen. Als er mich hineinkommen sah, riss er freudig die Augen auf, sprang vom Brunnenrand und lief breit grinsend zu mir. Sein Schnuller hing dabei von seiner Schulter und er seufzte erleichtert, als er seine kleinen Arme um meine Taille schlang. Ganz offensichtlich hatte er mich vermisst. Eine Woche voneinander getrennt zu sein, war für uns beide eine lange Zeit. Meine Mutter erzählte mir, dass Mehdi jeden Tag unter der Woche fragte, ob Donnerstag sei. Ich glaube nicht, dass er verstand, warum ich nicht immer bei ihnen bleiben konnte. Meine Mutter sagte, dass er wie eine kleine, traurige Blume verwelkte, sobald ich ihm freitags einen Abschiedskuss gab, und dass er jedes Mal wieder aufblühte, wenn ich ihn donnerstags mit einem Kuss begrüßte.

Meine Mutter lehnte in ihrem kleinen Zimmer mit hängendem Kopf am Türrahmen. Sie stand einfach nur da und beobachtete uns trübselig. Ich lief zu ihr und umarmte sie. Ihre Augen waren ganz rot und sie hatte offensichtlich geweint. Sie schlang ihre Arme um mich und überhäufte mich mit Küssen, genau wie an dem Tag, als sie mich in dem Geschäft neben dem Haus meines

Vaters besucht hatte. Plötzlich bemerkte ich, dass fast all ihre Habseligkeiten gepackt waren.

»Zieht ihr wieder um, Maman?«, fragte ich.

Sie küsste mich weiter und nickte mit dem Kopf.

»Zieht ihr zurück in das Pole-Khaki-Viertel?«, wollte ich ganz aufgeregt wissen. Das wäre großartig gewesen, da die Gegend viel näher an Herrn Rahimis Haus lag.

»Ali *joon*, was soll ich nur tun? Ich weiß nicht mehr weiter … Warum bereitet Gott meinem Leben nicht gleich ein Ende, statt mich langsam Stück für Stück zu töten, Ali *joon?*«, fragte meine Mutter bedrückt.

Sie ging in das Zimmer, weinte und klagte eine Weile qualvoll, bis sie schließlich kraftlos an der Wand zu Boden sank. Nach all den Jahren zerriss es mir immer noch das Herz, meine Mutter weinend und schwermütig zu sehen und ihre Ungerechtigkeitsbekundungen mit anzuhören, während ich einfach nur hilflos dastand.

Schließlich kam sie wieder zur Besinnung und sprach langsam die Worte aus, die ein gewaltiges Loch in meine Seele rissen. Sie sagte, dass sie nach Teheran umziehen würden, und es war offensichtlich, dass ich nicht mitkam.

So sehr mich die Ereignisse der letzten zwei Jahre auch abgehärtet und auf einen Tag wie diesen vorbereitet hatten, konnte ich die Vorstellung, überhaupt keine Mutter mehr zu haben, einfach nicht ertragen. Ein Leben ohne sie und meinen kleinen Bruder schien unmöglich. In meinem Alter fasste ich diese Nachricht so auf, dass sie fortan in einer völlig anderen Welt leben würde, in einer weit entfernten Galaxie, die außerhalb meiner Vorstellungskraft lag. Ihre Worte zu hören, schmerzte entsetzlich, und es fühlte sich so an, als ob eine riesige Hand tief in meine Brust greifen, mein Herz umklammern und fest zudrücken würde.

Mehdi saß neben mir und meiner Mutter auf dem Boden, nuckelte gemächlich an seinem Schnuller und seufzte einfach nur, während er uns beobachtete.

Dunkelheit kroch langsam die Westmauer hinauf und verschlang das letzte Sonnenlicht wie eine hungrige Schlange. Baba kam schließlich nach Hause und hielt lächelnd eine große Tüte in der Hand. Er hatte Kebab und Reis zum Abendessen mitgebracht. Wir aßen schweigend, doch meine Mutter saß nur stirnrunzelnd am *Sofreh* und rührte das Essen nicht an. Baba sagte ihr, sie solle aufhören, so finster dreinzublicken, und etwas essen. Sie würde mir mit ihrem Verhalten Angst einjagen und die Sache nur noch schlimmer machen. Sie starrte ihn lediglich kalt an und antwortete nichts.

Am nächsten Tag schritten meine Mutter und ihre Familie unter einem Koran hindurch, den meine Tante Sarvar über die Eingangstür hielt. Dann stiegen sie in ein Taxi, während eine Nachbarin und eine Freundin meiner Mutter eine Schüssel frisches Wasser hinter ihnen auf den Gehweg vergossen, um ihnen damit Glück zu wünschen. Zabih, der Bruder meiner Mutter, und ich begleiteten sie bis zur Busstation.

Am Busbahnhof reichte meine Mutter Baba meine kleine Schwester und zog mich in eine ruhige Ecke der dachlosen, mit Kiesboden ausgekleideten Station. Sie kniete sich vor mich, nahm mein Gesicht in die Hände, sah mir direkt in die Augen und sagte: »Ich hoffe, dass Gott und du mir vergeben könnt, *pesaram.* Ich weiß nicht, was ich sonst tun soll. Baba findet hier in Maschhad einfach keinen gut bezahlten Job und er glaubt, dass er in Teheran bessere Chancen haben wird. Ich verspreche dir, dass ich für dich beten und jeden Tag unaufhörlich an dich denken werde, Ali *joon.*«

Sie begann wieder, unkontrolliert zu weinen und zu Imam Reza zu sprechen.

»*Ya Zamene Ahoo,* ich lasse mein Kind in deiner Obhut.«

Baba und Zabih brauchten einige Zeit, meine Mutter dazu zu bringen, mich loszulassen. Ich wusste nicht, was ich sagen sollte. Nach einem tränenreichen Abschied stieg meine Familie in den Bus und die Türen schlossen sich.

Onkel Zabih und ich standen neben dem Bus und schauten zu, wie er losfuhr. Meine Mutter saß an einem offenen Fenster und hatte Mehdi auf dem Schoß. Ihr Blick war auf mich gerichtet und ich starrte wiederum Mehdi an, der wie immer an seinem Schnuller nuckelte und mich traurig ansah. Als der Bus den Bahnhof verließ, sah ich, wie Mehdi seine kleine Hand aus dem Fenster streckte und seinen Schnuller auf den Boden fallen ließ. Nachdem der Bus außer Sichtweite war, rannte ich zu der Stelle, hob den kleinen Schnuller auf und steckte ihn in meine Tasche.

◆ DER UMZUG

Obwohl ich Kia in meinem Leben hatte, tat ich mich sehr schwer damit, den plötzlichen Verlust meiner Mutter und Mehdis zu verkraften. Ich hatte langsam akzeptiert und gelernt, von ihnen getrennt leben zu müssen, weil ich wusste, dass sie sich zumindest in derselben Stadt und unter demselben Himmel aufhielten wie ich. Aber für ein siebenjähriges Kind, das in der entlegensten Ecke der Welt wohnte – und das auch noch in einer Zeit vor dem Internet, dem Satellitenfernsehen oder der drahtlosen Kommunikation –, schien die Welt riesig und die Entfernung zwischen uns immens. Ob meine Mutter nun auf den Planeten Mars oder in die Stadt Teheran zog, die emotionale Wirkung blieb dieselbe. Sie hätte ebenso gut tot sein können, denn so fühlte es sich nach ihrem Umzug für mich an.

Um den plötzlichen Verlust zu verarbeiten, lief ich donnerstags nach der Schule weiterhin nach Maydoneh Bar und verbrachte die Nacht im Haus meiner Tante Sarvar. Obwohl ich bereits vier oder fünf Monate bei den Rahimis und Kia gelebt hatte, konnte ich meine Mutter nicht einfach so vergessen.

Indem ich regelmäßig in das Viertel zurückkehrte, konnte ich mich langsam von ihr lösen. Jeden Freitagmorgen, bevor ich mich wieder auf den Weg zurück zu Herrn Rahimis Haus machte, spazierte ich durch die Gegend, in der meine Mutter gelebt hatte, und schwelgte in Erinnerungen. Ich sah mir die mittlerweile langweilig gewordenen Straßenvorstellungen an und kaufte gedünstete Rote Bete von unserem Eismann, der sein Angebot an die Jahreszeit angepasst hatte.

»*Dou qaran*«, sagte er, während er mir eine dicke Scheibe der dampfenden Roten Bete reichte. Ich hoffte darauf, dass er mich als seinen treuen Kunden wiedererkannte, der jeden Freitagmorgen Eis bei ihm gekauft hatte, und wünschte mir, dass er mich nach meinem kleinen Bruder fragte. Wie konnte es sein, dass er meinen ungeheuren Verlust nicht spürte, und warum schenkte er mir nicht ein paar tröstende Worte?

An manchen Freitagen saß ich einfach nur auf der Straße gegenüber dem Haus, in dem meine Mutter zuletzt gewohnt hatte, stützte meinen Kopf auf den Händen ab und beobachtete, wie sich das kleine Eisentor öffnete und wieder schloss, während die Menschen ein und aus gingen. Ich stellte mir vor, wie meine Mutter ihren verschleierten Kopf durch das Tor steckte und nach links und rechts sah, bevor sie meinen kleinen Bruder und mich donnerstagabends immer zum Essen rief. Ein- oder zweimal ging ich zum Tor, und wenn es nicht verriegelt war, sah ich durch den offenen Spalt in den Innenhof, in der Hoffnung, Mehdi am Brunnenrand auf mich warten zu sehen.

Um Geld zu sparen und bei all seinen Kindern und Frauen sein zu können, beschloss Herr Rahimi, den Mietvertrag für das Haus, in dem wir lebten, nicht noch einmal zu verlängern. Im Frühling des Jahres 1964 packte er alle Sachen zusammen und siedelte Maman Bozorg und Rana in das Haus in den Bergen um, wo seine mittlere Frau und ihre vier Jungen bereits wohnten. Maryam Khanom hatte keine andere Wahl, als zwei ihrer Zimmer an Maman Bozorg und Rana abzutreten.

Vielleicht hatte die Geburt seines neuen Sohnes ebenfalls etwas mit dem Umzug zu tun. Denn vier Monate zuvor hatte Herrn Rahimis mittlere Frau, Maryam, ihren vierten Sohn auf die Welt gebracht. Der Junge ist mit einer Lippenspalte geboren und Maryam war deshalb am Boden zerstört. Die tief religiöse Frau glaubte, dass die Entstellung ihres Sohnes Gottes Strafe für Herrn Rahimis Sünden war. Denn Herr Rahimi trank regelmäßig Alkohol, was der Islam verbot.

Kia war gegen den Umzug, aber weder er noch seine Mutter hätten ihn verhindern können. Wir hatten in einem netten, modernen und bürgerlichen Stadtviertel gelebt, und der Ort, an den wir nun zogen, schien das komplette Gegenteil davon zu sein. Das neue Haus stand in einem Dörfchen mitten im Nirgendwo. Ich wechselte in eine neu gebaute Schule, nicht weit von dem Haus entfernt, in das wir gezogen waren, während sich Kia entschied, die sechste Klasse in seiner alten Schule zu beenden und die kommenden sechs Monate zu pendeln.

Unser neues Zuhause befand sich außerhalb der Stadtgrenzen im Vorland der Hezarmasjed-Gebirgskette. Die Landschaft war größtenteils dürr und grau, hier und da mit Dornbüschen gespickt und daher ein wunderbarer Lebensraum für zahlreiche Heuschrecken, Nagetiere, giftige Schlangen, Skorpione und sonstige Kriechtiere. Wilde Hunde, Füchse und Schakale streunten ebenfalls durch das Vorgebirge. Herrn Rahimis ausgedörrtes Strohlehm-Ziegelhaus war, hinter ein paar vereinzelten Häusern hier und da, das letzte Bauwerk am Ende eines Feldweges entlang eines Hügels. Links vom Haus oben auf dem Hügel befanden sich mehrere Wasserquellen, die wie riesige Ameisenlöcher in den Boden eingelassen waren und in den unterirdischen Kanal hinabführten. Häufig lagen an den Quellen dicke Schlangen auf der Lauer, die nur darauf warteten, dass ahnungslose Tauben hinaufgeflogen kamen. Elektrizität und Stadtwasser hatten noch nicht den Weg in Herrn Rahimis Straße gefunden.

Das Haus schien eilig erbaut worden zu sein und war nur teilweise fertiggestellt. Dies war nicht ungewöhnlich, besonders außerhalb der Stadtgrenzen, wo die Bauaufsicht schnell den Überblick verlieren konnte. Manch eigensinniger Kopf errichtete sein Haus mit Hilfe von Familie und Freunden mitten in der Nacht, um so die Ausgaben für Bauerlaubnis und Fachleute zu umgehen. Die Bauinspektoren kamen selten so weit aus der Stadt hinaus, und wenn sie es taten, konnten sie kaum erkennen, ob ein Gebäude schon länger existierte oder neu erbaut worden war, da sofort jemand drin wohnte. Außerdem gab es immer Inspektoren, die sich für ein paar Hundert *Tooman* kaufen ließen.

Entlang des rechteckigen Hofes verlief eine große Strohlehmmauer, und eine rudimentäre, selbst gebaute Holztür diente als einziger Eingang. Die Zimmer befanden sich gegenüber der Eingangstür am anderen Ende des ungepflasterten Innenhofs und zwischen Holztür und Wohneinheiten verlief ein schmaler Kiesweg. Man musste über die überdachte Veranda laufen, um zu den drei Zimmern des Hauses zu gelangen. Auf dem gehärteten Boden der Veranda lagen handgefertigte Rattan-Teppiche, da sich in den frühen Abendstunden dort alle versammelten, sobald es drinnen zu heiß wurde. Nachts nutzten die Jungen die Veranda außerdem als Schlafplatz.

Jede Frau bewohnte mit ihren Kindern ein Zimmer des Hauses. Herr Rahimi lebte selbstverständlich bei seiner jüngsten Frau Rana und ihrer Tochter, außerdem war ein zweites Kind unterwegs. Maryam und ihre vier Jungen belegten das größte Zimmer des Hauses, während Maman Bozorg, Kia und ich zusammen im letzten Zimmer hausten. Wir teilten uns alle ein dürftiges Toilettenhäuschen, das sich in der entlegensten Ecke des Hofes und somit weit von den Wohneinheiten entfernt befand.

Eine Weinrebe und ein üppiger Quittenbaum schmückten den ungepflasterten und unebenen Lehmhof. Im Frühsommer wurde der Saft der sauren Trauben für Salate sowie zum Kochen verwendet und die Weinblätter für die Zubereitung von *Dolmas* – gefüllten Weinblättern – genutzt. Im Winter wurden einige der jungen Triebe der Weinrebe klein geschnitten, zu Pflanzenkohle verarbeitet und dann für die *qelyan* verwendet. Die Früchte des Quittenbaums waren so groß wie kleine Melonen. Jeden Sommer machte Maryam aus den Früchten ein köstliches Quittenkompott. Da sie zuerst im Haus gewohnt hatte, erhob sie natürlich alleinigen Anspruch auf die Weinrebe und den Quittenbaum, sodass sich niemand traute, ohne ihre Erlaubnis Obst zu pflücken.

Ich musste mich erst daran gewöhnen, in einem Haus zu leben, das vollständig aus Lehm bestand, einen unbefestigten Hof hatte und kein fließendes Wasser oder Strom bereithielt. Zum Trinken und Kochen kauften wir täglich ein bis zwei Eimer Wasser von einem Mann, der mit einem Pferdewagen täglich durch die Region wanderte, und für alles andere bedienten wir uns an einem Bach in der Nähe. Neben Wasser war Petroleum hier die zweitwichtigste Flüssigkeit. Wir brauchten es für alles Mögliche; zum Kochen oder nachts zur Zimmerbeleuchtung. In unserem Haushalt – der sich aus Maman Bozorg, Kia und mir zusammensetzte – trug ich die Verantwortung für das Wasser und musste außerdem einmal die Woche Petroleum im Geschäft kaufen gehen.

Maman Bozorg schaffte sich in unserem ersten Jahr dort eine Truthenne an, und sobald diese brüten konnte, sammelten wir so viele Eier in der Nachbarschaft zusammen, wie wir nur konnten, und legten sie unter den Vogel. Zwanzig Tage später trabten im Hof zahlreiche flauschige Küken hinter der Truthenne her. Sie zogen jedoch viele ungebetene Gäste an. Den gesamten Tag über schlugen Krähen sowie streunende Katzen auf und hofften, ein verlorenes Küken erhaschen zu können. Sperlinge flogen herbei, um den Küken ihr Futter wegzuessen, und Schlangen lauerten hinter den Tomatenpflanzen, um wiederum die Sperlinge zu fangen. Meine Aufgabe bestand darin, täglich zum Armeelager zu laufen und aus dem Kantinenmüll übrig gebliebenes Brot herauszusuchen, damit wir daraus Vogelfutter machen konnten. Das Armeelager befand sich mitten im Nirgendwo, umgeben von Erde, Felsen, Dornbüschen und leeren Schützengräben. Vom Hügel neben Herrn Rahimis Haus konnte man das Lager in der Ferne erkennen und Maman Bozorg achtete von dort aus darauf, dass ich auf dem Rückweg nicht von wilden Hunden angefallen wurde. Das Brot in meiner Tasche roch häufig nach Fleisch und zog fast jedes Mal wilde Hunde an. Zu Hause trocknete Maman Bozorg das Vollkorn-Armeebrot in der Sonne, zerkleinerte es und füllte es in Säcke ab, um damit ihre Vögel zu füttern.

Sein ungewöhnliches Zuhause und dessen Zusammensetzung

sagten mehr über Herrn Rahimis Persönlichkeit aus als alles andere. Er schämte sich keineswegs dafür, wie er sein Leben führte, und ihn schien es generell nicht zu kümmern, was andere von ihm und seinen Entscheidungen hielten. Herr Rahimi hatte durch die zweite Ehefrau seines Vaters drei jüngere Halbbrüder. Abgesehen davon, dass sie denselben Vater hatten und denselben Nachnamen trugen, war Herrn Rahimi absolut nichts mit seinen Brüdern gemein. Im Gegensatz zu ihm hatten die drei jüngeren Brüder alle nur eine Frau und führten dem Anschein nach ein organisierteres, umsichtigeres und erfolgreicheres Leben als er.

◆ DAS KINO

Es war beinahe zwei Jahre her, dass meine Mutter und Baba damals ihre Sachen gepackt hatten und weggezogen waren. Seither hatte ich nichts von ihnen gehört. Aber dank Ali Aqa, dem Ehemann meiner Tante Sarvar, wusste ich, dass es meiner Mutter gut ging. Ich hatte außerdem erfahren, dass sie Babas drittes Kind zur Welt gebracht hatte. Mein Vater schien derweilen wie vom Erdboden verschluckt. Ich wusste aus erster Hand, dass er Maman Bozorg seit dem Sommer 1963 kein Geld mehr für meine Unterkunft gegeben hatte, aber dank Kia schien das nichts an meiner Situation zu ändern. Solange Kia da war, schien mein Zuhause bei den Rahimis sicher. Und das trotz der Verantwortungslosigkeit meines Vaters.

Die letzten paar Jahre, in denen ich bei Kia und Maman Bozorg lebte, waren die harmonischsten meiner Kindheit. Obwohl ich meine Mutter vermisste und akzeptieren musste, dass ich niemals Maman Bozorgs richtiger Sohn sein würde, war das Leben im Allgemeinen gut. Maman Bozorg besaß nicht viel und das war völlig in Ordnung für mich, da ich nicht viel brauchte. Ich war mehr als nur zufrieden und einfach nur dankbar dafür, dass ich ein Dach über dem Kopf hatte, in die Schule gehen durfte und zwei wunderbare Menschen in meinem Leben hatte, die ihr Brot mit mir teilten, obwohl ich ihnen eigentlich fremd war.

Besonders Kia war entscheidend dabei, aus mir den Mann zu machen, der ich heute bin. Er war fast wie ein Elternteil für mich; er erklärte mir den Unterschied zwischen Recht und Unrecht, brachte mir Benehmen bei, zeigte mir, wie man Verantwortung übernahm und anderen mit Respekt begegnete. Er animierte mich, gut in der Schule zu sein, und gab mir sogar zusätzliche Schreib- und Mathematikaufgaben. Er brachte mir grundlegende Dinge bei, etwa mein Essen richtig zu kauen, Löffel und Messer korrekt zu halten, ordentlich zu sitzen und angemessen mit Erwachsenen oder Gästen zu kommunizieren, beziehungsweise im richtigen Moment zu schweigen. Dabei spielten Rechtschaffenheit, Ehrlichkeit und Dankbarkeit immer eine sehr große Rolle, genau wie bei seiner Mutter. Aber einen noch größeren Einfluss auf mich hatte ein kleiner Ausflug, dessen Wirkung sich Kia zu der Zeit gar nicht bewusst war und der meine Persönlichkeit weiter formte, lange nachdem Kia aus meinem Leben getreten war.

An einem Freitagabend im Jahr 1965 nahm mich Kia mit nach Arg, wo wir einen Schwarz-Weiß-Film namens *Mootalaei Shahre Ma (Die Blondine unserer Stadt)* sahen. Die Hauptrolle spielte der große iranische Filmstar Fardin, und seine Darbietung hinterließ bei mir einen bleibenden Eindruck.

Fardin war in all seinen Rollen besonnen und stark, sowohl körperlich als auch geistig. Seine Markenzeichen waren sein perfekt frisiertes Haar, seine freundlichen und vertrauensvollen Augen, die immer vor Lebenskraft strahlten, und seine unbezahlbaren Grübchen. In jedem Film besiegte er das Böse und vergab denen, die ihm Unrecht getan hatten (meistens war dies sein Vater, der ihn als kleinen Jungen im Stich gelassen hatte – womit ich mich natürlich sehr stark identifizierte). Fardins Charaktere repräsentierten stets Anstand, Rechtschaffenheit, Vergebung und Furchtlosigkeit, sie beschützten die Schwachen und standen für die Wahrheit ein. Gerechtigkeit war für sie der größte Reichtum, den man besitzen konnte.

Einige Jahre später, nachdem Kia zu Hause ausgezogen war, gab ich jeden *Rial*, den ich in die Finger bekam, fürs Kino und Fardins Filme aus. Als Kia fort war, wurde der charmante und witzige Schauspieler quasi mein Ersatzvater. Im Sommer, als ich niemanden hatte, zu dem ich gehen konnte, verbrachte ich oft den gesamten Tag im Kino, sah mir ein und denselben Film immer und immer wieder an und lernte die Dialoge auswendig. Ich lernte aus Fardins Filmen, dass Vergebung so viel einzigartige Freude in sich barg, wie es Rache niemals könnte. Am Ende jedes Films sah er den Menschen, die ihm Unrecht getan hatten, in die Augen und verzieh ihnen. Eine bedeutungsvolle Botschaft für einen Jungen in meinem Alter und in meiner Situation – eine Botschaft, die mich lehrte, meinen Lebensweg ohne Groll und mit leichtem Gepäck fortzusetzen. Hass hingegen glich einem riesigen Müllsack, den man auf den Schultern trug, und ich lernte, dass dessen Gestank einen nur noch mehr verärgerte. Bald würde ich diese Botschaft mehr denn je brauchen, um nicht in Kummer und Verzweiflung unterzugehen.

◆ BEGINN DER ODYSSEE

Im Sommer 1966 begann ein neues und unerfreuliches Kapitel in meinem Leben. In diesem Jahr zog Kia – mein Trostspender, Held und Beschützer – zu Hause aus. Nachdem er sein Grundschulabschlusszeugnis bekommen hatte, beschloss Kia, nicht weiter zur Schule zu gehen. Als er alt genug für einen Posten bei den Streitkräften war, ging er zur Gendarmerie und wurde für ein einjähriges Training nach Teheran geschickt. Einige Monate später waren auch schon Sommerferien. Nun packte auch Maman Bozorg ihre Sachen, um bei ihrem Sohn in Teheran zu sein und ihn im *gorbat* (der Fremde) zu unterstützen.

Maman Bozorg wollte in Teheran bei Verwandten wohnen und meinte, dass sie mich nicht mitnehmen könnte. Wir sprachen nicht darüber, wo ich so lange unterkommen sollte – sie hatte sich daran gewöhnt, dass ich an Wochenenden und in den Ferien zu Verwandten ging. Im letzten Sommer war ich sogar allein nach Golmakan gefahren, ins Heimatdorf meiner Eltern, um einige Wochen bei Madar Joon zu verbringen. Maman Bozorg machte sich deshalb keine Sorgen um mich – sie nahm eben an, dass die Familie meiner Mutter auf mich aufpassen könnte. Da mein Vater seinen Teil der Abmachung nicht eingehalten und in den letzten Jahren keinen Unterhalt mehr für mich gezahlt hatte, war sie ohnehin weder rechtlich noch moralisch dazu verpflichtet, sich um mich zu kümmern.

Ironischerweise hatten Maman Bozorg und Kia bis auf meinen Vater keinen meiner Verwandten kennengelernt. Meine Familie und die Rahimis hatten allerdings dank meiner Geschichten gewisse Vorstellung voneinander. Beide Parteien glaubten, dass ich mich bei der jeweils anderen in guten Händen befand und gut umsorgt wurde. Mit Verwandten meine ich übrigens ausschließlich die Familie meiner Mutter; die meines Vaters kannte ich kaum.

Ich verabschiedete mich von Maman Bozorg und lief nach Maydoneh Bar, um dort den Nachmittagsbus nach Golmakan zu nehmen. Als zehnjähriger Junge hatte ich natürlich keine genaue Vorstellung davon, was ich tun oder wo ich unterkommen sollte, während Maman Bozorg fort war. Ich dachte mir, ich könnte eine Weile bei meiner Großmutter, Madar Joon, bleiben und dann weitersehen. Madar Joon war launisch und dickköpfig, dennoch waren sie und meine Tante Sarvar die einzigen Verwandten, bei denen ich mich wohlfühlte und denen ich so nah stand, dass ich sie einfach so besuchen konnte.

Ich hatte ein kleines Bündel mit Wechselkleidung und in meiner Tasche eine Fünf-*Rial*-Münze, die mir Maman Bozorg vor ihrer Abreise gegeben hatte. Ich setzte mich hinten im Bus ans Fenster und wartete darauf, dass andere Passagiere einstiegen. Der beruhigende und vertraute Duft des Heimatdorfes meiner Vorfahren – eine Mischung aus dem Geruch von Schafskäse, Milch, frischen Maulbeeren, Brot, Wolle, Teppichen und Landmenschen – durchzog bereits den Bus und umschmeichelte meine Sinne. Als ich letzten Sommer nach Golmakan gefahren war, hatte man kein Geld von mir verlangt, und auch dieses Mal musste ich nicht bezahlen – und ich wusste auch, warum. Jeder in diesem Bus, sogar der Fahrer und sein Assistent, stammte aus Golmakan, und den mitfühlenden Blicken nach zu urteilen, wussten sie alle ganz genau, wer ich war: der verwaiste Sohn von Assad Banafsheh. Die Menschen aus Golmakan waren sehr fürsorglich und hätten dem Assistenten niemals erlaubt, mich nach Fahrgeld zu fragen. So sehr ich auch zu schätzen wusste, dass ich meine fünf *Rial* behalten durfte, konnte ich das mitleidige Gehabe nicht ausstehen – ich fühlte mich armselig und klein und das hasste ich. Ich musste also nie zahlen, wenn ich mit dem Bus nach Golmakan fuhr. Als mich einige Jahre nach dieser Reise ein junger, neuer Assistent des Busfahrers doch dazu aufforderte, warfen ihm die anderen Passagiere sofort böse Blicke zu und die Sache war erledigt.

Golmakan war der Himmel auf Erden, eine Oase des Trosts und Wohlgefühls. Wenn es nach mir gegangen wäre, hätte ich dort den gesamten Sommer verbracht, besonders weil meine Cousins aus Gorgan ebenfalls zu Besuch waren. Sie waren die Kinder des Halbbruders meiner Mutter und der Schwester meines Vaters. Obwohl wir über beide meiner Elternteile miteinander verwandt waren, ordnete ich sie der Familie meiner Mutter zu.

Ich betete, dass Madar Joon mich mit offenen Armen empfangen würde; sonst hätte ich nach Maschhad zurückkehren und zu meiner Tante gehen müssen. Seit ich bei den Rahimis lebte, konnte ich immer zu Maman Bozorg und Kia zurückkehren, wenn ich Verwandte besuchte, mich an einem Ort langweilte oder spürte, dass meine Gastgeber genug von mir hatten. Aber diesen Sommer nicht. Zum ersten Mal in meinem Leben war ich völlig auf mich allein gestellt und hatte keinen anderen Zufluchtsort, sollten meine Großmutter oder meiner Tante mich nicht aufnehmen.

Ich verbrachte etwas über eine Woche bei Madar Joon, bis ich das Gefühl bekam, dass sie meiner überdrüssig war. Also beschloss ich, nach Maschhad zurückzufahren und es bei meiner Tante Sarvar zu versuchen. Nachdem mein Großvater gestorben war und da immer noch zwei ihrer eigenen Kinder zu Hause lebten, hatte Madar Joon weder die finanziellen Mittel noch die Geduld dazu, ein weiteres Kind bei sich aufzunehmen. Außerdem war ich selbst problematisch. Seit ich klein war, habe ich mich an keinem Ort wohlgefühlt, an dem ich nicht willkommen war, und ich konnte nichts von anderen Menschen annehmen, das mir nicht mit einem ehrlichen Lächeln gereicht wurde. Ich hätte wohl einige Tage bei meinen Cousins aus Gorgan auf der anderen Seite des Dorfes bleiben können, aber der Aufwand hätte sich nicht gelohnt. Beebee Banafsheh, die Zwillingsschwester meiner Großmutter und die Pflegerin meiner Cousins, konnte aus mir damals unbekannten

Gründen meine Anwesenheit nicht ertragen und ich fühlte mich in ihrer Gegenwart immer sehr unwohl.

Von all meinen Verwandten begrüßte nur Tante Sarvar mich stets mit einem Lächeln, egal wie oft ich vor ihrer Tür stand. Seit meine Mutter weggezogen war, hatte ich meine Tante an Wochenenden und in den Ferien regelmäßig besucht. Sie war wie eine Mutter für mich und behandelte mich wie einen ihrer eigenen Söhne. Von allen Geschwistern standen sich Tante Sarvar und meine Mutter am nächsten und sie ähnelten einander sowohl altersmäßig als auch darin, wie sie anderen ihre Zuneigung zeigten. Weil meine Mutter nicht mehr da war, bewunderte meine Tante nun an ihrer Stelle mich. Sie behandelte mich immer sehr respektvoll und verwies immer auf mich, wenn sie zu ihren Kindern über das Leben, die Schule und Bildung sprach. Meine zierliche Tante Sarvar arbeitete hart und hatte eine sehr starke Persönlichkeit. Selbstlos, wie sie war, widmete sie ihr gesamtes Leben dem Wohlergehen ihrer riesigen Familie. Sieben Tage die Woche arbeitete sie unermüdlich von früh bis spät und hatte dabei immer ein Lächeln auf den Lippen. Sie kochte und putzte, wusch Windeln, Kleidung sowie Geschirr, wischte Babyhintern ab und erledigte alles, was sonst noch zu Hause anfiel. Sie war eine schlaue Hausfrau, die mit dem geringen Einkommen ihres Mannes die gesamte Familie verpflegen und einkleiden konnte und es dennoch schaffte, einige *Tooman* für schlechte Zeiten zurückzulegen. Unterhaltung und Pause gönnte sie sich nur bei der monatlichen *rozeh khani*. Eine *rozeh khani* wurde vorwiegend in der Unterschicht sowie den religiöseren Bereichen der Gesellschaft gefeiert. Statt Musik und Tanz gab es jedoch Gesang und Wehklagen. Wer mit solchen Bräuchen nicht vertraut ist, kann wohl kaum nachvollziehen, dass Menschen tatsächlich Geld dafür bezahlten, zum Weinen gebracht zu werden. Als ergebene Muslimin lud sie gerne Freundinnen und weibliche Verwandte in ihr Heim zu einer *rozeh khani* ein, für die sie extra einen Mullah engagierte. Außer als religiöses Ritual diente die *rozeh khani* Frauen außerdem zum gesellschaftlichen

Beisammensein. Für gewöhnlich saßen die Frauen vor und nach dem Auftritt des Mullahs auf dem Boden zusammen, rauchten Wasserpfeife oder Zigaretten, tranken heißen Tee und unterhielten sich über alles und jeden.

Wenn eine *rozeh khani* stattfand, kehrte Tante Sarvar früh morgens in ihrem kleinen Zimmer immer den Teppich, zündete die Holzkohle für den Samowar an, richtete einige Zigaretten auf einem Tablett an und wartete dann auf ihre Gäste. In der Zwischenzeit hackte ihre Tochter oder einer ihrer Söhne Zucker in mundgerechte Stücke und füllte sie zum Tee für die Gäste in eine Schüssel. Meine Tante behauptete stets, sie hätte einen der besten Mullah-Sänger der Gegend engagiert, der sogar Steine zum Weinen bringen könnte – wie es sich für einen guten Mullah gehörte. Aber ein Mullah wurde unter anderem danach bewertet, wie herzzerreißend er religiöse Geschichten über Märtyrer sang und ob er sein Publikum ausreichend zu Tränen rührte. Gutes Aussehen und eine schöne Stimme schadeten ebenfalls nicht.

Tante Sarvars Ehemann, Ali Aqa, arbeitete freiberuflich als Busfahrerassistent. Seine Dienste bot er allen Langstreckenbuslinien an, deren Fahrer auf bestimmten Reisen Unterstützung gebrauchen konnten. Er ging dorthin, wo ihn die Straße hinführte, und war deshalb oft wochenlang unterwegs. Er gab jeden *Rial*, den er bei seinen Fahrten verdiente, an meine Tante weiter, die ihn im Gegenzug wie einen kleinen König behandelte.

Ali Aqa hatte immer davon geträumt, eines Tages Busfahrer zu werden. Leider konnte er weder Lesen noch Schreiben und hatte deshalb so gut wie keine Chancen, die schriftliche Fahrprüfung zu bestehen. Außerdem war Ali Aqa sehr klein, sodass er einen großen Bus mit Schaltgetriebe wohl kaum hätte fahren können. Wären sein kleiner, schwarzer Schnurrbart, seine Geheimratsecken oder sein meist unrasiertes Gesicht nicht gewesen, hätte man ihn von der Statur her für einen Jungen halten können.

Ich erinnerte mich damals immer noch sehr lebhaft an die Streitereien zwischen meiner Mutter und Baba, deren Grund ich war. Damit es bei meiner Tante und ihrem Ehemann friedlich blieb, war ich tagsüber so lange wie möglich unterwegs und kam erst abends zurück, wenn es Schlafenszeit war. Jeden Morgen, lange bevor überhaupt irgendjemand wach war, schlich ich mich leise aus dem Haus und kam erst spät abends, kurz bevor alle ins Bett gingen, wieder zurück. So musste meine Tante mich nicht durchfüttern und ihr Ehemann konnte sich über nichts beklagen. Wegen der besseren sozialen und finanziellen Stellung meines Vaters konnte sich kaum jemand dazu durchringen, über eine längere Zeit für mich aufzukommen.

Die letzten Sommer waren immer sehr schnell vorbeigegangen, also nahm ich an, dass auch dieser schnell vergehen würde. Irgendwann käme Maman Bozorg wieder zurück und ich könnte nach Hause gehen. Bis dahin aß ich halt etwas weniger – Hauptsache, ich konnte nachts irgendwo schlafen.

Als ich mich nach drei Wochen eines frühen Morgens gerade wieder aus dem Haus meiner Tante schleichen wollte, rief sie aus einem anderen Zimmer: »Alireza, du musst mir heute einen Gefallen tun, *khaleh joon* (liebster Neffe). Sei mittags bitte wieder hier.«

»*Chashm (Jawohl).*«

Wie immer verbrachte ich den Morgen im Maydoneh-Bar-Viertel und lief kurz vor Mittag wieder zurück zum Haus meiner Tante. Sobald ich durch die Tür gekommen war, bat sie mich, mit einem Eimer etwas Wasser aus dem öffentlichen Brunnen zu holen damit sie Tee kochen könnten. Als ich zurückkam, sah ich einen Mann mitten in ihrem kleinen Innenhof stehen.

»Das ist Cousin Osta Habib (Meister Habib)«, stellte sie mir den Mann lächelnd vor.

»*Salam*«, begrüßte ich den Mann. Ich hatte ihn noch nie zuvor gesehen, aber schon mal von ihm gehört, als meine Mutter vor einigen Jahren Verwandten davon erzählte, wie er ihr als Teenagerin qualvoll die Weisheitszähne mit einer Kneifzange gezogen hatte, während zwei weitere Männer ihren Kopf festhielten. Sie hatte ihn seither für die zwei schmerzvollen Wochen verflucht, die darauf folgten. Osta Habib war Friseur und wie viele andere Dorfbewohner verdiente auch er sich zusätzlich etwas Geld damit, faule Zähne zu ziehen, Brüche zu richten und Beschneidungen durchzuführen.

Mütterlich sagte Tante Sarvar zu mir: »*Khaleh joon,* du bis jetzt zehn Jahre alt und fast ein Mann. Höchste Zeit, dass du beschnitten wirst. Und weil du eines Tages mein Schwiegersohn werden sollst und ich deine Mutter über alles liebe, sehe ich es als meine Ehre und meine Pflicht an, mich darum zu kümmern. Also, was hältst du davon?«

Ich hörte meiner Tante zu und sah zu Osta Habib. Der Gedanke, dass mich ein Messer berühren würde, ließ mich erschaudern. Osta Habib bemerkte mein ängstliches Gesicht und erinnerte meine Tante daran, dass er an dem Tag nur zur Beratung da sei und weder die Zeit noch die nötigen Hilfsmittel dabei hätte, um das Ritual durchzuführen. Das beruhigte mich irgendwie, sodass ich nickte und zustimmte. Meine Tante küsste mich laut und euphorisch auf die Wange und zwinkerte Osta Habib zu. Ich hatte gehofft, dass in ein paar Wochen wieder alles vergessen war und ich seiner Klinge nie begegnen würde.

»Warum vermesse ich Alireza nicht einfach, wenn ich schon mal hier bin? Dann weiß ich, was ich nächstes Mal alles mitnehmen muss«, schlug Osta Habib vor und blickte zu meiner Tante. Sie hielt das für eine wunderbare Idee. Der Mann sah mich an und ich stimmte erneut schüchtern und zögerlich nickend zu. Ich sollte ihm dann in einen anderen Raum folgen, wahrscheinlich, weil wir dort mehr Privatsphäre hätten.

Ich lief durch den engen Flur hinter ihm her in das winzige Zimmer, in dem meine kleinen Cousins und ich nachts immer schliefen. Er schloss die Tür hinter uns und zeigte auf eine Kindermatratze und ein Kissen auf dem Boden. Ich sollte mich auf den Rücken legen und meine Hose bis zu den Knien hinunterziehen. Osta Habib ließ die Lampen aus, und da ich gerade aus dem hellen und sonnigen Innenhof in das dunkle Zimmer gekommen war, konnte ich kaum was erkennen. Nur durch das kleine Fenster, das zur anliegenden Gasse hinausführte, drang etwas Licht in den Raum. Irgendwie war ich aber froh, dass es so dunkel war. Ich hatte Angst und schämte mich, mit heruntergelassener Hose vor einem fremden Mann zu liegen. Bei geschlossener Tür war der starke Uringeruch, der aus dem Teppich drang – und meinem jüngsten Cousin zu verdanken war, der den gesamten Tag über ohne Hose durchs Haus lief –, kaum auszuhalten. Osta Habib kniete sich auf den Boden neben mich und schob einen Stiel unter die Vorhaut meines Penis, zog die Haut nach vorn und hielt sie mit der linken Hand in Position.

»Wo hab ich nur meinen Markierstift?«, fragte er, tastete seine Hemdtasche ab und sah sich im Raum um. Dann griff er unter mein Kopfkissen und sagte: »Vielleicht hab ich ihn unter dem Kissen gelassen.« Dabei hielt er meine Vorhaut immer noch zurück. Plötzlich zog er etwas Rasiermesserähnliches unter dem Kissen hervor, und bevor ich überhaupt reagieren konnte, schnitt er die überschüssige Vorhaut mit einer schnellen und kreisförmigen Bewegung ab. Ich war schockiert und hatte unglaubliche Schmerzen. Ich spürte die Wut in mir aufkochen, aber dazu hatte ich das Recht verloren, als ich im Sommer 1961 obdachlos geworden war. Als obdachloses Waisenkind hatte ich für alles dankbar zu sein, was man mir gab oder was man für mich tat, selbst wenn ich es nicht wollte. Wut war gleichbedeutend mit Undankbarkeit und hätte den Aufenthalt bei meiner Tante gefährden können.

Osta Habib säuberte und verband meine Wunde im Handumdrehen und rief meiner Tante, die hinter der Tür im Flur gewartet hatte, feierlich zu:

»*Mobarake dokhtar khaleh* (Glückwunsch, Cousine)! Der Sohn deiner Schwester ist nun ein Mann!«

Ich war noch nicht einmal richtig Kind gewesen und nun verkündete Osta Habib, dass ich zum Mann geworden war.

Bevor er ging, erklärte er meiner Tante noch kurz, wie sie meine Wunde in den nächsten Tagen zu pflegen hatte.

»Danke, Cousin Habib! Gott im Himmel segne dich dafür, einem Waisenkind geholfen zu haben.«

Tante Sarvar kam in das Zimmer und schaltete sofort das Licht ein. Sie war außer sich vor Freude, als sie sich neben mich kniete und meine eingefallenen Wangen mit unzähligen, lauten Küssen bedeckte. Sie blickte gen Himmel und seufzte dankbar. »Ich wünschte, meine Schwerster wäre hier und könnte diesen Moment miterleben, Alireza *joon.*« Sie lief in den Raum nebenan, kam mit einer neuen Hose in den Händen zurück und sagte stolz: »Ich habe den Stoff selbst ausgesucht und Sultan Khanom hat die Hose nach meinen Anweisungen genäht, *khaleh joon.*« Dann erklärte sie mir, dass sie sich letzte Woche mit meinem Vater getroffen und ihn davon überzeugt hatte, zwanzig *Tooman* für meine Beschneidung zu zahlen.

»Ich habe Cousin Habib zehn *Tooman* gegeben und vom Rest den Stoff für die Hose und zwei Kilo Trauben gekauft, um uns die Feierlichkeit etwas zu versüßen. Gefällt dir die Hose, *khaleh joon?*«

Ich nickte, obwohl ich die mädchenhafte, glitzernde Hose in Wirklichkeit nicht ausstehen konnte.

Unter den neugierigen Blicken meiner kleinen Cousins aß ich am nächsten Morgen mein erstes Frühstück seit Langem – es gab heißen, gesüßten Tee und Brot. Mein jüngster Cousin war etwa drei oder vier Jahre alt und fragte, ob ich ein böser Junge gewesen sei. Seine Mutter verneinte. »Warum haben sie dann Alirezas *doodool* abgeschnitten?«, wollte er wissen und sorgte damit bei uns allen für Gelächter. Kleinen Jungen in meiner Familie wurde häufig damit gedroht, dass man ihnen den Penis oder die Ohren abschnitt, wenn sie nicht brav waren.

Nach dem Frühstück gingen meine Cousins zum Spielen nach draußen und ich legte mich im Zimmer am Ende des Flurs auf die Matratze.

Einige Stunden später hörte ich plötzlich Musik – erst aus der Gasse und dann aus dem Innenhof. Tante Sarvar kam aufgeregt ins Zimmer gelaufen und sagte mir, ich solle nach draußen kommen. Ich ahnte bereits, was vor sich ging, und weigerte mich. Das akzeptierte sie jedoch nicht und zog mich am Handgelenk spielerisch nach draußen in den Innenhof, wo mir Kinder zujubelten und im Rhythmus der von zwei Straßenmusikern gespielten Trommel und des *mizmar* – eines Holzblasinstruments – in die Hände klatschten. Da meine Tante hinter mir ebenfalls euphorisch mitmachte, blieb ich stehen und stellte mich der Menschenmenge sowie der Musik. Der Großteil der Kinder auf dem kleinen Hof waren Mädchen in meinem Alter. Ich kannte die meisten von ihnen. Sie lebten alle in derselben Straße wie meine Tante und hatten mich in den letzten paar Jahren immer neugierig beobachtet, wenn ich Sarvar am Wochenende besuchte. Ich hatte ein- oder zweimal mitbekommen, wie meine Tante mit mir geprahlt und den anderen Müttern von meinen guten Noten und meiner schnellen Auffassungsgabe erzählt hatte.

Ich fühlte mich völlig nackt, als ich nur im Badetuch wie im *Hammam* vor den Menschen stand. Ich hätte schwören können, dass sie mir alle in den Schritt starrten; ich betete, dass sich einfach der Boden unter mir öffnen und mich verschlingen würde.

Am dritten Tag nach meiner Beschneidung wollte ich meiner Tante nicht weiter zur Last fallen und ihr Haus eine Weile verlassen. Bevor sie mich gehen ließ, stellte sie jedoch sicher, dass ich mir einen speziellen Beutel über den Penis zog, den sie von Cousin Osta Habib bekommen hatte. Der Beutel war mit einem sägemehlartigen Pulver gefüllt und wurde mit einer Schnur um meine Taille befestigt. Das Pulver sollte wohl die Wunde trocken halten und alle Flüssigkeiten, wie zum Beispiel Blut, aufsaugen. Obwohl ich meiner Tante klarzumachen versuchte, dass ich meine neue Hose erstmal besser nicht tragen sollte – in der Hoffnung, dass ich sie niemals tragen müsste –, bestand sie darauf, schließlich war ich jetzt ein neuer Mensch. Also trug ich die hässliche Hose aus einem Stoff, der nur einer frisch vermählten Frau vom Land hätte gefallen können. Mit gespreizten Beinen lief ich langsam und von Schmerzen erfüllt bis zum anderen Ende der Stadt, um dort meine zwei Cousins aus Gorgan zu besuchen, die aus Golmakan zurück waren und hier in Maschhad bei ihrem Vater blieben.

Der ältere Bruder meiner Mutter, der zusammen mit meinem Vater zur Armee gegangen war und später zu seinem Schwager wurde, war immer noch in Gorgan in der Nähe des Kaspischen Meers stationiert. Er besaß hier in Maschhad ein Haus, vermietete darin einige Zimmer und hielt ein paar für seine Kinder frei, die in den Sommerferien zu Besuch kamen. Jedes Jahr schickte er drei seiner Kinder und seine Schwiegermutter Banafsheh, meine Großmutter väterlicherseits, während der Sommerferien nach Maschhad. Beebee Banafsheh, wie ihre Enkelkinder sie nannten, nahm meine Cousins häufig mit nach Golmakan, damit sie das angenehme Klima und das viele frische Obst und die Milchprodukte im Dorf genießen konnten. Nachdem Beebee ihre Tochter nach Gorgan gebracht und sie mit meinem Onkel verheiratet hatte, war sie bei ihnen eingezogen und lebte immer noch dort. Sie hatte meine Cousins quasi aufgezogen und kümmerte sich mehr um sie als ihre eigene Mutter.

Sowohl im Geiste als auch im Alter stand ich meinen zwei Cousins aus Gorgan näher als sonst einem meiner Verwandten. Wir hatten viele ähnliche Interessen und gingen zum Beispiel gerne ins Kino. Da sie nur über den Sommer hier waren, wollte ich so viel Zeit mit ihnen verbringen wie nur möglich.

Nachdem sich mein Cousin Jam ausgiebig über meine neue, exotische Hose lustig gemacht hatte, gingen wir nach Arg und sahen uns einen italienischen Film an. Zur Feier meiner Beschneidung bezahlte Jam den Eintritt. Meine Cousins und ich liebten das Kino über alles und mit Jam hatte man immer seinen Spaß. Zuerst stritt er mit Beebee darum, dass wir überhaupt ins Kino durften, dann feilschte er um das Eintrittsgeld, und wenn sie ihm nichts geben wollte, was meist der Fall war, nervte er sie so lange, bis sie schließlich doch nachgab. Jam war fast ein Jahr jünger als ich und schon ein Meister darin – er handelte mit jedem und über alles. Feilschen war im Iran praktisch an der Tagesordnung und mit neun Jahren war Jam bereits auf bestem Wege, zum Experten zu werden. Die Menschen hier handelten bei allem: Kunden feilschten mit Ladenbesitzern um Einkaufspreise, Fahrgäste mit Taxifahrern um Fahrtkosten, Schüler mit Lehrern um Noten, Verkehrssünder mit Polizisten um Geldstrafen. Sogar die Bettler diskutierten mit barmherzigen Samaritern über ihre Almosen. Ich war beim Handeln das komplette Gegenteil von Jam und so schlecht darin, dass die ans Feilschen gewöhnten Verkäufer völlig verwirrt waren, wenn ich ihnen keinen niedrigeren Preis vorschlug. Daher taten sie es für mich – »Du scheinst ein guter Junge zu sein, also gebe ich dir dieses Mal einen Rabatt.«

Im Kino kaufte Jam für zwölf *Rial* Tickets für die Galerie und diskutierte dann so lange, bis wir in den Bereich durften, der normalerweise acht *Rial* pro Person kostete. Die Platzanweiser gaben häufig nach und ließen uns durch, sodass Jam vier *Rial* gespart hatte. Und das war erst der Anfang. Vor dem Hauptfilm wurde in allen Kinos die Nationalhymne des Königs gespielt und das Publikum musste dafür aufstehen. Während alle andächtig stillstanden, schlichen Jam und ich auf sein Zeichen in den Logenbereich – sozusagen die erste Klasse – hinten im Kino. Die Loge kostete im Kino am meisten, denn hier gab es sehr gemütliche, gepolsterte Sitze. Sobald der Film begonnen hatte und die Plätze schließlich alle besetzt waren, flüsterte Jam: »Sitzplätze zu verkaufen!« Denn es gab immer Kinobesucher, die zu spät kamen und noch Plätze brauchten. Im Iran gab es – wie bei vielem anderen auch – für den Verkauf von Kinotickets weder Regeln noch Logik. Egal wie viele Sitzplätze im Saal noch frei waren – solange es Menschen gab, die ein Ticket wollten, verkaufte das Kino weiter. Während der ersten Spielwoche eines beliebten Filmes waren deshalb nicht nur alle Plätze belegt, sondern auch die Gänge und der Boden. Und es gab immer ein paar Männer, die mit ihren Ehefrauen oder Freundinnen kamen und gerne ein paar *Rial* für unsere Plätze bezahlten. Jam verkaufte die Sitzplätze an den Höchstbietenden und wir gingen zurück nach vorn in den Acht-*Rial*-Bereich. Dort saßen überwiegend junge Männer vom Land, Tagelöhner, die keine Arbeit gefunden hatten, und Grundschüler wie wir. Meistens schauten wir den Film letztendlich an der Wand stehend oder direkt vor der Leinwand auf dem Boden sitzend, sodass wir die Köpfe weit in den Nacken legen mussten, um überhaupt etwas zu sehen.

Ich mochte Jam und seinen älteren Bruder Hooshang sehr gern, und Jam war sogar mehr als nur ein Cousin für mich; er war zu der Zeit mein bester Freund und mein Trostspender. Wir hatten uns im Sommer 1965 kennengelernt und waren seitdem die dicksten Freunde. Jedes Jahr wartete ich ungeduldig auf die Sommerferien und somit auch auf Jams Besuch. Denn er mochte mich bedingungslos. Manchmal hätte sogar ich mich geschämt, mit mir gesehen zu werden – wie an dem Tag, als ich meine neue, exotische Hose tragen musste –, aber der loyale und wunderbare Jam störte sich nie an meinem Aussehen. Wir liefen stolz Seite an Seite, als ob wir Prinzen wären.

Am Abend nach dem Kino war ich sehr müde und hatte starke Schmerzen vom Laufen. Daher nahm ich Jams Angebot an und mit Beebees Erlaubnis übernachtete ich bei meinen Cousins.

◆ HEISSE SOMMERTAGE

Schon seltsam, wie bedrückend und mühsam Zeit sein kann, wenn man zu viel davon besitzt und keine Beschäftigungsmöglichkeit findet. Der Sommer 1966 schien unglaublich langsam zu verstreichen. Einsamkeit, ständiger Hunger und Langeweile ließen jede Stunde eines jeden Tages tonnenschwer auf mir lasten.

Ich war erst zehn Jahre alt, hatte weder Geld noch ein Zuhause und lebte wie eine streunende Katze. Tagsüber wanderte ich ziellos durch die Straßen der Stadt und nachts hoffte ich darauf, dass mir jemand aus reiner Herzensgüte erlaubte, mich in einer kleinen Ecke seines Heims auszuruhen. Und wenn ich Glück hatte, gab man mir sogar etwas zu essen.

Leider hatte mich mein bisheriges Leben vornehme Zurückhaltung gelehrt und ich war es gewohnt, keine Forderungen zu stellen. Ich kann nicht sagen, wie oft ich deswegen Hunger litt, und ich weiß nicht, ob meine Kindheit weniger schmerzhaft gewesen wäre, wenn ich in gewissen Situationen etwas mehr Durchsetzungsvermögen gezeigt hätte. Vielleicht war mein schweres Los auch nicht durch meine fehlende Unverfrorenheit, sondern meinen angeborenen Stolz begründet. Aber vermutlich machte dies keinen Unterschied. Seltsamerweise fühlte ich mich wie ein König und war deshalb auch unmäßig stolz wie ein solcher. Deshalb bettelte ich niemals, weigerte mich, das Essen anderer anzufassen, und bat nie jemanden um Hilfe. Während Maman Bozorgs Abwesenheit konnte ich nicht bei vielen Menschen unterkommen. Mit Ausnahme meiner Tante Sarvar – in deren Haus ich nur nachts schlief, um ihre Gastfreundlichkeit nicht überzustrapazieren – schienen meine Verwandten von meiner Anwesenheit alles andere als begeistert. Und was die Rahimis anging, hatte ich zu den anderen beiden Frauen keine wirkliche Beziehung und erwartete deswegen auch keine Hilfe von ihnen. Ohne Maman Bozorg und Kia war ich für die Rahimis nur ein vertrauter Fremder; daher beschloss ich, ihnen nicht weiter zur Last zu fallen.

Meine Cousins aus Gorgan blieben immer bis kurz vor Schulbeginn in der Stadt, dennoch sah ich sie nie sehr oft. Meistens besuchten sie Verwandte in Maschhad oder Golmakan. Dazu gehörte natürlich auch mein Vater. Meine Cousins erzählten mir, dass er auf einem abgelegenen und malerisch schönen Hügel in Golmakan ein Sommerhaus gebaut hatte. Das Haus blickte auf einen riesengroßen Kirschgarten, der ebenfalls meinem Vater gehörte. Da meine Cousins auch seine Neffen waren, fuhr er sie ab und zu ins Dorf zu seinem Sommerhaus. Ich wusste nicht, wo genau in Golmakan sich das Sommerhaus meines Vaters befand – und selbst wenn ich es herausgefunden hätte, hätte meine Stiefmutter sicher nicht erlaubt, dass ich mich ihm näherte. Sogar wenn meine Cousins in dem Haus in Maschhad übernachteten, gab mir unsere Großmutter Bibi immer das Gefühl, nicht willkommen zu sein, sodass ich meine Besuche dort ebenfalls auf ein Minimum reduzierte.

Nachdem Maman Bozorg fortgegangen war, hatte ich nichts anderes zu tun als durch die Straßen von Maschhad zu streifen. Da ich nichts bezahlen musste, stieg ich außerdem ein- bis zweimal pro Woche in den Bus nach Golmakan. Ich genoss die Busfahrt sehr und konnte danach in Golmakans Fluss baden und mit einigen Aprikosen meinen Hunger stillen.

Wenn ich nicht nach Golmakan fuhr, schlief ich nachts im Haus meiner Tante Sarvar und verbrachte den Tag meist im Maydoneh-Bar-Viertel. Maydoneh Bar war nur einige Blocks vom Haus meiner Tante entfernt und beheimatete Maschhads einzigen Großhandelsmarkt für Obst und Gemüse. Man konnte den süßen

Duft Maschhads berühmter Melonen und goldgelber Trauben schon aus der Ferne riechen. Den ganzen Morgen über wurden frisches Obst und Gemüse aus den umliegenden Gebieten geliefert. Bis kurz vor Mittag ging es auf dem rechteckigen Freiluftgelände wie in einem Irrenhaus zu, überall wimmelte es von Kleintransportern, Taxis und Mopeds. Restaurantbesitzer aus der ganzen Stadt kamen hierher, um ihre Vorräte aufzustocken. Außerhalb des Geländes hatten weitere Händler ihre Stände entlang der Straße aufgebaut und verkauften frisches Obst und Gemüse an die übrigen Stadtbewohner. Mir wurde dort niemals langweilig und hungrig blieb ich ebenfalls nicht lange. Ich fand immer irgendwo etwas zu essen: einen aussortierten Apfel, eine Birne, ein paar lose Trauben oder eine leicht verschmutzte und angeschlagene Melone, die von einem Transporter oder einem Eselskarren gefallen war. Gegenüber dem Gelände, auf der anderen Seite des Qare-Khan-Kanals, fanden auf einer riesigen unbebauten Fläche die gesamte Woche über alle möglichen Aktivitäten statt – so war ich immer beschäftigt. Hier gab es stets ein oder zwei Straßenkünstler, freitags sogar mehr, die die Menschen unterhielten. Ich konnte den jungen Männern, die häufig am anderen Feldende an einer Wand in der Hocke saßen, stundenlang dabei zuzusehen, wie sie um Geld spielten. Meine Großmutter nannte sie Ganoven und hasste es, wie sie sich kleideten; ihre Lederschuhe waren hinten immer nach innen geknickt, sodass sie mit den Fersen darauf standen, und die Jacken trugen sie stets locker über die Schultern geworfen. Das war wohl cooler als sich die Jacke tatsächlich anzuziehen. Hier gab es Männer vom Land, die mit Nutztieren handelten, und Zigeuner, die aus Handflächen lasen, zu Heilungszwecken Blutegel an die Rücken der Kunden ansetzten und selbst gemachte Kunsthandwerke verkauften oder tauschten. Dort, wo das Kanalwasser noch recht klar war, schwammen einige Jungen und Frauen reinigten ihre Wäsche sowie Teppiche. Noch ein Stück von ihnen entfernt wuschen immer ein paar Männer ihre Schafe. Junge Tagelöhner vom Land saßen in Gruppen zusammen, ihre

Schaufeln und Spitzhacken neben sich auf dem Boden, und unterhielten sich beim gemeinsamen Verzehr einer Melone darüber, dass der nächste Tag mehr Erfolg bringen müsste.

Mein Vater fuhr nun einen französischen Citroën und lebte in einem netten, großen Haus in einer vornehmen Gegend des Maydoneh-Bar-Viertels, nur etwa einen Kilometer vom Haus meiner Tante entfernt. Wenn ich von Herrn Rahimi zu meiner Tante oder meinen Cousins ging, kam ich immer an seinem Haus vorbei. Häufig sah ich auch seine Kinder draußen spielen. Sie hatten keine Ahnung, wer ich war, und ich sprach sie auch nie an. Doch eines Tages begegnete ich meinem Vater, als er gerade vor dem Haus aus seinem Auto stieg.

»*Salam, aqa.*«

Wir hatten uns das letzte Mal vor gut zwei Jahren gesehen und ich war in der Zwischenzeit gewachsen und hatte mich etwas verändert. Also dauerte es einen Moment, bis er mich erkannte.

»*Salam?* Alireza, bist du das!?«

»*Baleh, aqa* (ja, mein Herr).«

Ich ging davon aus, dass er wusste, dass alle Verwandten meiner Mutter in der Nähe lebten, und er deshalb nicht besonders überrascht war, mich dort zu sehen. Wie immer schien er in Eile und schaute mehrmals auf die Uhr. Trotzdem fragte er, wie es mir ging und warum ich so schmutzig aussah. Ich fasste kurz zusammen, dass Maman Bozorg fort war, ich gerade kein dauerhaftes Zuhause hatte und eigentlich am Verhungern war. Als er wissen wollte, warum ich so seltsam dastand, hätte ich fast von meiner Beschneidung erzählt, ich schämte mich jedoch zu sehr.

»Warum bleibst du nicht einfach bei deiner Tante, bis Frau Rahimi zurückkehrt? Deine Tante lebt doch noch, oder?«, fragte er, als ob meine Tante dazu verpflichtet gewesen wäre, auf mich aufzupassen.

Meine Stimme zitterte und meine Knie wurden langsam weich. Nervös stand ich vor diesem Mann, dem ich unweigerlich ähnlich sah und mit dem ich daher offensichtlich verwandt war. Ich erklärte, dass ich nachts bei meiner Tante schlief, mich jedoch unwohl dabei fühlte, mich von ihr durchfüttern zu lassen. Daraufhin zog er einen zerknitterten Fünf-*Tooman*-Schein aus seiner Hosentasche und gab ihn mir. Ich konnte meinen Augen nicht trauen. Ich hatte noch nie zuvor so viel Geld in den Händen gehalten, noch nicht einmal während der *Nouruz*-Feierlichkeiten, bei denen Kinder immer etwas Geld geschenkt bekamen. Der Fünf-*Tooman*-Schein versetzte mich praktisch in Trance. Ich hörte kein Wort von dem, was mein Vater anschließend sagte, und als ich mich wieder gesammelt hatte, war er bereits in seinem Haus verschwunden. Ich gab das gesamte Geld an einem Tag für mehrere Kinovorstellungen und Sandwiches aus. Hätte ich gelernt, mit Geld so sparsam umzugehen wie meine Mutter, hätte ich mir Brot für ganze zehn Tage kaufen können. Ich fühlte mich also schuldig und deprimiert, nachdem ich das gesamte Geld ausgegeben hatte.

Die Beschneidung war nun über einen Monat her und meine Wunden schienen immer noch nicht zu heilen. Tatsächlich infizierte und entzündete sich der beschnittene Bereich durch das viele Laufen ständig wieder und ich hatte unglaubliche Schmerzen. Der Mangel an ordentlicher Hygiene und medizinischer Versorgung trug ebenfalls seinen Teil dazu bei. Damals war mein Cousin Jam der Einzige, dem ich mich nah genug fühlte, um so ein intimes Problem zu besprechen. Ich schämte mich zu sehr, meiner Tante Sarvar davon zu erzählen, da ich dann meine Hose vor ihr hätte ausziehen müssen.

Ein- oder zweimal die Woche schmuggelte Jam eine Flasche Mercuchrom und ein paar Wattebällchen aus dem Haus. Damit liefen wir dann in einen abgelegenen Bereich der Koohsangi-Avenue – wo ein Bach floss, in dem wir uns anschließend die Hände waschen konnten – und versorgten meine Wunden. Schürfwunden am Bein oder Kratzer an der Hand kann jeder verarzten, aber ein Penis war etwas völlig anderes. Dafür musste man stark und offen sein, so wie der kleine Jam. Sein Herz war groß wie ein Ozean und sein Geist frei wie der Himmel. Wir waren beide jung und naiv und fürchteten, dass mein Penis verfaulen und abfallen könnte, also setzten wir alles daran, das zu verhindern. Ich hatte keine Ahnung, wie ich ohne Penis urinieren sollte, und das machte mir unglaubliche Angst und brachte mich zum Weinen, wenn ich allein war.

Als der Sommer langsam vorbeiging, lief ich in freudiger Erwartung, dass Maman Bozorg aus Teheran zurück war, ein paar Mal die Woche zu Herrn Rahimis Haus. Genau genommen hatte Maman Bozorg nicht gesagt, wann oder ob sie überhaupt wiederkäme, aber ich gab die Hoffnung nicht auf. Der Fußmarsch vom Haus meiner Tante zu Herrn Rahimis und wieder zurück war lang, besonders wegen meiner Schmerzen, aber ich war verzweifelt und wusste nicht, wie ich sonst von Maman Bozorgs Rückkehr erfahren sollte. Sie hatte keine Ahnung, wo meine Verwandten wohnten, deshalb hätte sie mich nicht abholen können, selbst wenn sie es gewollt hätte. Außerdem vermisste ich Maman Bozorg, Kia und unser kleines Zimmer sehr.

Während der letzten zwei Ferienwochen fürchtete ich, dass die Schule ohne mich wieder anfangen könnte, also lief ich jeden Morgen zu Herrn Rahimis Haus, nur um kurz vor Einbruch der Dunkelheit enttäuscht wieder zurück nach Maydoneh Bar zu kommen.

Der erste Schultag stand kurz bevor und ich wurde langsam nervös. Was, wenn Maman Bozorg nicht mehr auftauchen würde? Ihre lange Abwesenheit machte mir einmal mehr deutlich, wie allein ich auf dieser Welt war und dass ich ohne sie absolut keinen Zufluchtsort hatte. Natürlich konnte ich auch nicht mehr zur Schule gehen, wenn sie nicht wiederkam. Ich war mir noch nicht einmal sicher, wo ich überhaupt leben sollte. Die Zeiten, in denen mein Vater noch nach Unterkünften für mich gesucht hatte, schienen lange vorüber. Ich war nun völlig auf mich selbst gestellt. Ich hatte gehofft, während dieser letzten zwei Wochen in Herrn Rahimis Haus übernachten zu können, damit ich nicht jeden Tag so viel laufen musste, aber das war ziemlich unwahrscheinlich. Maryam Khanom bat mich nie herein. Ich glaube sogar, Maryam Khanom hat mich in all den Jahren, die ich bei Maman Bozorg in Herrn Rahimis Haus gewohnt hatte, niemals zu sich zum Essen eingeladen. Rana Khanom und ich sprachen ohnehin kaum miteinander.

In Herrn Rahimis Viertel gab es absolut keine Beschäftigungsmöglichkeiten und so gut wie niemanden, mit dem ich reden konnte, so wurden meine Tage lang und trostlos. Wegen der brütend heißen Sonne blieben die meisten Kinder bis zum späten Nachmittag zu Hause. Ab und zu lief jemand in der Ferne vorbei oder Jungen rollten alte Fahrradfelgen mit einem Ast auf der unbefestigten Straße entlang. Manchmal schienen die Heuschrecken, Skorpione und kleinen Eidechsen, die gelegentlich aus einem Loch krochen, vorbeihuschten und in einem anderen wieder verschwanden, der einzige Beweis für Leben in diesem weiten Ödland zu sein. Ich machte überall dort ein Nickerchen, wo ich etwas Schatten finden konnte; meist an einer Mauer oder unter einem Baum in der Nähe eines Baches.

Kurz bevor die Sonne unterging, lief ich zum Armeelager in der Nähe und wartete, bis die Soldaten mit ihrem Abendessen fertig waren. Der Abfall aus der Kantine wurde direkt hinter dem Zaun entsorgt und ich konnte immer ein paar unversehrte Brotstücke darin finden, die ich aß, bevor ich mich zurück auf den Weg nach Maydoneh Bar machte. Manchmal nahm ich auch ein paar Stücke Brot mit, damit ich am nächsten Morgen Frühstück hatte. Ich versteckte das Brot entweder hinter einer Betonstraßenlaterne oder einem Felsen in der Nähe des Hauses meiner Tante – doch am nächsten Tag war es immer verschwunden. Viele streunende Hunde waren wohl hungriger als ich. Hoffentlich wussten sie meine Mühen zu schätzen.

Wenn ich bei meiner Tante angekommen war, wartete ich in der Gasse vor ihrer Haustür und lauschte, ob sie schon mit dem Abendessen fertig waren; erst dann klopfte ich an. Im Sommer aß meine Tante mit ihrer Familie draußen im Hof. Wenn der Duft des Essens und der Melonen noch durch die enge Gasse zog, und ich sie reden hören konnte, hielt ich mich weiterhin fern.

Ich fürchtete mich davor, im Dunkeln draußen auf der Straße zu sein, und fühlte mich sehr verwundbar. In einer Stadt ohne Fernsehstation gingen viele Menschen sogar im Sommer schon um neun Uhr abends ins Bett. Die meisten waren um acht Uhr zu Hause, hörten sich ein beliebtes, abendliches Hörspiel im Radio an und schliefen um neun Uhr bereits ein. Nach Einbruch der Dunkelheit waren die Straßen gespenstisch leer und Schwermut und Einsamkeit drehten mir den Magen um. Ich glaube, am meisten Angst machte mir die ständige Unsicherheit, ob ich wohl einen Schlafplatz finden würde. Wenn es schon spät war und ich immer noch verzweifelt durch die leeren Straßen steifte, weinte ich häufig leise und dachte an meine Mutter, oder sprach zu Gott, um mich abzulenken. Seltsamerweise hat mich meine Tante während des gesamten Sommers – und auch in späteren Sommern – niemals gefragt, wo ich gewesen war oder wie ich den Tag verbracht hatte, wenn ich spät abends an ihre Tür klopfte. Wie eine Freigängerkatze wurde ich für gewöhnlich von einem meiner kleinen Cousins hereingelassen. Sobald ich im Haus war, lief ich auf Zehenspitzen in »meine« Ecke und legte mich immer leicht besorgt schlafen. Das grausame Gefühl, obdachlos zu sein, und die Scham, die damit einherging, quälten mich über alle Maßen. Ich fühlte mich ständig wie eine Bürde für andere.

Im Sommer 1966 gab es einen Abend, den ich niemals vergessen werde. Ich erinnere mich, dass ich wieder in das Viertel der Rahimis lief, um Neuigkeiten über Maman Bozorg zu erfahren. Es war schon später Nachmittag und ich spielte mit einigen alten Schulfreunden sowie Kindern aus der Nachbarschaft, darunter zwei von Maryam Khanoms Söhnen. Ich hatte so viel Spaß, dass ich völlig die Zeit aus den Augen verlor. Erst als Maryam Khanom ihren Kopf aus der Tür streckte und ihre Söhne zum Abendessen hineinrief, bemerkte ich, dass sie Sonne bereits unterging. Ich betete, dass mich Maryam Khanom endlich einmal zu sich nach Hause einlud und mir anbot, die Nacht bei ihr zu verbringen.

»Du machst dich besser auf den Weg nach Hause, Alireza, es ist schon spät.«

Damit verabschiedeten sich alle von mir, gingen ins Haus und schlossen die Tür hinter sich. Mich überkam schiere Panik bei dem Gedanken daran, wie spät es mittlerweile war und wie weit ich noch bis zum Haus meiner Tante laufen musste. Ich hatte immer noch Schmerzen nach der Beschneidung, trotzdem machte ich mich auf in Richtung Stadt.

Das Haus, in dem meine Cousins wohnten, war nicht allzu weit entfernt und lag praktisch auf dem Weg zu meiner Tante. Also beschloss ich, dort zuerst vorbeizugehen und zu sehen, ob ich die Nacht vielleicht bei Jam verbringen konnte. Unter normalen Umständen hätte ich mich um diese Uhrzeit niemals dort blicken lassen, denn wegen Bibis unnachgiebiger und offensichtlicher Feindseligkeit mir gegenüber fühlte ich mich dort nicht willkommen. Für gewöhnlich wartete ich draußen im Hof, wenn ich meine Cousins besuchte, und rührte in ihrem Haus kaum etwas zu essen an. Ein- oder zweimal hatten mich meine Cousins dazu überredet, zu bleiben und mit ihnen zu essen, doch jeder Bissen wurde durch Bibis giftige und düstere Augen ungenießbar. Ich erinnere mich noch, wie ich am *Sofreh* saß, schüchtern nach dem Essen griff und unter ihrem lähmenden Blick kaum schlucken konnte. Ich wäre lieber verhungert, als dass ich erneut solch emotionale Folter ertragen hätte. Jedenfalls traf ich eines Tages eine Dame, die wohl Bibis Vermieterin war, als meine Eltern kurz vor der Scheidung standen. Sie erzählte mir, dass mich mein Vater an einem bitterkalten Abend im Winter 1956 zu Bibi gebracht hatte, damit sie auf mich aufpasste. Ich war damals noch nicht einmal ein halbes Jahr alt. Die Vermieterin beschrieb sehr ausführlich, was sie von ihrem Fenster aus beobachten konnte. Bibi schien meine Windeln im eis- und schneebedeckten Innenhof zu wechseln. Damit sie sich die Hände nicht schmutzig machte, wischte sie meinen Po ab, indem sie mich an den Knöcheln und Unterarmen festhielt und meinen Hintern am Schnee rieb. Die Dame erzählte mir auch, dass der einzige Wasserhahn des Hauses zu der Zeit vereist war und dass man Eiszapfen am Brunnen abbrechen und schmelzen musste, um Wasser zu bekommen; Bibi wollte sich diese Arbeit wohl ersparen. Jahre später, als mein Cousin Jam und ich erwachsen waren, erklärte er sich Bibis Abneigung gegen mich damit, dass sie meine Mutter nicht leiden konnte. Jam zufolge waren Bibi und meine Mutter nie wirklich gut miteinander ausgekommen und mein Vater hatte Bibi deswegen häufig geschlagen.

Als ich bei meinen Cousins ankam, stand das Eingangstor offen und ich schlich mich leise in den Hof. Bevor ich anklopfte, wollte ich erst die Lage prüfen und stellte mich draußen im Dunklen hinter einen Baum vor dem Wohnzimmerfenster des Hauses. Ich sah hinein und hoffte, dass Bibi gute Laune hatte; andernfalls hätte ich noch den sehr langen Weg zu meiner Tante vor mir gehabt.

Damals mieteten außerdem ein Mann mittleren Alters, seine junge Frau und der leicht verkrüppelte Sohn aus seiner ersten Ehe ein Zimmer im Haus meines Onkels. Der Junge war ungefähr in meinem Alter. Wir waren keine Freunde, aber da wir teilweise sehr ähnliche Lebensumstände hatten, fühlten wir uns einander immer verbunden, wenn wir uns ab und zu über den Weg liefen. Während ich draußen im dunklen Hof stand und in das Wohnzimmer meiner Cousins blickte, öffnete sich rechts von mir plötzlich eine Tür und die junge Frau des Mannes kam heraus. Sie war ganz offensichtlich schwanger. Ich wollte sie nicht erschrecken, und da ich nicht wusste, was ich sonst tun sollte, blieb ich einfach ganz still stehen. Doch da war es schon zu spät – sie sah mich, stieß einen Schrei aus und wurde ohnmächtig. Der Junge lief daraufhin zuerst aus dem Zimmer. Als er mich erkannte, flüsterte mir zu, dass ich weglaufen sollte, bevor sein Vater mich in die Finger bekäme. Und genau das tat ich.

Ich rannte aus dem Innenhof, lief immer weiter und hoffte, dass mir der Mann nicht folgte, denn er war sehr aufbrausend und brutal. Das wusste ich, da ich schon einmal gesehen hatte, wie er seinen armen Sohn zusammenschlug. Nach einer Weile schaute ich mich nicht mehr nach ihm um. Bald spürte ich auch den Schmerz von meinem angeschwollenen Penis nicht mehr, der beim Rennen immer wieder gegen meinen Oberschenkel prallte. Seltsamerweise wünschte ich mir nun sogar, dass der Mann mich verfolgen, einholen und meiner Pein ein Ende setzen würde. Ich rannte immer weiter und konnte nicht mehr aufhören, obwohl ich mich längst in Sicherheit befand. Meine anfängliche Furcht hatte sich mittlerweile in Entrüstung und Zorn verwandelt. Ich war wütend auf alles und jeden, insbesondere jedoch auf Gott, der mich dem Anschein nach zu diesem schrecklichen Leben als einsamer Vagabund verdammt hatte. Ich war ständig in Angst und hungrig. Dass ich nirgendwo hingehörte und bei niemandem willkommen war, fühlte sich furchtbar an; das Schlimmste jedoch war, nicht zu wissen, warum. Müde und mit leerem Magen rannte ich die dunkle Asphaltstraße entlang und konnte einfach nicht stehen bleiben. Ich glaubte, irgendwann in die Lüfte abheben und meinen Körper zurücklassen zu können, wenn ich nur schnell genug lief – so wie ich es häufig in meinen Träumen tat. Ich versuchte, mich selbst zu überholen und vor mir davonzulaufen, war ich allein doch der Quell allen Elends und Schmerzes. Während ich rannte, schlug mir der kühle Abendwind ins Gesicht und zerstreute die heimlichen Tränen, die meine Wangen hinunterliefen. Ich war an jenem Tag nicht zum Armeelager gegangen, um mir etwas Brot zu besorgen, und war deshalb sehr hungrig; die salzigen Tränen erinnerten mich an den angenehmen Geschmack von Essen. Und dann flog ich auf einmal tatsächlich – doch nicht in die Lüfte, wie ich es mir gewünscht hatte, sondern in einen dunklen, tiefen Graben, nicht weit vom Haus meiner Cousins neben der Asphaltstraße. Ich hatte die orange Markierung nicht gesehen, kam schnell unten im Graben auf und konnte mich nicht mehr bewegen. Mir lief eine warme Flüssigkeit die Schenkel hinunter, ich war mir nicht sicher, ob Blut oder Urin. Doch eigentlich war mir das egal und ich konzentrierte mich einfach nur auf den Tod, der mich hoffentlich bald erlösen würde. Zum ersten Mal in meinem kurzen Leben stellte ich den Sinn des Lebens infrage und wunderte mich, ob dieser nie enden wollende Kampf sich überhaupt lohnte.

Nach einer Weile verschwand meine Todessehnsucht wieder und die Angst kehrte zurück. Ich raffte mich auf, kletterte aus dem Graben und machte mich auf den langen Weg nach Maydoneh Bar und zum Haus meiner Tante. Leider hatte ich eine Sandale im Schlamm des Grabens verloren.

Weit und breit war keine Menschenseele zu sehen, sodass ich niemanden nach der Zeit fragen konnte, aber es schien spät zu sein. Schließlich kam ich im Maydoneh-Bar-Viertel und bei meiner Tante an. Ich erinnere mich, dass ich an der Straße vorbeilief, in der mein Vater wohnte, und dass ich sein Auto vor dem Haus stehen sah. Da es bereits sehr spät war, klopfte ich mit meinem Knöchel sehr zaghaft gegen die Metalltür des Hauses meiner Tante und wartete. Nach einer langen Pause versuchte ich es erneut, aber niemand öffnete die Tür. Sie schliefen wohl schon und hörten mich nicht. Ich traute mich jedoch nicht, noch lauter anzuklopfen.

Ich war müde und hungrig, meine Knie waren aufgeschürft und brannten, meine Hose war zerrissen und nass und ich wünschte mir nichts sehnlicher, als einfach nur zu schlafen und die Nacht hinter mir zu lassen. Ich konnte die Augen kaum noch aufhalten. Ich hätte mich auch direkt vor das Haus meiner Tante legen können, aber ich wollte den Nachbarn keinen Grund zum Tratschen geben. Ich beschloss, zum einzigen Ort zu gehen, der mir einfiel – zum Gehweg gegenüber vom Haus meines Vaters. Ich hatte dort schon sehr häufig ein Nickerchen gemacht, jedoch immer nur tagsüber. Nachdem mein Vater mir den Fünf-*Tooman*-Schein gegeben hatte, wartete ich viele Tage auf der anderen Straßenseite und hoffte, dass das alles noch mal passieren würde. Ich kann getrost sagen, dass ich bis zu meinem vierzehnten Lebensjahr

Tausende von Stunden am Haus meines Vaters verbracht habe, ohne dass er jemals davon wusste.

Ich setzte mich in jener Nacht also gegenüber vom Haus meines Vaters vor den Eingang eines *Hammam* namens *Sadaf.* Dort legte ich mich nahe der Wand auf den kalten Gehweg, rollte mich zusammen, legte den Kopf auf die Hände und schlief ein. Sobald es dunkel wurde, war es in Maschhad selbst im Sommer recht kühl und nachts sogar richtig kalt. Der Gedanke, dass jemand mit meinem Blut in den Adern direkt auf der anderen Straßenseite schlief, wärmte mich jedoch. Ich träumte wieder, dass ich auf einer Hochebene saß und auf eine saftig-grüne Wiese mit Riesenweizengras blickte, dessen Halme in der Sonne glänzten und im Wind tanzten. Mein bekannter Traumgefährte, der maskuline Krieger aus dem alten Griechenland mit dem perfekt getrimmten Bart und dem schneefarbenen Haar, saß auf dem Felsen neben mir und lächelte mir warm zu. Als ob wir die besten Freunde seien. Wie im letzten Traum vermittelte er mir Trost, Hoffnung und Ruhe. Ich fühlte, dass sich alles zum Guten wenden würde.

Plötzlich spürte ich warmen Atem in meinem Schritt und auf meinen nackten Knien. Ich wurde aus meinem Traum gerissen und verließ die friedvolle Hochebene für die Realität. Ich sprang schlaftrunken auf und erschrak beim Anblick der Straßenhunde, die noch dürrer waren als ich und das getrocknete Blut von meinen Knien leckten. Ich scheuchte sie davon und lief ebenfalls weiter, um mir eine andere Schlafstelle zu suchen.

Vorher am Abend hatte ich auf dem Weg zu meiner Tante ein halbes Dutzend Tagelöhner vor einer Schule auf der Hauptstraße schlafen gesehen, nur etwa einen Block vom Haus meines Vaters entfernt. Ich beschloss, mich zu ihnen zu legen. Der breite Gehweg, auf dem sie schliefen, war gut beleuchtet und daher sicher. Die jungen Männer vom Land hatten die Schuhe ausgezogen und unter ihre Köpfe geschoben, damit niemand sie klaute. Ihre Schaufeln und Spitzhacken lehnten an der Wand neben ihnen und sie schliefen dicht beieinander. Vermutlich, um sich geborgen zu fühlen und gegenseitig warm zu halten. Direkt in ihrer Mitte war noch ein freier Platz, der groß genug für mich schien. Ich schlängelte mich leise in die Lücke und legte mich auf den kalten Betonboden. Ich musste meine Hände statt meiner Sandalen als Kopfkissen benutzen, weil ich eine davon im Graben verloren und die andere daraufhin weggeworfen hatte.

Kurz nachdem ich eingeschlafen war, boxte mir jemand in den Unterleib – jedoch nicht sehr gewaltsam, sollte ich vielleicht hinzufügen. Ich setzte mich sofort auf und sah einen Polizisten vor mir mit seinem Schlagstock spielen.

»Was machst du hier, Junge?«, fragte er.

»Nichts, mein Herr«, antwortete ich sofort.

»Um diese Uhrzeit mitten auf dem Gehweg zu schlafen, nennst du also nichts?«, entgegnete er sarkastisch.

»Aber hier schlafen noch andere, *aqa*«, sagte ich flehend. Seit mich damals ein Polizist nach Hause zu meiner Mutter gebracht und einen Finderlohn verlangt hatte, schüchterte die Polizei mich unglaublich ein.

Ich sollte aufstehen und mich von den schlafenden Männern entfernen. Die waren mittlerweile sicher wach, trauten sich jedoch nicht, die Augen zu öffnen.

Der Polizist stand unter einer hohen Betonstraßenlaterne, musterte mich von oben bis unten und fragte: »Was ist mit dir passiert, Junge? Wurdest du vergewaltigt?«

»Nein, mein Herr«, antwortete ich mit fester Stimme und etwas beleidigt.

»Warum ist deine Hose dann so zerrissen und blutverschmiert?«

»Ich bin in einen Graben gefallen, mein Herr.«

»In einen Graben? Hier in der Gegend gibt es keine Gräben!«

»Aber in Ahmadabad, mein Herr.«

»In Ahmadabad? Was hast du dort getrieben? Wohnst du da?«

»Nein, mein Herr.«

»Wo wohnst du dann?«

Ich zuckte mit den Schultern und sah auf meine Füße. In

Wahrheit wohnte ich nirgendwo und wollte einfach nur schlafen. In Maschhad passierten kaum Verbrechen; hier geschah nie irgendetwas, besonders nachts nicht, deshalb hatten die Polizisten sehr wenig zu tun. Im Laternenlicht warf die Mütze des Polizisten einen Schatten über sein Gesicht, sodass ich seinen Ausdruck nicht deuten konnte.

»Ich habe dich gefragt, wo du wohnst!«, wiederholte er nun etwas strenger. »Hör zu, mein Junge, wenn du mir nicht sagst, wo du wohnst, dann muss ich dich auf die Wache mitnehmen. Wenn du von zu Hause weggelaufen bist, dann bringe ich dich einfach zurück und spreche mit deinen Eltern, okay?« Dieses Mal klang er etwas netter.

Ich wusste nicht, was ich antworten sollte. Aber ich würde ihm ganz sicher nicht die Adresse meiner Tante verraten, damit er um diese Uhrzeit Geld von ihr erpressen konnte. Herrn Rahimis Anschrift kam ebenfalls nicht infrage, da der Polizist mir niemals glauben würde, dass ich dieser Familie nahe stand. Ich war fast ohnmächtig vor Erschöpfung und Hunger, da packte der Mann mich plötzlich am Handgelenk und sagte: »Okay, Junge, auf geht's. Du lässt mir keine andere Wahl, ich nehme dich mit auf die Polizeiwache.«

Polizeiwache! Das hörte sich furchterregend an. Ich dachte, das wäre ein Gefängnis. Und ich hatte in Filmen gesehen, wie es in Gefängnissen zuging. Außerdem munkelte man, dass meine kleine Schwester von meinem Vater und seinem Bruder zu einem Polizisten oder auf eine Polizeiwache gebracht wurde. Deshalb wollte ich unter keinen Umständen mit auf diese Polizeiwache, was auch immer das genau bedeutete.

Ich versuchte noch einmal, den Polizisten zu erweichen, und versprach, ihm flehend, nie wieder auf diesem Gehweg zu schlafen. Als das nicht half, fiel mir mein Vater ein. Schließlich lebte er nur eine Straße weiter und konnte als Oberfeldwebel beim Militär den Polizisten sicher verjagen, sollte er Geld von ihm erpressen wollen.

Ohne weiter darüber nachzudenken, sagte ich: »Mein Vater wohnt gleich die Straße hinauf, *aqa!*«

»Wieso dein Vater? Was ist mit deiner Mutter?«

»Sie sind geschieden.«

»Okay, dann zeig mir den Weg. Und wehe, du lügst mich an.«

Als wir vor dem Haus meines Vaters angekommen waren, klingelte der Polizist, räusperte sich, zog die Uniform glatt und stand aufrecht. Von der anderen Seite des imposanten und riesigen Eisentors konnte man Schritte hören. Mein Herz schlug wie wild gegen meinen Brustkorb. Ich zitterte, weil ich wusste, dass ich mich dem Haus meines Vaters eigentlich nicht nähern sollte.

Der rechte Torflügel öffnete sich und mein Vater stand noch leicht verschlafen vor uns. »*Salam, aqa.* Sind Sie Herr Golmakani?«, fragte der Polizist meinen Vater.

»Ja!?«, antwortete er in der halb geöffneten Tür. Er trug einen zweiteiligen Pyjama, seine Haare waren ungekämmt und zerzaust und seine Augen verquollen. Ich stand außerhalb des Mondlichts an der Hausmauer und hatte unglaubliche Angst. Ich zitterte wie ein Spätzchen, das aus dem Nest gefallen und zum ersten Mal von einem Menschen berührt worden war. Meine Mutter sagte immer, dass ein gefallenes Spätzchen von seiner Mutter verstoßen wurde, nachdem ein Mensch es berührt hatte.

»Entschuldigen Sie die Störung, *aqa.* Dieser Junge hat auf dem Gehweg vor der Schule geschlafen. Ist das Ihr Sohn? Jedenfalls hat er mir diese Adresse genannt.«

Mein Vater sah im Dunkeln kalt und gleichgültig zu mir, ähnlich wie ich es von seiner Mutter Bibi gewohnt war, wenn ich meine Cousins besuchte. Ich senkte den Kopf und flüsterte: »*Salam, aqa.* Bitte verzeih mir, *aqa.*«

Bevor der Polizist weiterreden konnte, dankte mein Vater ihm, lehnte sich nach vorn und packte mich am Handgelenk. Anschließend zog er mich in den Hof und schloss die Tür.

Ich hatte sehr oft auf der anderen Straßenseite gesessen, aber war noch nie im Haus selbst gewesen. Die Tür glich einem riesigen

Tor aus massiven Eisenplatten und war so breit, dass ein ganzer Wagen hindurchfahren und in den Innenhof gelangen konnte. Wir standen schweigend hinter dem Tor und mein Vater blieb still, bis die Schritte des Polizisten nicht mehr zu hören waren.

Immer noch leicht verschlafen und etwas benommen sah er mich eine Weile hasserfüllt an. Am anderen Hofende waren alle Lichter gelöscht; seine Familie schlief. Hungrig, müde und starr vor Angst lehnte ich völlig kraftlos am kalten Eisentor und zitterte. Als ich das letzte Mal mit meinem Vater hinter verschlossenen Türen stand, war meine Mutter dabei und das Ganze ist alles andere als gut verlaufen.

Mein Vater fragte mich leise, warum ich den Polizisten zu seinem Haus geschickt hatte. Ich konnte ihm keine Antwort geben.

Er beugte sich zu mir und zischte wütend: »Wie kommst du auf die Idee, einfach so einen Polizisten zu meinem Haus zu bringen, du kleines Stück Scheiße?« Ich sah zu Boden, sprach kein Wort und befürchtete, dass ich mir in die Hose machen würde. Dann packte er mich an den Haaren, schlug meinen Kopf so fest er konnte mehrmals gegen das Tor und wiederholte dabei seine Frage. Innerhalb kürzester Zeit kochte er vor Wut und ließ seinen unermesslichen Zorn an mir aus. Er schlug und trat auf mich ein, stieß meinen Kopf immer wieder gegen die Metalltür, fluchte die ganze Zeit über leise und beschimpfte meine Mutter. Ich war zu erschöpft, um mich zu wehren oder auch nur zu schreien. Bald hörte ich ihn nicht mehr und spürte auch keine Schmerzen. Die Zeit schien plötzlich langsamer zu laufen. Wie in Zeitlupe knallten die Fäuste meines Vaters in mein Gesicht. Mein Kopf wurde von einer Seite zur anderen geschleudert. Ich erinnere mich noch, dass ich Gott innerlich darum bat, meinem Vater in diesem Moment beizustehen und ihm dabei zu helfen, das zu nehmen, was er mir vor einem Jahrzehnt angeblich geschenkt hatte – mein Leben. Ich wollte es nicht mehr.

Als er mein Hemd schließlich losließ, fiel ich wie ein Sack Knochen vor seinen Füßen zu Boden.

»Beweg dich keinen Millimeter, du Stück Scheiße«, sagte er und ging.

Darum musste er sich wirklich keine Gedanken machen.

Kurz darauf kam er mit einer zusammengefalteten Armeedecke zurück, packte mich am Hemd und zog mich nach draußen auf die Straße. Dort öffnete er sein Auto, schubste mich hinein, warf mir die Decke ins Gesicht und sagte, dass er sich morgen früh um mich kümmern würde. Dann schlug er die Autotür zu und lief zurück ins Haus.

Endlich konnte ich schlafen. Ich kuschelte mich auf dem Rücksitz unter die raue und kratzige Decke und schloss die Augen. Meine Oberlippe und mein linkes Auge waren geschwollen und taten weh. Ich wünschte mir einfach nur, dass diese zermürbende Nacht vorbeiging, obwohl der nächste Morgen sicher nicht besser laufen würde.

Meine Augenlider wurden schwer und bald saß ich wieder auf der Hochebene und blickte auf die saftig-grüne Wiese mit dem Riesenweizengras, dessen Halme in der Sonne glänzten und im Wind tanzten. Der ältere Mann saß neben mir, legte mir den Arm um die Schultern und tröstete mich erneut: »Alles wird gut, ich verspreche es dir.«. Ich träumte, dass ich rannte und die Arme wie Flügel bewegte, bis ich schließlich in die Lüfte abhob. Männer jagten mich und griffen im Sprung nach meinen Füßen, um mich wieder hinunterzuziehen, doch ich flog immer weiter über die Wiese. Ich spürte keinen Schmerz und keinen Hunger.

Plötzlich wurde ich vom anspringenden Automotor geweckt.

»Guten Morgen, *aqa*«, sagte ich zu meinem Vater am Steuer und setzte mich auf. Er antwortete nicht. Sein Aftershave durchdrang das ganze Auto. Er legte den ersten Gang ein, trat die Kupplung und fuhr aus der Gasse. Seine Paradeuniform ließ ihn sehr offiziell und attraktiv aussehen. Da er mir nicht befahl, auszusteigen, wollte er mich irgendwo hinbringen, aber ich traute mich nicht, nachzufragen. Der frühen Morgenstunde und seiner Uniform nach zur urteilen, fuhr er sicherlich zur Arbeit. Das Haus meiner

Tante war direkt um die Ecke und sie hatte bestimmt noch meine alte Hose – die, die ich nach der Beschneidung nicht mehr tragen durfte. Ich musste mich dringend umziehen, aber hatte Angst, meinen Vater anzusprechen.

Ich dachte an sein Versprechen oder vielmehr seine Drohung, sich heute »um mich zu kümmern«. Ich saß schweigend auf dem Rücksitz und hoffte, dass er seine Meinung geändert hatte. Mein linkes Auge war völlig zugeschwollen und sowohl mein lädierter Körper als auch meine Kleidung stanken widerlich. Seltsamerweise fühlte ich mich plötzlich wie ein Holocaust-Opfer. Mein Vater hingegen glich mit seiner makellosen Militäruniform und seinem perfekt getrimmten Schnurrbart einem Nazi-Offizier, der mich an einen unbekannten Ort brachte. Alles schien wie ein surreales Déjà-vu-Erlebnis.

Regungslos beobachtete ich, wie er aus der Stadt hinaus- und an Herrn Rahimis Gegend vorbeifuhr. An den Bergen bog er dann in eine neue, noch unfertige und unbefestigte Straße ein und fuhr weiter, bis der Weg mitten im Nirgendwo endete. Dort hielt er schließlich an.

»Steig aus«, sagte er und sah mich dabei mürrisch im Rückspiegel an.

Ich stieg sofort aus, stellte mich neben die Wagentür und wartete auf seinen nächsten Befehl. Nachdem ich die Tür geschlossen hatte, ließ er den Motor wieder an, drehte mit dem Wagen um und fuhr so schnell davon, dass hinter ihm eine Staubwolke entstand und der Schotter in alle Richtungen wehte.

Ich stand mitten auf der unbefestigten Straße. Hinter mir ragte die trockene und leblose Hezarmasjed-Gebirgskette wie eine unendlich hohe Gefängnismauer in den Himmel. Vor mir erstreckte sich ein weites Ödland, das in der Ferne hier und da ein paar Gebäude erahnen ließ. Ich wollte meinen Vater eigentlich nach zwei *Rial* fragen, damit ich mir etwas Brot kaufen konnte, aber dazu kam es nicht mehr. Ein Adler kreiste über mir – der Motorlärm hatte ihn wohl aufgescheucht. Die frühe Morgensonne brannte bereits auf meine dicken, schwarzen Haare. Ich war schon häufiger in dieser Gegend gewesen und hatte sie sowohl mit Freunden als auch allein erkundet. Jeden Frühling bedeckten rote, im Morgentau leuchtende Tulpen die unebenen Berghänge. Ich war vor und nach der Schule immer hergekommen, um mich an den süßen und saftigen Tulpenzwiebeln satt zu essen. Wären die Tulpen an jenem Tag doch nur da gewesen. Ich hätte sie gut gebrauchen können.

Bevor ich mich auf den Weg zurück in die Stadt machte, wollte ich an den kleinen Bach auf dem Hügel gehen und mich waschen. Der Gestank von getrocknetem Blut, Urin und Schweiß hatte sich an meiner Kleidung und meinem Körper festgesetzt. Früher waren meine Freunde und ich während der heißen Sommertage zum Abkühlen hier hinaufgekommen. Das Gewässer war sehr flach, sodass man die kleinen, runden Kieselsteine am Boden sehen konnte. Da wir alle nicht schwimmen konnten, war das für uns ideal.

Ich lief zu einer Stelle des Baches, wo mir das Wasser nur bis zu den Knöcheln reichte, und legte mich mitsamt meiner Kleidung – oder dem, was von ihr übrig geblieben war – in den kleinen Fluss. Für gewöhnlich spielten und schrien hier Kinder, während ihre Mütter Geschirr und Kleidung wuschen, doch dafür es war noch viel zu früh und ich hatte das gesamte Ödland und die kühle Bucht für mich allein. Ich schloss die Augen und lag eine gefühlte Ewigkeit still auf dem Rücken. Die klare Flüssigkeit wirkte erfrischend und beruhigend auf meinen Körper, strömte um ihn herum und floss eilig weiter. Bald spürte ich auch die harten Kieselsteine am Flussbett nicht mehr gegen meinen knochigen Rücken drücken. Die Sonne wärmte mein Gesicht, während das kalte Wasser über meinen Körper lief und die Hitze ausglich, sodass ich überall Gänsehaut bekam. Ich stellte mir vor, dass ich mich an einem Bach im Heimatdorf meiner Großeltern befand, wo alles üppig und grün strahlte – denn hier war alles grau und staubig. Ich roch den brennenden Tabak aus der Pfeife meines Großvaters.

Den himmlischen Duft von Madar Joons Brot. Ich sah, wie sie es aus dem heißen Lehmofen im Boden zog und sich dabei auf ihrer Stirn Schweißperlen bildeten.

Das stechende und schmerzvolle Hungergefühl in meinem Magen übernahm langsam die Kontrolle über mich. Ich konnte nur noch ans Essen denken und hatte schon eine Weile überlegt, in Hadsch Aqas kleinem Lebensmittelgeschäft nach etwas Brot zu fragen und es auf Maman Bozorgs Namen anschreiben zu lassen. Wenn ich nirgendwo sonst etwas zu essen auftreiben konnte, war ich in den letzten zwei Monaten ab und zu in Hadsch Aqas Laden gegangen und hatte dort Brot oder eine kleine Melone auf Maman Bozorgs Rechnung gekauft. Ich erzählte Hadsch Aqa, dass Maman Bozorg gerade nicht in der Stadt war und sie die Rechnung bezahlen würde, sobald sie wieder zurückkam. Mein eigentlicher Plan war jedoch, meinen Vater um das Geld zu bitten, sodass ich den Mann bezahlen konnte, lange bevor Maman Bozorg wieder in Maschhad eintraf. Wie viele Frauen von Militärmännern hatte Maman Bozorg ein Rechnungskonto bei Hadsch Aqa und beglich dieses immer zum Monatsanfang, wenn sie ihr Haushaltsgeld von Herrn Rahimi bekam. Die Gesamtsumme überschritt nie mehr als zehn *Tooman:* zwei *Rial* für Fruchtsalz, wenn sie eine Magenverstimmung hatte; zwei *Rial* für Zigaretten oder Aspirin, wenn sie Kopfschmerzen hatte; zwei *Rial* für Eis und zehn *Rial* für Trauben, wenn sie einmal unangekündigten Besuch bekam. Mit dem bisschen Geld von Herrn Rahimi musste sie sehr sparsam haushalten.

Ich zog mein Hemd aus – oder das, was davon noch übrig war –, wrang es aus, schüttelte es in der Luft glatt und zog es wieder an. Anschließend humpelte ich die lange Kiesstraße entlang und machte mich auf den Weg zu Herrn Rahimis Viertel und Hadsch Aqas Lebensmittelgeschäft. Ich schämte mich, ihm so viel Geld zu schulden und es nicht zurückzahlen zu können, daher war ich schon länger nicht mehr in seinem Geschäft gewesen, geschweige denn auch nur daran vorbeigelaufen. Ich hatte große Angst davor, dass Maman Bozorg zurückkam, bevor ich den Mann bezahlen konnte, und somit von allem erfahren würde. Sie hätte es mit Sicherheit als unverzeihlich oder vielleicht sogar als Diebstahl angesehen, dass ich in ihrer Abwesenheit und ohne ihr Wissen ihr Rechnungskonto in ihrem Namen belastet hatte.

Aber nun hatte ich keine andere Wahl. Ich wäre ohnmächtig geworden, wenn ich nicht in absehbarer Zeit etwas zu essen bekommen hätte. Ich wollte erst zum Armeelager laufen, aber ich war mir nicht sicher, ob ich es so weit schaffen würde. Und falls ich wirklich ohnmächtig werden sollte, wollte ich mich lieber an einem Ort befinden, an dem man mich auch finden konnte, statt im schlangenbefallenen Ödland, das das Lager umgab.

Verunsichert betrat ich schließlich den Laden, in dem Hadsch Aqa hinter der kleinen Holztheke stand.

»*Salam,* Hadsch Aqa.«

»*Salam*«, antwortete er wie gewöhnlich, ohne dabei zu lächeln oder mich anzusehen. Hadsch Aqa war ein recht klein gewachsener Mann vom Land, der – abgesehen davon, dass er niemals lächelte – meinem Großvater Aqa Bozorg sehr ähnelte. Er war Mitte bis Ende fünfzig und hatte ein eingefallenes und ernstes Gesicht, auf dem stets ein weißer Bart prangte. Wie die meisten Männer vom Land trug er einen kleinen, weißen Turban auf dem Kopf und fast jeden Tag dieselbe Kleidung. Hadsch Aqa sprach sehr selten und gab wenn überhaupt nur ein paar nüchterne Worte von sich.

Ich sah mich leicht ängstlich in der Lehmhütte um und stand ihm direkt auf der anderen Seite der Theke gegenüber, auf der sich eine sperrige Messingwaage und alte Zeitungen befanden, in die er immer die Ware seiner Kunden einwickelte. Rechts von mir waren hölzerne Cola- und Pepsi-Kisten an der Wand gestapelt, zu meiner linken Seite standen prall gefüllte Jutesäcke mit allen möglichen Trockenwaren. Das süße Aroma von goldgelben Trauben und Melonen lag in der Luft. Wie üblich fragte er nicht, was ich wollte, sondern ging weiter seinen eigenen Beschäftigungen nach. So verhielt er sich gegenüber jedem Kunden, dennoch bildete ich mir ein, dass er sauer auf mich war und deshalb schlechte Laune hatte. Ich befürchtete, dass er mich für einen Betrüger hielt. In Anbetracht der Geldsumme, die ich ihm bereits schuldete, würde er mich sicher nicht noch mehr auf Rechnung kaufen lassen. Aber ich war zu verzweifelt und wusste zu dem Zeitpunkt keine andere Lösung, um an Nahrung zu kommen.

»Können Sie mir bitte ein Brot geben und auf Frau Rahimis Rechnung setzen?«, sagte ich mit schwacher, fast grabesschwerer Stimme.

Hadsch Aqa musterte mich kurz, ohne den Kopf zu heben, und fragte: »Wann kommt Frau Rahimi denn wieder zurück?«

»Bald, Hadsch Aqa.«

»Sie schuldet mir bereits einundzwanzig *Tooman!*«

Ich schnaufte. So viel Geld musste ich also beschaffen, bevor Maman Bozorg wieder zurückkam.

Ich fühlte mich wertlos und antwortete, ohne in anzusehen: »Ja, Hadsch Aqa.« Ich hoffte, dass er mir nicht noch mehr Fragen stellen würde, denn in mir kochten die Gefühle wieder hoch und ein dicker Kloß bildete sich in meinem Hals. Ich war in diesem Moment sehr emotional und wusste, dass ich direkt vor Hadsch Aqa in Tränen ausbrechen würde, wenn ich noch etwas sagen müsste. Ich bin zwar in einer Kultur groß geworden, in der weinen alltäglich und weder geschlechter- noch altersabhängig war, doch ich hatte es schon immer gehasst, dies in der Öffentlichkeit zu tun. Hadsch Aqa fixierte kurz die blauen Flecken in meinem Gesicht und griff dann, als ob er sich zum Wegschauen zwingen müsste, hinter sich, schüttelte den Kopf und flüsterte vor sich hin. Dann nahm er ein Brot und reichte es mir. Wie jeder aus dem Viertel von Herrn Rahimi und der näheren Umgebung wusste auch Hadsch Aqa, dass ich ein Waisenkind war.

»*Merci*, Hadsch Aqa.« Ich nahm das Brot, verließ das Geschäft und weinte, während ich zurück zum Maydoneh-Bar-Viertel lief und auf dem dünnen, runden Fladenbrot herumkaute. Ich zerfloss in Selbstmitleid und dieses Mal galten die Tränen nur mir selbst, dem kleinen zehnjährigen Jungen, der sich ganz allein durch den Dschungel des Lebens kämpfte. Sie galten der Ungerechtigkeit, die mir widerfahren war und die ich damals – wie man mir beigebracht hatte – Gott ankreidete.

Ungefähr einen Monat, nachdem Maman Bozorg wieder zurück war, liefen wir gerade durch das Viertel, als sie plötzlich beschloss, in Hadsch Aqas Laden Aspirin zu kaufen. Ich sagte ihr, dass ich draußen warten würde, aber sie wollte nicht allein gehen. Also hatte ich keine andere Wahl. Ich folgte ihr widerwillig in das kleine Geschäft und blieb mit gesenktem Kopf an der Tür direkt hinter Maman Bozorg stehen. Hadsch Aqa stand hinter der Holztheke und begrüßte sie.

»*Salam*, Khanome Rahimi.«

»*Salam*, Hadsch Aqa. Bitte packen Sie mir Aspirin für zwei *Rial* ein.«

»*Chashm, khanom.*«

Ich schämte mich sehr und hatte fürchterliche Angst, dass Maman Bozorg nun herausfinden würde, was für ein betrügerisches und unehrliches Kind ich war – schließlich hatte ich ihren guten Namen befleckt und hinter ihrem Rücken ihr Rechnungskonto benutzt. Der ohnehin schon kleine Laden schien in meinem Kopf immer weiter zu schrumpfen und mir stockte der Atem. Ich dachte in diesem Moment, dass mich nur der Tod retten könnte. Ich wünschte, ich hätte Maman Bozorg von den zwanzig *Tooman* erzählt, die auf ihren Namen angeschrieben wurden. Ich stellte mir vor, wie sie sagte: »Du bist genau wie dein Vater, unehrlich und ein Betrüger. Du packst sofort deine Sachen und verschwindest aus meinem Haus.«

Hadsch Aqa legte ein paar Aspirin auf ein kleines Stück Papier, faltete es zusammen und reichte es Maman Bozorg. Sie griff in ihren kleinen, schwarzen Münzgeldbeutel, nahm vier Zehn-*Shahi*-Münzen heraus und gab sie Hadsch Aqa.

Der hielt die Hand mit den Münzen ausgestreckt vor sich hin und sagte genau die Worte, denen ich irgendwie zu entkommen geglaubt hatte: »Möchten Sie heute Ihre Rechnung bezahlen, *khanom?*«

»Welche Rechnung?! Ich schuldete Ihnen vier *Tooman* und habe sie höchstpersönlich zurückgezahlt, bevor ich nach Teheran aufgebrochen bin, wissen Sie nicht mehr?«

Aus Respekt Maman Bozorg gegenüber blieb Hadsch Aqa ganz aufrecht stehen, aber als er ihre Antwort hörte, sank er plötzlich gleich einem geplatzten Ballon in sich zusammen. Dann stützte er sich mit beiden Händen auf der Theke ab und atmete tief ein. Anschließend hob er leicht den Kopf und sah mir zum ersten Mal tief in die Augen – doch ich war weder imstande, seine Fragen zu beantworten, noch sonst etwas zu erwidern. Aber ich schaute nicht weg, sondern erlaubte ihm, tief in meine Seele zu reisen, die Wahrheit zu erforschen und zu erkennen, dass ich kein Betrüger war. Ich erwiderte seinen Blick zaghaft und bettelte wie ein Welpe mit meinen Augen um Vergebung.

»Sie haben recht, Khanome Rahimi«, sagte der wunderbare Mann plötzlich; unsere Blicke waren immer noch miteinander verschmolzen. »Ihre Rechnung wurde zu Beginn des Sommers beglichen. Mein Fehler, bitte entschuldigen Sie.« Ich werde Hadsch Aqa niemals vergessen.

◆ EIN SOMMER MIT MOLOUK

Eines Nachts träumte ich, in einem großen Saal bei gedimmtem Licht mit einer Frau zu tanzen. Wir umarmten einander und die Welt um uns herum schien nicht zu existieren. Ich spürte eine unbeschreibliche Zuneigung zu dieser Frau und wir wogten im Rhythmus der Musik. Obwohl der Mann in meinem Traum viel älter war und mir kaum ähnlich sah, wusste ich, dass ich es war. Ich stand am Rand der Tanzfläche im Dunklen und beobachtete mein anderes Ich. Das Gesicht der Frau war verschwommen und mir fremd; unsere starke emotionale Bindung deutete jedoch auf eine innige Liebesbeziehung zwischen uns hin. Ich war groß, gut aussehend und um die dreißig und trug ein weißes, leicht gerafftes, langärmliges Hemd und eine dunkle Hose. Als der Tanz vorbei war, wollte ich die Frau nicht mehr loslassen. Ich hatte diesen Traum in den letzten paar Wochen häufiger und die Gefühle darin wurden immer intensiver. Am Morgen danach war ich meist völlig verwirrt und aufgewühlt.

»Alireza, dass du mir diese Woche nicht einfach so verschwindest, ich brauche dich hier.«

»*Chashm*, Maman Bozorg.«

Die Schulferien hatten gerade begonnen und ich wollte die Woche eigentlich nach Golmakan aufbrechen. Meine Cousins aus Gorgan kamen bald in Maschhad an und für gewöhnlich fuhren sie dann direkt nach Golmakan, um sich an den Maulbeeren in der Erntezeit zu laben. Maman Bozorg erzählte mir, dass ihre Nichte aus Kaschmar – einer kleinen Stadt einige Hundert Kilometer südlich von Maschhad – zu Besuch käme und sie meine Hilfe bei den Vorbereitungen bräuchte. Maman Bozorg war schon recht alt und sah nicht mehr besonders gut. Und da die Geschäfte so weit weg waren, seitdem wir in dem neuen Haus wohnten, hatte ich immer alle Besorgungen für sie erledigt.

Sie hatte kaum genügend Geld für Brot, geschweige denn für Petroleum für unseren kleinen, tragbaren Aladin-Heizofen. Als Kia noch bei uns wohnte, hat Maman Bozorg den Heizofen für alles Mögliche benutzt: zum Kochen, um Wasser zu erhitzen, damit Kia sich an kalten Wintertagen morgens das Gesicht waschen konnte, und für das Bügeleisen, mit dem sie seine Hosen glättete. Doch mittlerweile wurde der Heizofen nur noch gebraucht, um Tee zu kochen oder damit ich mir daran die Hände aufwärmen konnte, wenn ich im Winter völlig durchgefroren aus der Schule kam. Maman Bozorg war stolz wie eine Königin und hätte nie jemanden um Hilfe gebeten oder zugelassen, dass die Menschen erfuhren, in welch ärmlichen Verhältnissen sie lebte. Wir kamen mit ein oder zwei Mahlzeiten am Tag aus – meistens aßen wir ein paar Walnüsse und trockenes, altes Brot, das sie zum Aufweichen mit etwas Wasser beträufelte. Maman Bozorg hatte ein künstliches Gebiss und konnte nichts kauen, das auch nur ansatzweise hart war. Zu besonderen Anlässen oder wenn sie einfach wollte, kochte sie für uns beide etwas Zwiebelsuppe. Nach dem letzten Sommer war ich einfach nur dankbar für das Dach über meinem Kopf, das Essen kümmerte mich nicht. Obwohl sie kaum Geld für mich ausgeben musste, war ich sicher, dass Maman Bozorg mich unter diesen Umständen kaum noch länger bei sich behalten konnte. Ich fürchtete also immer, wenn die Sommerferien begannen, dass sie mich wegschicken würde. Daher freute ich mich umso mehr darüber, dass ich bei ihr bleiben sollte.

Nachdem Kia weggezogen war, zahlte Herr Rahimi Maman Bozorg kaum noch Haushaltsgeld. Ich war zufällig gerade im Hof, als Maman Bozorg ihn eines Tages um mehr Geld bat. Ohne uns auch nur eines Blickes zu würdigen, zeigte Herr Rahimi mit seinem langen, tabakvergilbten Finger in meine Richtung und sagte:

»Dafür musst du dich an seinen Vater wenden.« Da sie bereits erfolglos versucht hatte, meinen Vater zu finden, antwortete er: »Dann setz das Kind vor die Tür. Das hättest du schon längst tun sollen, du törichtes Weib. Wir sind schließlich kein Waisenhaus. Und ich muss mich um meine eigenen Kinder kümmern.«

Maman Bozorgs Verwandte waren recht wohlhabend und lebten in netten Häusern. Ein- oder zweimal im Monat besuchten wir einen von ihnen und aßen dort köstliche persische Mahlzeiten, meist mit Fleisch und Reis. Arme Maman Bozorg … Ich frage mich oft, was wohl aus ihr geworden wäre, wenn sie Herrn Rahimi nicht hätte heiraten müssen, nachdem ihr erster Mann gestorben war. Obwohl sie nie zur Schule gegangen ist, war sie immer sehr gut informiert, hatte sehr viel Lebenserfahrung und vor allen Dingen Klasse. Sie und Herr Rahimi passten ganz offensichtlich nicht zueinander, und Maman Bozorg führte definitiv kein ihr angemessenes Leben.

Als Maman Bozorgs Nichte schließlich eintreffen sollte, holte ich mir auf Maman Bozorgs Wunsch hin ein sauberes Hemd von der Wäscheleine, kämmte mir mit Kias altem Kamm die Haare und holte sie ab. Maman Bozorgs Nichte wurde etwa einen Kilometer die Straße hinauf abgesetzt und ich sollte ihren Koffer tragen und sie zu unserem Haus bringen. Am verabredeten Ort angekommen, wartete ich neben der Schotterstraße im Schatten einer Lehmziegelmauer. Maschhads Sonne war immer sehr grell und stechend heiß, die Luft jedoch stets angenehm trocken.

Als die Sonne am tiefblauen Himmel direkt über meinem Kopf stand, tauchte auf dem Hügel am Ende der Straße endlich ein gelb schimmerndes Taxi auf, das eine riesige Staubwolke hinter sich herzog. Ich trat sofort vor und winkte dem Fahrer, damit er anhielt. Da in dieser Gegend kaum Taxis fuhren, war ich mir sicher, dass Maman Bozorgs Nichte hier drin war. Das Taxi stoppte, die hintere Wagentür öffnete sich und ein Mädchen, ungefähr so groß und alt wie ich, stieg mit einem kleinen Koffer in der Hand aus. Die Kleine wechselte noch ein paar Worte mit einem Mann und einer Frau im Wagen und schloss dann die Tür. Das Taxi fuhr los und verschwand schnell in einer nahegelegenen Seitenstraße.

»*Salam!* Du musst Alireza sein«, sagte das Mädchen süß lächelnd. Mit der freien Hand schirmte es die Augen vor der Sonne ab. Plötzlich bemerkte ich, dass ich wie versteinert dastand und starrte, als hätte ich noch nie zuvor ein Mädchen gesehen.

Als ich mich wieder gesammelt hatte, sprang ich über den kleinen Bach zwischen der langen Lehmziegelmauer und der Straße und antwortete nervös: »*Salam.*« Ich griff nach dem Koffer, das Mädchen lächelte jedoch und hielt mir zur Begrüßung die Hand hin. Dieses Lächeln ließ einen einsamen jungen Mann wie mich alles Leid vergessen. Dieses Lächeln ließ selbst die stärkste Seele erweichen.

»Wie geht es dir?«

»Gut, danke«, antwortete ich. Ohne das Mädchen anzusehen, schüttelte ich ihm schnell die Hand und griff nach dem Koffer. Mich durchströmte ein magnetischer Impuls, der mich berauschte und mein ganzes Wesen völlig durcheinanderbrachte. Ich war komplett überfordert und konnte mich kaum konzentrieren. Jungen und Mädchen fassten sich hier niemals an, sie redeten noch nicht einmal miteinander. Die Schönheit und das Selbstbewusstsein von Maman Bozorgs Nichte schüchterten mich ein und machten mich unglaublich nervös. Das hätte eigentlich genau umgekehrt sein müssen, denn ich war der Großstadtjunge und sie das Kleinstadtmädchen. Wie viele von Maman Bozorgs Verwandten sprach Molouk gehobenes, elegantes Farsi in einem angenehmen Dialekt.

Zu behaupten, ich hätte mich erst langsam und vernunftgemäß in sie verliebt, wäre gelogen. Dass mein Herz vollkommen verrücktspielen würde, war ebenfalls recht schnell klar. Seit unserer Begrüßung und dem ersten Händedruck war ich nicht mehr derselbe Mensch. Nicht mehr derselbe elfjährige Junge, der ich noch vor fünf Minuten war. Das Treffen mit Molouk löste eine chemische und emotionale Reaktion in mir aus und verwandelte mich in etwas Neues – als hätten sich zwei Elemente miteinander verbunden.

Sicherlich sind lange vor meinem schon viele Herzen dermaßen schnell und praktisch ohne Gegenwehr erobert worden. Und rein zufällig war ich einem jungen Mädchen erlegen, in dessen beruhigenden, warmen, honigfarbenen Augen eine ganze Nation Trost gefunden hätte. Ich war mir sicher, dass Molouk schon immer gelebt hatte und bereits in meiner Vergangenheit präsent war – und dies auch in meiner Zukunft sein würde. Wie sonst hätte es sein können, dass jede Faser meines wehrlosen Körpers mit ihr vertraut war und sie schon lange vor diesem Tag erwartet hatte?

Mit ihrem Koffer in der Hand bat ich sie murmelnd und stotternd, mir zu folgen. Ich hätte mich fast blamiert, als ich besonders cool über den kleinen Bach springen wollte und dabei fast hineinfiel. Ich schämte mich für mein Verhalten, schüttelte über mich selbst den Kopf und lief weiter. Ich beschloss, abseits der Hauptstraße nach Hause zu gehen und Molouk vor den schrecklichen Blicken der älteren Jungen zu schützen, die im Sommer nichts Besseres zu tun hatten als auf dem Gehweg Passanten zu beobachten und die Zeit zu vertrödeln. Wir liefen also eine enge Schotterstraße entlang, die durch die unbebaute Gegend unseres Viertels führte. Diesen Weg hatte ich häufig genommen, wenn ich spät nachts für Herrn Rahimi schwarzgebrannten Schnaps besorgen sollte.

Wir hatten es nicht besonders eilig, daher schlenderten Molouk und ich auf dem Schotterweg Seite an Seite den Hügel hinunter. Ab und zu sagte oder fragte sie etwas. Jedes Mal, wenn ihr Körper meinen streifte, durchströmte mich ein warmer und lähmender Impuls. An jenem sonnigen Tag zeichnete eine unsichtbare göttliche Hand aus einer unbekannten Welt ein strahlend weißes Gänseblümchen namens Molouk auf die staubige und trockene Lehmleinwand meines Lebens.

»In welche Klasse kommst du dieses Jahr?«, fragte sie sanft.

»In die fünfte«, antwortete ich stolz. »Und du?«

»Vierte. Ich habe gehört, dass du sehr schlau bist«, sagte sie mit einem warmen und ansteckenden Lächeln.

Ich wurde rot und erwiderte nichts.

»Wie lange bleibst du hier?«, wollte ich schüchtern wissen.

»Ich bin mir nicht sicher. Vielleicht den ganzen Sommer.«

Als ich das hörte, betete ich zu Gott, dass Maman Bozorg mich den Sommer über nicht zu den Verwandten meiner Mutter schickte, damit ich bei dieser wunderschönen Fremden bleiben konnte, der ich mich näher fühlte als allen anderen.

»Mein Onkel wohnt auch in Maschhad, vielleicht besuche ich ihn und meine Cousins noch für eine Weile«, fügte sie hinzu.

Molouk trug ein weißes Baumwollkleid, das ihr knapp bis über die Knie reichte, schwarze Lederschuhe und weiße Spitzensöckchen. Ihr seidiges, schulterlanges, schokobraunes Haar schimmerte in der Sonne. Bei jedem Schritt tanzte ihr Haar, das nach Berberitze roch. Mir war bisher nicht klar, dass Haare so schön duften konnten. Ihre Stimme ergänzte ihr Aussehen und ihre Persönlichkeit perfekt. Sie war süß und sanft, wie eine beruhigende Melodie, die sofort Vertrauen erweckt und besänftigt. Wenn sie ihn aussprach, hörte mein Name sich zum ersten Mal schön an. Vielleicht war Molouk ein Engel in Menschengestalt, gekommen, um mich wenigstens für kurze Zeit von diesem erbärmlichen Leben zu erlösen.

Neugierige kleine Jungen mit staubigen, kurzen Haaren und Mädchen mit verschleierten Gesichtern beobachteten uns, als wir uns Herrn Rahimis Haus näherten. Während ich neben Molouk herlief, erblickten mich einige Mitschüler; sie lächelten mir anerkennend zu und sahen tatsächlich etwas neidisch aus. Das erfüllte mich sofort mit Stolz und ich bekam Gänsehaut.

Von diesem Tag an wich ich so gut wie nie von Molouks Seite – nur wenn ich für Maman Bozorg zur Bäckerei oder in den Einkaufsladen gehen musste. Und das erledigte ich immer so schnell, dass selbst Maman Bozorg staunte. Wegen Molouk hatte ich das Maydoneh-Bar-Viertel, mein Lieblingsdorf Golmakan, meine lieben Cousins aus Gorgan sowie Arg und seine zahlreichen Kinos völlig vergessen.

Molouk brachte Größe und Farbe in unsere sonst so kleine und graue Welt. Sie duftete stets bezaubernd, war strahlend schön und lächelte immerzu. Außerdem war sie lebensfroh, intelligent und aufgeschlossen. Sie hatte eine sehr starke Persönlichkeit; für die meisten Mädchen aus unserer Familie eher untypisch. Seit Molouk da war, kochte Maman Bozorg wieder und schickte mich jeden Morgen zum Bäcker, um warmes, frisches Brot für unser Frühstück zu kaufen – genau wie damals, als Kia noch bei uns gewohnt hatte. Statt wie sonst nach Staub roch unser kleines Zimmer nun nach frisch Gekochtem, Gewürzen und Berberitzen. Vor allem duftete es jedoch überall nach Molouk.

Eine Woche nach Molouks Ankunft bekam Maman Bozorg ein Telegramm von Kia: Wir drei sollten unsere Sachen packen und ihn an seinem neuen Dienstort, in einem Dorf nahe Damghan, besuchen. Kia hatte ausdrücklich darum gebeten, uns ordentlich herzurichten. Denn wie die meisten Iraner sorgte er sich um seinen Ruf und legte viel Wert auf die Meinung anderer. Deshalb gingen Maman Bozorg und ich in das Viertel beim Schrein, das vor Geschäften nur so wimmelte. Sie kaufte mir ein Hemd und ein Paar Stoffturnschuhe, sodass ich für unsere Reise etwas Ordentliches zum Anziehen hatte. Die Schuhe waren eigentlich zwei Nummern zu klein, aber da ich sie mochte und wir uns keine teureren leisten konnten, wollte ich sie trotzdem unbedingt haben. Ich probierte sie an, Maman Bozorg merkte zwar direkt, dass sie zu klein waren, aber ich konnte mich durchsetzen. Draußen schrie sie mich dann an, weil ich vor dem Ladenbesitzer ganz offen Interesse gezeigt hätte und gierig schien. Das habe sie ein paar *Rial* extra gekostet. Anscheinend hatte ich das wichtigste Einkaufsgesetz gebrochen: im Geschäft völlig desinteressiert tun.

Welch unterhaltsames Theaterstück das Leben doch ist. Die Bühne war unverändert, aber der Sommer verlief völlig anders als im Vorjahr. Ich hatte nicht nur meine ersten Stoffturnschuhe bekommen (wovon ich schon immer geträumt hatte), sondern sollte außerdem bald so weit reisen wie noch nie zuvor, und zwar mit Molouk an meiner Seite. Welch wunderbaren Unterschied ein Jahr doch machen konnte.

Molouk und ich kamen mittlerweile wunderbar miteinander aus und wahrten stets die gesellschaftlichen Grenzen zwischen Jungen und Mädchen. Wir behandelten einander höflich und berührten uns nicht. Ich wünschte mir jedoch nichts sehnlicher, als sie einmal zu umarmen oder nur für einen kurzen Augenblick ihre Hand zu halten. Mir wurde bewusst, dass Augen und Hände die ausdrucksstärksten und gefühlvollsten Attribute des Menschen sind. Sanfte Berührungen oder flüchtige Blicke können meiner Meinung nach mehr Emotionen übermitteln als alle Worte der Welt. Im Übrigen war es nicht ungewöhnlich, dass zwei Jungen meines Alters oder sogar zwei erwachsene Männer Händchen haltend durch die Straßen liefen. Was bei Männern als Ausdruck enger Freundschaft gesehen wurde, war zwischen Jungen und Mädchen verboten.

Am Tag unserer Abreise zu Kia kamen wir schon früh am Busbahnhof an. Wir stiegen ein, setzten uns und waren unterwegs nach Damghan. Der Bus fuhr eigentlich nach Teheran, aber Maman Bozorg zufolge stiegen wir auf halber Strecke in Damghan aus. Sie hatte nur zwei Fahrkarten gekauft, deshalb mussten wir dicht zusammenrücken und uns zu dritt einen Sitzplatz teilen, der eigentlich für zwei Passagiere gedacht war. Maman Bozorg saß am Fenster, Molouk in der Mitte und ich am Gang. Natürlich kam mir das sehr gelegen.

Gegen Mittag hielt der Bus neben einer kleinen Lehmhütte mitten im Nirgendwo an und die Fahrgäste vertraten sich kurz die Beine. Wir drei liefen zu einem Fels an einem seichten Fluss. Maman Bozorg betete, während Molouk und ich Fladenbrot und hart gekochte Eier vom Vorabend verspeisten. Die anderen Passagiere aßen ebenfalls zu Mittag oder beteten im Schatten der riesigen Bäume. Menschen, die dies normalerweise nicht sehr oft taten, nahmen sich auf Reisen plötzlich immer Zeit dafür – im Glauben sicher an ihrem Zielort anzukommen.

Wegen des Mittagessens und des eintönigen Motorgeräusches schliefen die Fahrgäste bald ein – auch Maman Bozorg und Molouk. Ich jedoch nicht. Genau genommen konnte ich mich die gesamte Reise über kein bisschen entspannen, denn Molouks Körper war zu dicht an meinen gepresst. Ich glich einem von Dürre geplagten Stück Land, das in den letzten sechs Jahren kaum Regen abbekommen hatte, und Molouk war nun das großzügige Nass, das Liebe und Leben mit sich brachte. Wie sollte ich schlafen, wenn jede Faser meines Körpers jeden einzelnen Tropfen von ihr aufsaugen wollte?

Wir saßen etwa drei oder vier Reihen hinter dem Fahrer und ich beobachtete ihn im Rückspiegel. Als er in Gedanken versunken und nicht zu mir hinüberzusehen schien, gab ich Molouk nervös einen Kuss auf die Wange –und anschließend noch einen. Das wollte ich tun, seit ich sie das erste Mal gesehen hatte. Als ich Molouk küsste, fühlte ich mich wie im Himmel – wenn es diesen denn gab.

Als wir in der kleinen Stadt Damghan ankamen, war es schon fast dunkel. Der Busfahrer ließ uns drei am Straßenrand heraus. Unter dem tiefvioletten Abendhimmel zeugte nur ein einsames Lehmgebäude mit einer hell leuchtenden Petroleumlaterne von Zivilisation. Weit und breit konnte man Millionen Sterne sehen, die zum Zirpen der Grillen funkelten. Maman Bozorg lief direkt auf das Gebäude zu, das sich als einfaches Einkaufsgeschäft entpuppte. Ich lief hinter Moluk her und meine Füße taten wegen der viel zu engen Schuhe unglaublich weh. Im Bus hatte ich sie ausgezogen, aber jetzt musste ich sie tragen und mir schossen Tränen in die Augen.

Maman Bozorg ging in die kleine Hütte, sprach kurz mit einem alten Mann und kam direkt wieder raus. Sie meinte, wir müssten hier auf Kia warten, und setzte sich auf einige leere Cola-Kisten. Molouk und ich hielten im Dunklen Ausschau nach zwei

Scheinwerferlichtern, die hoffentlich bald in der Ferne aufleuchteten.

Während wir warteten, erzählte uns Maman Bozorg von der Blütezeit dieser Gegend. Ihr zufolge war die Stadt im Iran immer noch führend im Handel mit Pistazien und dünnschaligen Mandeln. Wie viele iranische Kleinstädte und Dörfer hatte Damghan seine ganz eigene Geschichte und war nicht immer schon so winzig gewesen. Die Stadtentwicklung reichte zurück bis 4000 vor Christus, als die Arier nach Europa kamen und auf der iranischen Hochebene ansiedelten. Zur Zeit des Persienfeldzuges Alexanders des Großen 334 vor Christus nannten die Griechen den Ort Hekatompylos, die »Stadt der hundert Pforten«. Mit diesem Namen hoben die Griechen häufig die Bedeutsamkeit und Größe einer Stadt hervor. Damghan war sogar einmal Hauptstadt einer persischen Dynastie, bevor es 1723 von den einfallenden Afghanen zerstört wurde. 1967 präsentierte sich Damghan schließlich nur noch als Kleinstadt mit vereinzelten Asphaltstraßen und einem winzigen Park.

Nachdem wir etwa eine Stunde gewartet hatten, hielt ein alter Land Rover auf der Schotterstraße vor dem Geschäft und Kia stieg wie immer breit grinsend aus dem Wagen. Der Fahrer verstaute unser Gepäck im Kofferraum und wir Vier umarmten und küssten uns zur Begrüßung. Ich hatte Kia über ein Jahr nicht gesehen. Kurz darauf schlängelten wir uns auch schon auf einer unbefestigten Straße durch ein mit Dornbüschen durchzogenes Ödland. Wir fuhren in das Dorf Amirabad, zu Kias erstem Dienstposten nach dem abgeschlossenen Gendarmerietraining.

Am nächsten Morgen zeigte Kia uns alles und stellte uns einige Dorfbewohner vor. Zum ersten Mal sah ich meinen Bruder in seiner armeegrünen Militäruniform. Kia guckte nicht nur unverkennbar ernst, trug einen für viele Iraner typischen Schnurrbart und schwellte stolz die Brust, sondern ging auch noch so steif und aufrecht, als hätte er ein Schwert verschluckt. Seine schwarzen Stiefel glänzten und seine Uniform war sorgfältig gebügelt. In einem Halfter an seinem Gürtel steckte ein 45er Colt. Die Ray-Ban-Sonnenbrille unter seiner leicht schräg sitzenden Militärkappe rundete sein eindrucksvolles Erscheinungsbild ab. Wenn ich nicht in Militärfamilien groß geworden wäre, hätte ich ihn sicherlich für einen General oder das Dorfoberhaupt gehalten. Ich war stolz, mit ihm gesehen zu werden – wie damals an meinem ersten Schultag, als wir nebeneinander die Straße entlangliefen und er seine Schulpolizeiuniform trug. Dieser Beruf passte sehr gut zu ihm, denn er hatte sich schon immer gewünscht, eine bedeutende Persönlichkeit zu sein. Auch wenn er nur ein großer Fisch in einem kleinen Teich war.

Die Außenposten der Gendarmerie waren in den ländlichen Gegenden Irans sehr wichtig, denn sie erfüllten drei Hauptfunktionen: Gesetzesvollstreckung, Akten- und Kommandoführung. Der Posten in Amirabad war außerdem für einige weitere angrenzende Dörfer zuständig, und weil Kia zusätzlich zwei Mal die Woche Nachtdienst hatte, war er kaum zu Hause.

Amirabad war eine kleine sonnendurchflutete Festungsstadt, hinter deren hohen, uralten Mauern ungefähr hundert winzige, in Grüppchen angeordnete Lehmhäuser verweilten. Innerhalb der Festung waren die Häuser durch viele enge Gassen vernetzt, die schließlich alle zusammenliefen und zu einem riesigen Holztor führten. Wie für iranische Dörfer typisch, lagen Ackerland und Obstplantagen – auf denen meist Pistazien, Granatäpfel und Feigen angebaut wurden – außerhalb der Festungsmauern. Das Dorf war daher umgeben von Obstgärten sowie Bauernhöfen, und überall wuchsen Dornbüsche, die von den Dorfbewohnern hauptsächlich zum Brennen verwendet wurden. Sie schnitten die Zweige ab, rollten sie zu großen Ballen zusammen und stachen sie mit einem langen Holzstock auf. Wie Gewichtheber konnten sie so die riesigen Hanteln auf den Schultern nach Hause tragen.

Maman Bozorg kochte oder putzte die meiste Zeit, sodass Molouk und ich machen konnten, was wir wollten. Tagsüber erkundeten wir das Dorf samt seiner zahlreichen Obstgärten, nachts lagen wir im Hof in unserem Moskitozelt und unterhielten uns über Gott und die Welt. Häufig schauten wir uns einfach nur in die Augen und sagten uns so, was wir uns nicht laut auszusprechen trauten. Unsere Seelen umschlangen einander mit jedem Tag und jeder unschuldigen Berührung unserer Hände enger.

Abgesehen von Kia und meiner Tante Sarvar war mir seit dem Ableben meines Großvaters und dem Weggang meiner Mutter niemand derart bedeutsam und bedingungslos zugeneigt wie Molouk. Ich wusste nicht, wie es war, geliebt zu werden oder jemandem etwas zu bedeuten. Bis zum Ende des Sommers änderte sich dies jedoch. Ohne überhaupt ein Wort zu sagen, gab mir Molouk das Gefühl, geliebt zu werden und wichtig zu sein. Sie war damals erst zehn Jahre alt, aber schon so unglaublich reif und weise, dass ich mich in ihrer Gegenwart stets vollkommen entspannt und geborgen wusste. Die Verbindung zu ihr ging über meine gegenwärtige Existenz hinaus, wenn dies denn überhaupt möglich war.

Das Bemerkenswerteste waren jedoch ihr Mitgefühl und ihre Großzügigkeit. Anders als die meisten verzogenen und oberflächlichen Stadtkinder, die in den Sommerferien aufs Land kamen und sich insgeheim oft darüber lustig machten, wie die Einheimischen redeten oder sich kleideten, sah Molouk nie auf jemanden herab. Ihrer Ansicht nach waren jeder Mensch und jeder Gegenstand einzigartig und schön. Sie empfand einen Eichenbaum als genauso prachtvoll und bedeutend wie einen üppigen Obstbaum, solange man sie ganzheitlich miteinander verglich. »Andersartigkeit« war für sie der gemeinsame Nenner jeglicher Intoleranz auf dieser Welt, egal ob politisch, kulturell, ethnisch oder geistlich begründet. Wenn ich an sie zurückdenke, frage ich mich oft, ob sie in Wirklichkeit eine alte Königin gefangen im Körper eines Kindes war. Molouk sah mich nie als schäbig gekleidetes Waisenkind, das nur aus Mitleid von ihrer Tante und ihrem Cousin aufgenommen und aus reinster Nächstenliebe von ihnen großgezogen wurde. Wenn ich mit ihr zusammen war, behandelte sie mich stets wie einen Prinzen, genau wie Jam früher.

Jeden Abend bauten wir mit Maman Bozorg ein großes, viereckiges Zelt aus sehr feinem, durchsichtigem und weißem Netzstoff im Hof auf, in dem wir dann alle schliefen. Obwohl Amirabad am Rande einer riesigen Wüstenlandschaft lag, war das Dorf berüchtigt für seine Moskitos, die nach Einbruch der Dunkelheit über die Einwohner herfielen. Maman Bozorg legte im Moskitozelt zwei Matratzen nebeneinander. Wenn Kia abends zu Hause war, schlief er auf der einen Zeltseite, Maman Bozorg auf der anderen und Molouk und ich fanden zwischen den beiden Platz. Wenn Kia jedoch Nachtdienst hatte, schliefen Molouk und ich nebeneinander auf einer Matratze und redeten und kicherten, bis uns schließlich die Augen zufielen. Manchmal lagen wir einfach nur auf dem Rücken, blickten durch den dünnen Zeltstoff in den Sternenhimmel und unterhielten uns leise. Ich erinnere mich noch sehr gut an die Nacht, in der Molouk sagte: »Du weißt, dass wir in ein paar Tagen zurückfahren, oder?«

»Ja«, seufzte ich. »Freust du dich schon auf zu Hause?«

»Irgendwie schon«, antwortete sie. »Ich war noch nie so lange von meiner Familie getrennt, ich vermisse sie. Was ist mit dir? Freust du dich auf die Heimfahrt?«

»Nein«, entgegnete ich betreten.

»Warum nicht?«, wollte sie wissen.

»Weil ich mich einfach nicht freue.« Ich hätte ihr gerne die Wahrheit gesagt und ihr erzählt, welch ungewisses Schicksal mich in Maschhad erwartete.

Sie wechselte jedoch schnell das Thema und meinte: »Meine Mutter bringt mich um, wenn ich nach Hause komme. Wir sind so viel gelaufen, ich bin total braun geworden. Sie hat mir extra gesagt, ich soll im Schatten bleiben!« Dann fragte sie plötzlich: »Glaubst du, dass wir bunt träumen?«

»Ich weiß nicht. Hab ich noch nie drüber nachgedacht«, erwiderte ich.

»Was Träume wohl bedeuten«, fuhr sie fort und schaute in den Himmel über uns.

Plötzlich bewegte sich Maman Bozorg. Wir drehten uns zu ihr um und beobachteten sie, aber sie schien immer noch zu schlafen. Wir sahen einander an und lächelten. Leise sagte ich: »Maman Bozorg glaubt, dass alle Träume uns Geschichten erzählen. Wir können sie nur nicht immer verstehen.« Molouk drehte sich mit dem Rücken zu mir, rollte sich zusammen und fragte sanft: »Hattest du schon mal einen Traum, der ständig wiederkommt und sich völlig real anfühlt, aber wenn du aufwachst, hat er einfach keinen Sinn mehr?«

Auch ich drehte mich zur Seite, sodass wir Rücken an Rücken lagen, und antwortete: »Ja.«

Der Duft ihres Haares strömte mir in die Nase. Ich wusste nicht, wann ich das letzte Mal so nah bei jemandem gelegen hatte. Ich wünschte mir nichts sehnlicher, als noch enger an sie heranzurutschen und Molouk fest zu umarmen. Ich wollte mein Gesicht in ihrem seidigen Haar vergraben und ihren Duft aufsaugen, bis jede meiner Körperfasern damit durchtränkt war. Aber ich traute mich nicht. Was, wenn sie meine Absichten missverstand und wütend wurde? Was, wenn Maman Bozorg die Augen öffnete und mich sah? Tief im Innern wusste ich, dass ich die wundervollste Beziehung meiner Kindheit nie so leichtsinnig aufs Spiel setzen konnte. Vor allem jedoch wollte ich Maman Bozorg nicht enttäuschen, denn Molouk war ihre Nichte und befand sich in ihrer Obhut; Molouk in den Armen zu halten, so unschuldig das auch sein mochte, hätte ihr Vertrauen in mich erschüttert. Doch Molouks weiblicher Duft und ihre sanfte Körperwärme machten mich langsam schwach, und ich versuchte verzweifelt, mich zu beherrschen.

»Genau so einen Traum habe ich manchmal. Und er fühlt sich so unglaublich echt an, dass ich Tage später noch dran denke«, sagte sie und rückte etwas weiter nach hinten.

»Das kenne ich.«

»Wirklich?«, fragte sie und drehte den Kopf zu mir.

»Ja«, antwortete ich leise, denn ich wollte Maman Bozorg nicht aufwecken.

»Ich träume, dass ich mit einem großen, gut aussehenden Mann durch einen abgedunkelten Saal tanze. Ich scheine diesen Mann unglaublich zu lieben, obwohl mir sein Gesicht fremd ist. Mein Geist kennt ihn nicht, mein Herz dafür umso mehr. Klingt das logisch für dich?« Sie seufzte und rutschte noch weiter nach hinten, sodass sich unsere Körper nun komplett berührten.

Nachdem ich von ihrem Traum gehört hatte und sie so nah bei mir spürte, verschlug es mir die Sprache. Ich war gleichzeitig begeistert und verwirrt. Wie konnten zwei Menschen aus unterschiedlichen Städten, die sich noch nie zuvor gesehen hatten, den gleichen Traum haben? Aber diesen Gedanken behielt ich für mich.

»Ich glaube, wir sind verheiratet oder er ist mein Geliebter. Aber wie kann das sein? Ich bin doch erst zehn. Was heißt das wohl?« Damit drehte sie sich zu mir um und sah mir romantisch in die Augen.

Ich wusste keine Antwort. Auch nicht darauf, warum sich unsere Träume so ähnelten.

»Also? Was soll das bedeuten, du Schlaumeier?!«, fragte sie und pikste mir spielerisch mit dem Finger in die Brust. Doch bevor ich antworten konnte, gab sie mir schnell einen Kuss. Mein Herz hörte beinahe auf, zu schlagen. In ihrem Kuss spürte ich Gottes Hand, wenn das überhaupt möglich war.

Sie drehte sich wieder um und kuschelte sich an mich.

Ich war entzückt, aber auch völlig schockiert. Ich wusste nicht, was ich nun tun sollte. Molouk griff jedoch einfach nach meiner Hand, zog sie zu sich und drückte sie fest gegen die Brust. »Also, was hältst du von meinem Traum?«, flüsterte sie, als ob sie nun einschlafen und mich ins Land der Träume mitnehmen könnte.

Meine Gedanken fuhren Achterbahn. »Ich bin mir nicht sicher«. Mehr konnte ich nicht rausbringen.

»Dann erzähl mir von deinen Träumen.«

»Meine sind ganz anders als deine«, log ich.

Außer für meine Mutter hatte ich noch nie zuvor so starke

Gefühle für jemanden empfunden. All die Liebe, die während der letzten Jahre in mir schlummerte, weil ich sie niemandem schenken konnte, erwachte nun dank Molouk. Mein ungreifbares inneres Ich wurde an dem Abend eins mit ihr. Und es kam mir so vor, als wären wir genau so schon einmal zusammen gewesen.

Zwei Tage später standen wir am Bahnhof von Damghan und warteten auf den Teheran-Maschhad-Zug. Und ich hoffte, dass er niemals ankommen würde. Ich wollte nicht zurück nach Maschhad. Nachdem ich das Leben in Amirabad mit Molouk kennengelernt hatte, konnte ich nicht einfach zurück nach Maschhad und mein altes Leben weiterführen. Molouk hatte mir das Gefühl gegeben, geliebt und gebraucht zu werden. Der Gedanke, morgens aufzuwachen, ohne direkt in ihre großen, strahlenden, wunderhübschen persischen Augen schauen zu können, die mich voller Liebe anstrahlten, war einfach unerträglich. Mir wurde ganz übel, genau wie an dem Tag, als meine Mutter mich verlassen hatte.

Nun stand ich also auf dem Gleis und lehnte an einem Lichtmast bei den Schienen. Molouk saß nicht weit entfernt auf einer Holzbank, unser Gepäck neben ihr auf dem Boden. Maman Bozorg und Kia waren am Bahnhofsschalter und kauften die Fahrkarten. Molouk wollte, dass ich mich zu ihr setzte, aber ich schüttelte den Kopf. Irgendwie war ich sauer auf sie und schmollte.

Die Zugpfeife ertönte und der Zug fuhr ein. Nachdem er angehalten hatte, stieg ein Fahrgast aus, streckte sich und sah sich um. Kia kam aus dem Bahnhof und sagte, wir sollen einsteigen. Molouk und ich schnappten unsere sieben Sachen und zogen los. Als wir ein leeres Abteil gefunden hatten, verstaute Kia unser Gepäck in der oberen Ablage und holte Maman Bozorg. Ich öffnete das Fenster, sah nach draußen und fühlte mich hundeelend.

»Ich werde diesen Ort nie vergessen«, sagte Molouk sanft hinter mir.

Ich erwiderte nichts.

»Alles in Ordnung bei dir?«, fragte sie und schüttelte mich spielerisch.

»Nein«, antwortete ich sofort.

Sie nahm meinen Kopf in die Hände und schaute mir in die Augen. »Was ist los?«, fragte sie. »Schmollst du etwa?«

»Nein.« Ich drehte mich schnell weg, damit sie meine Tränen nicht sehen konnte.

In Zeiten des Satellitenfernsehens und Internets können gewöhnliche Kinder problemlos zu Romeo oder Julia werden. Doch wir wussten damals überhaupt nicht, wie wir unsere Gefühle ausdrücken konnten. Molouk und ich waren uns in den letzten zwei Monaten zwar sehr nahe gekommen, doch wir hatten nie laut ausgesprochen, was wir füreinander empfanden. Zum einen, weil wir noch Kinder waren, zum anderen war es in unserer Kultur einfach nicht üblich, über Gefühle zu reden. Jede Zuneigungsbekundung gegenüber dem anderen Geschlecht wurde sofort sexuell interpretiert und galt daher als vulgär und gesellschaftlich verpönt. Romantische Gefühle behielt man daher oft für sich oder versteckte sie in Liedern oder Gedichten. Nicht selten verliebten sich Iraner, ohne dass die andere Person jemals davon erfuhr. Kein Wunder, dass der Iran – oder Persien, wie man oft noch sagt – die meisten Poeten und Gedichte der Weltliteratur stellt.

Ich wollte Molouk nicht erzählen, dass mein Leben einem weggeworfenen Gerstenbrot im Kantinenmüll des Armeelagers glich. Sie sollte nicht wissen, dass ich niemanden auf dieser Welt hatte und dass sie neben Kia der beste Mensch war, der mir jemals begegnet ist. Ich war nicht stark genug, um mit der Tradition zu brechen und ihr zu sagen, dass ich sie über alles liebte.

Molouk zog unerwartet einen Stift aus ihrer kleinen Handtasche und griff nach meiner Hand.

»Wenn ich dir etwas auf die Hand schreibe, versprichst du mir dann, es nicht zu lesen, bis ich morgen aus Maschhad aufgebrochen bin?«

Ich wusste nicht, was ich sagen sollte, also nickte ich einfach.

Behutsam schrieb sie mir etwas auf die linke Hand und ich sah höflich weg. Als sie fertig war, schloss sie mir die Hand und sagte:

»Denk dran, du hast versprochen, es nicht zu lesen.« Sie lächelte und wurde etwas rot.

»Weißt du, warum ich auf die linke Hand geschrieben habe und nicht die rechte?«, fragte sie.

»Weil ich Rechtshänder bin und die linke Hand nicht so oft benutze?«

»Nein, du Dummerchen. Weil die linke Hand näher an deinem Herzen ist!«, erwiderte sie lächelnd und sah mich mit ihren warmen, romantischen Augen an.

Kurz darauf kamen Kia und Maman Bozorg ins Abteil. Nachdem wir uns ausgiebig unter vielen Küssen voneinander verabschiedetet hatten, stieg Kia wieder aus und wartete draußen, bis der Zug langsam aus dem Bahnhof fuhr.

Molouk hatte am nächsten Tag in Maschhad ihre Sachen gepackt und war aufbruchsbereit. Sie sollte vom selben Pärchen abgeholt werden, das sie auch hergebracht hatte. Maman Bozorg und ich liefen mit ihr dorthin, wo ich sie damals begrüßt hatte, und warteten. Ich stand schweigend neben den beiden, während Maman Bozorg Molouk einige letzte Tipps für die Heimreise gab. Molouk war wie immer freundlich und gefasst. Sie lächelte sanft und ihre großen, wunderschönen Augen sprühten vor Lebensfreude.

Ich fühlte mich wie nach einem guten Film im Kino. Sobald ich eine Beziehung zu den Charakteren aufgebaut hatte und mit ihnen mitfieberte, war der Film vorbei und ich musste das Kino widerwillig verlassen, um in mein eigenes, leeres Leben zurückzukehren.

Viel zu früh kam ein gelbes Taxi auf der Schotterstraße den Hügel hinunter und hielt vor uns an. Maman Bozorg begrüßte das Pärchen im Taxi, Molouk und ich sahen uns tief in die Augen und tauschten tausend gefühlvolle Abschiedsworte aus, ohne überhaupt den Mund zu öffnen. Sie schüttelte mir kurz die Hand, sagte Auf Wiedersehen und stieg ein. Dieses Mal war ihr Händedruck jedoch nicht so kräftig und selbstbewusst wie bei unserem ersten Treffen. Und ich zog meine Hand auch nicht so eilig weg wie damals.

Das Taxi fuhr los, verschwand in einer Seitenstraße und zog wieder eine riesige Staubwolke hinter sich her.

Maman Bozorg musste mich auf dem Heimweg mehrmals ermahnen, langsamer zu gehen. Natürlich konnte sie nicht wissen, dass ich unbedingt allein sein wollte. Weg von allem und jedem. Und einen Ort finden, an dem ich ungestört lesen konnte, was Molouk mir auf Hand geschrieben hatte. Zu Hause angekommen, rannte ich, so schnell ich konnte, den Hügel neben dem Haus hinauf. Ich setzte mich auf den Boden und blickte in Richtung der Stadt, in der Molouks Bus abfahren würde – in der Hoffnung, ihre Gegenwart zu spüren. Ich atmete tief ein und öffnete langsam die Faust. Auf meiner linken Handfläche standen die wundervollsten Worte, die ich jemals lesen durfte: »Ich werde dich für immer und ewig lieben.«

Ich hatte die Tränen viel zu lange zurückgehalten, sie flossen mir nun unaufhaltsam die Wangen hinunter. Ich weinte so heftig wie an dem Abend, als meine Mutter Maschhad verlassen hatte. Ich kehrte erst sehr spät ins Haus zurück, nachdem Maman Bozorg schon mehrfach nach mir gerufen hatte.

In dieser Nacht hatte ich denselben Traum wie damals, bevor ich Molouk kennengelernt hatte. Ich war erwachsen, trug ein weißes Hemd mit leicht gerafften, langen Ärmeln und tanzte mit einer wunderschönen Frau, die ich über alles liebte. Doch dieses Mal kannte ich ihr Gesicht. Und ich hätte schwören können, dass ich in ihren warmen, honigfarbenen persischen Augen sowohl meine geborenen als auch ungeborenen Kinder sehen konnte.

◆ MEIN JOB ALS ALASKA-VERKÄUFER

In den nächsten Sommerferien suchte ich mir schließlich Arbeit. Ich lief von Tür zu Tür, von Geschäft zu Geschäft. Ich musste jedoch schnell feststellen, dass es schwer war, einen Job zu bekommen – besonders mit zwölf Jahren. Außerdem hätte ich einen Bürgen gebraucht, der einen Händler oder einen Geschäftsmann kannte. Mein Vater wäre dafür ideal gewesen, aber nach dem letzten Sommer ging ich ihm lieber aus dem Weg.

Alles begann im Zug, als Maman Bozorg, Molouk und ich aus Amirabad zurückfuhren. Molouk schlief und Maman Bozorg unterhielt sich ernst mit mir. Sobald wir wieder in Maschhad waren, sollte ich zu meinem Vater gehen und ihm sagen, dass er Unterhalt für mich zahlen oder mir ein neues Zuhause finden sollte. Sie erklärte mir, dass sie mittlerweile kaum für sich selbst sorgen konnte, geschweige denn zusätzlich für mich.

»Ich bin alt und brauche nicht viel zum Leben, aber Kinder wie du, Alireza, wachsen noch und müssen essen. Du brauchst Nahrung und Kleidung und beides kostet Geld. Und so wahr Gott mein Zeuge ist: Dieses Geld habe ich einfach nicht. Ich kann nicht mehr mit ansehen, wie du ausgehungert zur Schule gehst oder im Winter frierst, weil du keinen ordentlichen Mantel hast. Wenn dein Vater dich so langsam aber sicher umbringen möchte, soll er das woanders tun, denn ich will es nicht länger mit ansehen. Du glaubst vielleicht, ich merke nichts, aber da liegst du falsch. Ich weiß, dass du oft von zu Hause wegbleibst, damit ich deinen abgemagerten Körper nicht sehen und mich schlecht fühlen muss, weil ich dich nicht ordentlich versorgen kann. Ich weiß, dass du lügst, wenn ich dich frage, ob du hungrig bist, und dann Nein sagst.«

Noch nie hatte sie ernsthaft angedeutet, dass sie mich wegschicken müsste. Seit Kia vor zwei Jahren ausgezogen war, hatte Maman Bozorg häufiger damit gedroht, mich auf die Straße zu setzen. Das war aber immer nur aus schlechter Laune heraus, wenn sie gerade von mir enttäuscht war. Doch dieses Mal präsentierte sie mir einfach klare Fakten – sie konnte es sich nicht leisten, mich weiter bei sich zu behalten. Ich wusste genau, was sie meinte.

Herr Rahimi ging demnächst in Rente und hatte dann noch weniger Geld für seine drei Frauen zur Verfügung. Sowohl Rana als auch Maryam hatten mittlerweile mehr Kinder als damals bei meinem Einzug und daher Anrecht auf einen größeren Anteil von Herrn Rahimis bald kürzerem Gehalt. Und das bedeutete, dass Maman Bozorgs finanzielle Lage noch schlechter wurde.

Ich konnte nicht riskieren, das einzige Zuhause zu verlieren, das ich jemals gekannt hatte. Nachdem Molouk Maschhad im Sommer 1967 verlassen hatte, beschloss ich also, meinen Vater ausfindig zu machen und ihn dazu zu bringen, Maman Bozorg Unterhalt für mich zu zahlen.

Mein Vater war nun im Armeelager in der Nähe von Herrn Rahimis Haus auf der anderen Seite des Hügels stationiert, sodass ich ihn schnell auftreiben konnte.

Ich hatte mich dort schon mehrmals mit ihm getroffen und wusste, in welchem Teil der kleinen, rechteckigen Anlage er arbeitete. Ich wollte mein Versprechen Maman Bozorg gegenüber unbedingt einhalten, also wartete ich von nun an jeden Tag am Lagerzaun und hoffte, ihn dort abzufangen. Ich positionierte mich gegenüber vom Tor unter einer Reihe von Maulbeerbäumen – dort hatte ich wenigstens etwas Schutz vor der glühend heißen Sonne. Mein Vater hatte mir das eigentlich verboten, denn er befürchtete, dass die anderen Soldaten über ihn reden könnten, wenn sie mich dort warten sahen. Da ich mittlerweile einer Figur aus *Les Misérables* glich, hätte mich das nicht besonders verwundert.

Unter der brennenden Sommersonne kampierte ich einige Tage neben dem Drahtzaun, aber von meinem Vater keine Spur. Dann kam schließlich ein Feldwebel zu mir, gab mir etwas Wasser und fragte, ob ich Hilfe bräuchte. Nachdem er meine Antwort gehört hatte, schlug er mir vor, einen Brief an den oberbefehlshabenden General der sechsundsechzigsten Abteilung der Armee zu schreiben, denn die Hauptverwaltung saß hier in Maschhad. Ich versprach, meinem Vater nichts von dieser Unterhaltung zu erzählen, und er gab er mir einige Tipps zum weiteren Vorgehen.

Am Abend besprach ich die Idee mit Maman Bozorg. Sie meinte, ich hätte nichts zu verlieren, wenn ich dem Rat des Feldwebels folgte. Also schrieb ich den Brief, erklärte meine Notlage und bat den General um Hilfe. Nachdem ich zwei Tage lang auf dem Gehweg vor seinem Haus gewartet hatte, entdeckte ich schließlich seinen Jeep, wedelte mit dem Brief in der Luft und sprang auf und ab, damit er mich bemerkte. Als der Wagen hielt, lief ich zu ihm und gab dem General meinen Brief. Ich war sehr nervös, als ich neben dem offiziellen Militärfahrzeug stand und dieser gottähnliche General in seiner Uniform mich durch die dunkle Ray-Ban-Sonnenbrille unter der einschüchternden Mütze ansah. Stotternd und zitternd brachte ich mein Anliegen vor. Dass ich den ganzen Tag über nichts gegessen oder getrunken hatte und deshalb sehr schwach war, kam noch erschwerend dazu. Doch der General kommentierte lediglich den übermäßigen Speichel auf dem verschmutzten Briefumschlag und bat mich, am nächsten Tag in sein Büro zu kommen. Danach befahl er seinem Fahrer, weiterzufahren. Ich war außer mir vor Freude und rannte den gesamten Weg nach Hause, um Maman Bozorg die gute Nachricht zu überbringen. Ich hoffte, dass dieser Termin beim General alles zum Positiven verändern würde.

Am nächsten Tag suchte ich auf der riesigen und einschüchternden Militäranlage das Büro des Generals auf. Zusammen mit mehreren anderen Frauen und Kindern, die ihn wohl auch sehen wollten, wartete ich in einem geräumigen Empfangszimmer. Und ich konnte heraushören, dass ich mit meinem Schicksal nicht allein war.

Letztendlich brachte das Treffen mit dem General jedoch nichts. Außer meinen Vater in sein Büro zu rufen und wegen seiner Verantwortungslosigkeit zu ermahnen, konnte er nicht viel ausrichten. Doch das war schon genug – als ich eine Woche später wieder zum Armeelager ging, um nach meinem schwer auffindbaren Vater zu suchen, hatte dieser bereits auf mich gewartet. Winkend und lächelnd stand er auf der anderen Zaunseite und schien mich unbedingt sehen zu wollen. Ich nahm an, der General hatte ihm befohlen, sich um mich zu kümmern. Ganz bestimmt würde er mir nun einen Umschlag mit Geld für die letzten paar Monate Unterhalt geben, den ich Maman Bozorg bringen konnte.

»*Salam, aqa*«, sagte ich lächelnd.

Doch als er näher kam, verwandelte sein Lächeln sich augenblicklich in Stirnrunzeln. Schweigend packte er mich an der Hand und zog mich hinter sich her. Wir verließen das Militärgelände und ich gab mir alle Mühe, mit ihm Schritt zu halten und meine Sandalen nicht zu verlieren. Er kochte vor Wut. Sobald wir weit genug vom Armeelager entfernt waren, dass niemand mich schreien hören könnte, blieb er neben einem alten Schützenloch stehen und ließ seinem Zorn freien Lauf. Meine Hand umklammerte er noch immer so fest, dass er mir beinahe das Blut abschnürte.

»Dir verpasse ich einen Denkzettel, du kleines Stück Scheiße. Dass du ja nie wieder auf die Idee kommst, zum General zu gehen«, fluchte er zähneknirschend, während er auf mich einschlug und eintrat. Aus den Augenwinkeln sah ich zum Hügel und hoffte, wie durch ein Wunder Maman Bozorg dort zu sehen. Sie hatte von da oben immer auf mich aufgepasst, wenn ich Brot für ihre Hühner holte. Doch abgesehen von einigen schlafenden wilden Hunden und der wogenden Sommerhitze bemerkte ich nichts.

Ich wollte meinen Vater nicht noch wütender machen, also litt ich in aller Stille, während er auf mich einprügelte. Plötzlich hörten wir einen Automotor und er hielt kurz inne und drehte sich um. Ich riss mich sofort los und rannte so schnell ich konnte davon. Zwar verfolgte er mich eine Weile, fluchte und warf Steine nach mir, doch gab schließlich auf und kehrte zum Stützpunkt zurück.

Als Maman Bozorg meine blau angelaufene Hand, meine zerschrammten Beine und mein mit Blutergüssen übersätes Gesicht sah, wusste sie sofort, dass ich mein Versprechen eingehalten und meinen Vater aufgesucht hatte.

»Deine Zeit wird noch kommen, Alireza *joon.* Keine Sorge, *pesaram,* die Sonne wird schon noch hinter den Wolken hervorkriechen, versprochen.«

Zum ersten Mal nannte sie mich *pesaram* (mein Sohn) und das fühlte sich wahnsinnig gut an. Ich hätte schwören können, dass sie Tränen in den Augen hatte, als sie mir das Blut vom geschwollenen Auge und den Lippen wusch. Weinen war für die meisten Menschen hier alltäglich. Ich hatte Maman Bozorg während unserer gemeinsamen Zeit allerdings noch nie eine Träne vergießen sehen. In Gegenwart einer so kultivierten Dame schienen sogar Armut und ständiger Hunger von Klasse zu zeugen. Danach sprach sie erst einmal nicht mehr davon, dass ich fortgehen müsse.

Mittlerweile war ein Jahr vergangen. Da ich wusste, wie mein Vater zu mir stand, hätte mich niemals mehr in seine Nähe gewagt – egal wie sehr ich seine Hilfe bei der Jobsuche brauchte.

Weil ich mich selbst verpflegen und Maman Bozorg möglichst viel entlasten wollte, musste ich diesen Sommer also arbeiten gehen. Ich hatte jedoch kein Glück, bis ich mich bei Alaska bewarb. Diese Firma ließ während der Sommermonate mehrere Sorten Eis am Stiel produzieren und von Holzkarren-Händlern in der gesamten Stadt verkaufen. Zunächst hieß es, ich sei zu jung für den Job. Doch ich ließ nicht locker, bis sie mich doch einstellten – unter der Bedingung, dass jemand für mich bürgen und eine Kaution für den Holzkarren zahlen würde.

Und erneut kam mir meine Tante Sarvar zur Hilfe. Meine ewig treue Trostspenderin trug ihr Baby auf dem Arm und hielt ihren

Tschador mit den Zähnen fest, während sie mit mir zu Alaska auf der anderen Seite der Stadt lief. Dort hinterlegte sie eine Kaution von hundertfünfzig *Tooman* – wahrscheinlich ihre gesamten Ersparnisse – und zusätzlich die Geburtsurkunde ihres ältesten Sohnes als Garantie.

»Bring bloß nicht meine Kaution in Gefahr, *khaleh joon*. Ali Aqa bringt mich um, wenn das passiert.« Mehr sagte sie nicht, als wir zurück nach Maydoneh Bar gingen. Ich rannte anschließend nach Hause, um Maman Bozorg die frohe Botschaft zu überbringen.

An meinem ersten Arbeitstag bekam ich morgens zunächst eine kurze Einweisung und anschließend meine Uniform, einige Wertmarken sowie einen schmalen, weißen, dreirädrigen Holzkarren. Die Wertmarken brauchte ich, um meine Vorräte bei verschiedenen Lieferanten in der Stadt aufzustocken. Ich wollte den Geschäftsführer davon überzeugen, mir einen vierrädrigen Metallkarren zu geben, aber ihm zufolge war ich zu jung und zu klein dafür, so einen schweren Wagen zu schieben. Außerdem erinnerte er mich daran, dass meine Tante ihre Kaution verlieren würde, sollte ich den Karren beschädigen.

Ich fing direkt mit der Arbeit an und war sehr stolz, als ich mit der offiziellen Firmenkappe und dem passenden Firmenhemd bekleidet die Straße entlanglief. Ich freute mich unglaublich darüber, überhaupt richtige Arbeit gefunden zu haben; was genau ich tun musste, war eher zweitrangig. Ich hatte vorher bereits kleinere Jobs erledigt. In Golmakan entkernte und halbierte ich für zehn *Shahi* pro Teller Aprikosen, bot Süßigkeiten auf der Straße an oder bastelte und verkaufte Drachen für die Kinder im Viertel und in der näheren Umgebung. Diese Aufgabe war jedoch komplett anders. Sie schien meinen Geist zu beflügeln.

Ich ahmte andere Alaska-Verkäufer nach, die ich schon mal auf der Straße gesehen hatte, rief schüchtern »*Bastani* Alaska (Alaska-Eis)« und schob den kleinen Karren über die Gehwege Maschhads. Das ganze Umherlaufen, ob mit meiner Mutter auf der Suche nach meiner Schwester und meinem Vater oder für mich allein, zahlte sich nun aus. Ich kannte die Stadt wie meine Westentasche.

Jeden Morgen lief ich durch eine ruhige Wohnstraße, wo ich ab und zu eine junge Dame und ein kleines Mädchen schweigend auf der Treppe vor einem Backsteinhaus sitzen sah. Die hübsche junge Frau hatte meist die Arme um die Knie geschlungen und blickte leicht teilnahmslos die Straße hinab. Ich überlegte mir, warum die beiden wohl dort saßen und auf wen sie warteten. In meinen Gedanken waren alle Gründe romantischer Natur.

Ich versuchte, möglichst unauffällig an ihnen vorbeizulaufen, und verkündete leise und zögerlich: »*Bastaniiiii* ... Alaskaaaa ...« Als ich das dritte oder vierte Mal durch die Straße ging, rief die Frau mich zu sich und fragte, wie teuer ein Eis ist.

»Zwei *Rial, khanom*«, sagte ich lächelnd.

»Meine Tochter möchte unbedingt ein Eis, aber ich habe kein Geld, bis mein Mann wieder von seiner Reise zurück ist.«

Ohne großartig nachzudenken, meinte ich: »Kein Problem, *khanom*. Sie können mir das Geld auch gerne wann anders geben. Ich komme hier jeden Tag vorbei.« Also öffnete ich den Deckel meines Karrens und fragte: »Welche Sorte will Ihre Tochter denn?«

»Orange! Aber bist du sicher, dass das einfach so geht?«, lächelte sie zögernd.

»Natürlich, *khanom*. Das Eis gehört mir. Ich kaufe ganz viel von der Firma, verkaufe es dann weiter und behalte den Gewinn«, antwortete ich und reichte dem kleinen Mädchen ein Alaska-Orangeneis.

»Oh, sehr gut. Also dann hätte ich auch gerne eins! Schokolade, bitte«, sagte sie lächelnd, und ich grinste zurück.

Das war mein erster Kredithandel. Besonders in Gegenden, in denen viele Anwohner beim Militär arbeiteten und ihren Gehaltsscheck nur einmal im Monat erhielten, wurde bei Bäckereien und Lebensmittelgeschäften häufig auf Rechnung eingekauft. Diese Straße entlangzulaufen und mich kurz mit der Frau zu unterhalten, war von nun an der Höhepunkt meines Tages. Denn es fühlte sich gut an, von einem bekannten Gesicht stets freudig erwartet zu werden – auch wenn dies überwiegend dem Eis geschuldet war.

Nach einem Monat hatte ich bereits zahlreiche Stammkunden, die ich mit Namen kannte, und lief mindestens ein- oder zweimal die Woche an ihren Häusern oder Geschäften vorbei, um ihnen die heißen Sommertage mit einem kalten Eis am Stiel zu versüßen. Darunter war auch ein Schafshändler, der auf dem unbebauten Grundstück gegenüber von Maydoneh Bar kampierte – ein Mann vom Land von beeindruckender Statur mit einem ebenso imposanten Oberlippenbart. Dazu trug er einen langen Turban, den er sich locker um den Hals wickelte. Das Ende warf er sich über die Schulter oder ließ es wie einen Pferdeschwanz auf dem Rücken baumeln. Alles in allem erinnerte er mich an meinen Großvater und all die anderen freundlichen Männer aus Golmakan, daher fühlte es sich gut an, mit ihm Geschäfte zu machen. Alle Leute vom Land waren mir bisher immer sehr ehrlich und vertrauenswürdig vorgekommen. Als der Schafshändler mich also fragte, ob er bei mir Alaskas für sich und seine Mannschaft auf Kredit kaufen könnte, stimmte ich zu. Immer wenn ich durch Maydoneh Bar lief, kaufte er zehn bis zwölf Alaskas für sich und seine vier oder fünf Teenager-Aushilfen. Davon bezahlte er einen Teil immer sofort, den Rest ließ er anschreiben. Der Umsatz war daher immer hoch genug, mich ein paar Mal die Woche dort hinzulocken. Den ausstehenden Betrag wollte er ausgleichen, sobald er einige Schafe verkauft hatte.

Dank dieser Arbeit konnte ich mir zum ersten Mal selbst was zu essen sowie ein neues Paar Schuhe kaufen. Außerdem reichte es ab und zu sogar noch fürs Kino. Sparen war nichts für mich, und bei meinem Gehalt hätte sich das eh nicht gelohnt.

Ich musste allerdings schnell feststellen, dass Kreditgeschäfte keine gute Idee waren, besonders nicht für Kinder, denen jegliche Rückendeckung eines Erwachsenen fehlte. Ich lernte, dass es viele durchtriebene Menschen auf dieser Welt gab. Der Schafshändler war einer von ihnen, denn er hielt mich sozusagen in einem Teufelskreis gefangen. Wollte ich einen Teil seiner Schulden eintreiben, musste ich ihm immer wieder neue Alaskas anschreiben. Wenn ich nach dem übrigen Geld fragte, antwortete er stets: »Ich muss erst noch ein paar Schafe verkaufen.« Je höher seine Rechnung wurde, desto weniger wollte ich ihm zusätzliches Eis verkaufen. Hier ging es übrigens nicht um gewöhnliches Eis am Stiel – die cremige, gefrorene Gaumenfreude war einfach himmlisch und es gab sie in drei verschiedenen Sorten: Orange, Schokolade und Vanille.

Mit der jungen, freundlichen Dame lief es genauso, nur dass sie bisher kein einziges Alaska bezahlt hatte, das sie und ihre Tochter den Sommer über gegessen hatten. Ab und zu sprach ich sie darauf an, aber sie schaute immer nur traurig und versprach, die Schulden zu begleichen, sobald ihr Ehemann wieder da war. Sie schien einsam und unglücklich, deshalb ließ ich sie gewähren. Außerdem war ihre Rechnung nicht halb so hoch wie die des cleveren Schafshändlers.

Mein erster echter Job verlief jedoch nicht komplett reibungslos. Ich ging eines Tages die Naderi-Avenue entlang und sah eine Frauengruppe am Platz bei der Statue demonstrieren – gegen was genau, wusste ich nicht. Wollte ich auf meiner Route bleiben, musste ich mich wohl oder übel durch die Menschenmenge drängeln. Ich hatte bereits die halbe Strecke geschafft, als ich plötzlich einen Polizisten bemerkte. Seinem wütenden Blick nach zu urteilen hätte ich diesen Weg besser nicht nehmen sollen. Wütend stürmte er auf mich zu und wollte wohl an mir all den Zorn und Ärger auslassen, der eigentlich den Demonstrantinnen galt. Ich suchte noch kurz nach einer Fluchtmöglichkeit, aber zu spät. Die Menschenmenge war zu dicht und ich konnte meinen Karren nicht schnell genug um die Frauen manövrieren.

Zuerst trat der Polizist mit den Stiefeln gegen den Karren, bis er umkippte. Dann prügelte er mit dem Schlagstock auf meinen Kopf und Rücken ein, sodass ich sofort zu Boden ging. Schließlich eilte mir eine junge Frau zu Hilfe, die sich direkt vor mich stellte und den wütenden Polizisten daran hinderte, weiter auf mich einzuschlagen.

»Was hat Ihnen dieser arme, unschuldige Junge denn getan? Sie sind doch verrückt! Nur weil Sie diesen Frauen nichts anhaben können, lassen Sie ihre Wut an dem Kind aus?«, schrie sie und fuchtelte wie wild mit ihrer zierlichen Hand vor seinem Gesicht rum. Der Polizist traute sich natürlich nicht, sie anzufassen, da dies ein Strafverfahren für ihn bedeutet hätte.

Während die junge Frau, die mittlerweile Unterstützung bekommen hatte, weiter auf den Polizisten einredete, schnappte ich mir schnell den Karren und humpelte davon. Dort, wo der Polizist hingetreten hatte, war nun eine tiefe Delle und ich wusste nicht weiter. Ich dachte an meine Tante und ihre Kaution, die nun definitiv in Gefahr war. Ich hatte keine Ahnung, wie teuer so ein Karren war, und außerdem ziemliche Angst davor, was die Firma mit mir anstellen würde, wenn sie den Schaden entdeckte. Nur eine Woche vorher war ich bei meinem Rundgang am Schrein von einem mutmaßlichen Kontrolleur verprügelt worden, weil ich meinen Namen innen auf den Deckel geschrieben hatte.

Beim Gedanken daran entschied ich, meinen Karren irgendwo reparieren zu lassen. Ich wanderte also ein paar Stunden von Straße zu Straße und von Geschäft zu Geschäft und zeigte mehreren Leuten den Karren. Schließlich fand ich einen Mann in einer Schreinerwerkstatt, der den Wagen für zwanzig *Tooman* ausbesserte. Die Delle wurde aufgefüllt, die Oberfläche geglättet und der Karren neu angestrichen. Natürlich waren alle Alaskas geschmolzen, bis die Reparatur fertig war. Mein gesamter Arbeitstag war somit zunichte.

Der Sommer neigte sich langsam dem Ende zu und ich beschloss, der jungen Dame und dem Schafshändler endlich Druck zu machen und mein Geld einzufordern. Zuerst ging ich nach Maydoneh Bar zum Schafshändler, der sich gerade im Schatten einer Mauer ausruhte. Als er mich sah, leckte er sich die Lippen und dankte Gott. Dann meinte er, dass ich an diesem heißen Tag seine Rettung sei, und bestellte sofort eine Runde Alaskas für sich und seine Mannschaft. Ich wollte ihm jedoch nichts mehr verkaufen, bis er seine Schulden bezahlt hatte. Das ärgerte ihn natürlich; er weigerte sich, zu zahlen, und wurde aggressiv: Sollte ich nicht sofort aus der Gegend verschwinden, würde er mir die Kehle durchschneiden oder mich von seinen Jungs zum Kanal verschleppen und sie unaussprechliche Dinge mit mir anstellen lassen. Er nannte mich einen undankbaren Mistkerl, der seine treuen Kunden nicht zu schätzen wusste. Also war es vermutlich schlauer, auf das Geld zu verzichten, weiterzuziehen und aus der ganzen Sache zu lernen.

Doch wie man so schön sagt, kommt ein Unglück selten allein. Am frühen Nachmittag traf ich in Ahmadabad auf der anderen Seite der Stadt ein. Ich schob meinen Karren gemächlich eine ruhige Wohnstraße entlang und dachte über den Schafshändler nach. Die Geschichte hatte mir alle Energie und Motivation geraubt und ich hatte gar keine Lust mehr, zu arbeiten. Aus Gewohnheit rief ich jedoch immer noch alle paar Hundert Meter: »*Bastaniii* … Alaskaaa …« Mir war klar, dass viele Menschen gerade ein Mittagsschläfchen machten, also blieb ich so leise wie möglich. Die meisten Geschäfte hatten geschlossen, da auch die Inhaber etwas essen und sich zu Hause kurz hinlegen wollten. Um diese Uhrzeit war kaum jemand auf der Straße – besonders nicht in diesem Stadtteil. Aber manchmal hörte mich doch ein Kind oder eine gelangweilte Hausfrau hinter verschlossenen Türen, kam nach draußen und kaufte etwas bei mir.

Zu meiner Freude öffnete sich ein paar Meter hinter mir tatsächlich bald eine Tür. Ich blieb stehen, drehte mich um und wartete auf den potenziellen Kunden. Tatsächlich rief mich ein Mann Mitte zwanzig zu sich, der am helllichten Tag einen Pyjama trug. Seine verquollenen Augen ließen vermuten, dass er gerade erst aufgewacht war. Ich war überglücklich, etwas verkaufen zu können, drehte mit dem Karren um und lief zu ihm. Ich grüßte ihn lächelnd und wartete auf seine Bestellung. Ganz ohne Vorwarnung verpasste er mir einen heftigen Schlag und ich ging sofort zu Boden. Als hätte mich eine schwere Hantel ins Gesicht getroffen. Ich lag benommen und sprachlos auf dem Gehweg und sah den Mann meinen Karren umwerfen. Anschließend prügelte er weiter auf mich ein.

»Mir reicht's mit euch Drecksbälgern. Jeden Sommer dieselbe Scheiße. Man kann nicht mal mehr in seinen eigenen vier Wänden in Ruhe schlafen«, fluchte er und trat fest zu. Dann drehte er sich um und verschwand genauso schnell wieder im Haus, wie er herausgekommen war. Das Ganze hat kaum ein paar Minuten gedauert, aber mein Gesicht sollte wesentlich länger davon zehren. Alles fühlte sich ziemlich unwirklich an, und hätte mein Gesicht nicht geblutet und mein Karren nicht immer noch mit drehendem Rad neben mir auf der Seite gelegen, hätte ich fast geglaubt, dass ich einen Sonnenschlag erlitten und mir alles nur eingebildet hatte.

Mindestens zwölf Stunden am Tag sieben Tage die Woche einen Karren vor mir herzuschieben, machte mir zugegebenermaßen nicht so viel aus wie die Kaltherzigkeit einiger Menschen, die meinen Weg kreuzten.

Am nächsten Tag ging ich direkt zum Haus meiner Lieblingskundin und klingelte an der Tür. Sie schuldete mir ungefähr zehn *Tooman*, mit denen ich alle Schulmaterialien bezahlen konnte, die ich bald besorgen musste. Wie immer öffnete sie höchstpersönlich die Tür. Aber heute war irgendetwas anders. Sie begrüßte mich so distanziert, als hätten wir uns noch nie zuvor gesehen. Dann bemerkte sie die Schnittwunden und Prellungen in meinem Gesicht und schien sich wirklich kurz Sorgen um mich zu machen. Denn ganz offensichtlich hatte man ihr Ähnliches angetan.

»*Salam, khanom*. Der Sommer ist fast um und die Schule fängt bald wieder an. Könnten Sie mir bitte das Geld geben, das Sie mir schulden?«, sagte ich direkt.

Nervös sah sie hinter sich ins Haus. Sie hatte wohl Angst, beobachtet zu werden, und antwortete: »Was für ein Geld?« Sie tat so, als wüsste sie nicht, wer ich war und wovon ich redete. »Hör zu, Junge, du verschwindest besser, bevor mein Mann dir eine Tracht Prügel verpasst.« Sie schien besorgt und versuchte mit allen Mitteln, mich loszuwerden. Noch ein Denkzettel von einem Mann im Pyjama war das Letzte, was ich gebrauchen konnte, also sah ich sie lediglich enttäuscht an, wendete meinen Karren und ging. Maman Bozorg hätte wohl gesagt, dass mir der Schlamassel selbst zuzuschreiben war. Das Verhalten des Schafshändlers hatte mich zwar auch überrascht, aber von der hübschen Frau fühlte ich mich einfach nur hintergangen.

Am nächsten Tag endete dann auch mein erster richtiger Job als Alaska-Verkäufer.

Gegen vier oder fünf Uhr nachmittags schob ich meinen Karren eine Wohnstraße bergauf und rief: »*Bastaniii* … Alaska …«

Nach einer Weile öffnete sich hinter mir eine Tür und ein kleiner Junge, etwa drei oder vier Jahre alt, wedelte wild mit den Armen. Ich konnte einen Schnuller in seinem Mund erkennen, was mich sofort an meinen kleinen Bruder Mehdi erinnerte. Ich rief dem Jungen zu, er solle vor der Tür warten, bis ich mit dem Karren die Straße überquert hatte. Als ich in der Ferne ein gelbes Taxi heranrasen sah, blieb ich kurz stehen, damit es vorbeifahren konnte. Voller Vorfreude lief der kleine Junge jedoch auf die Straße, lächelte und winkte wild mit einem Geldschein in seiner winzigen Hand.

Bevor ich überhaupt reagieren konnte, wurde der Junge vom Wagen erfasst und durch die Luft geschleudert. Der Fahrer und die beiden Passagiere stiegen sofort aus und eilten zu dem Jungen, der nun bewegungslos auf dem Asphalt lag. Auch ich ließ meinen Karren stehen und lief los. Plötzlich hatte ich jedoch eine wütende Meute vor Augen, die auf mich einschlug – und da wollten meine Beine nicht mehr. Mir sagte eine innere Stimme, ich solle wegrennen, und zwar so schnell ich konnte. Ich blieb noch kurz stehen und beobachtete hilflos, wie sich der Taxifahrer und die Passagiere über den kleinen Jungen auf dem Boden beugten – dann drehte ich mich um und lief weg.

Kaum vorstellbar, was die Hausbewohner und ihre Nachbarn mit mir angestellt hätten, wäre ihnen klar gewesen, warum der kleine Junge die Straße überqueren wollte. Ich rannte so schnell es ging, schob meinen wackeligen Karren den Hügel hinauf und weinte bitterlich. Wäre ich doch bloß nicht zu genau der Zeit an ebendiesem Ort gewesen. Hätte ich doch bloß niemals für Alaska gearbeitet. Warum konnten meine Mutter und Baba mich damals nicht einfach mit nach Teheran nehmen?

◆ EINE KLEINE WELT

Kia war mittlerweile verheiratet und hatte ein Kind. Er lernte seine Frau im Winter 1968 kennen, als er wegen eines Schneesturms in einer Kleinstadt gestrandet war. Zusammen mit einem weiteren Gendarm war er unterwegs nach Damghan, um einige Wehrpflichtige einzuziehen. Dann überraschte sie das heftige Schneetreiben und zwang sie, einige Tage in Sabzevar zu bleiben. Während Kia darauf wartete, dass die Straßen wieder geöffnet wurden, übernachtete er bei einem von Maman Bozorgs Cousins, der zufällig gerade in Sabzevar lebte. Ich weiß noch, dass Kia Onkel Kameli – wie er ihn nannte – regelmäßig besucht hatte, als er noch in Maschhad wohnte. Onkel Kameli war ein charmanter und witziger Mann, besonders wenn er etwas getrunken hatte. Bis der Schnee geschmolzen war und die Straßen ein paar Tage später wieder befahrbar waren, hatte Onkel Kameli Kia mit Morvarid – dem ruhigen, großen und schlanken Mädchen von nebenan – verlobt.

Und ein paar Wochen später kam Kia während der *Nouruz*-Feiertage nach Maschhad und nahm uns mit nach Sabzevar, damit wir seine zukünftige Frau und ihre Familie kennenlernen konnten. Traditionellerweise begleiteten beide Elternteile den Sohn zu so einem wichtigen Anlass, doch Herr Rahimi kam nicht mit – er war zu unberechenbar, wenn er trank. Man konnte nie wissen, was Herr Rahimi sagen oder tun würde, wenn er betrunken war, deshalb schloss Kia ihn häufig von bestimmten Ereignissen aus.

Wir blieben ein paar Tage in Sabzevar und nach einer kleinen Zeremonie in Onkel Kamelis Haus stiegen Maman Bozorg, ich,

Kia und seine neue Frau Morvarid zusammen in einen Zug nach Amirabad, wo Kia immer noch lebte. Maman Bozorg half den frisch Vermählten, sich in ihrem Zuhause neu einzurichten, und kurze Zeit später fuhren wir beide pünktlich zum Schulstart wieder zurück nach Maschhad.

Die Stabilität, derer ich mich während der ersten paar Jahre bei Kia und seiner Mutter erfreuen durfte, hatte sich zu bedrückender Unsicherheit gewandelt, als mein »großer Bruder« zur Gendarmerie ging und auszog. Maman Bozorg war schon alt und besonders wegen ihrer schlechten finanziellen Situation fürchtete ich jedes Jahr, dass nun mein letztes in ihrem Heim anbrach. Außer im Jahr 1967 verschloss sie nach Kias Auszug jedes Jahr im Sommer die morsche Holztür zu unserem kleinen Zimmer und verließ die Stadt für einige Monate, um bei ihrem Sohn zu sein. Ich jedoch blieb zurück. Ohne sie war ich eine verlorene Seele. Wie ein ausgesperrter Welpe, dessen Herrchen verschwunden war, wanderte ich durch die Straßen und schlief überall dort, wo man mich ließ. Ich hoffte ununterbrochen auf Maman Bozorgs Rückkehr, denn Kias Heirat bedeutete, dass er nie wieder zurückkommen und bei uns leben würde.

Ohne Kia wurde mein Leben und vor allem die Schule Jahr für Jahr schwerer. Ich hatte ständig Hunger und weder ordentliche Kleidung noch Schulmaterialien, daher war die Schule sowohl körperlich als auch emotional sehr anstrengend. Dank einiger Freunde, Klassenkameraden und des nahegelegenen Armeelagers ließen sich die Probleme jedoch immer irgendwie lösen. In der Schule teilten alle ihre Tintenfässer, Stifte, Radiergummis und sonstigen Utensilien mit mir. Und im Müll des Armeelagers konnte ich nicht nur ausreichend Vollkornbrot finden, sondern auch weggeworfene Büroartikel, die zum Teil noch brauchbar waren.

Der Sommer 1969 brachte einen wichtigen Meilenstein in meinem Leben mit sich: Ich erhielt mein Abschlusszeugnis der sechsten Klasse und hatte damit ein höheres Bildungsniveau erreicht als mein Vater oder Baba. Wenn man bedenkt, unter welchen

Umständen ich damals aufgewachsen bin, grenzte dies an ein kleines Wunder. Aber vor allem bedeutete der Grundschulabschluss einen moralischen Sieg für mich, denn ich hatte meinem Vater bewiesen, dass ich doch zu etwas Besserem bestimmt war.

Ich weiß noch genau, wie ich zusammen mit einer Gruppe von Jungen und deren Müttern vor der Schule wartete, als die Prüfungsergebnisse ausgehängt wurden. Als sich die Türen öffneten, lief ich sofort zu der Liste an der Wand neben dem Direktorenbüro und suchte nach meinem Namen. Und dort stand es: »Alireza Golmakani, bestanden.« Das Wort »bestanden« neben meinem Namen zu sehen, war ein unglaublicher Triumph – das Unglück schien bezwungen. Überall um mich herum umarmten und küssten Mütter ihre Söhne freudestrahlend; oder sie stürmten stirnrunzelnd aus dem Gebäude, ihre weinenden und niedergeschlagenen Kinder im Schlepptau. Wäre meine Mutter doch auch da gewesen, dann hätte ich meinen Erfolg noch mehr genießen und mich an dem Stolz in ihren traurigen und warmen braunen Augen erfreuen können.

Obwohl die Grundschule für mich teilweise sehr mühselig war, ging ich gerne dorthin. Ich fühlte mich dort einfach angenommen. Die Lehrer und meine Klassenkameraden sahen freundlicherweise über mein ärmliches Erscheinungsbild hinweg und schätzten mich als guten Schüler und loyalen Freund, der ich zweifelsohne war.

Direkt nach meinem Schulabschluss arbeitete ich für Herrn Rahimi, der das Militär verlassen hatte und seine Rente aufbesserte, indem er einen dreirädrigen Kleinlastwagen fuhr. Diesen hatte er sofort gekauft, als er in den Ruhestand gegangen war, um sich damit selbstständig zu machen. Wie genau, das wusste er jedoch selbst noch nicht. Den Wagen hatte er ein Jahr zuvor mitten im Herbst angeschafft, als sich die Stadt gerade auf ihren langen Winterschlaf vorbereitete. Der Wagen stand bei heftigem Schneefall meist nur auf der Straße herum und entweder ich oder einer der Söhne seiner zweiten Ehefrau schliefen darin, um Diebe abzuschrecken (auch wenn es bei dem meterhohen Schnee unmöglich gewesen wäre, den Wagen von der kleinen Schotterstraße zu stehlen). Ab und zu taute er mit einem tragbaren Heizgerät den Autokühler auf, und wenn all seine Kinder – einschließlich mir – den Wagen anschoben, brachte er ihn sogar zum Laufen. Aber etwas weiter die Straße hinauf blieb er doch wieder im Schnee stecken und musste nach Hause zurückkehren. Ich schlief in der engen Kabine des kleinen Lastwagens meist im Sitzen und es war immer sehr kalt und einsam. Ich musste mich außerdem vor den wilden Hunden in Acht nehmen, die schon auf mich lauerten, wenn ich den Wagen verließ, um mich zu erleichtern.

Bis zum nächsten Sommer wusste Herr Rahimi jedenfalls, wie er mit dem kleinen Lastwagen Geld dazuverdienen konnte, und stellte mich als seine –natürlich kostenlose – Hilfskraft ein. Ironischerweise hatten Herr Rahimi und ich seit dem Sommer 1963 – als ich ihn an seinem Krankenbett kennenlernte und er mir das Alphabet beibrachte – kaum Zeit zusammen verbracht, geschweige denn ein Wort miteinander gewechselt. In den sechs Jahren, die ich mit Unterbrechungen in seinem Haus verbrachte, ging ich ihm möglichst aus dem Weg. Außer natürlich, wenn er explizit nach mir verlangte und ich zum Beispiel mitten in der Nacht in die Berge gehen und ihm schwarzgebrannten Schnaps besorgen sollte. In all den Jahren hatte Herr Rahimi mir noch nie direkt in die Augen gesehen. Nun arbeiteten wir sieben Tage die Woche zusammen und transportierten alles Mögliche: Waren, Obst und Gemüse, Nutztiere, Baumaterialien und Pilger. Aber als Maman Bozorg nach der ersten Sommerhälfte erneut die Tür zu unserem Zimmer zusperrte und die Stadt verließ, um Zeit mit Kia zu verbringen, war dieser Job für mich zu Ende.

Den Rest des Sommers arbeitete ich als Elektrikergehilfe. Das hatte mein Onkel Abdul-Hosain, der ältere Halbbruder meiner Mutter und Jams Vater, für mich organisiert. Mein Onkel war nun im Ruhestand und vor einem Jahr mit seiner Familie nach Maschhad gezogen, nachdem er das Militär verlassen hatte. Jedenfalls kannte er den Besitzer eines nahegelegenen Lampen- und Deckenventilatorengeschäfts und verschaffte mir dort einen Job. Ich hatte einige Jahre zuvor im Sommer nämlich mal an einem zweiwöchigen Camp einer Berufsschule teilgenommen und einen Kurs in elektrischer Verdrahtung abgeschlossen. Das Programm wurde von der Regierung finanziert und sollte Kindern vom Land bestimmte Berufe näherbringen. Obwohl ich offiziell nicht vom Dorf kam und meine Geburtsurkunde in Teheran ausgestellt worden war, schaffte ich es trotzdem irgendwie, mich zu qualifizieren. Aber um ehrlich zu sein, haben mich die Mahlzeiten und der sichere, saubere Schlafplatz mehr interessiert als die vorgestellten Berufe. Alles, was ich dort beigebracht bekam, war für mich nur ein zusätzlicher Bonus.

Am Tag vor Arbeitsbeginn ging mein Onkel mit mir zu dem Elektro- und Lampengeschäft, stellte mich dem Besitzer vor und bedankte sich für die Chance, die er mir bot. Ich wurde als Hilfskraft des einzigen Elektrikers hier angestellt, der im Außendienst arbeitete, elektrische Leitungen in neuen Häusern verlegte, Leuchtkörper installierte und Reparaturen erledigte.

Am nächsten Morgen betrat ich in aller Frühe das Geschäft und konnte es kaum erwarten, meinen neuen Chef kennenzulernen und mit der Arbeit loszulegen. Ich bekam zwei *Tooman* pro Tag und konnte mich damit problemlos selbst verpflegen. Als ich auf den Elektriker wartete, fiel mir wieder ein, was Maman Bozorg immer zu Kia gesagt hatte: »Steh bei der Arbeit nie tatenlos rum, besonders nicht vor deinem Chef.« Also half ich einem anderen Jungen, die ausgestellte Ware herzurichten und abzustauben. Kurze Zeit später hielt direkt vor dem Geschäft ein junger Mann auf einem Moped an.

Der Ladenbesitzer sah von der Theke aus zu mir und sagte: »Dein Chef Hosain Aqa ist da, *pesar.*«

Mein Herz blieb einen Moment stehen und Angstschweiß perlte auf meiner Stirn, als ich den Elektriker ins Geschäft kommen sah. Mein linkes Knie gab nach – wie so oft, wenn ich nervös war

– und mir drehte sich der Magen um. Mich überkam blanke Panik, als ich den Mann wiedererkannte, der mich letzten Sommer so brutal zusammengeschlagen hatte, weil ich seinen Mittagsschlaf gestört habe. Bevor der Ladenbesitzer mich also meinem neuen Chef vorstellen konnte, entschuldigte ich mich schnell, lief zur Toilette und verriegelte die schmale Metalltür hinter mir.

Ich war fassungslos und musste mich sofort sortieren. Hass-, Angst- und Rachegefühle durchströmten mich. Auch meine Prinzipien und mein Stolz mischten sich dazu, bis schließlich der Gedanke an meinen pflichtbewussten Onkel Abdul Ruhe in mir einkehren ließ. Ich wäre am liebsten aus der engen kleinen Toilette geflüchtet und so weit weg gelaufen, wie mein kraftloser Körper mich getragen hätte – aber das war absolut keine Option. Mir waren die Hände gebunden, weil ich meinem Onkel für diesen Job dankbar zu sein hatte. Um mein Dilemma nachvollziehen zu können, musste man meinen Onkel besser kennen. Den Job zu kündigen, bevor ich überhaupt angefangen hatte, hätte ihn zutiefst beleidigt. In seinen Augen wäre dies nichts als Verrat und grenzenlose Undankbarkeit gewesen. Onkel Abdul vergaß oder vergab nie etwas. Schon die kleinste Enttäuschung brachte sein Blut in Wallung. Werte wie Respekt und Dankbarkeit hatten für ihn höchste Priorität und er glich einem brüllenden Papiertiger auf einem Feldzug gegen die Ungerechtigkeit – auch wenn er in Wirklichkeit nichts tat, um dagegen anzukämpfen. Mein Onkel war nicht mein einziger Verwandter, der Mitleid mit mir und meiner misslichen Lage hatte und die Welt an meiner statt verfluchte. All den Worten folgten jedoch selten Taten.

Bevor mein Onkel in die Stadt gezogen war, wusste ich kaum etwas über ihn. Aber da er der älteste Bruder meiner Mutter war, stellte ich schon ziemlich hohe Erwartungen an ihn, besonders weil er mit der einzigen Schwester meines Vaters verheiratet war. Tanten und Onkel gewisse Tugenden zuzuschreiben, war nichts Ungewöhnliches. Ich hoffte, dass mein Onkel meinen Vater, also seinen Schwager, eventuell zu meinen Gunsten beeinflussen konnte. Vielleicht vermochte er meinen Vater sogar den Aufenthaltsort seiner Nichte – meiner verschollenen kleinen Schwester – zu entlocken.

Mit Tränen in den Augen hatte meine Mutter mir erzählt, wie mein Vater ihr damals im Regen vor dem Scheidungsbüro ein Messer an den Bauch hielt und von ihr verlangte, ihm all ihren Goldschmuck auszuhändigen und auf ihr *mehryeh* zu verzichten (eine Geldsumme, die ein Mann seiner Frau im Scheidungsfall zahlt).

»Onkel Abdul ist mein großer Bruder, Alireza *joon.* Er hätte einschreiten und sich für mich einsetzen können«, sagte meine Mutter.

Aber das tat er nicht. Damals nicht für sie und jetzt auch sicher nicht für mich. Letztendlich beschloss ich, meinen Onkel nicht zu provozieren, meinen verletzten Stolz hinunterzuschlucken und den Job zu behalten. Denn ich brauchte ihn ohnehin dringend, wenn ich den Sommer über etwas zu essen haben wollte.

Nachdem wir uns einander vorgestellt hatten, reichte mir mein neuer Chef Hussein eine kleine Tasche mit Zubehör und ich folgte ihm nach draußen. Dort setzte ich mich leicht zögernd hinter ihm aufs Moped und wir fuhren los. An der ersten roten Ampel fragte er mich, wo ich wohnte, und ich antwortete ihm. Dann wollte er wissen, ob ich jemals in der Straße zu Hause war, in der er nun lebte.

»Nein, mein Herr«, antwortete ich.

»Seltsam! Du kommst mir irgendwie bekannt vor«, meinte er und fuhr weiter, als die Ampel schließlich grün wurde.

Von nun an trafen wir uns außer freitags jeden Morgen am Geschäft, holten Zubehör und unsere Arbeitsaufträge ein und fuhren dann zum entsprechenden Einsatzort. Wir erledigten alle möglichen Jobs: Wir verlegten Leitungen in neuen Häusern, installierten Deckenventilatoren oder reparierten Klimaanlagen.

Im Endeffekt arbeiteten mein Chef und ich kaum zusammen. Meistens setzte er mich irgendwo ab, zeigte mir, was zu tun war –

überwiegend einfache und eher körperliche Aufgaben wie putzen, graben und dergleichen –, und fuhr wieder weg. Teilweise arbeitete ich tagelang völlig allein. Er kam nur ab und zu während seiner Mittagspause vorbei, um zu sehen, wie weit ich gekommen war.

Manchmal kam mir mein Leben wie ein kleines Theaterstück vor, in dem die Figuren scheinbar unbegründet und völlig losgelöst von mir in unterschiedlichen Akten auftauchten und wieder verschwanden. Ich weiß noch, wie ich einige Tage auf einer Baustelle arbeitete, die nur einen halben Block vom Haus meines Vaters entfernt war. Aus dem zweiten Stock des unfertigen Gebäudes konnte ich häufig beobachten, wie seine Frau mit ihren Kindern einkaufen ging. Manchmal sah ich sogar meinen Vater, aber nie machte ich auf mich aufmerksam oder rannte nach draußen, um ihn zu begrüßen. Als sollte ich seinen Auftritt lediglich miterleben, aber keinen Dialog mit ihm führen. Außerdem wollte ich ihn nicht beschämen oder verärgern, denn ich war komplett voller Dreck und sah wie ein gewöhnlicher Arbeiter aus. Bei meinem Glück hätte er mir sicher vorgeworfen, die Baustelle gezielt ausgesucht zu haben, um Schande über ihn und seine Familie zu bringen. Ich weiß nicht, wie es heutzutage ist, aber damals erlaubten die meisten mittelständischen Iraner ihren Kindern keine Arbeit. In vielen anderen Ländern wurden Ferienjobs als gute Entwicklungsmöglichkeiten für Teenager betrachtet, aber im Iran ging so etwas gegen die *aberoo* (Ehre) der Bewohner. Schließlich hätte ja jemand denken können, man sei nicht in der Lage, für seine eigenen Kinder zu sorgen.

Ähnlich wie meinem Vater lief ich diesen Sommer auch Molouk über den Weg; oder besser gesagt, sah ich sie. Ich arbeitete eine Woche in einem alten Haus in Ahmadabad – nicht weit von dort, wo Molouks Onkel wohnte –, und wechselte eine Klimaanlage aus. Die ersten drei Tage arbeitete ich dort völlig allein, schaffte das Gerümpel vom Dachboden und machte sauber, damit mein Chef die neuen Leitungen sowie Rohre verlegen und abdichten konnte. Der alte Dachboden war nur schwach beleuchtet und durch das einzige Fenster drang kaum Licht, da draußen ein Baum mit seinen dichten Ästen die Sonne abschirmte. Außerdem konnte man das Fenster nicht öffnen, weil der Rahmen mit Farbe übermalt worden war. Doch einige Risse in der Wand ließen ein paar Sonnenstrahlen hindurch, sonst hätte der Raum noch bedrückender gewirkt. Wenn ich meine Nase gegen die Wand presste und durch die Risse sah, konnte ich die gesamte schmale Wohnstraße überblicken, die vom Haus wegführte. Die Straße war immer sehr ruhig – kaum eine Menschenseele lief jemals hier lang, besonders nicht nachmittags. Ohne Gesellschaft oder ein Radio war mir sehr langweilig auf dem Dachboden und die Arbeitsstunden vergingen unglaublich langsam. Daher erregte schon das kleinste Lebenszeichen von draußen sofort meine Aufmerksamkeit und durchbrach die ewige Monotonie. Brummende Automotoren, vorbeilaufende Passanten, lachende oder weinende Kinder, selbst krächzende Krähen, die lautstark um ihre Lieblingsplätze auf den Ästen neben dem Haus kämpften – alles zog mich zu den Rissen in den Wänden.

An meinem zweiten Arbeitstag dort hörte ich nachmittags von der Straße her Schritte und leises, zartes Gekicher. Ich eilte sofort zur Wand, um zu sehen, was vor sich ging. Zwei Teenagermädchen unterhielten sich vergnügt und schlenderten Richtung Haus. Entzückt und hocherfreut beobachtete ich, wie sie sich rhythmisch zum Klang ihrer Schritte bewegten. Die Mauern zu beiden Straßenseiten erzeugten einen Widerhall und je näher die beiden kamen, desto besser konnte ich sie verstehen. Sie pressten ihre Hefter dicht an sich und sprachen über die Schule. Sommerkurse waren sehr beliebt im Iran und sie kamen wohl gerade von einem. Doch plötzlich stockte mir der Atem. Ich erkannte eine der Stimmen wieder – nämlich Molouks. Mein Herz schlug immer heftiger gegen meine Brust. Sie war älter geworden, aber ich hätte sie überall wiedererkannt. Ich verrenkte mich fast, um möglichst viel von Molouk zu sehen, bevor sie wieder verschwand. Später fand ich heraus, dass sie über die Ferien ihren Onkel in Maschhad besuchte und mit ihrer Cousine Sommerkurse belegte. Maman

Bozorg war bei Kia, daher konnte ich nicht wissen, dass Molouk in der Stadt war.

Nachdem mein Chef mir am nächsten Morgen alle nötigen Arbeitsanweisungen gegeben hatte und wieder gegangen war, klebte ich praktisch vor einem Spalt in der Wand, blickte nach draußen auf die Straße und bewegte mich keinen Millimeter. Ich war fest davon überzeugt, dass Molouk zum Unterricht ging. Und da die Kurse meist morgens anfingen, wollte ich nicht riskieren, sie zu verpassen. Zu meiner Freude kam sie tatsächlich: Schon kurze Zeit später hörte ich Schritte und sah Molouk die Straße entlangeilen. Dieses Mal war sie allein. Sie war gewachsen und ihre Haare reichten mittlerweile bis zur Rückenmitte. Sie sah wie eine junge Frau aus und kaum noch wie das kleine Mädchen, mit dem ich damals den Sommer verbracht hatte – sie hatte auch schon Brüste bekommen. Ich wollte nach draußen rennen, sie umarmen und ihr sagen, dass ich nie aufgehört hatte, an sie zu denken. Und wie sehr ich sie vermisste. Aber ich konnte nicht. Sie sollte mich so nicht sehen und mich bemitleiden. Ich wollte lieber warten, bis ich erwachsen und erfolgreich war. Die gesamte Woche über beobachtete ich schmerzerfüllt durch die schmalen Risse in der Wand, wie Molouk kam und ging. An meinem letzten Arbeitstag muss sie meine Gegenwart wohl gespürt haben, denn sie blieb kurz an der Straßenecke stehen und schaute hoch, bevor sie in die Straße einbog und verschwand.

Der Sommer näherte sich dem Ende – und damit auch meine Zeit als Elektrikergehilfe. Obwohl mir Verwandte rieten, die Schule abzubrechen und den Ferienjob zum Beruf zu machen, hielt mich eine innere Stimme davon ab.

Mit Hosain zu arbeiten, war letztendlich nicht so schrecklich wie befürchtet. Ich lernte ihn näher kennen und fand so heraus, dass sein aggressives Verhalten vom letzten Sommer bloß von seiner Ignoranz rührte und keinesfalls von Boshaftigkeit. Ähnlich wie Tiere sind ignorante Menschen häufiger gewaltbereit, um Probleme zu lösen.

Ich weiß noch, wie er eines Tages unangekündigt zu einer Baustelle kam und ausnahmsweise dort statt zu Hause zu Mittag aß. Wir waren in einem halbfertigen Raum eines Gebäudes, in dem wir gerade die elektrischen Leitungen verlegten. Wir setzten uns einander gegenüber auf leere, umgedrehte Eimer. Mein Mittagessen bestand aus einer kleinen Melone und einem Stück frisch gebackenem Brot, das ich zuvor in der Bäckerei am Ende der Straße gekauft hatte. Melonen und Trauben waren recht günstig und außerdem eine praktische Mahlzeit. Man musste das Obst weder kühlen noch besonders zubereiten oder verpacken. Melonen konnte ich ganz einfach an einer scharfen Felskante aufschlagen und dann hineinbeißen. Als ich nun also meine kleine Melone für zwei *Rial* aufbrechen wollte, hielt mir Hosain jedoch sein Taschenmesser hin. Ich schnitt die Melone auf und schüttelte die Kerne heraus, während Hosain das Bündel mit seinem Mittagessen auseinanderfaltete. Darin befanden sich Fleischpastetchen, gehackte Petersilie, Essiggurken mit Dill und Fladenbrot. Die gebackenen Pastetchen dufteten köstlich (meine Mutter machte damals die weltbesten Fleischpastetchen). Hosain wickelte ein Pastetchen mit etwas gehackter Petersilie und einer Scheibe Essiggurke in ein Stück Brot und hielt es mir hin.

»Hier, probier mal. Hat meine Mutter gemacht.«

Ich zögerte und lehnte erst einmal ab.

Doch Iraner akzeptieren üblicherweise kein Nein als Antwort, wenn sie jemandem etwas zu essen anbieten. So auch Hosain. Er hielt mir die Pastete weiter hin und verlangte, dass ich sie annahm. Maman Bozorg hatte mir beigebracht, dass sich die Beziehung zu einer Person völlig änderte und eine tiefere Bedeutung bekam, sobald man eine Mahlzeit miteinander teilte. Sie sagte immer: »Du kannst nicht das Salz eines Menschen essen und dann seinen Salzstreuer zerstören.«

Ich war nicht sicher, ob ich diesem Mann vergeben konnte, doch das Pastetchen anzunehmen, hätte genau das bedeutet.

»Nimm schon, *pesar,* ich bestehe darauf.«

Da ich nicht erneut ablehnen wollte, griff ich also nach dem gefüllten Brot in seiner Hand. »*Merci, aqa.*«

Das Pastetchen schmeckte fantastisch. Ich hätte bestimmt noch mehr davon essen können. Als Hosain mit seinem Mittagessen fertig war, schnitt ich ein Stück Melone ab und bot es ihm zum Nachtisch an. Während er das Melonenstück aß, fragte er mich, wie mir das Fleischpastetchen bekommen war. Ich antwortete ihm, dass es beinahe so gut geschmeckt hätte wie die meiner Mutter. Er grinste und meinte, dass unsere Mütter wohl mal Rezepte austauschen sollten. Daraufhin mussten wir beide laut lachen. Und in dem Moment merkte ich, dass ich ihn wie einen Cousin oder Freund mochte. All die Wut, die sich seit jenem Sommernachmittag vor seinem Haus in mir aufgestaut hatte, verpuffte ganz plötzlich, als wäre sie niemals da gewesen. Auf dem Weg zurück zum Laden fand ich es nun auch nicht mehr seltsam, mich hinter ihm auf dem Moped an ihm festzuhalten.

◆ DER EINZIGE ZEUGE

Kias Frau Morvarid brachte ihr erstes Kind in Maschhad zur Welt und Kia entschied, es sei für alle das Beste, eine Weile bei Maman Bozorg zu bleiben, bis das Neugeborene etwas älter war und sozusagen über den Berg war. Morvarid war noch sehr jung und unerfahren; außerdem gab es in Amirabad, wo Kia stationiert war, keine Gesundheitspflege. Daher beruhigte es ihn, zu wissen, dass sein Kind und seine Frau in Maschhad von Maman Bozorg unterstützt wurden.

Ich wollte mich natürlich auch nützlich machen und half Maman Bozorg mit dem Baby. Ich ging nun nicht mehr nur zum Lebensmittelgeschäft, zur Bäckerei, zum Petroleumladen oder Wasser holen, sondern besorgte auch Milch für Kias Baby und Ranas Kleinkinder. Maman Bozorg weckte mich fast jeden Morgen lange vor Sonnenaufgang, damit ich zu Mandali auf der anderen Hügelseite gehen und Milch bei ihm kaufen konnte. Ich hatte einen kleinen Aluminiumtopf und fünf *Rial* dabei und war meist zuerst an seiner Lehmhütte. In der Nähe unseres Zuhauses gab es zwei kleine Lebensmittelgeschäfte, aber keines verkaufte Milch. Mandali war die einzige Quelle; deshalb musste ich bei ihm sein, bevor er keine mehr hatte.

Mandali war ein dürrer, opiumabhängiger Witwer und lebte auf der anderen Seite des Hügels am Ende einer Schotterstraße zusammen mit seinen drei Kindern, einer Handvoll Ziegen und einem Dutzend Hühnern in einer Lehmhütte. Ich sah ihn häufiger am Armeelager, wo er sehr viel Zeit damit verbrachte, weggeworfenes Brot, Kartons und andere für ihn wertvolle Gegenstände aus dem Müll zusammenzusuchen. Mit dem Brot versorgte er seine Hühner und Kinder, die Kartons verbrannte er zum Heizen. Da seine Ziegen nicht gerade wählerisch waren und Dornenbüsche sowie alles andere halbwegs Grüne in der Nähe seines Hauses fraßen, machten sie sich selbst über die Kartons her.

Ich stand eines Tages also wie immer frühmorgens auf, während alle anderen noch schliefen, und war eigentlich noch viel zu müde, um meine Augen ganz zu öffnen. Ich tastete mit den Füßen auf der Veranda vor unserer Tür nach Schuhen und fand schließlich ein Paar. Hier standen immer Gemeinschaftssandalen, die jeder benutzen konnte.

Morgens war es noch sehr frisch, daher lief ich leicht zitternd den Hügel hinauf zu Mandalis Haus und hoffte, dass er bereits wach war und seine Ziegen schon gemolken hatte. Oft kam ich viel zu früh und musste warten, bis er endlich aufstand, oder ihn sogar höchstpersönlich in seinem verqualmten Zimmer aufwecken. Kurz vor seiner Hütte hörte ich plötzlich Stimmen aus einer Nebelwolke dringen. Mandali klang wegen seiner Opiumsucht unverwechselbar kraftlos und nasal. Ich blieb stehen und wollte warten, bis das Gespräch beendet war, und anschließend zusammen mit ihm zu seinem Haus laufen. Der Nebel lichtete und verdichtete sich abwechselnd, sodass Mandali und der Mann, mit dem er redete, immer wieder vor meinen Augen verschwanden. Auch den anderen Mann erkannte ich wieder, er wohnte unten am Hügel schräg gegenüber von Herrn Rahimi. Seine Söhne und ich gingen in dieselbe Schule und manchmal spielten wir zusammen vor ihrem Haus. Ich hatte noch nie mit dem Mann gesprochen, aber ich war mir sicher, dass er mich wegen seiner Söhne zuordnen konnte. In einem Viertel mit so vielen neugierigen Menschen wusste praktisch jeder über mich und meine Lebensgeschichte Bescheid, besonders weil ich bei einer so ungewöhnlichen Familie wie den Rahimis wohnte.

Der Mann trug wie gewöhnlich seine traditionelle Stammeskleidung. Zudem hatte er sich ein langes, weißes Tuch um den

Kopf gewickelt, dessen Ende wie ein Pferdeschwanz auf seinem Rücken baumelte. Mir war kalt und ich hoffte, dass Mandali bald mit seinem Gespräch fertig war.

Doch plötzlich zückte der Mann einen Dolch, rammte ihn ohne zu zögern in Mandalis Bauch, riss die Klinge nach oben und schnitt seinen Oberkörper auf. Mandali sank wortlos zu Boden und klappte vor dem Mann zusammen. Ich schluckte ängstlich, blieb ganz still stehen und wünschte mir überirdische körperliche Fähigkeiten. Ich überlegte, den Topf fallen zu lassen und wegzurennen, doch meine Beine waren starr vor Angst und fest im Boden verwurzelt. Menschen vom Land waren berüchtigt für ihre Geschicklichkeit und Schnelligkeit. Ich hätte es wohl kaum mit diesem Mann aufnehmen können. Ich war wie ein Reh, das einem Tiger auf Beutezug über den Weg lief. Da ich nicht wusste, was ich tun sollte, blieb ich einfach nur stehen, starrte den Mann durch den Nebel an und wartete. Ich war an diesem frühen Morgen der einzige Zeuge seines Verbrechens geworden. Plötzlich drehte der Mann sich zu mir und sah mich etwa zehn Sekunden lang durchdringend an. Mein Herz schlug wie wild gegen meine Brust. Dann zog eine dicke Nebelwolke vorüber und versperrte mir die Sicht. Als der Nebel sich wieder lichtete, stand der Mann nicht mehr dort. Der morgendliche Nebel hatte ihn verschluckt und ich sah ihn nie wieder. Ich lief völlig verwirrt zurück nach Hause und konnte Maman Bozorg das alles kaum erklären.

Ich hatte also keine Milch kaufen können; allerdings waren Morvarids Milchkanäle seit einigen Tagen verstopft und sie und ihr Baby daher äußerst verzweifelt. Das Kind hatte schon sehr viel Zuckerwasser trinken müssen und schrie nun unaufhörlich nach Muttermilch. Die arme Morvarid hatte unglaubliche Schmerzen, denn ihre prallen Brüste waren voller Milch, die einfach nicht herauskam. Herrn Rahimis Frauen hatten alles versucht, um der jungen Mutter und ihrem Baby zu helfen und den Milchstau zu lösen, jedoch vergebens.

Ich weiß noch genau, wie alle drei Rahimi-Frauen und sogar

Herrn Rahimis Mutter, die nun mit uns im Haus wohnte, sowie seine Schwiegermutter von nebenan im Kreis um Morvarid auf dem Boden saßen und nacheinander probierten, die Milch in ihren Brüsten zu lockern. Die eine rieb Morvarids Schultern, die andere hielt ihr eine Schüssel unter die Brüste, die von den übrigen Frauen massiert und zusammengepresst wurden.

Morvarid saß aufrecht und mit geschlossenen Augen im Schneidersitz auf dem Boden und wimmerte leise vor Schmerzen. Sie war eine schlanke, attraktive und sehr schüchterne neunzehn- oder zwanzigjährige Frau mit schulterlangen, dunkelbraunen Haaren, großen, braunen Augen, perfekt gezupften, dünnen und bogenförmigen Brauen und milchiger Haut. Ihr kleiner, kindlicher Mund glich einer pinken Rose, die sorgfältig auf ihr ovales Gesicht gezeichnet worden war. Ihr *Tschador* mit hellem Blumenmuster, den sie für gewöhnlich im Haus trug, war bis zur Taille hinuntergerutscht und auf den Boden gefallen. Ihre rote Bluse war komplett aufgeknöpft und legte ihre großen und harten weißen Brüste frei, die ihre sehr schmale Taille noch dünner wirken ließen.

Ich war fasziniert von all dem Trubel um Morvarids Brüste. Wie von Maman Bozorg befohlen, stand ich an der Wand bereit, falls sie meine Hilfe brauchte. Als die Frauen gerade aufgeben wollten, stürmte plötzlich Herr Rahimi durch die Tür. Er lief direkt auf Morvarid zu, schob die beiden Frauen vor ihr zur Seite, kniete sich hin und saugte energisch an ihren Nippeln.

Unter normalen Umständen würde ein Muslim niemals einen Raum voller Frauen betreten, ohne vorher anzuklopfen und sich anzukündigen. In unserem Haus glaubten die meisten Bewohner fest daran, dass kein Mann außerhalb des engsten Familienkreises auch nur die Haarsträhne einer Frau sehen durfte –Herr Rahimi hatte also gerade eine Todsünde begangen. Aber niemand traute sich, etwas zu sagen, nicht einmal die sonst so direkte Maman Bozorg.

Maman Bozorg biss sich auf die Unterlippe, schlug mit der rechten Hand auf den linken Handrücken, sah zum Himmel und schüttelte den Kopf – sie war völlig fassungslos und komplett blass, als hätte sie einen Geist gesehen. Morvarid ging es ähnlich. Ich rechnete fest damit, dass sie aufsprang und schreiend aus dem Raum rannte, aber genau wie ich am Tag zuvor, als Mandali umgebracht wurde, war Morvarid einfach nur sprachlos und bewegte sich keinen Millimeter.

Herr Rahimi umklammerte Morvarids Brüste mit seinen rauen und tabakverschmierten Fingern und drückte fest zu, während er kräftig und energisch an ihren purpurroten und harten Nippeln saugte.

Kurze Zeit später schoss die Milch aus Morvarids Brüsten. Herr Rahimi sah uns alle siegreich an und sagte: »Nur unfähige Frauen hier.« Er verließ das Zimmer und lediglich sein alkoholdurchtränkter Atem blieb zurück.

»Wenn du jemals irgendwem davon erzählst, vor allem Kia, schneide ich dir die Zunge ab und verfüttere sie an die Hunde«, drohte Maman Bozorg und sah mich mit hervortretenden Augen scharf an.

»*Chashm,* Maman Bozorg.«

◆ DIE BAHAI

Für viele unterprivilegierte Arbeiterkinder ging ein Traum in Erfüllung, wenn sie die Grundschule beendeten und nach der sechsten Klasse ein Abschlusszeugnis bekamen. Häufig war ihre Schulbildung damit vorbei. Ich war jedoch fest entschlossen, weiterhin zur Schule zu gehen. Nicht, weil ich besonders wissensdurstig war und unbedingt etwas lernen wollte; die Schule war für mich mehr Mittel zum Zweck: Ich sehnte mich nach einer besseren Zukunft, einem schönen Zuhause, einer eigenen Familie sowie reichlich Essen. Aus mir unerklärlichen Gründen war ich ziemlich gut in der Schule. Ich musste kaum lernen und hatte dennoch sehr gute Noten. Wissen aufzusaugen fiel mir leicht, also flüchtete ich mit Bildung aus meiner Notsituation.

Ich hatte mir fest vorgenommen, im Herbst eine weiterführende Schule zu besuchen, aber das ließ sich nur schwer mit meinen Lebensumständen vereinbaren. Wie so oft schon spielte Maman Bozorg auch hier eine wichtige Rolle. Wenn sie Maschhad verlassen wollte, um bei Kia zu leben, oder nicht imstande war, mich weiterhin zu unterstützen, musste ich meinen Bildungsweg wohl aufgeben, denn dann konnte ich nirgendwo leben. Schließlich hatte ihr eigener Sohn ebenfalls nach der sechsten Klasse mit der Schule aufgehört und sich einen Job gesucht. Warum sollte es bei mir also anders laufen? Als die Sommerferien halb vorbei waren, sprach ich mit Maman Bozorg über eine weiterführende Schule und freute mich sehr darüber, dass sie von der Idee begeistert war. Sie schlug sogar vor, dass ich mit meinem Vater über das Schulgeld und die Anmeldung reden sollte. Ich hatte also immer noch einen Platz in ihrem Zuhause und machte mich erneut auf die Suche nach meinem Vater.

Ich musste schnell handeln, wenn ich an einer weiterführenden Schule aufgenommen werden wollte, denn hier galt: Wer zuerst kam, mahlte zuerst. Außer natürlich man hatte gewisse Verbindungen – typisch für den Iran. Die meisten Schulen waren sehr schnell gefüllt, besonders die mit gutem Ruf. Die Qualität der Schule war für mich jedoch zweitrangig, solange ich nur ein paar Kilometer dorthin laufen musste. Mit Maman Bozorgs Erlaubnis nahm ich mir ein paar Tage von der Arbeit frei und suchte nach meinem Vater, um ihn nach Geld für die Schule und Schulmaterialien zu fragen. Mein Vater war der letzte Mensch auf Erden, den ich um Hilfe bitten wollte, aber ich hatte leider keine andere Wahl.

Dieses Mal fand ich ihn jedoch sehr schnell und war überrascht und begeistert, dass er meinen Schulplan nicht nur guthieß, sondern mich außerdem unterstützen wollte. Derselbe Mann, der noch vor sechs Jahren meinte, ich hätte überhaupt keine Bildung verdient, war nun auf meiner Seite, zumindest prinzipiell. Vielleicht bildete ich es mir nur ein, aber ich hätte schwören können, an diesem Tag leichten Stolz in seinen Augen aufblitzen gesehen zu haben. Möglicherweise erkannte er in mir dieselbe Unverwüstlichkeit wieder, die ihm damals durch seine schwierige Kindheit geholfen hatte. Er wollte den Namen und die Adresse der Schule wissen, die ich mir ausgesucht hatte, und bot an, mich höchstpersönlich anzumelden. Ich nannte ihm die Schule, die Herrn Rahimis Haus am nächsten lag und auf die viele meiner alten Schulkameraden ebenfalls gehen würden. Dann trennten sich unsere Wege erneut.

Zwei Wochen vor Schulbeginn hatte ich immer noch nichts von meinem Vater gehört und wurde langsam nervös. Verzweifelt kampierte ich gegenüber von seinem Haus und hoffte, ihn abfangen zu können. Als ich ihm ein paar Tage später schließlich begegnete, behauptete er, nach einer besseren Schule für mich gesucht zu haben. Demnach konnte ich die Schule in der Nähe von Herrn Rahimis Haus sicher wegen Überfüllung vergessen. Als er mir die Anschrift der Schule nannte, die er stattdessen für mich ausgewählt hatte, schüttelte ich ungläubig den Kopf und seufzte enttäuscht. Ich wusste zwar nichts über die Schule, aber sie lag leider auf der anderen Seite der Stadt. Ich konnte es mir nicht leisten, wählerisch zu sein, denn der Sommer war schon fast vorüber und den Umständen entsprechend musste ich mich praktisch über jeden Schulplatz freuen.

Zwei Tage vor Schulbeginn kündigte ich meinen Job im Elektro- und Lampengeschäft, strich mein Gehalt ein und traf mich erneut mit meinem Vater. Der bestätigte mir die Anmeldung, gab mir zehn *Tooman* für Schulmaterialien sowie ein Heftchen mit Bustickets für dreißig Fahrten und verschwand wieder.

Als ich zu meinem ersten Schultag aufbrechen wollte, betete Maman Bozorg gerade. Ich setzte mich leise auf das Fenstersims und wartete, bis sie fertig war, damit ich ihr erneut danken und mich von ihr verabschieden konnte. Ich war fertig angezogen und hielt meinen neuen Notizblock und ein gebrauchtes Schulbuch fest umklammert, das Maryam Khanoms ältester Sohn Rahim mir netterweise überlassen hatte. Während ich Maman Bozorg beobachtete, wurde mir klar, wie sehr ich meine Mutter vermisste. Auch sie ließ niemals ein Gebet aus. Als ich klein war, sah ich meiner Mutter häufig beim Beten zu. Und während sie sich mehrfach nach vorn beugte und wieder aufrichtete, fragte ich mich, was sie Gott wohl erzählte und warum sie dies in Arabisch tat, obwohl sie diese Sprache selbst nicht verstand. Meine Großmutter und sie redeten in meiner Gegenwart immer Zargary, wenn ich nicht mithören sollte. Also wollte meine Mutter offenbar auch nicht, dass ich verstand, was sie zu Gott sagte. Als ich Maman Bozorg beobachtete, überlegte ich, ob es Gott überhaupt gefiel, dass die Menschen das Gebet derart ritualisiert und systematisiert hatten, obwohl es eigentlich ein spontanes, natürliches und intimes spirituelles Erlebnis sein sollte. Wie fühlte sich Gott, wenn ihm Millionen Menschen wie meine Mutter jeden Morgen die Treue schworen und dabei ständig dieselben Worte aufsagten? Ich hätte gerne gewusst, ob Gott meiner Mutter wirklich all das glaubte, was sie ihm mit gebrochenem Arabisch versprach. Was wäre, wenn Gott uns Menschen überhaupt nicht ähnelte? Wenn es ihn in Wirklichkeit gar nicht interessierte, dass die Gläubigen sich unzählige Male am Tag vor ihm verbeugten? Wenn die Menschen seiner Meinung nach die Zeit lieber nutzen sollten, um etwas Gutes zu tun? Die Gebete und Versprechungen meiner Mutter waren eher monologartige Pflichterfüllungen statt ehrliche Gespräche zwischen ihr und Gott.

Maman Bozorg betete immer in Farsi – in ihrer eigenen Muttersprache.

Sechs Jahre zuvor war ich bereits in einer ähnlichen Situation. Damals hielt ich ebenfalls frühmorgens meine Schulsachen fest und wartete darauf, dass Kia mich in meinem neuen, grauen Anzug aus dem groben Sowjetunionsstoff zum ersten Mal zur Schule begleitete. Ich erinnere mich an diesen besonderen Tag im Herbst 1963, als ob es gestern gewesen wäre; im Radio liefen die Morgennachrichten und der himmlische Duft von heißem, frisch gebackenem Brot, aufgebrühtem schwarzem Tee und Schafskäse lag in der Luft. Sechs Jahre später saß ich nun wieder auf einem Fenstersims. Dieses Mal jedoch in einem bescheidenen, dunklen Zimmer, auf dem gehärteten Lehmboden vor mir eine gebrechliche alte Frau, die auf einem zerfransten Teppich betete. Von einem Radio oder duftendem Brot keine Spur; hier gab es nur mich und die gebrechliche alte Frau, die aus unerfindlichen Gründen ihr Heim mit mir teilte. Und Gott flüsterte mir ins Ohr, wie gesegnet ich doch sei.

Ich kann kaum in Worte fassen, wie ich mich im Herbst 1969 auf dem Weg zur weiterführenden Schule fühlte. Ich wartete nervös an der überfüllten Bushaltestelle – geehrt, glücklich, aufgeregt, motiviert und erwartungsvoll zugleich. Um mich herum standen formell gekleidete Geschäftsmänner und Mädchen in grauen Schuluniformen in kleinen Grüppchen. Mittendrin ich – überschäumend vor Stolz.

Ich stieg am Naderi-Platz aus dem Bus und lief den restlichen Weg. Meine neue Schule war ein umfunktioniertes Wohnheim, das sich ausgerechnet auf der Naderi-Avenue nur ein paar Blocks nördlich vom Imam-Reza-Schrein befand. Diese Straße erinnerte mich an die wohl unvergesslichsten Momente meines Lebens. Bevor ich das Schulgebäude betrat, lehnte ich mich auf dem Gehweg kurz an die Wand, schloss die Augen und bedankte mich bei den übergeordneten Mächten flüsternd dafür, genau jetzt genau hier sein zu dürfen. Ich erinnerte mich daran, wie meine Mutter und ich damals freitags immer auf dieser Straße zum Schrein liefen. Ich dachte an den spindeldürren Moosa, einen der vielen Verehrer meiner Mutter, der stets mit seiner Pferdekutsche hier entlangfuhr. Auf der anderen Seite des Statue-Platzes hat mich damals der Polizist mitgenommen, nach Hause gebracht und von meiner Mutter einen Finderlohn erpresst. Und etwas weiter die Straße hinunter servierte mir meine Stiefmutter die ungenießbare Suppe, als wir ihre Schwester besuchten. Ich dachte an Baba und daran, wie er mich mit dem Fahrrad zurück zur Teppichweberfamilie brachte, die ironischerweise direkt bei meiner Schule um die Ecke wohnte. Und mir kam der Polizist in den Sinn, der meinen Alaska-Karren nur ein paar Hundert Meter vom Statue-Platz entfernt kaputt trat. Meine Welt erschien mir plötzlich winzig klein, wie ein Dorftheaterstück, dessen Hauptbühne nur die Naderi-Avenue war.

Damals umfasste eine weiterführende Schule im Iran die Stufen sieben bis zwölf, und um versetzt zu werden, musste man sehr viel leisten, besonders in Mathematik und Naturwissenschaften. Viele Schüler blieben mindestens ein- oder zweimal sitzen, sodass teilweise ein sehr großer Altersunterschied innerhalb der Klassen herrschte. Mich überraschte, dass meine neue Schule voller Schüler war, die ich bereits als erwachsen eingestuft hätte. Das schüchterte viele Siebtklässler ein, mich jedoch nicht.

Nach ein paar Monaten steckte eines Tages der stellvertretende Schulleiter den Kopf durch die Tür des Klassenzimmers und sagte: »Golmakani, mitkommen. Ich muss mit dir reden.«

Ich war zwei Stunden lang durch Schnee und Eis zur Schule gelaufen und zitterte immer noch, während ich langsam auftaute. Die wunderbare Wärme der riesigen, schwarzen Kohleheizung in der Ecke des Klassenraumes war gerade erst zu meinen gefrorenen Knochen vorgedrungen.

»Jetzt sofort!«, sagte er und sah mich streng an. Widerwillig verließ ich das Klassenzimmer und gesellte mich zu ihm in das enge Treppenhaus.

»Wo ist dein Jackett, Golmakani?«

»Das hab ich heute leider vergessen, *aqa.*«

»Wer vergisst denn bitte bei Minusgraden sein Jackett?«, erwiderte er.

Ich zuckte mit den Schultern und senkte den Blick.

»Erzähl mir doch nichts, Golmakani! Ich hab wohl gemerkt, dass du dich ohne Jackett in die Schule geschlichen hast! Du kennst die Regeln: kein Jackett, keine Schule. Das ist meine erste und letzte Warnung.«

»*Chashm, aqa.*«

Alle Schüler mussten in der Schule Jacketts tragen und meins war gerissen, als einer meiner Klassenkameraden in der Pause daran gezerrt hatte. Hätte Maman Bozorg das alte Jackett nicht immer wieder geflickt und ausgebessert, wäre es schon vor zwei Jahren auseinandergefallen. Aber wo sollte ich so schnell ein neues auftreiben, insbesondere da ich sechs Tage die Woche in der Schule war und der Hin- und Rückweg den Großteil meiner Freizeit einnahm? Mir blieb also nur noch der Freitag, um das Problem zu lösen.

Da Maman Bozorg einige Monate nach Schulbeginn wieder zu Kia gefahren war, lebte ich damals bei ihrer Nichte und ihrem Neffen, die beide noch recht jung waren. Die beiden ältesten Kinder von Maman Bozorgs Schwester gingen ebenfalls in Maschhad auf eine weiterführende Schule und ließen mich bis zu ihrer Rückkehr bei sich wohnen. Größere Städte boten bessere Schulen, deshalb schickten viele mittelständische Kleinstadtfamilien ihre Kinder für die letzten zwei oder drei Schuljahre an Orte wie Maschhad. Mittelständischen iranischen Familien war Bildung sehr wichtig, daher taten sie alles in ihrer Macht stehende, um den Erfolg ihrer Kinder zu gewährleisten.

Maman Bozorgs Nichte und ihr Neffe lebten in einem noch unfertigen Haus in Maschhad, das ihr Vater Stück für Stück zusammenbaute – in der Hoffnung, irgendwann zu ihnen in die Stadt ziehen zu können. Sie gingen in die elfte und zwölfte Klasse und mit dem geringen monatlichen Betrag, den ihr Vater ihnen zahlte, konnten sie mich kaum verpflegen, geschweige denn mir ein neues Jackett kaufen. Und selbst wenn sie es sich hätten leisten können, hätte ich sie wohl niemals darum gebeten. Dass sie ihr kleines Zimmer und ihr Brot mit mir teilten, damit ich weiterhin zur Schule gehen konnte, war mehr als genug. Allein dafür war ich ihnen auf ewig dankbar.

Mir hätte wohl nur mein Vater ein neues Jackett besorgen können, aber von ihm hatte ich seit letztem Sommer kurz vor Schulbeginn, als er mir die Bustickets gegeben hatte und wieder verschwunden war, weder etwas gesehen noch etwas gehört. Darüber hinaus hatte ich nur dreißig Bustickets, jeweils zwei *Rial* wert und gültig für eine Fahrt. In der ersten Schulwoche nutzte ich die Fahrkarten noch, den Rest habe ich dann gegen Essensgeld eingetauscht. Seitdem bin ich immer zu Fuß gegangen.

Maman Bozorgs junge Verwandte wohnten etwas abseits, daher verkürzte der Wohnungswechsel meinen Schulweg leider nicht. Sogar an schönen Tagen brauchte ich mindestens zwei Stunden zur Schule. Bei Schneestürmen sogar noch länger. Im Schnitt musste ich also sechs Tage die Woche fünf Stunden täglich mit dem Weg zur Schule oder nach Hause zubringen. An den kürzeren Tagen während der Wintermonate lief ich morgens immer im Dunkeln los und kam auch wieder im Dunkeln nach Hause. Da ich keine Schultasche besaß, schob ich die Bücher unter mein Hemd und steckte es anschließend in die Hose, sodass ich Ohren und Nase mit den Händen vor der Kälte schützen konnte.

Ich fragte mich oft, ob das Leben einfach nur ein grausames Spiel mit mir treiben und mir möglichst viele Steine in den Weg legen wollte. Auch dieser Winter war wie alle anderen zuvor. Meine Schuhe hatten riesige Löcher in den Sohlen, sodass Schnee, Matsch und Regenwasser problemlos hindurchdrangen. Meine einzigen Kleidungsstücke konnte man schon gar nicht mehr als solche bezeichnen, außerdem waren sie äußerst ungeeignet dafür, mich vor der sibirischen Kälte zu schützen. Mein Magen knurrte ständig und ich sehnte mich nach Liebe und Geborgenheit, während ich tagein, tagaus stundenlang durch die Stadt lief und auf eine bessere Zukunft hoffte. Manchmal wünschte ich mir fast schon verzweifelt, dass mich jemand umarmte oder berührte. Meine Eltern hätten ebenso gut tot sein können, so einsam fühlte ich mich. Und zu allem Überfluss musste ich nun auch noch so weit wie niemand sonst zur Schule laufen. Ich war es einfach satt, mich durch diese Komödie Gottes zu quälen, die mein Leben war.

In der Mittagspause mussten alle Schüler das Schulgebäude verlassen. Die meisten Kinder lebten in der Nähe und konnten daher nach Hause gehen, um sich etwas aufzuwärmen und von ihren Müttern bekochen zu lassen. Ich verbrachte die Mittagspause meist in der Sonne auf dem Gehweg gegenüber der Schule unter vereisten Dachrinnen. Neben mir war eine kleine Zuckerbrotbäckerei und ich wurde immer wahnsinnig, wenn sich die Tür öffnete und der süße Duft aus dem Laden strömte, mir in die Nase zog und den leeren Magen zum Knurren brachte. Hin und wieder stand ich in Charlie-Chaplin-Manier vor dem Geschäft, starrte auf die großen, runden Zuckerbrote und ließ meiner Fantasie freien Lauf; hätte ich doch nur einen dieser Leckerbissen in die Hände bekommen. Manchmal lief ich jedoch nur zum Schrein und verbrachte meine Mittagspause in einer der angenehm warmen Gebetshallen.

Ich blieb zuversichtlich und ging weiterhin ohne Jackett zur Schule. Ich tat alles, um nicht vom stellvertretenden Schulleiter erwischt zu werden. Da er immer pünktlich um acht Uhr am Gebäudeeingang stand, um die Zuspätkommer abzufangen, kam ich jeden Tag eine halbe Stunde früher in die Schule. Außerdem hielt ich mich aus allem Ärger raus und blieb in der Pause im Klassenraum. Manchmal versteckte ich mich sogar hinter einem größeren Freund, wenn ich durch die Schule gehen oder einfach nur auf die Toilette wollte. Ich konnte den stellvertretenden Schulleiter eine ganze Weile meiden, doch an einem bitterkalten Wintertag war ich durch einen Zwischenfall im Mathematikunterricht gezwungen, ihm gegenüberzutreten.

Ich konnte meinen Mathematiklehrer schon seit dem allerersten Schultag nicht leiden. Ihn interessierte es mehr, seine verdrehten, persönlichen Standpunkte – meist religiöser Natur – zu propagieren, als tatsächlich zu unterrichten. Und ich als ewiger Wahrheitsverfechter war irgendwann nicht mehr in der Lage, mich zurückhalten. Während meiner gesamten Grundschulzeit und auch später in der weiterführenden Schule war ich bekannt dafür, immer meine Meinung zu äußern, auch wenn mir das selten zugutekam. Ich war sehr hungrig, hatte einen anstrengenden Fußmarsch hinter mir und konnte mich einfach nicht mehr zusammenreißen, sodass ich den armen, primitiven Menschen herausfordern musste.

Unser kleiner, stämmiger Mathematiklehrer fing an besagtem Tag also nach gut der Hälfte der Unterrichtsstunde mit seiner Predigt an. Wie immer ging es um den Bahaismus – eine damals recht neue Minderheitsreligion mit verhältnismäßig wenigen Anhängern. Der Bahaismus ist monotheistisch ausgerichtet und beruft sich auf die Lehren des Religionsstifters Baha'u'llah aus dem Persien des neunzehnten Jahrhunderts. Zentral ist hier der Glaube an die geistige Einheit der Menschen und damit einhergehend an die Unität der Weltreligionen. Im Iran der 60er Jahre genossen die Bahai staatlichen Schutz, daher konnten sie sich öffentlich versammeln und ihren Glauben praktizieren. Aber wie so häufig auf der Welt wurde diese neue Religion von der ungebildeten, dogmatischen und unaufgeklärten Bevölkerung abgelehnt, die alles Fremde als Gefahr betrachtete. Solch eine Widerstandsbewegung basierte zweifelsohne auf Unwissen und Neid. Bahai waren gebildete, wohlgesittete, vorbildliche und vor allem ehrliche Bürger, die ihr Land über alles liebten. Das machte sie mir besonders sympathisch. In einer Kultur, die Wahrheitsmanipulation ständig auf der Tagesordnung hatte, wirkten sie sehr erfrischend. Baba behauptete, dass es in keinem anderen Land auf der Welt so viele Wörter zur Wahrheitsbeschwörung gäbe wie im Iran. »Wenn die Menschen einfach die Wahrheit sagen würden, bräuchten wir sie gar nicht erst so hochtrabend zu beschwören«, meinte er immer. Die Iraner schworen auf Gott, die Gräber ihrer toten Vorfahren, das Leben ihrer Geliebten, die zwölf Propheten, die Königskrone, auf Großvaters weißen Bart und tausend andere Dinge, um ihre Mitbürger davon zu überzeugen, dass sie die Wahrheit sagten. Auch wenn sie sich einfach nur zwanglos unterhielten. Ich sollte vielleicht hinzufügen, dass eine bestimmte Gesellschaftsgruppe besonders bekannt dafür war – und dieser gehörte mein eifriger Mathematiklehrer an.

In Sachen Religion war ich mit meinen jungen Jahren alles andere als ein Experte. Wegen meiner doch eher unkonventionellen Kindheit war ich nicht gerade gläubig und mich interessierte auch nicht, was andere von Gott hielten. Ich musste jedoch nicht viel über Religion wissen, um zu erkennen, dass dieser fanatische und verwirrte angebliche Mathematiklehrer meine Zeit vergeudete und über Dinge sprach, die für den Unterricht völlig irrelevant waren. Der arme Kerl war im dunklen, langen und engen Tunnel seiner extremistischen Ideologie gefangen, und da er weder nach rechts noch nach links blicken konnte, akzeptierte er keine andere Wahrheit neben seiner eigenen. Mit abenteuerlichen Geschichten beschrieb er, wie die Bahai junge Muslime konvertierten: unter anderem mithilfe nackter Frauen.

»Darf ich etwas fragen, *aqa?*«, meldete ich mich.

»Ja!«

»Woher wissen Sie so viel über die Bahai?«

»Ich weiß es einfach!«, sagte er nachdrücklich, wie ertappt.

»Bitte verzeihen Sie, mein Herr. Aber woher wissen Sie, dass die Bahai muslimische Männer mit nackten Frauen locken?«

Plötzlich wurde es totenstill in der Klasse, alle horchten auf und warteten gespannt. Vielleicht wollten sie unbedingt herausfinden, wie sie das großzügige Angebot der Bahai wahrnehmen konnten. Oder mein Wagemut verblüffte sie einfach.

In unserer Kultur stellte man Autoritätspersonen nicht infrage. So etwas galt nicht nur als unverschämt, sondern zog meist auch unangenehme Konsequenzen nach sich.

»Ich weiß es einfach!«, entgegnete er nervös.

»Wie oft haben die Bahai Ihnen denn nackte Frauen angeboten, mein Herr?«

Daraufhin stampfte er wütend mit seinem übergroßen Fuß auf, lief zu meinem Tisch und befahl mir aufzustehen. Die Schweißperlen auf seinem recht großen, außerordentlich weißen und abstoßend kahlen Kopf betonten die kleinen Flecken auf seiner Kopfhaut.

»Bist du etwa ein Bahai?«

»Nein, mein Herr.«

»Dann bist du ein Muslim?«

»Nein, mein Herr. Ich bin zu jung, um einer Religion anzugehören.«

»Was sind deine Eltern?«

»Tot, mein Herr.«

»Machst du dich etwa über mich lustig?«

»Nein, mein Herr. Ich mag nur Mathematik nicht besonders, aber ich muss Mathe belegen und bestehen, um in die achte Klasse zu kommen. Und weil ich jeden Morgen etwa zwei bis drei Stunden zur Schule laufen muss, wäre es schön, wenn Sie auf Ihre persönliche Propaganda verzichten und wirklich Mathematik unterrichten würden. Und ganz ehrlich, mein Herr: Wenn ich ein Bahai wäre und die Mittel dazu hätte, würde ich Ihnen alle nackten Frauen der Welt bieten, damit sie bloß keiner von uns werden.«

Die Schüler brachen in schallendes Gelächter aus und ich wurde am Ohr aus dem Klassenraum gezogen. Im Flur ließ der kleine, stämmige Mann seiner Wut freien Lauf, schlug mir ins Gesicht und auf den Kopf und schleuderte mich gegen die Wand. Ich schwieg nur und sah ihn finster an. Danach befahl er mir, das Gesicht waschen zu gehen und anschließend zurück in die Klasse zu kommen. Ich lief die Treppen hinunter und stand plötzlich vor dem stellvertretenden Schulleiter.

»Wo willst du hin, Golmakani?«

»Mein Gesicht waschen, mein Herr.«

»Was ist passiert? Warum blutet deine Lippe?«

Ich senkte den Blick und antwortete nicht. Natürlich konnte er sich denken, was geschehen war. Und da Schüler zu erzieherischen Zwecken nun mal geschlagen werden durften, stellte er keine weiteren Fragen. Viele Gesellschaftsgruppen begrüßten Schläge als Akt der Güte, um Kindern eine wichtige Lektion zu erteilen. Wenn Kinder ihren Eltern erzählten, dass ein Lehrer oder Nachbar sie geschlagen hatte, fragten sie meist zuerst: »Was hast du jetzt schon wieder angestellt?« Und auf die Antwort folgte für gewöhnlich: »Gut so! Wenn ich da gewesen wäre, hätte ich dich für deine Respektlosigkeit auch bestraft.«

»Der Wasserhahn draußen ist zugefroren, du brauchst gar nicht erst loslaufen. Dein Jackett ist oben im Klassenzimmer?«

Ich blieb stumm.

»Antworte mir. Ist dein Jackett im Klassenzimmer?«

Ich wollte erst Ja sagen, aber ich hatte Angst, dass er nachsehen würde. Hätte er herausgefunden, dass ich gelogen hatte und in Wirklichkeit gar kein Jackett besaß, wäre ich in noch größeren Schwierigkeiten gewesen.

»Nein, mein Herr. Meine Mutter hat mein Jackett gestern Abend gewaschen und heute Morgen war es noch nicht richtig trocken, deshalb konnte ich es nicht anziehen.«

»Hast du kein zweites Jackett?«

»Nein, mein Herr.«

»Warum hat deine Mutter dann nicht bis Freitag mit der Wäsche gewartet?«

»Sie fand es einfach zu schmutzig.«

»Nun denn, du kennst die Regeln. Ich muss dich leider suspendieren, bis du gelernt hast, nicht mehr ohne Jackett in die Schule zu kommen. Geh zurück in die Klasse, hol deine Sachen und komm in mein Büro. Wir müssen noch über etwas anderes reden.«

»*Chashm, aqa.*«

Ich packte meine Bücher zusammen und erschien anschließend im Büro des stellvertretenden Schulleiters.

»Golmakani, wann willst du das restliche Schulgeld bezahlen?«

»Was meinen Sie?«

»Das restliche Schulgeld. Dein Vater wollte den übrigen Betrag nach deiner Anmeldung innerhalb von einem Monat zahlen. Aber mittlerweile sind schon sechs Monate vergangen!«

»Das wusste ich nicht, mein Herr. Ich werde mit ihm reden und das Geld besorgen.«

»Okay, mein Junge. Aber eins nach dem anderen: zuerst dein Jackett. Du kommst gleich morgen früh vor dem Unterricht zu mir und zeigst, dass du es trägst, in Ordnung?«

»*Chashm, aqa.*«

Mir war wirklich nicht klar, dass mein Vater das Schulgeld nicht komplett gezahlt hatte. Hätte ich ihn nur niemals um Hilfe gebeten – aber damals ging es nicht anders. Mein erstes Jahr an der weiterführenden Schule stellte sich gelinde gesagt als äußerst kräftezehrend heraus. Ich lebte bei zwei Teenagern, die definitiv nicht alt genug waren, um meine Vormünder zu sein. Ich aß in der Schule so gut wie nie Mittag und frühstückte ebenfalls nur zwei oder drei Mal die Woche – meist ein Stück Brot und selten noch eine Scheibe Käse dazu. Am schlimmsten war jedoch, dass ich niemandem mein Leid klagen konnte.

Aber wie der stellvertretende Schulleiter meinte: eins nach dem anderen. Das neue Jackett hatte oberste Priorität. Sollte mir niemand ein Jackett leihen oder schenken können, dürfte ich eine

Weile nicht mehr in die Schule gehen. Aber wo blieb ich tagsüber so lange? Selbst wenn ich auf wundersame Weise etwas Geld hätte auftreiben können, gab es in Maschhad einfach kein Geschäft, das fertige Jacketts verkaufte.

Ich lief von der Schule aus direkt zu Herrn Rahimis Haus und hoffte auf Maryam Khanoms Hilfe. Schließlich hatte sie Kinder in meinem Alter und konnte mir vielleicht ein Jackett leihen, bis ich mir ein eigenes besorgt hatte. Sonst hätte ich nur noch meinen Onkel um Hilfe bitten können – aber ich wollte keinesfalls in seiner Schuld stehen. Deshalb war Maryam Khanom mein einziger Ausweg.

Ich kam nachmittags bei ihr an, schilderte ihr die Situation und fragte, ob sie mir ein Jackett ihrer Söhne überließ, bis ich meinen Vater gefunden hatte. Sie schwor auf Imam Reza und den Koran, dass ihr Sohn, der etwa so groß war wie ich, nur ein Jackett besaß und es gerade selbst trug.

Enttäuscht verließ ich Herrn Rahimis Haus. Ich war schwach vor Hunger und Kälte und wollte schon fast zum Armeelager laufen und nach etwas Brot suchen, aber wegen der Schneemassen auf den Straßen überlegte ich es mir anders. Ich verzweifelte und beschloss, zum Haus meines besten Grundschulfreundes zu gehen, der bei dem heftigen Schneefall bestimmt zu Hause geblieben war. Ich fror unglaublich und war sehr hungrig; ich konnte mich kaum durch den hüfthohen Schnee kämpfen, der das gesamte Ödland zwischen Herrn Rahimis Haus und dem Heim meines Freundes bedeckte. Ich betete, dass er da war und mich zu sich einlud, damit ich mich kurz aufwärmen konnte, bevor ich den langen Marsch zum anderen Ende der Stadt zu Maman Bozorgs Nichte und ihrem Neffen antrat.

Ich bin bereits einige Jahre nicht mehr bei meinem Freund Reza gewesen. Seine sehr ernste und eigentümliche Mutter hatte ihm verboten, sich mit mir zu treffen. Reza zufolge glaubte sie, mich in der fünften Klasse rauchen gesehen zu haben. Sie fürchtete sich also vor meinem schlechten Einfluss auf ihren Sohn und wollte mich nicht in seiner Nähe wissen. Selbst als ich ihr erklärte, dass ich damals nur wie ein Filmstar aussehen wollte und ein Stück Papier zu einer Zigarette zusammengerollt hatte, stellte sie sich stur. Reza und ich blieben trotzdem Freunde und verbrachten weiterhin viel Zeit miteinander, mieden jedoch seine Nachbarschaft, damit seine Mutter uns nicht sah. Und nun lebte ich – wahrscheinlich zur großen Freude seiner Mutter – in einem völlig anderen Stadtteil und ging auf eine völlig andere Schule als er.

Ich klopfte nervös an Rezas Haustür und seine Mutter öffnete. Ich grüßte freundlich und fragte nach ihm. Wie immer zog Rezas Mutter die Augenbrauen zusammen und erklärte mir nüchtern, er sei gerade in der Schule. Ich ahnte vorher schon, dass ich ihn vermutlich nicht zu Hause antreffen würde, aber ich wollte es zumindest versucht haben. Plötzlich brach völlige Hoffnungslosigkeit über mich herein. Dieser ganze furchtbare Tag hatte deutlich seine Spuren hinterlassen. Mir schossen Tränen in die Augen und ich entschuldigte mich bei Frau Zareef für die Störung.

Ich hatte noch getrocknetes Blut im Gesicht und war übersät mit blauen Flecken, trug kein Jackett und stand zitternd im Schnee. Ihrem Blick zufolge sah sie alle Vorurteile mir gegenüber bestätigt – ein verantwortungsloser Junge, der die Freundschaft ihres Sohnes nicht verdient hatte. Schließlich fragte sie stirnrunzelnd: »Hast du dich geprügelt? Ist dir nicht kalt? Wo ist dein Jackett? Warum bist du nicht in der Schule?«

Seit langer Zeit fühlte ich mich wieder wertlos, armselig und so einsam wie nie zuvor. Als mir erneut die Tränen kamen, drehte ich mich schnell um, damit sie mich nicht weinen sah. Doch Frau Zareef ließ mich nicht gehen, sondern hielt mich am Arm fest und sagte mir streng, aber fürsorglich, dass ich hineinkommen und mich aufwärmen sollte. Ihr Mutterinstinkt musste ihr verraten haben, dass ich am Ende meiner Kräfte war.

Im Haus durfte ich auf dem Boden neben einem Petroleumheizofen Platz nehmen und bekam ein Tuch, mit dem ich mir Haare und Gesicht trocknen konnte. Frau Zareef ging kurz in ein anderes Zimmer. Ihre Kinder waren gerade alle in der Schule und ihr Mann, einer der nettesten Menschen, die ich jemals getroffen hatte, arbeitete. Ich wünschte mir oft einen Vater wie ihn, so fürsorglich ging er mit Reza um. Rezas Vater war Auslieferungsfahrer für Pepsi-Cola, und immer wenn Reza und ich seinen Lastwagen irgendwo auf der Straße entdeckten, gab er uns beiden jeweils eine große, eisgekühlte Flasche Pepsi. Die mussten wir dann allerdings an Ort und Stelle austrinken und ihm sofort zurückgeben.

Frau Zareefs Heim war wirklich gemütlich und ich fühlte mich direkt zu Hause – das habe ich nur sehr selten in meiner Kindheit erlebt. An den Wänden hingen Bilder der gesamten Familie und der himmlische Geruch von in Zimt gebratenem Lamm und gedämpftem Reis lag in der Luft. Rezas Mutter kam bald mit einer Schüssel voller heißem Essen zurück und stellte sie vor mir auf den Teppich: »Iss.« Ich konnte mich nur leise bedanken. Hätte ich noch mehr sagen müssen, wäre ich wohl in Tränen ausgebrochen. In mir tobten die Gefühle wie auf stürmischer See. Ich weiß nicht, ob ich wegen ihrer bedingungslosen Güte derart aufgewühlt war, oder weil ich mich so sehr dafür schämte, dass ich zu ihr gegangen bin. Vielleicht war ich auch einfach nur neidisch auf Rezas schönes Leben. Jedenfalls spielten meine Nerven an diesem Nachmittag verrückt. Ich konnte nicht glauben, dass ich im Haus einer Frau saß, die mich von ihrem eigenen Sohn fernhalten wollte, mir aber aus reiner Nächstenliebe dennoch etwas zu essen gab. Ich aß den gedämpften Reis mit gebratenem Lamm und das Stück Brot schnell auf und leckte sogar die Schüssel leer, als sie mich nicht sehen konnte. Zweifelsohne die beste Mahlzeit, die ich in fast zwei Jahren gegessen hatte.

Mein Hunger war erstmal gestillt, mir wurde langsam etwas wärmer und ich fühlte mich wohl. Also erzählte ich Frau Zareef, warum ich nicht in die Schule ging und kein Jackett trug. Sie fragte mich in isfahanischem Dialekt (ihre Familie war nur einige Jahre zuvor aus Isfahan hergezogen), wo ich zurzeit wohnte und wo Maman Bozorg sei. Als sie hörte, dass Maman Bozorg nicht mehr in der Stadt war, holte sie etwas Vaseline aus einem anderen Zimmer und rieb mir ohne zu fragen die Hände damit ein. Seit ich zurückdenken kann, waren meine Handrücken im Winter immer mit Rissen und getrocknetem Blut übersät. Maman Bozorg hatte sie zwar ein paar Mal in der Woche mit etwas Vaseline eingecremt, um die trockene Haut anzufeuchten und die Schmerzen zu lindern, aber Handschuhe wären natürlich eine bessere Lösung gewesen. Ich war peinlich berührt, aber auch unglaublich glücklich, als Frau Zareef meine Hände mütterlich streichelte und die ölige Substanz sanft auf ihnen verteilte. Mich hatte schon sehr lange niemand so zärtlich berührt. Und wer noch nie lange auf Körperkontakt verzichten musste, kann das niemals nachvollziehen.

Ich musste mich langsam auf den Weg zurück in die Stadt machen, bevor es draußen dunkel und noch kälter wurde, also ging ich zur Tür, um meinen unbehaglichen Besuch zu beenden, und dankte Frau Zareef. Die wunderbare Frau hatte meine durchlöcherten Schuhe zum Trocknen auf ein Stück Zeitungspapier gelegt. Als ich gerade gehen wollte, bat sie mich jedoch, einen Moment zu warten, und lief in ein anderes Zimmer. Kurz darauf kam sie mit Socken und einem Jackett zurück.

»Du erfrierst da draußen sonst noch. Zieh die nassen Socken aus und nimm die hier. Sie sind neu und das Jackett gehört Reza, aber ihm ist es mittlerweile zu klein.«

Als ich versprach, beides wieder zurückzubringen, erwiderte sie, das sei nicht nötig und ich dürfte die Socken und das Jackett behalten. Ich war sprachlos. Ich sah sie einfach nur an und dankte ihr mit meinem Blick tausendfach. Ich zog die Socken und das Jackett an und verließ das Haus. Meine alten, zerfetzten und nassen Socken warf sie für mich weg. Das Jackett war etwas alt, aber es passte und ermöglichte mir, am nächsten Tag wieder zurück in die Schule zu gehen.

Die Familie Zareef waren Bahai, genau wie Maman Bozorg und ihre Nichte und ihr Neffe, die momentan nur ein paar Straßen von meinem strikt muslimischen Onkel entfernt freiwillig auf mich aufpassten. Im ungewöhnlichen Haus der Rahimis war nichts wirklich normal, auch nicht die ethnische Zugehörigkeit und Religion der Rahimi-Frauen. Außer Maman Bozorg waren alle in Herrn Rahimis Haus – einschließlich Kia – Muslime und schienen kein Problem damit zu haben, dass Maman Bozorg anders war. Ironischerweise waren meine Eltern und alle meine Verwandten streng muslimisch, ließen niemals ein *Namaz* aus (dieses tägliche Ritualgebet gilt im Islam als oberste Pflicht, findet zu festgelegten Zeiten statt, muss bestimmte Bedingungen erfüllen sowie Abläufe einhalten und ist nur auf Arabisch zu verrichten) und pilgerten nach Mekka, sobald sie die Mittel dazu hatten. Ich verstand einfach nicht, wie der Mathematiklehrer denken konnte, dass eine Bahai wie Frau Zareef ihre sensible und rücksichtsvolle Welt jemals mit jemandem wie ihn verunreinigen wollen würde.

Dank Frau Zareef waren meine Füße und mein Herz gewärmt, mein Magen gefüllt und ich hatte ein Jackett, das mir die Rückkehr in die Schule erlaubte. Ich war einfach nur unglaublich dankbar und fühlte mich auf dem Weg nach Hause beflügelt von der Idee, dass eines Tages vielleicht alle Menschen dieser Welt so sein könnten wie Frau Zareef und Maman Bozorg. Sie waren Trostspender für Waisenkinder wie *mich* – den verstoßenen Sohn von Assad Banafsheh – oder Mandalis Tochter.

Ein Jahr nach Mandalis Tod fand seine Tochter einen Verehrer, der sie heiraten wollte – ich weiß nicht mehr, ob er ebenfalls ein Waisenkind war oder lediglich allein in Maschhad wohnte –, aber sie hatte niemanden, der ihr mit den Hochzeitsvorbereitungen helfen und sie in die Ehe geben konnte. Da niemand aus der Nachbarschaft das arme Mädchen unterstützen wollte, nahm Maman Bozorg die Sache in die Hand und eilte ihr zur Hilfe. Sie lieh sich etwas Geld, bezahlte den *Mullah* für die Hochzeit und schickte mich los, um bei Hadsch Aqa Gebäck und Süßigkeiten für fünf *Tooman* auf Kredit zu kaufen, falls doch der ein oder andere Nachbar zur Hochzeit kam. Ich erinnere mich noch, wie die Braut und der Bräutigam, beide noch Teenager, in ihrer Hochzeitskleidung an der Lehmziegelwand in einem kleinen, von einer Öllaterne beleuchteten Zimmer standen. Maman Bozorg, ich und die zwei jüngeren Geschwister der Braut waren die einzigen Ehrengäste.

Ironischerweise und entgegen dem, was mein fehlgeleiteter Mathematiklehrer annahm, hat Maman Bozorg mir oder ihrem Sohn Kia gegenüber niemals ihren religiösen Glauben verfochten, geschweige denn generell darüber gesprochen. Ich weiß noch, wie ich sie einmal aus kindlicher Neugier über den Bahaismus ausfragte und wissen wollte, wie man Bahai wurde. Sie lächelte sanft und sagte: »Man wird nicht einfach Bahai. Man entwickelt eine spezielle Denkweise und nimmt alles und jeden um sich herum ganz besonders wahr.«

Spirituelle Menschen – und das meine ich nicht im religiösen Sinn – begreifen die Welt und all ihre Bewohner als »uns«; so wie Maman Bozorg. Ihr zufolge waren wir wiederum allesamt Gewässer desselben Ozeans und nur durch die physischen Gefäße unserer Körper voneinander getrennt. Unaufgeklärte Seelen jedoch definieren die Welt mit »mein« und »nicht mein«; so auch mein Mathematiklehrer. Sein vom Instinkt getriebener Geist verstand »nicht mein« als fremd, und dies wiederum bedeutete für ihn feindliche Gefahr.

◆ DER KLEINE SCHWARZE FISCH

Der Sommer besaß für mich immer eine Art erlösenden Charakter und außerdem würde ich dieses Jahr im Juni vierzehn werden. Kurz vor den Sommerferien, als ich nur noch meine letzten Prüfungen ablegen musste, kam der stellvertretende Schulleiter plötzlich ins Klassenzimmer und verwies mich des Unterrichts, bis ich die längst überfällige Zahlung meines restlichen Schulgeldes beglichen hätte. Er war ein liebenswürdiger und guter Mann, der nur seinen Job machte, und das verstand ich. Ich konnte in seinen Augen Reue erkennen, aber ihm waren ganz offensichtlich die Hände gebunden. Aus Mitgefühl unterbrach er mich absichtlich in einem Prüfungsteil, von dem er wusste, dass ich sehr gut darin war: das Schreiben von Aufsätzen. Er wusste, dass ich kein Problem haben würde, den Test zu bestehen und dass ich den Sommer über nicht lernen müsste, bevor ich im August zurückkommen und die Prüfung erneut ablegen könnte. Ich schuldete der Schule zwanzig *Tooman*.

Nachdem ich etwa einen Monat als Vagabund durch die Straßen gezogen war und ohne Erfolg nach einem Job gesucht hatte, kam ich auf die wagemutige Idee, irgendwie nach Teheran zu reisen und meine Mutter für ein oder zwei Wochen zu besuchen. Ich hatte einfach nicht mehr die nötige Kraft, um mich durch einen weiteren Sommer zu quälen, ziellos durch die Stadt zu wandern und mich immer denselben finster blickenden Gesichtern aufzudrängen. Wie der kleine schwarze Fisch wollte ich aus dem engen Teich ausbrechen, der zu meinem Zuhause geworden war. *Der Kleine Schwarze Fisch* war ein sehr bekanntes Kinderbuch des iranischen Schriftstellers Samad Behrangi. Das Buch handelt von den Abenteuern eines kleinen schwarzen Fisches, der zusammen mit seiner Mutter unter einem kleinen Felsen in einem winzigen Bach lebt, der um ein Felsengebirge herum fließt. In der Geschichte ist es der kleine schwarze Fisch nach einer Weile leid, tagein tagaus immer an derselben Stelle schwimmen und immer denselben Felsen umkreisen zu müssen. Obwohl seine Mutter ihn davon abhalten möchte, bricht der kleine schwarze Fisch eines Tages dennoch auf, um herauszufinden, wohin der Bach fließt und wohin er ihn führen würde. Mit Weisheit und Mut schafft er es sehr weit ins Meer hinaus und erlebt auf seiner Reise viele Abenteuer.

Ich besprach mein Vorhaben mit Tante Sarvar und sie fand, es sei eine wunderbare Idee; sie bot mir sogar an, die Kosten für meine Busfahrkarte zu übernehmen. Ein paar Tage später liefen wir früh morgens nach Maydoneh Bar und versuchten, an der Naderi-Avenue einen Busfahrer zu finden, der mich für zehn *Tooman* nach Teheran mitnehmen würde. Ali Aqa, der Ehemann meiner Tante, hatte vorgeschlagen, einen Bus in Maydoneh Bar abzufangen, statt zum Bahnhof zu gehen und dort den vollen Preis zahlen zu müssen. Er schlug außerdem vor, dem Fahrer fünfzehn *Tooman* anzubieten, aber meine Tante entschied, auf zehn hinunterzugehen.

Die Naderi-Avenue war Maschhads einzige Hauptverkehrsstraße zu den nördlichen Teilen des Irans gewesen. Die Busse nach Teheran fuhren die malerische Strecke am Kaspischen Meer entlang und mussten daher hier vorbeikommen. Sie waren sehr leicht von den restlichen Bussen zu unterscheiden, die jeden Morgen zu den umliegenden Dörfern und Kleinstädten aufbrachen, denn die Busse nach Teheran waren sehr groß, modern und schick. Sie trugen keinerlei Schriftzug außer natürlich dem Logo der Buslinie. Die Busse, die aufs Land fuhren, waren wiederum kleiner, sahen meist sehr ländlich und farbenfroh aus und waren mit religiösen Sprüchen beschriftet, die eine sichere Reise garantieren sollten.

Die Fahrer der ersten paar Busse, die angehalten hatten, fanden das Angebot meiner Tante von zehn *Tooman* zu niedrig und fuhren weiter. Nach einer Weile blitzte die Sonne über den Dächern der eingeschossigen Gebäude auf der anderen Straßenseite auf und ich machte mir langsam Sorgen. Ich hatte im vorigen Sommer viel Zeit im Maydoneh-Bar-Viertel verbracht und wusste daher, dass die meisten Busse die Stadt sehr früh am Morgen verließen; meine Chancen, einen Bus zu erwischen, wurden also mit jeder Stunde geringer und geringer. Weil ich die Fahrkarte nicht selbst bezahlte, war ich jedoch in keiner Position, meine Tante darum zu bitten, ihr Angebot zu erhöhen. In der Hinsicht ähnelte meine Tante meiner Mutter sehr: Sie war geiziger als ein Schotte und würde alles tun, um auch nur zehn *Shahi* – einen halben *Rial* – zu sparen.

Sie meinte, dass ich mir keine Sorgen machen bräuchte, und dass wenn mich an dem Tag kein Bus mitnehmen wollte, es wahrscheinlich Gottes Wille sei und wir es am nächsten Morgen einfach noch einmal versuchen müssten. Aber ich konnte nicht bis morgen warten. Ich war völlig aufgewühlt. Ich wollte unbedingt sofort in einen Bus steigen und keinesfalls eine weitere Nacht in Maschhad verbringen. Ich war felsenfest davon überzeugt, dass Gott zu meinen Gunsten eingegriffen hätte, wenn Tante Sarvar doch nur gewillt gewesen wäre, ihr Angebot auf fünfzehn *Tooman* zu erhöhen, wie ihr Mann es vorgeschlagen hatte.

Während wir warteten, nutzte meine Tante die Gelegenheit, etwas zu tun, worin die Iraner sehr gut waren: Ratschläge geben. Sie sagte mir, was ich auf der Reise und später bei meiner Mutter tun, und was ich besser lassen sollte.

»Teheran ist nicht wie Maschhad, *khaleh joon* (lieber Neffe). Die Stadt ist so groß, dass ein Besitzer sein Kamel dort ohne Weiteres verlieren könnte. Sei vorsichtig, Alireza *joon*. Nimm dich in Acht vor Kinderschändern; sie sind überall und warten nur darauf, dass so ein gut aussehender Junge wie du vorbeikommt und sie dich missbrauchen können. Ich möchte, dass du gesund und munter wiederkommst, damit du eines Tages meine Tochter heiraten kannst. Ich möchte nicht, dass meinem zukünftigen Schwiegersohn etwas Schlimmes passiert.« Den letzten Satz sagte sie mit einem verschmitzten Lächeln.

Ich lief beschämt rot an und sie lachte in sich hinein. Zu der Zeit war es im Iran noch sehr verbreitet, seine Cousine zu heiraten.

»Denk daran, niemandem auf Mansoor Aqas Arbeit zu erzählen, dass du sein Stiefsohn bist. Seine Kollegen müssen nicht wissen, dass seine Frau schon einmal verheiratet war. Sollte dich jemand fragen, sag einfach, dass du ein Verwandter seiner Frau und gerade zu Besuch aus Maschhad bist.

»*Chashm, khaleh.*«

Schließlich hielt ein Bus neben uns an und der Assistent des Busfahrers willigte ein, mich für zehn *Tooman* nach Teheran mitzunehmen. Natürlich nicht, ohne dass meine Tante mich erst noch blamierte, indem sie feilschte und anschließend ihr Ass aus dem Ärmel zog: »Er ist ein Waisenkind und Gott wird es Ihnen im Himmel eines Tages danken, dass Sie dem Jungen eine Pause von seinem Unglück gegönnt habe.«

Meine Tante und ich umarmten, küssten und verabschiedeten uns, dann stieg ich in den Bus. Der Assistent des Busfahrers schloss die Tür, und als ich nach draußen blickte, glaubte ich zu erkennen, dass meine Tante mit einem Auge weinte und das andere freudestrahlend glänzte. Ihr Gesichtsausdruck bestätigte mir, was ich tief in meinem Innern ebenfalls wusste; dieser Moment sollte der letzte Absatz unseres letzten gemeinsamen Kapitels sein. Also tat ich etwas, was ich noch nie zuvor getan hatte: Ich warf meiner Tante, meiner ewigen Trostspenderin, eine Kusshand zu und der Bus fuhr davon.

Mir wurde der einzig freie Sitzplatz hinten im Bus zugewiesen, wo bereits vier oder fünf andere Männer saßen, von denen zwei Touristen aus dem Westen zu sein schienen. Die Männer rückten schnell zusammen, um Platz für mich zu machen und ich setzte mich. In meinem Schoß hielt ich all meine irdischen Besitztümer fest, darunter ein paar kleine Geschenke, die ich zuvor für meinen

Bruder und meine Schwester gekauft hatte, und zwei hart gekochte Eier und ein halbes Fladenbrot als Reiseproviant.

Der Bus fuhr dieselbe Strecke Richtung Norden, die ich in der Vergangenheit auch schon so oft gefahren war, um zum Dorf meiner Großeltern zu gelangen. Nur dieses Mal legte ich eine viel größere Strecke zurück und befand mich auf dem Weg zur Wiedervereinigung mit meiner Mutter. Sie war damals in meinem Alter gewesen, als sie zum ersten Mal ihr Heimatdorf verlassen hatte und ebenfalls diese Straße entlanggefahren war, um ihrem Schicksal zu begegnen. Ich hoffte jedoch inständig, dass mich meine Reise in eine bessere Zukunft führte, als die, die meine Mutter damals erwartet hatte. Eine kleine Stimme in meinem immerwährend optimistischen tiefsten Innern sagte mir, dass dies der Fall sein würde. Denn ich befand mich in einer besseren Ausgangssituation als meine Mutter vor so vielen Jahren. Ich konnte lesen, hatte schon viel mehr Lebenserfahrung als sie in meinem Alter und, was das Wichtigste war, ich ging mit einer zuversichtlicheren Grundhaltung in die Welt hinaus als meine pessimistische Mutter. Ich glaubte ganz fest, dass unser Leben ein direktes Spiegelbild unserer eigenen Gedanken und persönlichen Überzeugungen war, während sie sich eher als hilfloses Werkzeug sah, das dem Willen einer unerklärlichen Macht sowie dem Schicksal ausgesetzt war. Ich weiß jedoch nicht, ob ich dies nicht auch anders gesehen hätte, wenn ich Kia nicht begegnet wäre oder ich nicht die Möglichkeit gehabt hätte, in der Stadt aufzuwachsen und in die Schule zu gehen. Ich glaube allerdings, dass der Hauptgrund für unsere so unterschiedlichen Lebenswege jedoch der war, dass man als Mann sein Schicksal größtenteils selbst bestimmen konnte. Wenn meine Mutter sich über ihre Erziehung beschwerte, sagte sie immer: »Wie soll eine Taube jemals fliegen lernen, wenn man ihr die Flügel stutzt, bevor sie überhaupt die Möglichkeit hatte, es auszuprobieren?« Ich glaube an das Schicksal, jedoch nur an eines, das ich selbst erträumt und eigenständig – ohne Einfluss anderer – erschaffen habe.

Baba und meine Mutter wussten nicht, dass ich auf dem Weg zu ihnen war. Sobald wir am nächsten Tag in Teheran ankommen würden, sollte ich an einer bestimmten Straßenkreuzung aus dem Bus steigen. Ali Aqas Beschreibungen zufolge befand sich die Schneiderei, in der Baba arbeitete, in der Nähe dieser Kreuzung. Als meine Tante den Assistenten des Busfahrers bezahlt hatte, stellte sie sicher, dass er wusste, wo er mich hinauslassen sollte. Ich betete, dass nichts schiefgehen würde, denn ich besaß lediglich zehn *Rial* und damit würde ich nicht sehr weit kommen, sollte ich Probleme haben, Babas Arbeitsstelle zu finden. Denn ich hatte keine Ahnung, wo er und meine Mutter lebten.

Kurz nachdem wir Teheran am nächsten Tag erreicht hatten, hielt der Bus an einer Kreuzung an und der Assistent des Fahrers rief: »*Pesar*, hier musst du aussteigen!«

Ich verabschiedete mich also von den Mitreisenden hinten im Bus und rannte nach draußen. Ich hatte mich mit den beiden jungen Männern neben mir schnell angefreundet, einer von ihnen war Europäer und der andere ein Teheraner. Als der Bus wegfuhr, vermisste ich die beiden jungen Männer sofort. Es fühlte sich so an, als ob sie meine Brüder gewesen wären und ich sie bereits mein ganzes Leben gekannt hätte.

Das Straßenschild bestätigte mir, dass ich an der richtigen Stelle abgesetzt worden war. Ich folgte Ali Aqas Wegbeschreibung und bereits nach einem halben Block fand ich die Schneiderei, in der Baba angeblich arbeiten sollte. In genau diesem Moment bemerkte ich erst wirklich, wo ich mich überhaupt befand, und mir wurde das Ausmaß meiner Handlung zum ersten Mal bewusst. Ich war kurz davor, dem Mann gegenüberzutreten, den ich das letzte Mal als kleiner Junge gesehen hatte. Dem Mann, der die einzige Vaterfigur in meinem Leben gewesen war und den ich über alles liebte. Ich konnte meine Gefühle nicht mehr im Zaum halten: Mein linkes Knie zitterte wie immer unkontrolliert und warme Tränen liefen leise meine Wangen hinunter. Alle Emotionen, die sich seit meinem fünften Lebensjahr in mir aufgestaut hatten, alles, was ich Baba bei einem Wiedersehen schon immer hatte sagen wollen; all das lähmte mich. Ich wollte ihn fragen, wie er mich so einfach zurücklassen konnte, ich wollte ihm sagen, wie sehr ich ihn vermisst hatte, dass ich unsere wunderbare gemeinsame Zeit niemals vergessen und über alles geliebt hatte. Um von Gefühlen überwältigt nicht zu Boden zu fallen, lehnte ich mich hockend gegen die Wand neben der Schneiderei. Nachdem ich all die Jahre über Bettler und umherziehende Tagelöhner ständig an Maschhads Straßenecken in der Hocke sitzen gesehen hatte, verabscheute ich diese Körperhaltung; sie wirkte armselig und verkörperte für mich ein Zeichen von Schwäche.

Sobald sich die emotionsgeladenen Wolken in meinem Geiste gelichtet hatten, wischte ich mir die Tränen mit meinem Hemdzipfel aus den Augen, atmete einige Male tief ein, sammelte mich und betrat nervös die Schneiderei. Ich begrüßte mit zitternder Stimme einen Mann, der im vorderen Bereich des Geschäfts hinter einer Theke saß.

»*Salam, aqa.*«

»*Salam.* Kann ich dir helfen?«

»Ja. Ich würde gerne mit Mansoor Aqa sprechen, bitte.«

»Und du bist?«

»Ich bin ein Verwandter seiner Frau aus Maschhad.«

Baba musste seinen Namen gehört haben, denn kaum hatte ich meinen letzten Satz ausgesprochen, kam er aus dem Hinterzimmer geschossen und lief vom anderen Ende des Ladens aus auf mich zu. Auf seinem Gesicht zeichnete sich ein riesiges Lächeln ab und seine Augen strahlten vor Begeisterung. Er umarmte und küsste mich freudig, sagte dem Mann, dass er sich für den Rest des Tages freinehmen würde, und legte seinen Arm um meine Schulter, während wir die Schneiderei verließen. Er schien sich wirklich aus tiefstem Herzen zu freuen, mich zu sehen und gab mir sofort das Gefühl, gemocht zu werden und willkommen zu sein. Außer Kia hatte mich schon lange niemand so begeistert begrüßt, wenn ich plötzlich bei ihm aufgetaucht war.

Baba schien etwas aufgeregt und lief ungeduldig auf und ab, während er versuchte, ein Taxi anzuhalten. Zwischendurch sah er mich immer wieder ungläubig an, musterte mich von Kopf bis Fuß, schüttelte den Kopf und betonte, wie sehr ich doch gewachsen sei und mich verändert hätte. Abgesehen von ein paar Kilos mehr auf den Hüften und einigen neuen Falten, die die Zeit auf seinem Gesicht hinterlassen hatte, war Baba immer noch derselbe Baba von früher. Er trug seinen typischen Schnurrbart und sein Haar war wie immer mit Öl nach hinten sowie zur Seite gekämmt. Ohne Öl ließ sich sein feines Haar einfach nicht frisieren.

»Maman wird es nicht glauben können! Ich bin so gespannt auf ihre Reaktion, wenn sie dich sieht!«, sagte Baba entzückt.

Schließlich hielt endlich ein Taxi an, wir stiegen ein und Baba sagte zum Fahrer: »Nezamabad.«

Er merkte, wie nervös ich war und erklärte mir deshalb alle paar Minuten, wie weit es noch sei, bis wir unser Ziel endlich erreicht hätten. Wir stiegen an einem Markt aus und Baba kaufte zur Feier meiner Ankunft etwas Obst. Den Rest des Weges gingen wir zu Fuß. Baba lief mit dem Obst unter seinem Arm eilig in Richtung seines Hauses und wie früher versuchte ich, Schritt zu halten. Zu wissen, dass ich mich vielleicht gerade auf demselben Bürgersteig befand, wie meine Mutter, wenn sie jeden Tag zum Markt ging, war unglaublich aufregend für mich. Mit jedem Schritt, den wir machten, schlug mein Herz immer schneller und schneller. Ich betete, dass es nicht explodieren würde, bevor ich die Möglichkeit hatte, noch ein letztes Mal meine Mutter zu sehen. Mein Gesicht war ganz heiß geworden und mein Gehirn taub von all der Aufregung, die in mir tobte. Bevor ich mich versah, bogen wir plötzlich in eine Gasse ein und standen nun vor einem halb offenen Metalltor.

»Wir sind da, Alireza«, flüsterte Baba und zeigte auf das Tor. »Maman rechnet um diese Uhrzeit nicht mit mir, also lass uns leise reingehen und sie überraschen!«, lachte er in sich hinein.

Ich nickte zustimmend und folgte Baba in einen kleinen, nasskalten Ziegelsteininnenhof, der im Schatten eines zweistöckigen Gebäudes lag. Wir schlichen auf Zehenspitzen durch einen engen Flur, liefen einige Treppen hinauf und betraten einen kurzen Gang im zweiten Stock. Vor der Tür saß ein kleines Mädchen in einem weißen Baumwollsommerkleid und spielte auf dem Marmorboden. An ihrem feinen, glatten Haar und ihren Gesichtszügen erkannte man sofort, dass sie Babas Tochter war.

Als sie Baba sah, sprang sie auf, lächelte und wollte eigentlich etwas sagen aber Baba legte den Zeigefinger auf seine Lippen und sie verstummte.

Er gab mir ein Zeichen zurückzubleiben und ging in das Zimmer. Das süße kleine Mädchen war zwei oder drei Jahre alt, lehnte mit dem Rücken an der Wand und biss sich die ganze Zeit über auf der Unterlippe herum. Verständlicherweise starrte sie mich mit einem verwirrten Gesichtsausdruck an. Ich wusste natürlich bereits, wer sie war: meine kleine Schwester, Nasrin, das vierte und zu dem Zeitpunkt jüngste Kind von Baba und meiner Mutter. Über die Jahre hinweg hatte Ali Aqa mich immer informiert, wenn meine Mutter ein Kind zur Welt gebracht hatte. Ich wünschte mir nichts sehnlicher, als sie hochzunehmen, zu umarmen und zu küssen, aber ich wollte Babas Überraschung nicht zerstören.

»*Salam*, Mansoor Aqa! Was machst du denn schon so früh zu Hause?«, hörte ich die unverwechselbare Stimme meiner Mutter aus dem Zimmer dringen – auch wenn sie mit einem mir fremden Teherani-Dialekt sprach.

»Ich habe einen Gast mitgebracht, *Soory joon*.«

»Oh mein Gott! Zum Mittagessen? Wen?«, flüsterte meine Mutter besorgt.

Bevor sie weitersprechen konnte, hatte Baba bereits seinen Kopf in den kleinen Gang hinausgestreckt und mich hineingewinkt. Ich betrat das Zimmer und sah meine Mutter mit dem Rücken zu mir gewandt ihren *Tschador* suchen. Als sie sich umdrehte und mich dort stehen sah, stieß sie einen Schrei der Überraschung aus. Obwohl wir uns so viele Jahren nicht gesehen hatten, erkannte sie mich sofort. Sie lief zu mir, umarmte und küsste mich und weinte die ganze Zeit über hemmungslos.

»Du glaubst nicht, wie sehr ich dich vermisst habe, Ali *joon*. Welch Geschenk Gottes du doch bist, *pesaram*. Jeden Tag, wenn ich allein zu Hause war, habe ich deinen Namen gesungen und um dich geweint, *maman*. Du kannst dir nicht vorstellen, wie schrecklich es war, ohne dich leben zu müssen, Ali *joon*. Der Schmerz, den ich durchleiden musste, zerriss mein Herz, *pesaram*.« So ging es eine Weile weiter und sie wiederholte sich ständig, während sie mich in ihren Armen umschlungen hielt.

Ich atmete den vertrauten Duft meiner Mutter ein und füllte meine dürstenden Lungen damit. Wie ein kleines Lamm, das sich in den Bergen verirrt und nun seine Mutter wiedergefunden hatte, klammerte ich mich an ihr fest und ruhte meine erschöpfte Seele in ihren Armen aus. Von einer Frau umarmt zu werden, die meinen Namen mit so viel Liebe und Emotionen aussprach und deren Duft so herrlich vertraut war, fühlte sich einfach wunderbar an. Bei jemandem zu sein, dessen Ähnlichkeit mit mir tatsächlich ein Gefühl der Zugehörigkeit vermittelte, war unbeschreiblich.

»Ist ja gut! Ist ja gut! Das reicht jetzt langsam, ihr beiden. Ihr verschreckt ja die kleine Nasrin völlig«, sagte Baba scherzhaft und löste unsere Umarmung.

»Das ist unser Nesthäkchen, deine kleine Schwester, Alireza«, fuhr er fort.

Ich wischte mir mit dem Handrücken die Tränen aus den Augen, hob das kleine Mädchen hoch und küsste sie über ein Dutzend Mal.

»Weißt du, wer ich bin?«, fragte ich. Sie nickte mit dem Kopf. »Gut, wer bin ich denn?«

»Du bist Alireza«, antwortete sie.

Und Baba rief: »Bravo! Und Alireza ist dein ältester Bruder, Nasrin *joon*.«

Kurz darauf kamen meine beiden anderen Schwestern und Mehdi in den Raum und wir durchliefen erneut eine Begrüßungsrunde samt zahlreicher Umarmungen, Küsse und Tränen. Mehdi konnte sich nicht an die Einzelheiten unserer gemeinsamen Vergangenheit erinnern, aber er wusste ganz genau, wer ich war. Ich griff in meine Hosentasche, holte eine Handvoll Rosinen und geröstete Kichererbsen heraus und reichte sie Mehdi. Baba und meine Mutter lachten, aber Mehdi konnte sich nicht mehr an unsere Tradition erinnern.

Etwa eine Woche nach meiner Ankunft schlug Baba vor, dass ich bei ihnen in Teheran leben und zur Schule gehen könnte. Sein Angebot war wie Musik in meinen Ohren. Ich hatte so oft von dem Tag geträumt, an dem ich endlich eine eigene Familie haben könnte und nun schien er gekommen. Für eine monatliche Mieterhöhung von fünfzehn *Tooman* erlaubte der Vermieter, dass ich ebenfalls offiziell im Haus wohnte.

Ich war erst seit einigen Tagen in Teheran und hatte mich bereits von Kopf bis Fuß verändert. Baba kaufte mir neue Schuhe und Kleidung, die eher meinem Alter entsprachen, und nähte mir dazu passend eine schicke und modische Schlaghose. Ich bekam den damals sehr angesagten Beatles-Haarschnitt und fühlte mich sowohl innerlich als auch äußerlich wie ein völlig neuer Mensch. Neue Kleidung, eine neue Frisur, ordentliches Essen und eine mich liebende Familie brachten wieder Farbe in mein Gesicht und Glanz in meine Augen. Zum ersten Mal in meinem Leben sah ich gerne in den Spiegel und genoss es förmlich, wie sich junge Mädchen auf der Straße nach mir umdrehten und mich sehnsüchtig ansahen. Genauer gesagt hatte mir bis zum Ende des Sommers die älteste Tochter unseres Vermieters – die zwei oder drei Jahre älter als ich gewesen war – auf dem abgeschiedenen Dach des Hauses sogar freiwillig gezeigt, wie Zungenküsse funktionierten und wie man einen prallen Busen liebkoste.

Modisch gekleidete junge Männer und Frauen füllten die geschäftigen Straßen der vornehmen und beliebten Stadtteile. Die Männer trugen dicke, stiefelförmige Koteletten, Schlaghosen und grell gemusterte Hemden, die so weit aufgeknöpft waren, dass ihre

Brusthaare gut sichtbar waren, während die Frauen in Maxi- oder Miniröcke gekleidet waren oder anzogen, wonach ihnen sonst der Sinn stand.

Teheran war die Hauptstadt Irans und mit einer Einwohnerzahl von damals fast drei Millionen die größte Stadt des Landes. Für einen vierzehnjährigen Jungen wie mich war die Stadt wahnsinnig aufregend. Sie war riesig und zeichnete sich durch sehr hohe Gebäude, Doppeldeckerbusse, übergroße Werbetafeln und Kleinkunstbühnen aus. Ich hatte noch nie zuvor Doppeldeckerbusse oder Werbetafeln gesehen und das höchste Gebäude in Maschhad umfasste vier Stockwerke. In Teheran gab es unglaublich viele elegante Männer und Frauen, die die angesagteste Mode trugen und Autos fuhren, die ich zuvor nur in Filmen gesehen hatte. Ich traute meinen Augen nicht, als ich zum ersten Mal sah, wie Frauen in Miniröcken auf Motorrädern oder in schicken Sportwagen an mir vorbeifuhren. Um es etwas umgangssprachlich auszudrücken: Die Menschen in Teheran waren einfach nur cool. Sie hatten einen leicht romantischen, wunderschönen Dialekt und schienen immer zu lächeln und glücklich zu sein. Außerdem drang aus allen Ecken der Stadt Musik: aus den Autos, den Läden und den offenen Fenstern der Wohnungen. Die Fernseher beeindruckten mich jedoch am meisten an Teheran. Ich hatte noch nie einen Fernseher gesehen und die Vorstellung, einen Film in den eigenen vier Wänden schauen zu können, war einfach überwältigend.

Teheran war einfach völlig anders als Maschhad. Maschhad war eine kalte, sehr religiöse Stadt mit sehr konservativen Einwohnern, die einen schrecklichen Dialekt hatten und Fremde so gut wie nie anlächelten. Es war eine Stadt voller Intoleranz, die täglich aufwendige und kostenlose Festmahle für fremde Pilger zubereitete und ihnen einen warmen Zufluchtsort bot, während die eigenen, eher unbedeutenden Einwohner jeden Abend zu Tausenden hungrig ins Bett gingen und jeden Winter auf den Straßen froren. In meinem Geiste versinnbildlichte Maschhad meinen Vater. Ähnlich wie die Stadt war mein Vater nun auch wohlhabend, ihm war seine Moschee ebenfalls sehr wichtig, er nährte seinen Glauben aber ließ seine eigenen Kinder verhungern. Ich wünschte mir etwas gehässig, dass die Menschen, die für den Charakter der Stadt Maschhad verantwortlich waren, für immer dort bleiben und niemals nach Teheran kommen würden, sodass diese wunderbare, lebendige Stadt keinesfalls von ihnen zerstört werden konnte.

Zwei Wochen nach meiner Ankunft in Teheran befand ich mich zusammen mit Mehdi im Zug nach Maschhad. Ich wollte mit dem Geld, das mir Baba gegeben hatte, meine Schulden in der Schule begleichen und meine Akten abholen.

◆ MEIN ZUHAUSE

Ich meldete mich in der achten Klasse einer weiterführenden Schule an, die ein paar Kilometer vom Haus meiner Mutter entfernt war. Nur zwei Blocks weiter befand sich eigentlich eine andere Schule, aber Babas Bruder arbeitete dort als Schulleiter und da Baba nicht mit ihm redete, musste ich in eine andere Schule gehen. Baba war niemals darüber hinweggekommen, dass sein Bruder als Kind in die Schule gehen durfte, er jedoch nicht. Zusätzlich missfiel es ihm, dass sein Bruder sich von seiner ersten langjährigen Ehefrau hatte scheiden lassen, um eine jüngere Frau zu heiraten. Meine Mutter meinte, dass seine erste Frau nur Mädchen gebären konnte und er unbedingt einen Sohn haben wollte.

Zum ersten Mal seit Langem konnte ich einfach nur ein Kind sein. Ich musste nicht viel tun, außer in die Schule zu gehen und zu spielen. Ich musste mir keine Gedanken mehr darüber machen, wo ich das nächste Stück Brot herbekommen könnte. Das schamvolle Gefühl, anderen eine Bürde zu sein, belastete mich nicht länger. Baba und meine Mutter besaßen nur sehr wenig, aber ich war schon glücklich damit, überhaupt eine Familie zu haben. Babas Einkommen hätte sicher niemals gereicht, um eine sechsköpfige Familie zu ernähren, wenn meine Mutter nicht derart sparsam gehaushaltet hätte. Keiner von uns stand jemals völlig satt vom *Sofreh* auf, aber ein Zuhause und eine Familie zu haben war viel mehr wert. Arm an Besitztümern, dafür aber reich an Liebe zu sein, übertraf alles.

Wir lebten zusammen, als ob all die Jahre der Trennung niemals gewesen wären. Mit anderen Worten: Wir redeten nicht darüber.

Innerhalb der Familie war weder Groll noch Bedauern zu spüren und es schien, als ob ich schon immer bei ihnen gelebt hätte. Meine Mutter hatte mich nie nach meinen Erlebnissen aus der Zeit ohne sie gefragt und ich erzählte ihr auch nie etwas darüber, zumindest nicht ausführlich. Meine Mutter war 1963 mit reinem Gewissen nach Teheran aufgebrochen. Sie dachte, dass ich im Haus der Rahimis glücklich sei und man sich gut um mich kümmere, da ich sogar in die Schule ging. Ich sah keinen Grund, ihr die Wahrheit sagen zu müssen. Auf ihren gebrechlichen Schultern lastete bereits die schwere Bürde ihrer eigenen unerfüllten Träume sowie ihrer gescheiterten Ehe und ihres verlorenen Kindes. Sie zusätzlich das Unglück meiner Vergangenheit tragen zu lassen, wäre unfair gewesen. Sie musste sich schließlich noch um ihre kleinen Kinder und ihre Ehe kümmern.

Erst kürzlich, also etwa vierzig Jahre später, füllten wir langsam über Ferngespräche die Informationslücken des anderen und legten offen, was uns wirklich während unserer Zeit widerfahren war. Ihre herzzerreißenden Erzählungen über ihre Armut und das Elend, das sie durchleben musste, als sie nach Teheran zog, ähnelten meinen eigenen Erlebnissen seltsamerweise sehr. Sie erzählte, wie sie von Baba geschlagen wurde, wie sie unter den erzwungenen Schwangerschaften und anschließenden Abtreibungen gelitten hatte. Die Erinnerungen an die Zwangsräumungen, und wie sie mit ihren sechs Kindern im kleinen Hinterraum von Babas Schneiderei leben musste sowie die Tatsache, ihre zwei jüngsten Söhne damals verloren zu haben und mich so sehr zu vermissen; dies alles hätte ihr schlaflose Nächte bereitet. Wir wechseln uns am Telefon mit dem Erzählen ab, hören einander interessiert zu und müssen von Emotionen überwältigt oftmals pausieren. Unsere Rollen sind zurzeit vertauscht: Ich bin wie ein Elternteil für sie und sie ist wie ein Kind für mich. Ich habe ihr noch immer nicht alles erzählt, was ich damals beziehungsweise heute erlebt habe.

Ich hatte mich sofort in Teheran, meine Geburtsstadt, verliebt. Jeder in der Straße, in der meine Mutter wohnte, einschließlich ihres Vermieters und der anderen Mieter des Hauses, war immer sehr nett zu mir. Meine Mutter und ihre Familie teilten sich die zweite Etage eines engen zweistöckigen, Vierraumstadthauses mit zwei ihrer wunderbaren Brüder aus Ghom, einer kleinen Stadt in der Nähe von Teheran. Sie waren in der Hauptstadt, um zu arbeiten und zur Schule zu gehen. Die Brüder wohnten im größeren Zimmer mit Balkon, während meine Mutter und ihre Familie im kleineren Zimmer lebten, das nur ein winziges Fenster besaß, von dem man direkt auf eine hohe Ziegelmauer blickte. Eine große Schiebetür aus Milchglas verlief von einer Wand der Wohnung zur anderen und trennte unser Zimmer von dem der zwei Brüder aus Ghom. Abends, wenn alle zu Hause waren und die Lichter brannten, konnten wir sehen, wie sich die Silhouetten der Männer nebenan hin- und herbewegten; wir konnten außerdem alles mithören, was sie sagten. Baba wies seine Kinder dauernd zurecht und sagte ihnen, dass sie leise sprechen und Rücksicht auf die Brüder auf der anderen Seite der Glastür nehmen sollten.

Wir flüsterten also ständig, selbst wenn die Brüder nicht zu Hause waren.

Meine Mutter hatte in der Wohnung weder eine Abstellkammer noch einen Schrank, also befanden sich all ihre Besitztümer im Zimmer. Jeden Morgen faltete sie die Matratzen und Decken zusammen, stapelte alles an der Wand und legte ein großes, dekoratives Tuch darüber, um Platz für das Frühstücks-*Sofreh* zu schaffen. Im Winter genügte ein tragbarer Petroleum-Heizofen, um das kleine Zimmer zu beheizen. Der Heizofen wurde außerdem benutzt, um Tee zu kochen und meine Mutter zauberte auf ihm ihre kulinarischen Meisterwerke. Im Raum gab es nur eine Lampe, und da der Vermieter nicht wollte, dass die Glühbirne mehr als vierzig Watt überschritt, war es in dem Zimmer immer recht dunkel und trist.

Sieben Menschen in einem winzigen Zimmer, samt all ihrer Kleidung, Schulmaterialien und anderen persönlichen Gegenständen, sorgten für eine sehr enge Wohnsituation. Nachts im

Bett hatte man nicht einmal genügend Platz, um sich umzudrehen. Anfang Herbst und im späten Frühjahr, sobald es draußen etwas wärmer war, spielte die Größe des Raumes jedoch keine Rolle mehr, da die Kinder dann alle auf dem Dach schliefen.

Meine Mutter dankte Gott jeden Tag für diese Wohnung. Wenn sich ihre Kinder über den Platzmangel beschwerten, sagte sie ihnen immer, dass sie sich glücklich schätzen könnten, überhaupt ein Dach über dem Kopf zu haben. Denn eine sechsköpfige – mittlerweile siebenköpfige – Familie war von Vermietern normalerweise nicht sehr gerne gesehen. Über die Jahre hatte sich an der Situation von Baba und meiner Mutter also nicht viel geändert. Er besaß immer noch keine eigene Schneiderei und meine Mutter hatte immer noch kein eigenes Haus. Sie arbeitete wie immer unglaublich hart, kochte, putzte und umsorgte ihre Familie. Da sie keinen Kühlschrank besaß, musste sie jeden Tag zum Markt gehen, um die Zutaten für die einzelnen Mahlzeiten frisch zu kaufen.

Privatsphäre war ein Fremdwort für sie, sie hatte nie Zeit für sich selbst, schrieb dem jedoch auch keine Nützlichkeit zu. Babas Leben war kaum anders, aber er konnte die Wohnung und den nasskalten Innenhof wenigstens ab und zu verlassen und etwas frische Luft schnappen. Nach einem langen Arbeitstag kam Baba jeden Abend müde aber mit einem breiten Grinsen im Gesicht nach Hause und brachte entweder Melonen, Orangen, Trauben oder köstlich schmeckendes persisches Gepäck mit. Auf diese Weise zeigte er seiner Familie, wie sehr er sie liebte, und im Gegenzug strahlten die Gesichter seiner Kinder jedes Mal vor Freude, wenn er den Raum betrat.

Wenn ich jetzt so zurückdenke, wird mir erst richtig bewusst, wie viel Baba damals aufgeopfert hatte, als er mich einlud, bei ihm und seiner Familie zu leben. Nachdem ich nach Teheran gezogen war, fand ich schnell heraus, dass er eigentlich nicht in der Lage gewesen war, eine weitere Person durchzufüttern und einzukleiden. Mit dem wenigen Geld, das er nach Hause brachte, konnte meine Mutter kaum ausreichend Essen für alle auf den *Sofreh* stellen, obwohl sie immer sehr sparsam war. So etwas wie »Essensreste« kannten wir nicht.

Im Winter 1971 passierte etwas Interessantes. Meine Schule befand sich recht weit entfernt von zu Hause und lag in einer Gegend namens Heshmatieh. Die Straßen zwischen der Schule und unserer Wohnung gingen stetig bergauf, sodass man nur sehr langsam vorankam und ich regelmäßig zu spät in die Schule kam. An diesem speziellen Tag war ich wie immer recht spät dran, und als ich mich der Schule näherte, bemerkte ich einen Mann, der ungeduldig auf- und ablief und ständig auf seine Armbanduhr schaute. Für gewöhnlich wartete dort der Schulaufseher, der um Punkt acht Uhr die Tore schloss, aber es schien jemand anderes zu sein und aus der Entfernung erkannte ich den Mann im Anzug nicht. Als ich jedoch fast am Tor angekommen war, begriff ich, dass es mein Vater war, der dem Anschein nach auf mich gewartete hatte. Wir begrüßten uns kurz, er winkte ein Taxi heran und sagte dem Fahrer, er solle einmal um den Block fahren. Er nutzte die Zeit, um in Erfahrung zu bringen, wie es mir ergangen war. Bevor ich jedoch selbst Fragen stellen konnte, war das Taxi bereits wieder vor der Schule angekommen, wo mir mein Vater hundert *Tooman* gab – so viel hatte ich von ihm noch nie zuvor bekommen –, sich verabschiedete und ging. Nachdem ich mit meiner Mutter einen kleinen Streit darüber hatte, wie ich das Geld verwenden sollte, kaufte ich mir für zwanzig *Tooman* ein Paar Stiefel, mit denen ich schon eine Weile geliebäugelt hatte. Ich kann mich nicht mehr erinnern, was ich mit dem restlichen Geld gemacht habe. Baba war ebenfalls gegen die Anschaffung der Stiefel gewesen und meinte, es sei Geldverschwendung, da der Sommer bereits vor der Tür stehe und sie dann sehr unpraktisch seien. Letztendlich hatte er natürlich recht.

Dies war das erste und letzte Mal, dass mein Vater ein Treffen mit mir veranlasst hatte, bei dem er mich einfach nur sehen wollte. Und es war das letzte Mal, dass Assad, Sohn von Banafsheh, eine

Rolle in meinem Leben spielte. Von all den Dingen, die mein Vater getan oder nicht getan hat; von all den Dingen, die er mir *angetan* hat, ist mir jedoch am meisten im Gedächtnis geblieben, dass er kein einziges Mal »mein Sohn« zu mir gesagt hat.

◆ EIN SCHICKSALSHAFTER BESUCH IN ABADAN

Bis der Zug im Bahnhof von Ahvaz eingefahren war, hatte ich mein Buch *Papillon* zu Ende gelesen. Ich war auf dem Weg in die Stadt Abadan, um dort Kia zu besuchen. Etwa einen Monat zuvor war ich ihm wie durch ein Wunder auf einer belebten Straße begegnet, und das trotz der schwindend geringen Chance, in einer so riesigen und dicht bevölkerten Stadt wie Teheran überhaupt ein bekanntes Gesicht zu erblicken. Man hatte ihn vor Kurzem nach Abadan versetzt und nun war er für eine dienstliche Angelegenheit in Teheran. Da er in Eile war und seinen Zug bekommen musste, konnte er leider keine Zeit mit mir verbringen, aber er gab mir seine dienstliche Telefonnummer. Er sagte mir, ich solle ihn anrufen, wenn ich ihn in Abadan besuchen wolle.

Ich hatte die achte Klasse beendet und nutzte die Sommerferien, um Teheran zu entdecken und gleichzeitig die Situation im Haus meiner Mutter zu bewerten. Das Leben bei meiner Mutter sollte sich als ebenso instabil herausstellen wie mein Leben in Maschhad damals. So liebenswürdig und großzügig die Familie meiner Mutter auch war – insbesondere Baba –, wusste ich, dass ich aus zahlreichen Gründen nicht dorthin gehörte. Das unbeschwerte Gefühl der Wiedervereinigung verschwand unter dem Druck des alltäglichen Lebens sehr schnell.

Meine Mutter und ich waren nicht in der Lage gewesen, eine Brücke zwischen unseren entzweiten Vergangenheiten zu schlagen und wir verstanden uns nicht besonders gut. Dies lag keinesfalls daran, dass ich sie für das schäbige Leben, das ich in Maschhad führen musste, verantwortlich machte, sondern vielmehr daran, dass wir absolut nichts gemeinsam hatten. Wir waren wie zwei Fremde, die durch einen dünnen und verblassten biologischen Faden miteinander verbunden waren. Ich stelle mir eine Beziehung mit einem anderen Menschen immer als eine Art Gebäude vor, das man zusammen Stück für Stück errichten musste. Mit jedem gemeinsam verbrachten Tag und jeder gemeinsam gemachten Erfahrung fügt man einen neuen Ziegelstein hinzu, sodass das Gebäude nach und nach immer größer und stabiler wird. Das Einzige, was meine Mutter und ich jedoch gemeinsam hatten, war eine verschwommene und weit zurückliegende Vergangenheit, die mit Trauer und zahlreichen unerfüllbaren Erwartungen angereichert war.

Auch jetzt hatte Baba noch sehr große Probleme, mit seinem Gehalt auszukommen, und mein Einzug war der letzte Tropfen, der das Fass zum Überlaufen bringen sollte. Er hatte ein schlechtes Gewissen, weil er mich vor all den Jahren zurückgelassen hatte, und gab nun sein Bestes, um es wieder gutzumachen.

Zu dem Zeitpunkt gab es in Maschhad keinen Ort, zu dem ich hätte zurückkehren können, selbst wenn ich es gewollt hätte, und ich war mir nicht sicher, wie lange Baba sich noch leisten konnte, mich bei ihm in Teheran zu behalten. Dass ich an besagtem Tag Kia über den Weg gelaufen war, sollte sich als ein noch größeres Geschenk Gottes herausstellen, als ich damals angenommen hatte – damit öffneten sich mir ganz neue Türen, von denen ich nicht einmal wusste, dass sie existierten. Als sich der Sommer dem Ende näherte, beschloss ich, Kias Angebot anzunehmen und ihn in Abadan zu besuchen. Er war begeistert, als ich ihn schließlich auf seiner Arbeitsstelle anrief, und organisierte sofort ein Zugticket für mich.

Dies war nicht das erste Mal gewesen, dass mir Kia »zufällig« – wenn es so etwas wie Zufälle überhaupt gab – begegnet war und mein Lebensweg dadurch eine ganz neue Wendung nahm. Ich erinnere mich noch an einen Sommer kurz nachdem er der Gendarmerie beigetreten und bei Maman Bozorg ausgezogen war. Ich versuchte damals, die Last meiner Anwesenheit für seine Mutter, Maman Bozorg, etwas zu lindern, indem ich so lange wie möglich aus ihrem Haus fernblieb, sodass sie sich nicht verpflichtet fühlen musste, mich zu verpflegen. Da ich keinen speziellen Ort hatte, an den ich gehen konnte, tat ich, was ich jeden Sommer tat: Ich wanderte ziellos durch die Straßen der Stadt und aß alles, was ich finden konnte. Eines Nachmittags stand ich müde und hungrig vor einem Sandwichgeschäft in Arg und starrte auf die köstlichen Auslagen hinter dem Glasfenster. Plötzlich hörte ich meinen Namen. »Alireza? Bist du das, *dadash*?«

Mein Herz stockte und ich bekam sofort Angst. Ich dachte, dass ich ertappt worden war und auf jeden Fall bestraft werden würde. Ich vermutete, dass der Mann sicherlich gleich sagen würde, dass sich kleine Jungen nicht an einem Ort wie Arg herumtreiben dürften. Ich sah armselig aus, wie ein lange verschollen geglaubter Hirtenhund. Da ich durch das Umherlaufen viel Zeit im Freien verbracht hatte, war ich sehr braun geworden. Mein fettiges Haar war viel zu lang und völlig zerzaust, außerdem stank ich fürchterlich. Abgesehen von kleinen Ausflügen zu den Bächen der Stadt hatte ich schon eine ganze Weile nicht mehr gebadet, geschweige denn meine Kleidung gewechselt. Kia war sehr wütend, jedoch nicht auf mich, sondern über den Zustand, in dem ich mich befand, und nahm mich mit nach Hause. Er verbrachte seinen Urlaub in Teheran und er hätte keinen besseren Zeitpunkt dafür wählen können. Zuhause schnitt er meine Haare ganz kurz, sodass man bereits die Kopfhaut sehen konnte. Er wollte damit die Läuse loswerden und ging anschließend mit mir in einen Hammam, wo er den *dallack* dafür bezahlte, mich zweimal gründlich abzuschrubben. Maman Bozorg weichte meine verlauste Kleidung in kochendes Wasser ein und wusch sie gründlich aus, bevor ich damit ihr Haus betreten durfte. Als Kias Urlaub vorüber war, fing die Schule ebenfalls wieder an. Ich hatte also das Glück, erneut einen Ort zu haben, an dem ich leben konnte, und besaß die Möglichkeit, für ein weiteres Jahr in die Schule zu gehen. Ich bin mir nicht sicher, ob ich damals wieder zurück zu den Rahimis gegangen wäre, wenn mir Kia nicht an diesem schicksalhaften Sommernachmittag in Arg begegnet wäre.

Als der Zug seinen letzten Halt in Chorramschahr erreicht hatte, stieg ich aus und entdeckte Kia sofort. Er stand freudestrahlend am Gleis und wartete auf mich. Das Funkeln in seinen Augen, als er mich aus dem Zug steigen sah, verriet mir, dass er mich liebte und ich immer noch sein kleiner Bruder war. Dieses Gefühl der Zugehörigkeit war schon immer Balsam für meine Seele gewesen. Wir stiegen in ein Taxi und nahmen die Brücke über den Karun-Fluss, der die beiden Städte Chorramschahr und Abadan miteinander verband.

In den ersten paar Tagen nach meiner Ankunft zeigte mir Kia die Stadt und stellte mich stolz seinen neuen Freunden vor – dabei gab er meist damit an, wie schlau und wie gut in der Schule ich doch sei. So hatte er sich schon verhalten, als wir uns das erste Mal begegnet waren. Ich war für ihn eine Trophäe, die er stolz herumzeigte und als sein Eigentum betrachtete. Er war die Art Mensch, die alles Gute und alle Erfolge im Leben feierten, egal wie klein diese auch sein mochten.

Bis zum Ende der Woche hatte er bereits beschlossen, dass ich bei ihm in Abadan zur Schule gehen sollte, eine Entscheidung, die auch seine Frau Morvarid willkommen hieß. Sie war eine unerfahrene und unsichere junge Dame, die sich vor ihrem eigenen Schatten fürchtete. Weil sie in einer Stadt lebte, in der sie niemanden kannte, und insbesondere weil Kia für seine Arbeit häufig die Stadt verlassen musste, war es eine sehr beruhigende Vorstellung für sie, dass wenigstens ich noch bei ihr sein würde. Kia wusste nicht, wie dankbar ich ihm für sein zeitlich perfekt abgestimmtes Erscheinen in meinem Leben gewesen war und er musste mich nicht lange überreden, damit ich seiner Idee zustimmte. Seit meinem fünften Lebensjahr schien nichts in meinem Leben aus einem mir ersichtlichen Grund zu geschehen. Aber seit Kia in mein Leben getreten war, änderte sich dies. Er gab meinem

Leben Struktur, zeigte mir neue Wege, sprach mir Verantwortung zu und was das Schönste war: Er gab mir das Gefühl, jemandem etwas zu bedeuten. In den wichtigsten Jahren meiner Kindheit bildete er meinen noch formbaren Charakter aus. Ich fürchtete mich ehrerbietig vor ihm, wie ein Sohn seinen Vater fürchtete. Er war die einzige Autoritätsperson in meinem Leben, vor der ich das Gefühl hatte, mich verantworten zu müssen. Bis zu meinem neunten Lebensjahr war Kia die Person gewesen, die mir den Hintern versohlte oder mir Hausarrest erteilte, wenn ich mich schlecht benommen oder meine Hausaufgaben nicht rechtzeitig erledigt hatte. Am meisten jedoch lehrte er mich, nach Gleichheit und Gerechtigkeit zu streben. »Vergiss niemals, Alireza,«, sagte er immer, »man erntet, was man sät.« Wie viele junge Menschen zu der Zeit war er keineswegs religiös, aber er glaubte an Gott. Perser glaubten, dass für Kinder Disziplin genauso unablässig sei, wie Pfähle für Jungbäume. Wenn junge Bäume in ihren ersten Jahren nicht mit Pfählen stabilisiert wurden, dann war die Wahrscheinlichkeit hoch, dass sie schief weiterwachsen würden. Kia war demnach mein Pfahl.

Ich trat also eine zweitägige Reise an, bei der ich meine Schulakten aus Teheran holte, mich von meiner Mutter und ihrer Familie verabschiedete und zurück nach Abadan fuhr. Baba und meine Mutter versuchten nicht einmal, mich zum Bleiben zu überreden. Aber wer konnte es ihnen schon verübeln?

Ich wusste sehr wenig über die Stadt, in der ich mein neues Leben beginnen sollte. »Abadan ist eine Industriestadt«, hatte ich unter einem kleinen Bild in einem Grundschulbuch gelesen. Auf dem Foto waren Männer in Overalls mit runden Metallhelmen auf den Köpfen zu sehen. Sie hatten ihr Mittagessen in den Händen und betraten gerade eine Raffinerieanlage. Dies war das ganze Ausmaß meiner Kenntnisse über Abadan.

◆ WARMES KLIMA

Ich glaube daran, dass nichts im Leben Zufall ist, noch nicht einmal die kleinsten und scheinbar unbedeutendsten Ereignisse.

In der Nacht, bevor ich nach Abadan zog, hatte ich einen sehr emotionalen Traum, in dem mir mein alter griechischer Freund wieder erschien. Er stand auf einem Schiffsdeck und segelte in den wunderschönen, sonnigen und blauen Horizont hinaus. Er winkte mir zu und gab mir ein Zeichen, mich ihm anzuschließen. Ich stand währenddessen an einem Strand und blickte in die Ferne, während sich hinter mir ein Sturm zusammenbraute. Am nun düsteren Himmel bildeten sich immer mehr riesige, schwarze und leicht rötliche Wolken. Der Mann gab mir wieder ein Zeichen, an Bord zu kommen und mit ihm zusammen davonzusegeln. Zu dem Zeitpunkt wusste ich noch nicht, was der Traum bedeuten sollte, aber ich wusste, dass er – wie die meisten meiner bisherigen Träume – ein Hinweis darauf war, was die Zukunft für mich bereithalten würde und dass ich auf weitere Hinweise achten sollte.

Abadan lag im äußersten Südwesten Irans. Im ganzen Land gab es keine Stadt, die so weit entfernt von Maschhad war wie Abadan; und das nicht nur geografisch gesehen. In Maschhad wurde fast alles von der Religion beeinflusst und sie besaß sozusagen auch alles in der Stadt. Denn der Razavi-Stiftung gehörte beinahe alles im Iran. Sie ist eine 1200 Jahre alte Organisation, die den Imam-Reza-Schrein betreut und seine Finanzen verwaltet. Sie war der größte Grundbesitzer des Landes und somit Eigentümer der meisten Grundstücke, auf denen die Häuser in Maschhad gebaut waren. Baba sprach immer davon, wie ironisch die ganze Situation in Mashhad sei, da den Persern noch nicht einmal ihr eigenes Land gehörte und sie es von einem verstorbenen Araber pachten mussten. In Abadan hingegen gehörte beinahe alles der Raffinerie und das Leben wurde von Öl und den Briten bestimmt. Der Geruch von weiterverarbeitetem Petroleum lag in der schwülen Luft und überall in der Stadt konnte man Anzeichen der noch nicht allzu lange zurückliegenden britischen Vergangenheit Abadans entdeckten. Die Kultur, die Art und Weise, wie die Menschen sprachen, die bauliche und künstlerische Gestaltung der Stadt sowie die Infrastruktur war sehr britisch. Englische Vokabeln erhielten neue Bedeutungen in Farsi und wurden in allen Bereichen der Sprache und des Lebens eingebettet. Als die Briten 1908 im nahegelegenen Gebiet Öl entdeckten, daraufhin die weltgrößte Ölraffinerie errichteten und 1913 in Betrieb nahmen, wurde dieser kleine Ort, der sich sonst nur durch Sand und Salz ausgezeichnet hatte, zu einem subtropischen und europäisch angehauchten Paradies. Als die Briten Abadan errichteten, nahmen sie ihre eigenen Städte als Vorbild, und stellten Menschen unterschiedlicher Herkunft – jedoch meist westeuropäische Arbeiter – in der Raffinerie ein. Bis der Iran die Ölgeschäfte der Anglo-Persian Oil Company verstaatlicht hatte und die westlichen Firmen 1951 aus der Ölraffinerie verbannt wurden, hatte sich Abadan bereits als Großstadt etabliert, obwohl sie recht klein war. Durch die Verstaatlichung der Ölindustrie hatte der Iran im Grunde etwa vierzig Jahre Teilhaberschaft der Briten zerstört. Selbstverständlich waren die Briten nicht sehr erfreut über diese Vertreibung, da aber die Iraner zu der Zeit gerade mit den Amerikanern sehr gut befreundet waren, verzichteten die Briten auf militärische Maßnahmen und zogen weiter.

Dank des warmen Klimas und vieler weiterer Eigenschaften der Stadt war Abadan ein sehr beliebtes Urlaubsziel, besonders während der Nouruz-Feiertage und im Winter, wenn der Rest des Landes mehr oder weniger unter einer Eisdecke verschwand.

Wohlhabende Iraner aus dem Norden sowie reiche Araber aus den angrenzenden Golfstaaten strömten nach Abadan, um europäische Waren zu kaufen – die von den Öltankfahrern in die Stadt geschmuggelt wurden – und sich zu amüsieren. Abadan bot dank all seiner Clubs, Bars und nicht zu vergessen der bewachten Wohnanlagen, in denen sich die Bordelle befanden, ein aufregendes Nachtleben.

Etwa zwei Drittel der Stadt bestehen aus einem separaten Wohngebiet, das von den Briten entworfen und gebaut wurde, um ausschließlich Arbeiter der Raffinerie unterzubringen. In welchem Gebiet und in welchem Haus ein Arbeiter wohnte beziehungsweise welche Größe das Haus hatte, richtete sich nach der Art der Arbeit und der Stellung, die er in der Raffinerie innehatte. Die meisten der dreißigtausend Angestellten der Ölraffinerie waren Lohnarbeiter und lebten mit ihren Familien im östlichen Teil der Stadt und somit in Ahmadabad und den umliegenden Vierteln. Die Geschäftsführung, Ingenieure und andere Büroangestellte wohnten im westlichen Teil der Stadt in der Nähe des Arvandrud-Flusses. Beide Wohnbereiche wurden von der Raffinerie stets gepflegt und gewartet. Das sonnendurchflutete Arbeiterviertel Ahmadabad, in dem Kia zu dem Zeitpunkt lebte, war sehr weiträumig, flach und symmetrisch angelegt. Gleichförmig beschnittene Immergrünsträucher und einige kleine Bäume hier und da machten das Gesamtbild der Gegend aus. Fast alle Häuser dort waren von Backsteinmauern umgeben und es schien insgesamt nur eine Handvoll unterschiedlicher Baupläne gegeben zu haben. Braim – der Stadtteil, in dem die Geschäftsführung lebte – zeichnete sich jedoch durch zahlreiche prestigeträchtige Viertel mit Luxushäusern, grünen Wiesen und abgelegenen romantischen Straßen aus, die mit tropischen Bäumen und Blattwerk gesäumt waren. Das Leben in Abadan war gut.

Eine Woche bevor die Schule wieder anfangen würde, zog ich bei Kia, seiner Frau und seinem kleinen Sohn ein. Wir teilten uns ein gemietetes Zimmer in einem Einfamilienhaus. Eines Morgens ging ich also los, um mich in der Schule anzumelden. Kia riet mir, bis Mittag wieder zurück zu sein. Die Temperaturen konnten nachmittags bis zu achtunddreißig Grad erreichen und die Luftfeuchtigkeit war ebenfalls sehr hoch, sodass es fast unmöglich war, zu dieser Zeit draußen zu sein. Ahmadabads weiterführende Jungenschule war nicht allzu schwer zu finden, da sie das größte Gebäude der Stadt darstellte und ganz allein für sich an der Hauptstraße lag. Mit meinen Schulakten und meiner Geburtsurkunde in der Hand betrat ich also die Schule und wollte mich anmelden.

»Wie kann ich helfen?«, fragte der Mann hinter dem Schreibtisch, ohne seinen Kopf zu heben oder mich anzusehen. Er schrieb einfach weiter in die Akte, die vor ihm lag.

»*Salam, aqa*. Ich würde mich gerne für die neunte Klasse anmelden.«

»Dann bist du hier falsch. Die Mädchenschule befindet sich weiter die Straße hinauf am Kreisverkehr«, sagte er und sah mich immer noch nicht an. Er war ein gewöhnlich aussehender Mann mit einem ernsten Gesichtsausdruck, einer autoritären Stimme und natürlich einem Schnurrbart.

»Ich verstehe nicht, mein Herr«, antwortete ich, obwohl ich sehr wohl wusste, worauf er hinauswollte. Er wollte andeuten, dass meine Haare zu lang waren und ihm das nicht gefiel.

»Das hier ist eine Schule für Jungen und Jungen brauchen keine Haare. Sobald du dir die Haare abgeschnitten hast, kannst du wiederkommen.«

Kurz bevor ich nach Abadan gezogen war, hatte ich extra einen *Tooman* ausgegeben, um mir wieder einen Beatles-Haarschnitt machen zu lassen, deshalb fiel es mir schwer, mich von der Frisur zu trennen. Lange Haare waren zu der Zeit bei Jugendlichen und Teenagern sehr angesagt und ich war in einem Alter, in dem mir mein Aussehen sehr wichtig war. Mir gefiel nicht, wie der Mann mit mir umging, aber ich hatte keine andere Wahl als nachzugeben, besonders, weil ich Kia versichert hatte, dass ich in der Lage sei, meine Anmeldung selbst zu übernehmen. Wir hatten seit 1966 nicht mehr zusammengelebt und dies war meine erste Möglichkeit gewesen, ihn zu beeindrucken und ihm zu zeigen, wie erwachsen ich geworden war. Ich fand den einzigen Friseur des Viertels in einer nahe gelegenen Einkaufsstraße, betrat den Salon leicht widerwillig, setzte mich und wartete.

Als ich an der Reihe war, bat ich um einen Schnitt mit einer Nummer-vier-Haarschneidemaschine, was einem Standardhaarschnitt für Grundschüler entsprach. Damit wären meine Haare noch etwa zwei oder drei Zentimeter lang.

»Möchtest du dir die Haare für die Schule schneiden?«, fragte mich der Friseur.

»Ja.«

»Dann reicht Nummer Vier aber nicht. Ich muss die Nummer-zwei-Haarschneidemaschine benutzen, sonst wirst du wieder zurückgeschickt und musst noch mal fünf *Rial* bezahlen.«

»Aber eine Nummer Zwei ist ja schon fast eine Glatze!«

»Bei mir brauchst du dich nicht beschweren, so will es der stellvertretende Schulleiter«, sagte der Friseur und zuckte mit den Schultern.

Ich weigerte mich, meine Haare so kurz schneiden zu lassen aber der Friseur wollte mir die Haare nicht anders schneiden. Ihm zufolge waren das die Anweisungen des stellvertretenden Schulleiters gewesen. Frustriert stand ich auf und wollte gehen, als ein älterer Junge, der ebenfalls auf seinen Haarschnitt wartete, meinte, dass ich keine andere Wahl hätte, wenn ich auf diese Schule gehen wollte. Er sprach schlecht über den stellvertretenden Schulleiter und erzählte, dass der Mann von vielen in dieser Gegend gehasst wurde, und zwar sowohl von Schülern als auch Eltern.

»Er ist der Schwager des Schulleiters und glaubt deshalb, dass ihm die Schule gehört. Er denkt sich irgendwelche Regeln aus und meint, Gott spielen zu können«, spottete der Junge. Er erzählte, dass der stellvertretende Schulleiter für ein Dutzend Selbstmorde beziehungsweise Selbstmordversuche der Schüler dort verantwortlich gewesen sei.

»Warum unternimmt dann niemand etwas gegen ihn?«, fragte ich den jungen Mann.

»Was soll man denn bitte unternehmen? Alle hier sind einfache Lohnarbeiter ohne irgendwelche Beziehungen. Wenn man ihn verärgert, meldet er dich bei der Geheimpolizei als politischen Hetzer und dann bist du geliefert.«

Obwohl ich wütend war und mich schikaniert fühlte, kam ich zur Besinnung und mir wurde klar, dass Kias Großzügigkeit und die Tatsache, dass ich überhaupt hier sein durfte viel mehr wert war als meine Haare. Also erlaubte ich dem Friseur, mit meinen Haaren zu tun, was er wollte.

Ich werde meinen ersten Tag in der neuen Schule dieser neuen Stadt niemals vergessen. Mein Klassenzimmer zu finden war recht einfach, da das Schulgebäude nur ein Stockwerk besaß und es keine Gänge gab. Alle Klassenräume und Büros waren um einen rechteckigen Hof angelegt und somit einander zugewandt. Ein großes, massives Metalltor in einer Ecke des Hofes diente als Haupteingang, durch den die Schüler das Gelände betreten und verlassen konnten. Das Tor wurde während der Schulzeit verschlossen, um zu verhindern, dass man den Unterricht frühzeitig verließ. Man konnte sich während der Schulzeit nur an zwei Orten aufhalten: entweder dem Klassenraum oder dem Hof. Wie in allen Schulen, die ich bis zu dem Zeitpunkt besucht hatte, gab es weder eine Turnhalle noch eine Cafeteria oder irgendeinen anderen Raum, in dem sich die Schüler hätten aufhalten können, wenn sie nicht im Klassenraum sein wollten. Für diejenigen, die den Unterricht schwänzen wollten, bot ein kleines Fenster auf der Toilette die einzige Fluchtmöglichkeit. Über die Jahre hinweg erlebte ich oft, wie Schüler in dem winzigen Fenster stecken blieben und sich ohne Hilfe nicht mehr befreien konnten.

Als ich mein mir zugeteiltes Klassenzimmer betrat, wurde ich Zeuge eines wilden Faustkampfes zwischen zwei Schülern. Alle anderen standen um die beiden herum im Kreis versammelt und sahen zu. Die zwei Jungen schienen beide älter und größer als ein durchschnittlicher Neuntklässler zu sein und das war meist ein Indiz dafür, dass sie bereits einige Klassen wiederholt hatten. Ich bemerkte, dass einer der beiden Schüler Verbände um seine Handgelenke gewickelt hatte. Mir wurde gesagt, dass er gerade erst aus dem Krankenhaus entlassen worden war, nachdem er einen Selbstmordversuch unternommen hatte. Als der Lehrer den Raum betrat, kam die Schlägerei schließlich zu einem Ende, da er die beiden auseinanderbrachte und ihnen eine ordentliche Tracht Prügel verpasste. Der Junge mit den Verbänden wurde später zu einem meiner besten Freunde.

Ich war ziemlich schnell sehr beliebt in meiner Klasse. Gleich an meinem ersten Tag machte ich mir Freunde und erhielt Einladungen, nach der Schule zu ihnen nach Hause zu kommen. Als ich mich der Klasse vorstellen sollte, hatte ich nämlich behauptet, aus Teheran zu stammen. Nachdem ich aus Maschhad weggezogen war, hatte ich mich von meiner Vergangenheit dort getrennt und nie wieder irgendeine Art von Verbindung mit dieser Stadt geltend gemacht. Das beinhaltete auch, dass ich mir den unschönen Maschhad-Dialekt abgewöhnte. Von diesem Tag an erzählte ich jedem, dass ich aus Teheran kam und meine Geburtsurkunde, meine Schulakte der letzten Klasse sowie mein neu erlernter Dialekt stützten diese Behauptung. Aus der Hauptstadt zu kommen bedeutete, dass man kultiviert war und man wurde zu einer Besonderheit.

Ich empfand die Menschen in Abadan als sehr warmherzig, freundlich und glücklich. Außerdem waren sie ihrer Stadt gegenüber sehr loyal. Vielleicht hatte das warme Klima auch etwas mit ihrem herzlichen Charakter zu tun. Für mich waren sie zudem die am wenigsten gläubigen Menschen, denen ich bis dahin im Iran begegnet war.

Neben Öl besaß Abadan viele Dattelpalmen und Menschen, die Arabisch sprachen; zwei Dinge, die ich bis zu dem Zeitpunkt immer mit Tod und Religion assoziiert hatte. In der sehr religiösen Stadt Maschhad war Arabisch die offizielle Sprache für Beerdigungen sowie andere religiöse Zeremonien, und während dieser Veranstaltungen wurden meist Datteln serviert. Mein Leben in Abadan änderte jedoch meine Auffassung von diesen beiden Dingen. Ich lernte, dass Arabisch auch die Sprache der Liebe, Musik, Poesie und Glückseligkeit war. Und was die Datteln betraf … das erzähle ich später.

◆ EIN TROPFEN STILLE

Ein paar Monate nach Schulbeginn, zogen wir nach Braim, dem prestigeträchtigen und vornehmen Stadtteil am Arvandrud-Fluss. Seit Kia nach Abadan versetzt worden war, hatte er bei der Gendarmerie auf einer Warteliste für eine der Wohneinheiten in dem Viertel gestanden. Wie die meisten jungen, mittelständischen iranischen Ehepaare besaßen er und seine Frau Morvarid sehr wenige Einrichtungsgegenstände und Möbel; daher ging das Zusammenpacken sehr schnell und wir konnten alles auf einmal in die neue Wohnung bringen. Wir entschieden, dass es das Beste sei, wenn ich weiterhin in Ahmadabad zur Schule ging und dort die neunte Klasse beendete. Ich pendelte die Strecke also mit den öffentlichen Verkehrsmitteln, die damals der Ölraffinerie gehörten und kostenlos waren.

Wir zogen in ein Zimmer einer Wohnung im winzigen Dattelpalmenhain von Braim. Die Gegend bestand größtenteils aus Wohnanlagen, eingeschossigen Gebäuden und vereinzelt ein paar Häusern hier und da. Ursprünglich hatten die Briten dieses Viertel für die Junggesellen unter den Büroangestellten der Raffinerie entworfen.

Die Marine sowie die Gendarmerie pachteten von der Raffinerie einige dieser Wohneinheiten und vermieteten sie zu einem subventionierten Preis an ihr Personal weiter. Rekruten lebten in den eingeschossigen Gebäuden und konnten dort ein oder zwei Zimmer mieten, während Offiziere in den Wohnanlagen oder Häusern lebten, je nachdem, wie hoch ihr Rang war und welchen Familienstand sie besaßen. Wie der Rest von Braim glich das Viertel einem üppigen, tropischen Himmel, nur dass es hier noch mehr Dattelpalmen gab.

Wir wohnten in der letzten von sechs Wohnungen, die in einer ruhigen Straße ohne Wendeplatz lagen und an den Arvandrud-Fluss grenzten. Jede Wohnung hatte einen Gemeinschaftsbereich am Ende des Flurs, der von allen Bewohnern genutzt wurde und eine Küche, Dusche sowie Toilette umfasste. Kia war der Nächste auf der Warteliste für ein zweites Zimmer, sobald eines frei werden würde.

Unser kleines Zimmer hatte ein Fenster mit Blick auf den Fluss und war mit einem Deckenventilator sowie einem sehr kleinen und in die Wand eingelassenen Schrank ausgestattet, in dem wir unsere Kleidung verstauten. Der Ventilator konnte es kaum mit den schwülen Nächten Abadans aufnehmen. Unter dem Fenster gab es einen Bereich für eine Klimaanlage, aber Kia konnte sich zu der Zeit keine leisten. Die einzigen Möbelstücke in dem Zimmer waren ein zusammenklappbares Militärbett, ein Schwarz-Weiß-Fernseher und eine Kommode für Morvarid, in der sie ihre Habseligkeiten verstauen konnte. Nachts schliefen Kia, Morvarid und ihr kleiner Sohn auf einer Matratze auf dem Boden und ich auf der anderen Seite des Zimmers auf dem Militärbett. Kia hatte zwei oder drei Tage die Woche Nachtdienst am Stützpunkt oder musste dienstlich verreisen, sodass er selten zu Hause war.

Wir lebten im letzten Gebäude, das sich noch auf iranischem Boden befand. Von unserem Fenster aus konnten wir auf der anderen Seite des Arvandrud-Flusses den Irak sehen – Persiens ältester und treu ergebenster arabischer Feind. Das Flussufer befand sich nur zehn oder fünfzehn Meter von meiner nächtlichen Schlafstätte entfernt. In Braim und an der Grenze zu einem fremden Land zu leben fühlte sich spannend und kultiviert an.

Der Arvandrud entsteht beim Zusammenfluss von Euphrat und Tigris, in der Nähe der Stadt Basra im Süden Iraks und etwas weiter flussabwärts mündet vom Iran aus der Karunfluss in ihn. Der südliche Verlauf des Arvandruds – der Bereich, in dem wir wohnten – bildet die Grenze zwischen Irak und Iran und reichte bis zu den Ausläufen des Flusses am Persischen Golf. Die mittelpersische Literatur und der *Shahnameh* verwendeten den Name Arvandrud für den Fluss Tigris. Das *Shahnameh* ist ein persisches Nationalepos, das auch *Buch der Könige* genannt wird und im Jahre 1010 vom persischen Dichter Firdausi geschrieben wurde. Es erzählt überwiegend die mythische und teilweise auch historische Geschichte Irans vor der islamischen Eroberung Persiens. Das Buch gilt als literarisches Meisterwerk.

Der Arvandrud beherbergte sehr viele Haie und wurde größtenteils als Transportweg für riesige Öltanker sowie Militär- und Frachtschiffe genutzt. Die Gegend auf beiden Seiten des Flusses soll mit ungefähr siebzehn oder achtzehn Millionen Bäumen angeblich den größten Dattelpalmenwald der Welt ausmachen. Für die meisten Iraner war die Geschichte und sogar Frühgeschichte sehr wichtig. Die Vergangenheit verschaffte ihnen eine Art Ich-Bewusstsein. Ich hingegen machte mir nur sehr wenig aus Geschichte und betrachtete sie eher als Lektion, die man gelernt hatte und die nun wie ein seichter Fluss versickerte. Dennoch war es sehr spannend, zu erfahren, dass ich am Ufer Südmesopotamiens lebte, wo vor Tausenden von Jahren die westliche Zivilisation ihre ersten Schritte wagte.

Unser kleines Zimmer bot wenig Privatsphäre für die Bewohner. Natürlich versuchte ich an Abenden, an denen Kia zu Hause war, so lange wie möglich draußen zu bleiben, damit er und seine Frau etwas Zeit miteinander verbringen konnten. Und wenn Kia nicht da war, musste ich das Zimmer trotzdem häufig verlassen, um dem unermüdlichen Gequengel und Geschrei meines zweijährigen Neffen zu entfliehen.

Das Flussufer war sozusagen unser Hinterhof und wurde bald zu meinem Zufluchtsort. Wenn ich nicht gerade in der Schule oder bei Freunden war, verbrachte ich also den Großteil meiner Zeit am Flussufer. Tagsüber bildeten riesige Bäume – die direkt vor unserem Fenster standen und ihre üppigen Äste über unsere

Wohnung streckten – eine Art Dach über dem Ufer und boten mir einen schattigen Platz, an den ich flüchten konnte. Dort draußen war es immer ein paar Grad kühler als in unserer Wohnung. Abends beleuchtete eine einsame Straßenlaterne einen winzigen Bereich des Ufers und spendete gerade so genug Licht, damit ich dort lernen und Hausaufgaben machen konnte. Mein kleiner Zufluchtsort war ziemlich verborgen und lag am Ende unserer abgelegenen Straße, sodass so gut wie nie jemand vorbeikam, besonders nicht am Abend. Da wir uns in einem Grenzgebiet befanden, musste dort immer ein Soldat patrouillieren, doch die meisten entscheiden sich, den Großteil ihrer Schicht lieber mit anderen Soldaten an einem getarnten Schützenloch etwas weiter flussaufwärts zu verbringen. Etwa ein Dutzend Soldaten waren am Ufer abwechselnd im Einsatz gewesen und ich hatte mich mit jedem von ihnen angefreundet.

Direkt am Fluss zu wohnen war sehr praktisch, denn er bot nicht nur Ruhe und Muße, sondern konnte auch als Nahrungsquelle genutzt werden; jedoch war dies für mich wirklich die letzte Lösung, wenn ich sehr hungrig war und nirgendwo anders etwas zu essen finden konnte. Ein Junge aus der Gegend brachte mir bei, mit einem Dattelpalmenzweig, einer Schnur und einer Sicherheitsnadel sowie einem Stück Brot als Köder zu fischen. Leider schmeckten die Fische so, als ob sie in Petroleum eingelegt worden waren. Um diese öllastige Gabe der Natur hinunterzuwürgen, bauchte man viel Überwindungskraft, aber manchmal ging es nicht anders; wir hatten so gut wie nie genügend Essen zu Hause, da Kias Gehalt recht niedrig war.

Bevor Kia nach Hause kam, aß er meist auf dem Stützpunkt, denn dort gab es besseres Essen und es war kostenlos. Folglich musste seine Frau so gut wie nie kochen, und wenn sie es tat, dann meist tagsüber, wenn ich noch in der Schule war und dann bereitete sie gerade einmal soviel zu, dass es für sie und ihren kleinen Sohn reichte. Nach allem, was Kia für mich getan hatte, traute ich mich nicht, das Thema Essen anzusprechen. Ein Dach über dem Kopf zu haben und in die Schule gehen zu dürfen, war mehr als ich mir je hätte träumen lassen können und dafür war ich Kia und seiner Frau ewig dankbar. Kia war meine Rettung. Er hatte mich an diesen wunderbaren Ort gebracht, an dem es immer Sommer war, und der noch zahlreiche andere fabelhafte Qualitäten besaß. In Abadan brauchte ich nur ein Paar Sandalen, ein T-Shirt und eine Hose, um gut auszusehen und mich wohlzufühlen. Außerdem musste ich nie wirklich hungern, weil es überall Dattelpalmen gab und ich unfassbar nette Freunde hatte, die immer gerne ihr Brot mit mir teilten.

Ich sehnte mich jedoch am meisten nach dem Gefühl, geliebt zu werden. Und ich meine diesmal nicht Elternliebe, die ich mir als Kind immer gewünscht hatte. Als Kind betete ich oft, dass eines Tages ein nettes Pärchen vorbeikommen und mich adoptieren würde. Jetzt, als sechzehnjähriger Junge, sehnte ich mich nach der herzlichen Wärme und den zärtlichen Armen einer Frau, bei der ich Schutz finden könnte. Die alten melancholischen Gefühle, die ich immer spürte, wenn ich meine Mutter vermisste, wurden nun von dem sehnsüchtigen Verlangen nach einer Frau abgelöst – einer Frau, die ich noch nicht getroffen hatte, aber der ich mit Sicherheit eines Tages begegnen würde.

Übermannt von der Leidenschaft eines pubertierenden Jungen und verfolgt vom Geist einer leidvollen Vergangenheit, die nicht zu verblassen schien, rannte ich bei jeder Gelegenheit in die Arme des abgeschiedenen Ufers. Ich saß stundenlang dort, hörte über ein kleines Transistorradio Musik, träumte vor mich hin und suchte nach Erklärungen für die Ereignisse meines bisher recht kurzen und verwirrenden Lebens. Ich saß am Ufer und sehnte mich nach dem Gefühl, geliebt zu werden und lieben zu können. Gedichte zu lesen und zu schreiben wurde für mich zu einer Art Ventil und ich versuchte, mit ihnen die neuen emotionalen Dramen zu verarbeiten, die sich in mir abspielten. Meine Gedichte handelten meist von Liebe und Einsamkeit. Aber tun sie das nicht alle?

Persien war ein sehr außergewöhnliches Land und zeichnete

sich durch viele einzigartige Dinge aus: Teppiche, Katzen, eine vielfältige Kultur, wunderhübsche Frauen mit den romantischsten Augen der Welt, Gastfreundlichkeit, sehr enge Freundschaften, eine unglaubliche Küche sowie eine facettenreiche und lange Geschichte. Für mich war es jedoch schon immer das Land der Poesie gewesen. Gedichte zu schreiben war nicht nur ein weitverbreitetes Hobby, sondern galt als unbeschwerte Möglichkeit, seinen Gefühlen Ausdruck zu verleihen. Viele sentimentale Jugendliche im Iran – die sich genau wie ich danach sehnten, geliebt zu werden und sich zu verlieben, oder die unter dem Schmerz ihrer ersten unerwiderten Liebe litten – flohen in die Welt der Poesie. Bald wurden einige der Gedichte, die ich am Ufer geschrieben hatte, in nationalen Zeitschriften abgedruckt und in beliebten, abendlichen Radiosendungen vorgelesen.

Alles begann damit, dass mein Freund Parveez ohne mein Wissen eines meiner Gedichte bei einer abendlichen Radiosendung einschickte. Die Sendung dauerte eine Stunde, es wurde moderne Musik gespielt und Poesie vorgetragen, die damals bei jungen Leuten sehr beliebt war. Ich war schockiert, als ich zum ersten Mal eines meiner Gedichte im Radio hörte – nicht unbedingt, weil ich plötzlich meine eigenen Worte hörte, sondern weil der Radiosprecher als Autor des Gedichtes meinen Freund Parveez nannte, der es angeblich einem Mädchen widmete! Ich setzte mich sofort auf mein Fahrrad und fuhr so schnell ich konnte nach Ahmadabad, um Parveez damit zu konfrontieren, dass er meine Arbeit gestohlen hatte. Statt sich zu entschuldigen, warf er mir jedoch vor, kleinlich und geizig zu sein. Er meinte, dass ich so viele Gedichte geschrieben hätte und ihm ruhig eines davon überlassen könnte. Er wollte damit ja nur ein Mädchen beeindrucken.

»Sind alle Teheraner so hochnäsig wie du?«, fragte mich ein Mädchen im weißen Baumwollkleid spielerisch. Sie stand nur ein paar Meter von mir entfernt etwas weiter den Fluss hinauf am Ufer.

»Tut mir leid, sprichst du mit mir?«

»Siehst du hier etwa irgendwo noch jemanden, mit dem ich

sprechen könnte?«, sagte sie lächelnd und schüttelte ungläubig den Kopf.

»Woher weißt du, dass ich aus Teheran komme?«

»Ich weiß es einfach!«, antwortete sie, ohne in meine Richtung zu blicken.

Der warme Nachmittagswind wehte ihren wunderbaren Duft zu mir und weckte in mir den Wunsch, sie fest in meine Arme nehmen zu können. Sie war neu in unserem Viertel. Meine Freunde und ich spielten gerade Karten auf der Wiese gegenüber ihrer Wohnung, als sie vor etwa einem Monat mit ihrer Familie einzog. Seitdem kam sie fast täglich zum Ufer und beobachtete den Sonnenuntergang – wahrscheinlich ebenfalls, um der engen Wohnsituation ihrer Familie zu entkommen, oder vielleicht, um sich wie ich in der Tiefe des stillen Flusses zu verlieren.

Für gewöhnlich saß sie nicht weit von meinem Stammplatz entfernt schweigend auf einem Felsen oder lehnte an einem Baum. Ihre Augen waren meist geschlossen und sie schien an etwas Angenehmes zu denken, denn sie seufzte und lächelte ab und zu, ohne dass das Lächeln einer bestimmten Person gewidmet war. Eine Brise tanzte ab und zu um sie herum, wehte den unteren Teil ihres luftig-leichten Kleides hoch und legte ihre wohlgeformten, verführerischen und braun gebrannten Oberschenkel frei, sodass mich förmlich ein elektrischer Strom durchfuhr und meine Sinne lähmte. Sie machte keine besonderen Anstalten, das Kleid am Hochwehen zu hindern. Während sie die Augen geschlossen hielt, beobachtete ich sie genau. Sie schien keinerlei Sorgen auf dieser Welt zu haben.

Im Geheimen feierte ich ihr plötzliches und erfreuliches Erscheinen in meiner kleinen und stillen Welt am Ufer. Nach einer Weile hatte ich mich daran gewöhnt, dass sie kam, und wurde in freudiger Erwartung ihres Erscheinens sogar recht ungeduldig und ungeschickt. Und wenn sie einmal zu spät kam oder überhaupt nicht erschien, schossen mir alle möglichen Gedanken durch den Kopf. Ich suchte in meinem Geist regelrecht nach ihr und konnte mich deshalb kaum mehr konzentrieren. Ohne dass sie es wusste, war sie die Inspiration für viele meiner Gedichte.

Nach außen hin zeigte ich jedoch kein Interesse und ich tat so, als ob ich ihre Gegenwart kaum bemerkt hätte. Als Kind hatte ich gelernt, Desinteresse vorzuspielen, wenn es um so etwas wie Essen oder andere Dinge ging, die Menschen meiner Ansicht nach nur ungern mit mir teilten. Als ich älter wurde, gewöhnte ich mir also an, in der Gegenwart eines Mädchens absolut kein Interesse zu signalisieren, unabhängig davon, wie sehr ich mir in Wirklichkeit vielleicht wünschte, mit ihr zusammen zu sein. Ich hatte das Gefühl, dass es genauso armselig war, nach der Aufmerksamkeit eines Mädchens zu gieren wie um ein Stück Brot zu betteln. Und da ich in gewisser Weise mit den guten Genen meiner Eltern gesegnet worden war, bekam ich ohne großes Zutun viel Aufmerksamkeit von Mädchen und musste mich dafür noch nicht einmal verstellen.

»Was schreibst du die ganze Zeit, wenn du hier jeden Tag herumsitzt?«, fragte sie.

»Hast du mich etwa ausspioniert?«

»Nein, aber immer wenn ich dich hier sehe, bist du beim Schreiben. Was schreibst du denn jetzt?«

»Gedichte.«

»Oh, ich liebe Gedichte! Wer ist dein Lieblingsdichter?«

»Meine Lieblingsdichterin ist Forouq.«

»Oh mein Gott, meine auch!«, sagte sie begeistert und kam etwas näher. »Hast du ihr Gedicht ›Das Mädchen und der Frühling‹ gelesen? Das ist eines meiner Lieblingsgedichte!«

»Ja.«

»Kann ich ein paar von deinen Gedichten lesen?«

»Nein.«

»Warum nicht?«, fragte sie mit heruntergezogenen Mundwinkeln und tat so, als ob sie traurig sei, während sie mich mit einem Welpenblick ansah.

Mittlerweile saß sie so gut wie direkt neben mir. Ich konnte fast ihre Körperwärme und ihren aromatischen Atem auf meiner Haut spüren. Ihr Teint und ihr Dialekt verrieten, dass sie auf jeden Fall aus Abadan stammte. Ihre leicht gebräunte, glänzende Haut glich einem teuren, importierten Seidenstoff und ihr Haar reichte bis zu ihrem wunderschönen Ausschnitt sowie ihren teilweise freiliegenden Schultern. Jedes Mal, wenn sie lächelte, enthüllte ihr entzückendes Gesicht perfekt ausgerichtete, perlweiße Zähne. Pheromone einer Frau sind meiner Meinung nach der wohl berauschendste Duft, den die Natur zu bieten hat. Und die Luft um mich herum war vollständig mit ihren Pheromonen durchzogen.

Nach einer Weile gelang es ihr, mich zu überreden und ich las ihr einige meiner Gedichte vor, während sie schweigend zuhörte.

Ein Tropfen Stille

Die frechen, geschwätzigen, kleinen Spatzen,
die, die nie still stehen
und direkt vor meinem Fenster nisten
im dichten Geäst des großen Baumes.

Der ungestüme, riesige Fluss,
der, der niemals vergibt
und direkt vor meinem Fenster ruht
im tiefen Rande der Geschichte.

Und mein Herz,
das, das niemals aufhört
in deinem Namen zu schlagen
direkt vor deinem Fenster,

all das stand still
in freudiger Erwartung
als der Zigeunerwind,
noch vor deiner Ankunft,
deinen Duft ans Ufer trieb.

»Mein Name ist Sarah«, sagte sie nach einer langen Pause.

»Ich bin Ali.«

»Ich weiß. Ich hatte meinen Bruder gefragt.«

Von diesem Tag an trafen wir uns fast jeden Abend am Ufer und wurden mit der Zeit immer vertrauter. Wir wagten uns in das wunderschöne, grüne Braim hinaus und machten lange und verträumte Spaziergänge.

Jeden Donnerstagabend teilten wir uns einen Eisbecher und eine Limonade in einem beliebten Café namens Milk Bar, das sich bei uns im Viertel befand. Anschließend sahen wir immer einen Film im romantischen Freiluftkino der Raffinerie. Es war ein privates Kino, das sich hinter einer Reihe von Dattelpalmen und Schattenbäumen in einer abgelegenen Wohnstraße in der Nähe unseres Hauses befand. Das Kino war nur an einem Abend in der Woche geöffnet und zeigte auch nur einen Film – dieser war meist amerikanisch. Die Iraner liebten alles Amerikanische; Jeans, Zigaretten, Autos und Filme standen ganz oben auf der Liste. Der Donnerstagabend im Kino war eher ein gesellschaftliches Ereignis, eine Art Vorwand für Jugendliche, um sich treffen und unterhalten zu können. Die meisten kannten sich dort sehr gut, denn sie lebten alle in Braim. Modisch gekleidete Jungen und Mädchen im Teenageralter kamen extra etwas früher zum Kino, versammelten sich im wunderschön landschaftlich gestalteten, offenen Hof und warteten gemeinsam, dass der Film begann.

Ich weiß noch, wie Sarah und ich eines Abends auf dem Weg vom Kino nach Hause unter einer Reihe von Dattelpalmen hindurchliefen und sie mich fragte, ob ich Datteln mochte. Ich erklärte ihr, dass sie mich an Tod und Religion erinnerten, weil in Maschhad freitags einige Menschen an Friedhoftoren standen und vorbeilaufenden Passanten Datteln anboten, in der Hoffnung dadurch die Seelen ihrer verstorbenen Verwandten von ihren Sünden zu erlösen. Sie lachte nur über meine Geschichte, hob eine reife Dattel von der Wiese auf und klemmte sie zwischen ihre Zähne. Mit einem diebischen Funkeln in ihren dunkelbraunen

Augen sagte sie mir, ich solle ihrer Seele Erlösung bringen und ihr die Dattel wegnehmen, ohne dabei meine Hände zu benutzen.

Ich nahm ihre Herausforderung an, versuchte sie zu fangen und die Dattel zu erhaschen, während sie im Kreis um eine Dattelpalme rannte, lachte und mir auswich. Schließlich blieb sie erschöpft und außer Atem stehen, ihr Gesicht war leicht rot angelaufen und glänzte durch die feuchte Luft und den Schweiß, der sich auf ihrer Haut gebildet hatte. Sie lehnte sich mit dem Rücken gegen eine Dattelpalme und tat so, als ob sie sich ergeben würde. Als ich meine Lippen um die Dattel in ihrem Mund legte, schlang sie ihre Arme um meinen Hals, seufzte und küsste mich sehr lange und intensiv. So war ich noch nie zuvor geküsst worden. Die Süße der saftigen Dattel mischte sich mit dem erotischen Duft ihres warmen Atems. Ihre sanften und zärtlichen Lippen veränderten an diesem Abend für immer meine Ansicht zu Datteln.

◆ DIE BOTSCHAFTEN UNSERER TRÄUME

Ich träumte erneut von meinem alten griechischen Freund. Wie beim letzten Mal stand er auf einem Schiffsdeck und segelte in den ruhigen, blauen Horizont davon.

Er winkte mir wieder zu und gab mir ein Zeichen, mich ihm anzuschließen, während sich hinter mir der Sturm zusammenbraute. Vor meinem geistigen Auge sah ich, wie der Sturm über Braim hineinbrach, den Himmel verdunkelte und schließlich alle Dattelpalmen in Flammen setzte.

Der Arvandrud-Fluss färbte sich rot. Ich war sehr verstört und betroffen von diesem Traum und konnte ihn sehr lange nicht aus dem Kopf bekommen.

Mit der Zeit wurde ich sehr gut darin, mich an meine Träume zu erinnern und sie zu deuten. Was ich nachts erlebte, während ich die physischen Grenzen meines schlafenden Ichs durchbrach, waren meist Hinweise auf meine unbeständige Vergangenheit oder zeigten mir Wege, die ich in meiner Zukunft einschlagen könnte. Ich wurde immer besser darin, Symbole und Emotionen zu deuten und nutzte meine Träume als kleines Fenster, durch das ich in meine Zukunft blicken konnte. Diese Vorgehensweise hatte ich von Maman Bozorg gelernt, denn sie war in der Lage, jedes Symbol im Traum zu deuten.

Ich musste damals die neunte Klasse wiederholen, weil ich Algebra nicht bestanden hatte und nun näherte sich das Ende meines zweiten Jahres in der neunten Klasse, doch ich hatte mich in Algebra nicht sonderlich verbessert. Ehrlich gesagt gab ich mir auch nicht wirklich viel Mühe. Aber ich kannte Schüler, die schon drei Mal wegen Algebra sitzen geblieben waren und das wollte ich auf keinen Fall.

Das Leben in Abadan hatte mich der Marine näher gebracht, daher wollte ich nach der Schule unbedingt Marineoffizier werden. Am Ufer hatte ich einen jungen Mann kennengelernt, der mir immer gerne vom täglichen Leben eines Marineoffiziers erzählte. Er war ein Mann vom Lande, stammte aus dem westlichen Teil Irans und leistete hier in Abadan seine zweijährige Dienstpflicht bei der Marine ab. Er sprach sehr leise und wie die meisten vom Land war er recht schüchtern, bescheiden, freundlich, ehrlich und unglaublich liebenswürdig. Er kannte niemanden in Abadan, also beschloss ich, mich mit ihm anzufreunden. Seit ich klein war, fühlte ich mich immer von den Menschen angezogen, von denen ich glaubte, dass sie einsam seien und einen Freund bräuchten.

Der junge Mann war ein achtzehnjähriger *gomashteh* (eine Art Laufbursche) für einen Marineoffizier. Jeder Volljährige musste entweder beim Militär oder einem der drei Korps zwei Jahre Dienst ableisten. Ohne Schulabschluss konnte man nicht bei den Korps dienen und musste zur Wehrmacht gehen. Dort wurden wiederum einige Männer ausgewählt, um als Laufbursche oder Chauffeure in den Häusern hochrangiger oder auch etwas niedriger gestellten Offizieren zu dienen. So entwürdigend sich das für einen Außenstehenden auch anhören mag, viele Männer waren gerne *gomashteh* oder Fahrer. Auf diese Weise konnten sie in einem netten Haus wohnen und mussten nicht zwei Jahre in Militäruniform und Stiefeln herumlaufen, in Kasernen leben und mit einem unhandlichen M1-Gefehr zu den abwegigsten Zeiten Wache stehen.

Mein Freund Hussein hatte Glück. Der Kapitän, dem er zugeteilt wurde, war Junggeselle und verbrachte die meiste Zeit auf See oder in den westlichen Ländern, wo er studierte. Dennoch stellte Hussein sicher, dass das riesige und wunderschön ausgestattete Haus seines Chefs stets aufgeräumt und sauber war. Tagsüber, wenn es am heißesten draußen war, verbrachte ich viel Zeit im

Haus des Kapitäns, wo Hussein und ich eisgekühlte Limonade tranken, europäischen Käse und Cracker aßen und Platten von Dean Martin, Frank Sinatra und Paul Anka auf dem Grammofon abspielten. Ich blätterte jedes Mal durch die Fotoalben des Kapitäns und träumte davon, eines Tages so wie er auf einem Militärstützpunkt in den Vereinigten Staaten studieren zu können. Denn der Großteil der iranischen Luftwaffen- und Marineoffiziere wurde im Westen ausgebildet. Je mehr Zeit ich in dem Haus verbrachte, desto mehr war ich von der Idee überzeugt, zur Marine und in die Vereinigten Staaten zu gehen. Schließlich wurde aus der Idee eine Mission für mich. Auf Bildern sah ich den Kapitän vor der Missionsstation Alamo in der texanischen Stadt San Antonio stehen und stellte mir vor, selbst dort für die Kamera zu posieren.

Alles schien plötzlich einen Sinn zu ergeben. Ich verstand endlich die Botschaft meines Traumes mit dem Schiff, das in den hellen Horizont hinaussegelte. Ich war mir sicher, dass ich zur Marine gehen und in die Vereinigten Staaten reisen sollte.

Sofort spürte ich eine unaufhaltsame Sehnsucht nach den Vereinigten Staaten von Amerika. Es war ein Gefühl, als würde ich aus einem langen Koma erwachen und mich nun langsam wieder an mein Zuhause erinnern. Die Fotoalben und die Musik im Haus des Kapitäns schienen etwas in meinem Unterbewusstsein angesprochen und so etwas wie eine Erinnerung in mir geweckt zu haben. Von dem Moment an widmete ich jede freie Minute dem Erlernen der englischen Sprache und ich merkte schnell, dass mir dies sehr leicht fiel. Ich trug immer einen kleinen Notizblock bei mir, schrieb alle englischen Wörter und Sätze hinein, die mir in der Stadt begegneten, und lernte sie dann auswendig.

Aber um ein Marineoffizier zu werden, brauchte ich einen Schulabschluss und dafür musste ich erst einmal die neunte Klasse bestehen. Wenn man Literatur als Hauptfach wählte, musste man nach der neunten Klasse kein Algebra mehr belegen, und genau das war mein Plan.

Da die Abschlussprüfungen bereits in einer Woche stattfinden würden, machte ich mir langsam Sorgen, wie ich den Algebratest bestehen sollte. Wie immer wenn ich mich verloren und ratlos fühlte, hielt ich also einen an die schöpferischen Kräfte gerichteten inneren Monolog. Zu dem Zeitpunkt war ich davon überzeugt, dass ich Algebra auf keinen Fall verstehen konnte.

Einige Tage später hatte ich einen Traum, in dem Herr Haydari – mein Algebralehrer – und mein bekannter griechischer Freund zusammen in einem Raum saßen und mich beide freundlich lächelnd ansahen. Plötzlich änderte sich die Szenerie des Traumes und ich befand mich in einer Art Gefängniszelle. Herr Haydari stand auf der anderen Seite der Gitterstäbe und hielt einen Schlüssel in seiner Hand. Der Schlüssel schien eine sehr starke, emotionale Bedeutung zu besitzen.

Ich sah den Traum als eine Art Fingerzeig und tat etwas, das ich noch nie zuvor getan hatte. Ich stieg an dem Wochenende in den Bus und fuhr zum anderen Ende der Stadt und damit zur Wohnung meines Algebralehrers. Er schien keineswegs überrascht, als er die Tür öffnete und mich dort stehen sah.

»Woher wusstest du, wo ich lebe?«, fragte er, nachdem er mich hineingebeten hatte. Wir liefen über einen kleinen Backsteinhof und betraten dann ein kleines Wohnzimmer.

»Ich habe in der Schule herumgefragt, *aqa*.«

Er war ein sehr ruhiger Mensch und hatte sehr wenig Ausdruck in seinem großen, dunkelbraunen Gesicht oder seiner tiefen Raucherstimme. Er vermittelte den Eindruck, als sei vor langer Zeit etwas in ihm gestorben. Herr Haydari war recht wortkarg, lächelte nie und stellte kaum Augenkontakt her, während er leicht gleichgültig Algebra unterrichtete. Ein kleines Tattoo auf seinem Handrücken in der Nähe seines Daumens war Gegenstand vieler Spekulationen unter den Schülern gewesen. Dass Lehrer Tattoos besaßen, sah man sehr selten, besonders in einer Kultur, in der man – außer in einigen Stammesgesellschaften – Tattoos häufig mit Kriminalität, Gaunerei und Analphabetismus assoziierte. In der Schule ging das Gerücht herum, dass die SAWAK (die gefürchtete iranische Geheimpolizei) ihn als politischen Gefangenen festgehalten und gefoltert hätte. Und ich muss gestehen, dass diese Theorie noch nicht einmal so abwegig war. Er zeigte einige Verhaltensmuster, die für Opfer der Geheimpolizei sehr typisch waren: er starrte mit leblosem und leerem Blick in die Ferne, war häufig sehr schweigsam und in sich gekehrt. Natürlich hätte der Grund für sein Tattoo auch ein ganz anderer sein können, aber für uns Teenager war es einfach viel abenteuerlicher und geheimnisvoller, unseren Lehrer für einen ehemaligen politischen Gefangenen und nicht für einen gewöhnlichen Kriminellen zu halten. In diesem Teil der Welt – genau wie im restlichen Nahen Osten – wollten die Menschen in allem eine Verschwörung sehen, selbst wenn es eigentlich gar keine gab.

Während meines kurzen Besuches bei Herrn Haydari erzählte ich ihm, wie dringend ich den Algebratest bestehen musste, um noch im selben Jahr meinen Schulabschluss machen und mein Leben auf den richtigen Weg bringen zu können. Mit keinem Wort bat ich ihn darum, in irgendeiner Form zu meinen Gunsten zu handeln, noch schlug ich irgendeine Art Lösung vor.

Er saß mir gegenüber auf dem Perserteppich, hatte den Blick nach unten gerichtet und beobachtete, wie der Rauch seine filterlose Zigarette verließ, die in seinen Fingern über einem Aschenbecher aus Glas abbrannte. Er fragte also leise: »Nehmen wir einmal an, dass du dieses Jahr den Algebratest bestehst, was möchtest du dann nächstes Jahr machen?«

»Ich würde für den Rest meiner Schulzeit Literatur als Hauptfach wählen, *aqa*, und müsste dann keine Algebra mehr belegen.«

Er nickte zustimmend und sagte: »Ich verstehe. Nun ja, ich kann dir nur raten, dein Bestes in der Prüfung zu geben. Und dieses Mal schreibst du bitte keines deiner Gedichte auf das Lösungsblatt! Wenn du die Antwort nicht weißt, lässt du das Feld einfach frei.«

»Ja, mein Herr«, antwortete ich beschämt. Letztes Jahr hatte ich auf das Lösungsblatt ein Gedicht geschrieben, in dem es darum ging, wie wenig Bedeutung Algebra in meiner Zukunft haben würde. Weil Madame Algebra dies jedoch wusste, war sie sehr argwöhnisch mir gegenüber. Sie schmollte und ließ mich einfach nicht gehen. Ich nehme an, Herrn Haydari hatte das Gedicht nicht gefallen.

Die Woche, in der die Abschlussprüfungen stattfanden, kam immer näher und ich lernte Tag und Nacht. Jeden Abend setzte ich mich unter die kleine Laterne am Fluss und lernte bis spät in die Nacht oder bis mir die Augen zufielen. Sarah leistete mir ab und zu Gesellschaft und wir lernten zusammen. Während der Prüfungszeit lernten viele Schüler, die in kleinen Wohnungen lebten und große Familien hatten, lieber im Freien, weil sie sich dort besser konzentrieren konnte. Ich erinnere mich noch, dass es in Teheran eine Art Tradition war, dass Jungen und Mädchen in den letzten Schulwochen in Parks zusammenkamen und dort entweder in Gruppen oder für sich allein büffelten.

Während ich für meine Prüfungen lernte, bereitete mein Freund Parveez – er war der Junge gewesen, den ich am Anfang des letzten Schuljahres mit den verbundenen Handgelenken kämpfen gesehen hatte – eine Reihe von Strategien vor, wie er sich durch die Prüfungen schummeln könnte. Ich hatte einige enge Freunde in Abadan, aber nur vier waren wie Brüder für mich; Parveez war einer davon. Ich hatte Parveez versprochen, alles zu tun, um ihm dabei zu helfen, die neunte Klasse zu bestehen. Da er kein Interesse daran hatte, Nachhilfe von mir zu bekommen, blieb nur noch eine Möglichkeit: ihn bei mir abschreiben zu lassen (außer im Fach Algebra, dafür hatte er bereits eine Vereinbarung mit einem anderen Schüler getroffen).

Der arme Parveez hatte Schwierigkeiten in fast jedem Fach und es war bereits sein drittes Jahr in der neunten Klasse gewesen. Sein Vater hatte gedroht, ihn umzubringen, wenn er dieses Mal nicht bestehen würde. Er war ein brutaler Mann, der seinen Sohn regelmäßig dafür verprügelte, derart schlecht in der Schule zu sein und meist auch einfach dafür, dass er ein Teenager war.

Parveez gab seinem Vater die Schuld für seine schlechten Noten, denn sein Kopf war durch all die Jahre des Missbrauches völlig zerbeult. Ein- oder zweimal hatte ich bei ihm Zuhause auf Parveez gewartet und wurde Zeuge, wie sein Vater seinem Zorn freien Lauf ließ und auf grausame Art und Weise mit seinen riesigen Fäusten und überdimensionalen Knöcheln auf seinen Sohn einschlug. Ironischerweise war Parveez der größte und meistgefürchtetste Junge der gesamten Schule und ich musste ihn häufig im Zaum halten, damit er nicht sofort bei der kleinsten Provokation eine Schlägerei anfing. Aus diesem Grund konnte der stellvertretende Schulleiter ihn auch nicht leiden und bezeichnete ihn meist als Kalb oder Elefanten – dies waren auf Farsi schwere Beleidigungen.

Ich hatte fast alle Abschlussprüfungen abgelegt und bei fast jedem Test ein gutes Gefühl gehabt, außer natürlich in Algebra. Und in dieser Prüfung tat ich, was Herr Haydari mir geraten hatte: Ich arbeitete alles durch, beantwortete alle Fragen, die ich konnte, und ließ den Rest leer. Ich musste nur noch eine einzige Prüfung schreiben, dann hätte ich für den Rest des Sommers freigehabt. Am Tag dieser Prüfung traf ich mich mit Parveez vor der Schule. Wir teilten uns eine Zigarette und gingen erneut unsere Strategie durch, wie er in dem Test bei mir abschreiben könnte. Auf dem Schulhof waren die Stühle in Reihen aufgestellt worden, ich wählte einen Platz und Parveez setzte sich direkt hinter mich. Um den heißen und schlecht belüfteten Klassenräumen zu entkommen, und um die Schüler weiter auseinandersetzen zu können, stellte die Schule während der Abschlussprüfungen die Stühle in verschiedenen Bereichen des Hofes auf.

Ich war recht schnell fertig mit dem Test, blieb aber noch sitzen, um Parveez Zeit zu geben, bei mir abzuschreiben. Ab und zu durchbrachen die Schritte des langsam durch die Stuhlreihen wandelnden Aufsichtslehrers die Stille. Mit ernstem Gesichtsausdruck und geschwellter Brust stand der stellvertretende Schulleiter am Tor und beobachtete das Geschehen. Jeder Schüler fürchtete ihn, denn der launenhafte Mann sagte nie etwas Nettes, wurde sehr schnell wütend und verprügelte oder erniedrigte den armen Jungen, der ihm in dem Moment als Zielscheibe diente. Als junger Mann war nichts so unangenehm, wie seinen Stolz widerwillig hinunterschlucken sowie seine Wut im Zaum halten zu müssen, um sich vor den Augen Gleichaltriger verprügeln oder beschimpfen zu lassen. Ich war froh, dass ich diesen Mann die nächsten drei Monate nicht mehr sehen musste. Und ehrlich gesagt dachte ich darüber nach, im darauffolgenden Jahr die Schule zu wechseln.

Parveez wackelte ständig auf seinem Stuhl hin und her, zischte und flüsterte mir zu, wohin ich meinen Körper drehen sollte, damit er meine Lösungen besser erkennen konnte. Ich versuchte jedoch, so unauffällig wie möglich zu bleiben und keine Aufmerksamkeit auf mich zu ziehen. Parveez war schon immer so gewesen, er war ungeduldig und rücksichtslos; und das in jedem Bereich seines Lebens. All das Zischen und Wackeln erregte schließlich die Aufmerksamkeit des Aufsichtslehrers. Er lief entschiedenen Schrittes auf uns zu und bei dem Gedanken, dass er Parveez hinauswerfen könnte, fing mein Herz wie wild an zu klopfen, denn das wäre sein Ende gewesen. Sein Vater hätte den Vorfall als Ausrede genutzt, um ihn endgültig aus dem Haus zu werfen.

Stattdessen blieb der Lehrer jedoch vor mir stehen, zog den Antwortbogen von meinem Tisch und befahl mir, den Prüfungsbereich zu verlassen. Ich weigerte mich und sagte ihm, dass ich nichts Falsches getan hätte, doch er bezichtigte mich des Täuschungsversuches. Er unterrichtete nachmittags die Siebtklässler und kannte mich daher nicht wirklich. Meine eigenen Lehrer respektierten mich und erachteten mich als rechtschaffenen Schüler, besonders die, die meine Gedichte gelesen hatten. Der Aufsichtslehrer hatte gedacht, dass ich meinen Körper ständig hin- und herbewegte, um die Antworten des Schülers vor mir abschreiben zu können. Parveez wusste, was ihn zu Hause erwarten würde, sollte er von der Prüfung ausgeschlossen werden und sagte deshalb nichts.

Ich war mir sicher, dass mein eigener Lehrer sofort für mich bürgen und alles in Ordnung bringen würde, sobald er von dem Vorfall erfuhr; deshalb machte ich mir keine Sorgen. Meine Sorglosigkeit nahm jedoch ein Ende, als der stellvertretende Schulleiter hinüberkam und der Aufsichtslehrer ihm die Sachlage erklärte. Ich widersprach die ganze Zeit und versuchte, mich zu verteidigen.

»Das ist nicht wahr«, sagte ich wütend.

»Halt den Mund, du Schwachkopf. Niemand redet mit dir«, fuhr mich der stellvertretende Schulleiter an, zeigte mit dem Finger auf mich und drehte seinen Kopf dabei noch nicht einmal in meine Richtung.

Ich mochte es nicht, vor all meinen Schulkameraden ein Schwachkopf genannt zu werden und wollte erst etwas erwidern, entschied mich aber doch dagegen. Die zwei Männer flüsterten noch eine Weile und dann stellte sich der stellvertretende Schulleiter direkt vor mich. Er hielt meinen Antwortbogen hoch, zerriss ihn vor meinen Augen und befahl mir, sofort das Schulgelände zu verlassen. Widerwillig ging ich zum Haupteingang der Schule, jedoch nicht, ohne dabei meinen Unmut kundzutun und den Vorfall als bescheuert zu bezeichnen. Meine Bemerkungen und das riesige Ego des stellvertretenden Schulleiters waren keine gute Kombination. Er folgte mir und forderte mich auf, zu wiederholen, was ich gerade gesagt hatte. Ich ignorierte ihn und hoffte, dass er mich in Ruhe lassen würde, damit ich nach Hause gehen und nach ein paar Tagen zurück in die Schule kommen könnte, um die Angelegenheit zu klären. Ich war mir sicher, dass meine Lehrer mir erlauben würden, den Test zu wiederholen.

Der stellvertretende Schulleiter war jedoch nicht sehr versöhnlich. Für ihn stellte die kleinste Bemerkung eines Schülers ein Untergraben seiner Autorität dar. Ich hatte ihn schon vorher mehrfach in einer ähnlichen Situation handeln gesehen und wusste, dass die Angelegenheit eskalieren konnte, wenn ich nicht sofort dort verschwand. Er würde an mir ein Exempel statuieren; und zwar direkt dort vor all den Schülern, die immer noch den Test schrieben. Diesen Gefallen wollte ich ihm nicht tun und ging daher etwas schneller. Er war bereits sehr wütend, weil ich seinen Befehl, meine Bemerkung zu wiederholen, ignoriert hatte und befahl mir, stehen zu bleiben. Da ich jedoch wusste, dass es das Schlauste war, das Schulgelände schleunigst zu verlassen, lief ich weiter, während er mir immer schneller folgte.

Im Gegensatz zu Parveez hatte ich in den letzten zwei Jahren nur sehr wenige Konfrontationen mit dem stellvertretenden Schulleiter gehabt. Dies könnte jedoch überwiegend daran gelegen haben, dass er fälschlicherweise annahm, ich stamme aus einer einflussreichen Familie. Wir lebten im vornehmen Viertel Braim und ab und zu sah er mich in einem Militärfahrzeug an der Schule ankommen, was genügend Indizien für ihn zu sein schienen, um zu dieser Erkenntnis zu gelangen. Niemand in meiner Schule hatte ein Auto, nicht einmal die Lehrerschaft. Genauer gesagt gab es in ganz Ahmadabad – dem Viertel, in dem sich meine Schule befand – nur sehr wenige Menschen mit Autos. Da das Militär sehr viel Einfluss in der Gesellschaft hatte, war es naheliegend, dass ich zu einer wichtigen Familie gehören musste, um in einem militärischen Fahrzeug herumchauffiert zu werden.

Die Wahrheit war natürlich ganz weit davon entfernt. Ein befreundeter Unteroffizier von Kia tat ihm einen Gefallen und nahm mich in seinem Wagen mit. Während meines zweiten Jahres in Abadan stellte die Raffinerie den kostenlosen öffentlichen Busverkehr ein, also lief ich trotz der weiten Strecke zu Fuß zur Schule. Ich musste mein gesamtes Leben über immer sehr viel laufen und war es daher gewohnt. Nach ein paar Monaten hatte Kia jedoch Mitleid mit mir und organisierte eine Mitfahrgelegenheit mit dem befreundeten Unteroffizier, der mich nun, so oft er konnte, zur Schule fuhr. Der Unteroffizier hatte den Auftrag, die Söhne eines Offiziers zur Schule und wieder nach Hause zu fahren, jedoch gingen die Kinder nicht auf dieselbe Schule wie ich. Sie lebten in einem anderen Stadtteil von Braim und mussten durch mein Viertel hindurchfahren, um zu ihrer Schule zu gelangen. Der Fahrer hatte zugestimmt, erst die beiden Jungen abzusetzen und dann mich zur Schule zu fahren, aber nur wenn ich am Alfi-Kreisverkehr bereitstand. Er würde nicht auf mich warten, wenn ich nicht am vereinbarten Punkt war, sobald er daran vorbeifuhr, und er würde mich auch nicht wieder von der Schule abholen. Der Alfi-Kreisverkehr befand sich nicht weit von unserem Haus entfernt und ich freute mich sehr über diese Regelung, doch die Freude sollte nicht lange währen. Die hochnäsigen Söhne des Offiziers schikanierten und demütigten mich fortwährend, also beschloss ich irgendwann, auf diese Erniedrigung zu verzichten, die kostenlose Mitfahrgelegenheit aufzugeben und stattdessen wieder zu Fuß zu gehen.

Wenn ich an diesem Tag wirklich vom stellvertretenden Schulleiter verprügelt werden sollte, wollte ich, dass es außerhalb des Schulgeländes geschah, sodass meine Klassenkameraden es nicht mit ansehen konnten. Als ich den ersten Schritt durch das halb offene Schultor tat, hatte er mich schließlich eingeholt, schlug mir gegen den Hinterkopf und befahl mir, zu wiederholen, was ich im Hof gesagt hatte. Ich ignorierte ihn einfach und lief weiter. Je weniger ich reagierte, desto aggressiver schien er jedoch zu werden. Er beschimpfte mich und äußerte alle möglichen Beleidigungen, die auch meine Mutter mit einschlossen.

An jenem schwülen Tag Anfang Juni 1973 waren es weit über achtunddreißig Grad. Der stellvertretende Schulleiter schlug immer härter gegen meinen Hinterkopf, aber ich lief dennoch weiter. Ich wog weniger als fünfundvierzig Kilo, war für einen sechzehnjährigen Jungen recht klein und hätte es keinesfalls mit diesem Mann aufnehmen können. Was mir an körperlicher Stärke fehlte, machte ich jedoch mit einer ordentlichen Portion Mut wieder wett. Der Grund, warum ich ab und zu in einer bestimmten Situation schwieg und nicht handelte, war der, dass ich in meinem Kopf blitzschnell abwog, ob sich der Aufwand überhaupt lohnte – es lag keinesfalls daran, dass ich Angst hatte. Mein gesamtes Leben über sah ich nicht ein, den Preis für etwas zahlen zu müssen, dessen Entschädigung den Aufwand einfach nicht wert war.

Ich schien das Ego des Mannes verletzt zu haben. Er war wie ein wild gewordenes Tier und würde nicht eher nachgeben, bis ich am Boden liegen und um Gnade winseln würde. Doch je mehr er mich beleidigte und körperlich anging, desto mehr geriet mein Blut in Wallung. Ich erinnerte mich, wie Parveez immer sagte, dass er es mit Männern aufnehmen konnte, die zweimal so groß waren wie er, indem er das Überraschungsmoment für sich nutzte und als Erster angriff. Ich beobachtete auf dem Boden neben mir den Schatten des stellvertretenden Schulleiters, und sobald ich wusste, wo genau er sich hinter mir befand, drehte ich mich ganz plötzlich um, nahm all meine Kraft zusammen und versetzte ihm einen Schlag direkt ins Gesicht. Das Blut schoss ihm aus der Nase, er winselte und rief nach Hilfe. Ich blieb einen Moment lang stehen und beobachtete, wie das Blut gleich einer riesigen, roten Pfingstrose aus seinem Gesicht wuchs, weiter spross und wie hinabfallende Blüten auf seinem weißen, kurzärmligen Hemd landete.

Zu dem Zeitpunkt wusste ich noch nicht, dass ich damit mein Schicksal besiegelt hatte.

Eine Gruppe Schüler, die vom Schulaufseher angeführt wurde, kam durch das Tor nach draußen geeilt. Ich lief so schnell ich konnte davon, doch die Schüler, der Schulaufseher und der stellvertretende Schulleiter rannten mir hinterher. Ich versuchte sie abzuwimmeln, indem ich durch Wohnstraßen lief – denn hier gab es viele kleine Gassen mit Häusern auf beiden Seiten –, doch als diese Methode erfolglos blieb, rannte ich zurück auf die Hauptstraße. Ich konnte nirgendwohin ausweichen oder mich verstecken. Die Hauptstraße verlief immer weiter geradeaus durch ein endloses offenes Feld und bot keinerlei Schutz. Man hätte dort eine Katze aus einem halben Kilometer Entfernung erspähen können. Wegen der sengenden Hitze befanden sich um diese Uhrzeit keine Fußgänger auf der Straße, es gab keine Einkaufsläden oder Geschäfte in der Nähe, in die ich hätte flüchten können und es fuhren keine Autos vorbei. Meine einzige Hoffnung bestand darin, schneller zu sein als die wütende Meute hinter mir und auf ein Wunder zu warten, doch meine Verfolger kamen immer näher und näher.

Gerade als mir die Luft ausging und ich aufgeben wollte, näherte sich neben mir ein Bus. Er fuhr langsamer und die automatischen Türen öffneten sich.

»Spring rein … spring rein … beeil dich … beeil dich!«, rief der Busfahrer und gestikulierte wild mit der Hand.

Ich rannte weiter, hielt mich an dem Türgriff fest und sprang in den fahrenden Bus. Der Fahrer schloss die Tür und raste mit voller Geschwindigkeit davon, ohne an irgendeiner Haltestelle anzuhalten.

»Wer wagt es, sich mit dem Jungen aus meiner Heimatstadt anzulegen?«, fragte der Fahrer mit seinem starken südteheranischen Dialekt, der meist sehr straßenjargonlastig war.

Voll Adrenalin schnappte ich immer noch nach Luft. »Vielen Dank, *aqa*«, sagte ich zu dem Fahrer und erklärte ihm kurz die Situation.

»Mach dir keine Sorgen, mein Junge, ich fahr dich nach Hause. Wir Teheraner müssen so weit weg von Zuhause doch aufeinander aufpassen, *dadash.*«

Ich war dem Fahrer schon einmal begegnet und hatte eigentlich kein gutes Gefühl, was ihn anging, aber an dem Tag hatte er mein Leben gerettet und dafür war ich ihm sehr dankbar. Seit das neue Bussystem eingeführt worden war, fuhr er stets diese Strecke und er hatte bereits zuvor versucht, unter dem Vorwand, ebenfalls aus Teheran zu stammen, mit mir ins Gespräch zu kommen. Mir war bewusst, dass er Interesse an kleinen Jungen hatte und dabei unreine Gedanken pflegte. Ich fühlte mich daher recht unwohl in seiner Gegenwart und hatte es bis zu dem Tag möglichst vermieden, mit seinem Bus zu fahren. Wenn ich manchmal keine andere Wahl hatte und doch in seinen Bus stieg, weigerte er sich, mich bezahlen zu lassen.

Obwohl ich ihm versicherte, dass es nicht nötig sei, bestand er darauf, mich direkt nach Hause zu fahren. Die paar Fahrgäste, die sich noch in seinem Bus befanden, schienen das Abenteuer und die ehrenvolle Einstellung des Busfahrers zu genießen und legten keinerlei Einspruch ein. Mit dem Segen der restlichen Passagiere verließ er also seine gewohnte Route, fuhr eine Abkürzung durch eine Wohngegend, kam dabei an der Raffinerie vorbei und erreichte schließlich Braim, wo er mich am Alfi-Kreisverkehr absetzte.

Zu Hause wechselte ich schnell mein völlig nasses, durchgeschwitztes Hemd, sagte Morvarid Bescheid, wo ich hingehen würde und verließ das Haus. Ich nahm an, dass es nicht lange dauern würde, bis die Polizei vor der Tür stand und ich wollte nicht zu Hause sein, wenn dies der Fall war. Ich suchte Zuflucht in einem kleinen Außenposten der Gendarmerie, der nur ein paar Wohnungen weiter hinter einer dichten Wand aus Bäumen versteckt lag. Alle Teenager unserer Nachbarschaft waren mit den jungen Soldaten befreundet, die an dem Außenposten stationiert waren. Wenn sie nicht gerade Wachdienst hatten und am Ufer patrouillieren mussten, spielten wir mit ihnen Fußball oder Karten. Da viele der Gendarmen aus entlegenen Teilen des Landes kamen und sehr weit von zu Hause weg waren, fungierten meine Freunde und ich als eine Art Ersatzfamilie.

Wie ich vermutet hatte, erschienen recht bald zwei Polizisten am Außenposten und sagten der Wache, dass sie mich mit auf die Polizeistation nehmen müssten. Morvarid war völlig ahnungslos gewesen und hatte den Polizisten deshalb bei der Befragung verraten, wo ich mich befand. Der junge Wächter am provisorischen Tor hielt sich krampfhaft an seiner Uzi fest – einer israelischen Maschinenpistole – und befahl den beiden Männern, das Sperrgebiet zu verlassen. Den Polizisten wurde bewusst, dass sie sich nicht mehr in ihrem Zuständigkeitsbereich aufhielten, gaben nach und gingen schließlich.

Kurz nachdem die Polizisten verschwunden waren, tauchten einige meiner Schulfreunde und Klassenkameraden auf, darunter auch Parveez. Sie brachten mir ein paar Packungen Marlboro-Zigaretten – ich hatte vor etwa einem Jahr mit dem Rauchen angefangen – und etwas Bargeld, das sie für mich gesammelt hatten. Ihnen zufolge veränderte sich die Geschichte darüber, was passiert war, von Minute zu Minute und nahm unglaubliche Ausmaße an. Ich war sofort zu einem Helden geworden.

Etwa eine Woche später gelang es Kia, den stellvertretenden Schulleiter davon zu überzeugen, die Anzeige gegen mich fallen zu lassen. Jedoch war hierfür die Hilfe eines Verwandten von Maman Bozorg, der zufällig Oberst bei der Gendarmerie war und zu der Zeit in Abadan lebte, eine Kiste Johnny Walker Red sowie mehrere Stangen Winston-Zigaretten nötig gewesen. Teil dieser Abmachung war außerdem, dass ich in Begleitung einer Aufsichtsperson wieder zurück in die Schule durfte, um den berüchtigten Test zu wiederholen. Anschließend würde ich jedoch von allen Schulen der Stadt verwiesen werden. Dank meines Algebralehrers Herr Haydari bestand ich die neunte Klasse in diesem Jahr. Er hatte mir eine Zehn gegeben, was die Mindestnote zum Bestehen gewesen war.

◆ DAS HASSAN-ROOD-FELDLAGER

Nach dem Vorfall mit dem stellvertretenden Schulleiter musste ich meinen ursprünglichen Plan, Marineoffizier zu werden, aufgeben. Als die Schulferien in dem Jahr zu Ende gingen, besorgte mir Kia einen Job in einer Anwaltskanzlei gegenüber vom Gerichtshof. Der Anwalt war mit meiner Leistung sehr zufrieden, bot mir eine Karriere in seiner Kanzlei an und meinte sogar, dass ich eines Tages selbst Anwalt werden könnte. Aber ich hatte das Bild meiner Zukunft bereits im Spiegel meiner Träume gesehen und so wunderbar sein Angebot auch klang, es war nicht der Weg, den ich gehen sollte. Ich hatte mich bereits entschieden. Ich war der kleine schwarze Fisch und die Vereinigten Staaten waren das Meer, in das ich eines Tages hinausschwimmen sollte. In einer Anwaltskanzlei zu arbeiten, würde mich diesem Ziel nicht näher bringen.

Der Sommer war beinahe vorüber und ich erfuhr durch einen Nachbarn, der Matrose war, dass ich kein Offizier werden musste, um in die Vereinigten Staaten reisen zu können. Die Marine schickte nämlich auch einige ihrer Rekruten zur Weiterbildung ins Ausland. Als ich das hörte, meldete ich mich sofort freiwillig bei der Marine. Menschen, die mich etwas besser kannten, rieten mir davon ab und wiesen mich darauf hin, dass ich einen eher eigenwilligen Charakter hatte und sich dieser nicht mit dem Leben beim Militär vereinbaren lassen würde. Doch wie beim kleinen schwarzen Fisch nahm der sehnliche Wunsch, in die Vereinigten Staaten reisen zu können, überhand und alles andere war nebensächlich. Niemand wusste, dass seit dem Tag, an dem der Polizist mich auf den Straßen Maschhads aufgesammelt und zum Haus meines Vaters gebracht hatte, der Iran für mich als Heimat gestorben war. In dieser Nacht wurde mir nämlich bewusst, dass ich noch nicht einmal eine Adresse besaß, die ich dem Polizisten hätte geben können – von diesem Tag an fühlte ich mich in meinem Geburtsland wie ein Fremder. Für mich ist ein Zuhause ein Ort, an dem es Menschen gibt, die immer froh sind, dich zu sehen, egal wie spät es ist oder wie oft man an ihre Tür klopft. Als ich mit dem Lesen und Schreiben von Gedichten anfing, wurde mir immer mehr bewusst, dass der Iran nicht meine Heimat war. Ich hatte das Gefühl, dass meine Gedanken und Wertvorstellungen nicht zu meiner allgemeinen Umgebung passten und das bestärkte meinen Entschluss, das Land zu verlassen. Ich behielt meinen Plan jedoch mehrere Jahre für mich; aber nicht, weil ich Angst hatte, dass man versuchen würde, mich umzustimmen, sondern weil ich befürchtete, dass man mich auslachen und verspotten würde. Damals war es für die meisten Menschen unvorstellbar, den Iran zu verlassen und in ein fremdes Land auszuwandern – besonders wenn Europa oder die Vereinigten Staaten das Ziel waren –, denn um diesen Traum zu erfüllen, benötigte man finanzielle Mittel, die wiederum nur die wenigsten besaßen. Und ich schien noch Lichtjahre davon entfernt, jemals genügend Geld für eine solche Reise zu besitzen.

»Tut mir leid, die Kaiserlich Iranische Marine nimmt keine Mädchen auf, zumindest noch nicht, und hoffentlich ändert sich das so schnell auch nicht!«, murrte der fast glatzköpfige, recht kleine Unteroffizier, der stirnrunzelnd hinter dem grauen Metalltisch saß und auf seinem Schnurrbart herumkaute. Dem Mann gefielen meine langen, zu einem Pferdeschwanz zusammengebundenen Haare ganz offensichtlich nicht.

Verwundert drehte ich meinen Kopf nach rechts und wartete die Reaktion des jungen Offiziers ab, der hinter einem anderen Tisch in der Ecke der Meldestelle saß. Er musste die Bemerkung des Unteroffiziers gehört haben, denn ohne seinen Kopf zu heben, sah er halb schmunzelnd erst den Mann und dann mich an, als ob er gespannt auf meine Antwort wartete.

Ich zeigte auf das Portrait eines langhaarigen, arabischen Religiösen an der Wand hinter dem Unteroffizier und sagte: »Soll das etwa heißen, dass die Marine kein Problem damit hat, einen ausländischen Mann mit langen Haaren zu verehren, ein langhaariger Iraner, der für sein Land dienen möchte, jedoch nicht gerne gesehen ist?«

Der junge Offizier war ganz offensichtlich beeindruckt von meiner schlagfertigen Antwort, lachte in sich hinein und sagte dem Unteroffizier, dass er verloren hätte und mir ein Anmeldepaket geben sollte. Dann sah er auf das Portrait des Religiösen an der Wand und erinnerte den Unteroffizier daran, dass es nicht erlaubt sei, persönliche Gegenstände im Büro aufzuhängen.

Ich wurde für geeignet befunden, der Marine beizutreten und hatte die Möglichkeit, mit meinem Schulabschluss der neunten Klasse nach einem Jahr Ausbildung zum Maat zu werden. Eine Sache hätte für mich jedoch noch einen Stolperstein darstellen und meine Pläne durchkreuzen können. Die Marine benötigte eine recht hohe Geldsumme oder eine Grundstückeigentumsurkunde als Absicherung, dass man nach Eintritt seinen Teil des Vertrages auch einhielt. Meine Tante Sarvar wohnte nicht mehr in der Nähe, konnte mir also diesmal nicht zur Hilfe eilen; und selbst wenn sie in der Stadt gewesen wäre, hätte sie niemals so viel Geld für mich auftreiben können. Kia hatte keinen Grundbesitz und hätte mindestens zwanzig Jahre sparen müssen, um die Summe zusammenzubekommen, die die Marine verlangte.

Als ich die Angelegenheit mit Kia besprach, fragte er, wie wichtig es für mich sei, zur Marine zu gehen. Als er meine Antwort hörte, sagte er mir, dass Gott groß sei und dass ich die Hoffnung nicht aufgeben solle. Einige Tage später war mein unerschütterlicher Freund Kia erneut meine Rettung. Ich erinnere mich noch, wie wir beide in seinem gebrauchten VW-Käfer aus der Stadt herausfuhren, um einen Mann zu treffen. Abgesehen von einer hügeligen und dürren Landschaft, die unter der glühend heißen Sommersonne vertrocknete, gab es außerhalb der Stadtgrenzen weit und breit nichts. Kia und der Mann – ein iranischer Araber in traditioneller Kleidung – unterhielten sich eine Weile und zeigten auf einen kleinen Hügel, der sich direkt vor ihnen befand. In der Zwischenzeit wartete ich am Auto und beobachtete sie. Einige Tage später kam Kia mit einem Lächeln im Gesicht nach Hause und reichte mir eine Grundstückeigentumsurkunde für den Hügel. Diese gab ich dann der Marine und trat ihr bei.

Als neue Marinerekruten fuhren wir also mit einem Charterbus nach Gilan – einer Provinz, die an das Kaspische Meer grenzt –, um dort die Grundausbildung abzulegen. Gilan war berühmt für seine grünen Wälder, prächtigen Reisfelder, erfahrenen Fischer und wunderhübschen Frauen mit Haut so weiß wie importierte Seide.

Viele in unserer Gruppe verließen zum ersten Mal ihre Heimatstadt und waren somit zum ersten Mal von ihren Familien getrennt. Und das sah man ihnen an. Perser sind generell sehr gefühlvolle und familienorientierte Menschen, so auch diese jungen Männer. Während der gesamten Busfahrt sangen sie abwechselnd melancholische Lieder über den Schmerz der Trennung und des *gorbats*.

Der junge Mann, der im Bus neben mir saß, sprach während der Fahrt kaum ein Wort mit mir. Er war am Bahnhof in Abadan als Letzter eingestiegen, und da es der einzige noch freie Platz gewesen war, hatte er keine andere Wahl gehabt, als sich neben mich zu setzen. Ich hatte ihn vom Bus aus beobachtet, als er vergebens versuchte, sich aus den Armen seiner Verwandten zu befreien, die alle um ihn herum standen und heftig weinten. Sie küssten ihn immer und immer wieder, so als ob er in den Krieg ziehen und nie wieder zurückkommen würde. Mich hatten Kia und meine Freundin Sarah zum Busbahnhof begleitet.

Ich hatte den Jungen und seinen Bruder häufiger in unserem Viertel gesehen, aber wir sprachen nie miteinander. Sie lebten eigentlich in einem anderen Stadtteil, kamen aber regelmäßig nach Braim, um ihre Tante zu besuchen. Seinen Bruder würde ich nie vergessen können, denn er hatte mir ungefähr ein Jahr zuvor bei einer Schlägerei die Nase gebrochen, obwohl ich noch nicht einmal wirklich in die Schlägerei verwickelt gewesen war. Seinen Bruder hatte ich nach diesem Zwischenfall nie wieder gesehen, der junge Mann kam jedoch weiterhin in unser ruhiges, kleines Viertel, weil er in ein Mädchen von dort vernarrt war. Er trug immer modische Polyester-Schlaghosen, bunte Hemden – die fast vollständig aufgeknöpft waren, um seine haarige Brust und die kleine Goldkette, die immer von seinem Hals baumelte, zur Schau zu stellen – und gewaltige Schuhe mit noch gewaltigeren Absätzen. In der Hoffnung, einen Blick auf das Mädchen erhaschen zu können, stand er stundenlang unter einem Baum gegenüber dem Haus, in dem sie als Kindermädchen arbeitete und lebte. Leider ignorierte das Mädchen ihn völlig. Meine Freunde und ich glaubten, dass er verrückt sei, und sprachen ihn deshalb nicht an. Und nun teilten wir uns auf der Reise in unsere Zukunft widerwillig einen Sitzplatz.

Der Bus hielt schließlich für ein verspätetes Mittagessen an einem Restaurant direkt am Straßenrand an. Neben dem Restaurant verlief ein tosender Fluss, der sich an den saftig grünen Ausläufern eines Felsengebirges entlangschlängelte. Nach einer kurzen Unterweisung des Unteroffiziers, der für unsere Gruppe verantwortlich war, stiegen wir aus dem Bus und gingen zum Restaurant. Das Rauschen des Wassers, das gegen die großen Felsbrocken schlug und über sie hinwegrollte, sowie das Zwitschern der Sperlinge, die in den umliegenden Büschen und den dichten Baumwipfeln saßen, hallten durch die Lüfte. Die malerisch schöne Straße war recht schmal und schmiegte sich an den Berg, während der mit dem Duft von geschmortem Lammfleisch angereicherte weiße Rauch zusammen mit dem Qualm der verbrannten Holzkohle aus dem Schornstein des ländlichen Restaurants aufstieg. Da ich zuvor immer in einem trockenen und kargen Teil Irans gelebt hatte, wirkte so viel grüne Natur sehr überwältigend auf mich.

Kaum hatten wir uns in dem großen Speisesaal des Restaurants an einen Tisch gesetzt, brachten junge Kellner schon eilig Teller mit gegrilltem Lammfleisch und gedämpftem Reis herbei und stellten sie vor uns auf den Tisch.

Nach dem Mittagessen verließen wir das Restaurant und liefen zum Fluss. Dort zogen fast alle ihre Kleidung aus und sprangen in Unterwäsche in die starke Strömung des Flusses. Ich konnte nicht schwimmen, aber das war mir egal. Jeder iranische Junge hatte von Kindesbeinen an gelernt, dass man ein Gewässer nicht einfach so ignorieren konnte, wenn man an einem vorbeikam; wir waren quasi genetisch dazu verpflichtet, hineinzuspringen. Als ich hin- und hergeschleudert wurde und jede Menge Wasser verschluckte, merkte ich jedoch schnell, dass ich dem reißenden Strom nicht gewachsen war.

Nach dieser kleinen Abkühlung fuhren wir weiter, der Bus verließ die opulente Hauptstraße und fuhr zu einem abgelegenen Feldlager, das sich direkt auf einem Hügel befand, sodass man die gesamte Umgebung und das Kaspische Meer überblicken konnte. Das Hassan-Rood-Feldlager lag zwischen der Stadt Rascht und der kleinen Hafenstadt Bandar Pahlewi. Ich hatte den Eindruck, dass ich mich an diesem Ort sehr wohl fühlen würde. Das Feldlager befand sich direkt am Strand und umfasste unberührte Sanddünen, hier und da einige grüne Wiesen, ein großes, ovales, von befestigten Straßen umringtes Feld und insgesamt vier Gebäude.

Der Fahrer bekam die Anordnung, den Hügel wieder hinunterzufahren, und wir stiegen aus dem Bus aus. Ein Oberbootsmann, der Herrn Rahimi sehr ähnlich sah, gab den Befehl, dass wir uns neben dem Strand auf einer Betondecke vor ihm in Reihe und Glied aufstellen und unsere Koffer neben unseren Füßen platzieren sollten. Ich besaß keinen Koffer, sondern lediglich eine kleine Tasche mit Rasierutensilien und einer weißen Flasche Old-Spice-Aftershave – Kias Abschiedsgeschenk, denn ihm gefiel die Verpackung, auf der ein Segelboot abgebildet war.

Neben uns jagte eine riesige Schaumwelle nach der anderen den Sandstrand herauf und zeichneten sich gegen den tiefblauen Himmel ab. Die feuchte und angenehm kühle Meeresbrise wehte durch mein Haar und fühlte sich herrlich in meinem Gesicht an, während ich zusammen mit den anderen in der Sonne auf dem heißen Straßenpflaster wartete. Das Kaspische Meer und die schneeweißen Möwen schienen uns zu Ehren eine Willkommensvorstellung zu geben.

»Aufgepasst!«, rief der riesige Oberbootsmann, der direkt vor uns stand. Er war muskulöser und größer als jeder Einzelne von uns und sprach mit einer sehr tiefen Stimme.

»Ich möchte Sie alle in Ihrem neuen Zuhause willkommen heißen, doch bevor Sie es sich hier gemütlich machen können, müssen wir erst mal etwas Hausputz betreiben. Hören Sie genau zu und tun sie, was ich Ihnen sage. Ich möchte, dass Sie jetzt alle in ihre Koffer, Taschen sowie Hosen greifen und Besteck, Salz- und Pfefferstreuer, Aschenbecher oder andere Gegenstände herausholen, die sie auf ihrer Reise hierher aus den Restaurants haben mitgehen lassen.«

Was für ein verrückter Mann, dachte ich mir. Warum sollte jemand Salz- und Pfefferstreuer stehlen und ins Ausbildungslager mitnehmen, wo sie doch genau wussten, dass sie hier keine Verwendung dafür haben würden? Mir missfiel, wie er einfach davon ausging, dass wir alle ein Haufen Diebe waren.

»Anscheinend sind Sie nicht nur dumm, sondern auch noch taub«, sagte er zur Gruppe und wiederholte seinen ersten Befehl.

Ich konnte es nicht glauben, aber die Männer griffen tatsächlich einer nach dem anderen in ihre Koffer und Taschen, zogen alle möglichen Gegenstände heraus – darunter die Dinge, die der Oberbootsmann aufgezählt hatte: Aschenbecher, Salz- und Pfefferstreuer – und legten sie vor sich auf den Boden.

»Jetzt möchte ich, dass Sie erneut in ihre Taschen greifen und dieses Mal alles andere herausholen; damit meine ich auch Messer, Schlagringe und sonstige Waffen, die Ganoven für gewöhnlich auf der Straße mit sich herumtragen. Legen sie alles vor sich auf den Boden.«

Plötzlich war überall das Klirren von Metall auf Asphalt zu hören. Aus Angst, dass es Folgen haben könnte, Messer oder andere Dinge, die sie für illegal hielten, zu besitzen, zogen die neuen Rekruten unauffällig die unterschiedlichsten Gegenstände aus ihren Taschen und versuchten, sie möglichst weit von sich entfernt auf den Boden zu legen.

»Heben Sie jetzt Zigaretten, Feuerzeuge und Brieftaschen wieder auf und stecken Sie sie ein; alles andere bleibt fürs Erste auf dem Boden liegen. Mein Name ist Oberstabsbootsmann Mohammady. Ich wurde vor Kurzem vom Militär hierher versetzt und verdiene auf besonderen Wunsch der Marine nun mein Geld damit, aus *Damen wie Ihnen* ansehnliche Matrosen zu machen, sodass Sie eines Tages der Kaiserlich Iranischen Marine dienen können. Ich bin hier, um Sie zu Pulver zu zermalmen, dann mit einer ordentlichen Prise Disziplin zu vermengen und anschließend zu einem militärischen Mann zu formen, damit Ihre Mütter und ihr Land Stolz auf Sie sein können. Für alle Mamasöhnchen unter Ihnen habe ich eine schlechte Nachricht: Ihre Mamis sind weit weg und Ihre Hintern gehören nun vollständig mir. Beim ersten Trompetensignal werden Sie aufstehen und beim letzten schlafen gehen. Hier müssen Sie Ihre Toilette selbst putzen, Ihre Kleidung selbst waschen, Ihren Boden selbst fegen, wischen und wachsen und alle Befehle befolgen, die aus meinem Mund kommen oder Ihnen von dem für Ihre Kompanie zuständigen Bootsmann gegeben werden. Und für diejenigen unter Ihnen, die bereits darüber nachdenken, auszubüxen und zurück zu Mama zu rennen: Ihnen wird auf dem Weg hierher vielleicht aufgefallen sein, dass es weit und breit nichts außer Wald, Sand und das Meer gibt. Weglaufen ist also zwecklos.«

Als wir zu den zwei Kasernengebäuden auf der anderen Seite des ovalen Feldes liefen, war ich völlig erstaunt über die Anzahl der Salz- und Pfefferstreuer, Aschenbecher sowie Messer und das viele Besteck, das nun auf der Straße lag. Überwiegend fühlte ich mich jedoch gedemütigt, denn die Gerissenheit des Oberbootsmanns hatte mir meine eigene Naivität vor Augen geführt.

Etwa eine Stunde später wurden wir mit dem Militärbus zu einer Marineberufsfachschule in der Stadt Bandar Pahlewi gebracht, wo wir unseren Militärhaarschnitt bekamen und uns wuschen. Während ich in dem langen, schmalen und vom Dunst vernebelten Gang des Hammam darauf wartete, dass eine Dusche frei wurde, sah ich plötzlich Masood, den jungen Mann, der im Bus neben mir gesessen hatte. Er war als Letzter aus dem Friseurladen gekommen und rieb sich nun ungläubig über seinen kahlen Kopf. Trotz meiner Abneigung gegenüber seinem Bruder, der mir ein Jahr zuvor die Nase gebrochen hatte, nickte ich ihm anerkennend zu, während er sich hinten in der Schlange anstellte und wartete. Ohne seine Afrofrisur und seinen Schnurrbart sah er gar nicht mehr so grimmig aus. Ich hatte sogar Mitleid mit ihm, als er dort stand und recht verletzlich und einsam wirkte. Weil er ebenfalls aus Braim stammte – der Stadt, die während der letzten zwei Jahre meine Heimat gewesen war –, und ich mich ihm deshalb verbunden fühlte, ging ich zum Ende der Schlange und leistete ihm Gesellschaft.

Zurück im Hassan-Rood-Feldlager bekamen wir schließlich Uniformen, Stiefel, Matratzen und andere Schlafmaterialien und wurden Kasernen zugeteilt. Masood und ich landeten in derselben Kaserne und beschlossen, uns ein Etagenbett zu teilen.

Während der nächsten paar Tage kamen immer mehr Busse mit neuen Rekruten aus allen Teilen des Landes an. Uns wurde gesagt, dass wir bis zu dem Zeitpunkt die größte Klasse in der Geschichte der iranischen Marine gewesen seien, die am Ausbildungslager teilgenommen hatte.

Gleich zu Beginn fanden sich die Rekruten in kleinen Grüppchen entsprechend ihres Herkunftslandes und ihrer Sprache zusammen. Für viele war Farsi nur die Zweitsprache und während der Eingewöhnungsphase – als bei vielen Melancholie und Heimweh noch sehr präsent waren – stellte es für die Rekruten eine Art Trost dar, sich unter Menschen zu befinden, die denselben Dialekt sprachen wie sie selbst. Neben Farsi, der offiziellen Sprache des Irans, waren ebenso fast alle anderen Sprachen des Landes im Feldlager vertreten: Urdu, Türkisch, Kurdisch, Arabisch, Armenisch, Gilaki und viele andere Subsprachen, die eine Art Erweiterung des Farsi darstellten. Zwei Städte im Iran zu finden, in denen die Menschen einen identischen Dialekt sprachen, war so gut wie unmöglich. Damals war weniger als die Hälfte der Landesbevölkerung persisch.

Ich hingegen besaß keinerlei regionale Identität und fühlte mich in jedem Grüppchen wohl. Ich war ein teheranischer Maschhader aus Abadan, der durch Baba sehr viel Sympathie für Türken empfand. Da ich in der Chorasan-Provinz unter vielen Menschen aus der benachbarten Belutschistan-Provinz aufgewachsen war, fühlte ich mich auch den Personen sehr nahe, die Urdu als ihre Hauptsprache bezeichneten.

Masood und ich wurden bald sehr enge Freunde. Er war ein ruhiger und recht zurückhaltender junger Mann und unglaublich freundlich. Im Gegensatz zu den meisten Rekruten aus Abadan, die von Natur aus sehr laut und gut gelaunt waren und Bandari-Musik hörten – eine recht fröhliche und rhythmische Tanzmusik, die besonders an den südwestlichen Küsten Irans beliebt war –, bevorzugte Masood Liebeslieder einer berühmten Sängerin namens Googoosh. Sie wurde von vielen Jugendlichen verehrt und auch ich vergötterte ihre Musik. Masood verriet mir, dass er sich in das Kindermädchen unserer Nachbarn verliebt hatte, und dass er wegen ihr der Armee beigetreten war. Er hoffte darauf, nach der Ausbildung in Abadan oder der Umgebung stationiert zu werden, damit er sie dann fragen konnte, ob sie ihn heiraten würde. Da wir mittlerweile sehr vertraut miteinander geworden waren, erzählte ich ihm meine Lebensgeschichte und verriet ihm, dass ich nur zur Marine gegangen war, weil es für mich die einzige Möglichkeit bot, den Iran eines Tages verlassen zu können.

Masoods Eltern schrieben ihm regelmäßig und schickten ihm getrocknete essbare Ware, bespielte Musikkassetten sowie Geld; und er teilte alles mit mir. Bis wir unsere Grundausbildung erfolgreich abgelegt hatten, würden wir keinerlei Gehalt bekommen, ich besaß damals also nicht einmal einen *Rial*. Das Einzige, wofür ich Geld brauchte, waren Zigaretten. Da ich mich jedoch zum Glück bereits mit anderen Rekruten angefreundet hatte, gab es immer jemanden, der seine mit mir teilte. Keiner meiner Verwandten – abgesehen von Kia natürlich – wusste, wo ich mich zu dem Zeitpunkt aufhielt, und selbst wenn sie es gewusst hätten, wären sie wohl nie auf die Idee gekommen, mir Geld zu schicken.

Am Ende eines jeden Tages, kurz bevor wir zum Abendessen in die Kantine gehen durften, hielt der Oberbootsmann eine Motivationsrede und würdigte einige Männer für ihre erbrachte Leistung. Bei einer dieser Reden lobte er einen jungen Mann dafür, dass er eine Brieftasche gefunden und anschließend abgegeben hatte. »Die Marine braucht gute Männer wie ihn. Mich würde nicht wundern, wenn er direkt nach dem Ausbildungslager ausgewählt werden würde, um nach Amerika oder England zu gehen.«

Einige Tage später kam Masood mit einer Idee auf mich zu, die mir seiner Meinung nach dabei helfen könnte, einen Platz auf der Liste der Männer zu ergattern, die zur Weiterbildung nach Amerika geschickt wurden. Er gab mir seine Brieftasche und sagte, ich solle sie abgeben und behaupten, sie gefunden zu haben. Ich hielt dies für eine wunderbare Idee und bedankte mich bei ihm. Nachdem Masood den Großteil seines Geldes aus der Brieftasche genommen hatte, nahm ich sie und brachte sie zum Oberbootsmann.

Als wir uns an dem Abend wieder vor der Kantine versammelten und der Rede des Vorgesetzten zuhörten, sah mich Masood lächelnd an, während wir darauf warteten, dass der Oberbootsmann meinen Namen nennen und mich als potenziellen Kandidaten fürs Ausland erwähnen würde. Stattdessen rief er am Ende seiner Rede jedoch Masood zu sich ans Podium. Masood bahnte sich langsam seinen Weg durch die Reihen der Rekruten und der Vorgesetzte sprach weiter. Er erklärte, dass die Marine keine inkompetenten Männer gebrauchen könnte, insbesondere nicht solche, die nicht einmal auf ihre eigene Brieftasche aufpassen könnten. Als Masood das Podium erreichte, zeigte ihm der Oberbootsmann die Brieftasche und fragte, ob diese ihm gehöre. Masood nickte zustimmend und ließ beschämt den Kopf hängen, während er vor der versammelten Gruppe stand. Unser Vorgesetzter schlug Masood einige Male wütend mit der Brieftasche ins Gesicht und befahl ihm anschließend, wieder zu verschwinden.

Der Oberbootsmann hatte vergessen, meinen Namen würdigend zu erwähnen, aber unter den Umständen war es wohl besser so gewesen.

Obwohl das Ausbildungslager teilweise sehr hart war – besonders für diejenigen, die das erste Mal von Zuhause weg waren und nicht mehr in den sicheren Armen ihrer sie über alles liebenden Mütter Trost finden konnten –, genoss ich meine Zeit dort sehr. Zum ersten Mal in meinem Leben bekam ich drei Mahlzeiten pro Tag, ich hatte einen kleinen Metallspint mit meinem Namen darauf und ein Bett, in dem ich nachts unbesorgt schlafen konnte. Außerdem war ich Teil einer Gruppe von Brüdern geworden, die mir sehr ans Herz gewachsen waren.

◆ MATROSE GOLMAKANI

Ich trug meine neue, schwarze Winteruniform sowie eine runde, weiße Mütze, an der eine schwarze Schleife mit den in Gold aufgestickten Worten »Kaiserlich Iranische Marine« befestigt war, und ein Paar glänzende Stiefel. In dieser Kleidung lief ich stolz durch das Tor der Marineberufsfachschule in der kleinen Hafenstadt Bandar Pahlewi. Ich fühlte mich, als ob ich die gesamte iranische Marine anführen würde und unglaublich wichtig sei. Ich bekam am ganzen Körper Gänsehaut.

Für viele in meiner Situation wäre dies ein ganz normaler Tag gewesen, für mich hingegen symbolisierte er einen enormen Sieg und das in vielerlei Hinsicht. Dass ich mich nun an genau diesem Ort befand, bedeutete, dass ein langer, beschwerlicher Weg endlich zu Ende ging und meine Zukunft und damit mein Erwachsenenleben, nach dem ich mich schon immer gesehnt hatte, zum Greifen nah war. Es bedeutete, dass ich ein Mann geworden war, selbstständig leben konnte und nicht mehr verzweifelt an fremder Menschen Türen klopfen musste, um einen Ort zum Schlafen zu finden, oder von fremden Menschen Brot annehmen musste, von dem ich nie dachte, dass es mir zustand. Für mich war der Gang durch das Tor der Marineberufsfachschule in meiner schicken Uniform und mit dem Geruch von Old-Spice-Aftershave auf meinen Wangen jedoch noch viel mehr: Es war eine Art Schlag ins Gesicht meines Vaters. In meinem Kopf symbolisierte er alles Ungerechte im Leben. Hoffnung kann für eine gequälte Seele ein wunderbares Heilmittel sein und in diesem Moment trug ich alle Hoffnung der Welt in mir.

Die relativ kleine Militärschule war landschaftlich wunderschön gestaltet, schien sehr gepflegt und ähnelte einem französischen Schloss. Im Zentrum des Geländes befand sich eine oval angelegte Grünfläche, die so groß wie ein Fußballfeld war und in deren Mitte sich ein sehr hoher Fahnenmast befand. Um das Feld herum verlief eine breite, asphaltierte Straße und wurde zum Marschieren von einem Gebäude zum anderen genutzt. Alle Unterrichtsräume, Verwaltungsbüros und Kasernen waren um das ovale Feld herum angelegt. Das Schmuckstück des Lagers war jedoch ein überwältigendes, modernes, mehrgeschossiges Gebäude, das als Kommandostelle diente. Das Gebäude stand ganz allein auf einer Anhöhe und überblickte die gesamte Anlage und das Kaspische Meer.

Die Kommandostelle weckte bei den meisten jungen Auszubildenden sowohl angenehme als auch beängstigende Gefühle, denn in den zahlreichen Büros arbeiteten unter anderem mehr als ein paar Dutzend attraktive, junge, zivile Frauen. Der Iran war im Laufe der Geschichte schon immer für seine gut aussehenden Männer und wunderhübschen Frauen bekannt gewesen. Die Auszubildenden beobachteten daher mit Vergnügen, wie die Frauen das Gebäude betraten und verließen oder über das Gelände liefen und dabei die neueste Mode sowie ihre verführerischen und göttlichen Körper zur Schau stellten und ihr Haar in der leichten Meeresbrise tanzen ließen. Junge, attraktive Männer, die in Westeuropa oder den Vereinigten Staaten ausgebildet worden waren, liefen neben ihnen, machten ihnen Komplimente und trugen somit noch mehr zu der ohnehin schon sehr romantischen Atmosphäre des Ortes bei.

All diese Schönheit stand jedoch im starken Kontrast zum mysteriösen und gefürchteten Feldherrn der Schule, dessen Büro sich ebenfalls im Gebäude der Kommandostelle befand. Der Feldherr war ein stämmiger, normal großer Mann mit einem etwas dunkleren Hautton als für den Durchschnittsiraner üblich. Er hatte buschige, schwarze Augenbrauen sowie dickes, schwarzes

Haar, das über seinen Wangenknochen bis zu seinen Ohren und um seine dunklen und trüben Augen herum eine Art Rahmen bildete. Wir waren uns stets bewusst, dass er uns auf Schritt und Tritt beobachtete, sodass sich nur wenige Auszubildende trauten, zu seinem vollständig verglasten Büro im obersten Stockwerk der Kommandostelle hinaufzusehen, wenn sie eilig von einem Gebäude zum nächsten liefen. Man musste immer damit rechnen, zu ihm bestellt zu werden, weil man entweder nicht militärisch genug lief, Kaugummi kaute oder sonst irgendetwas tat, was dem Feldherrn missfiel. Ich beging einmal den Fehler, ihm direkt in die Augen zu sehen und hatte anschließend das Vergnügen, seine Lederpeitsche in meinem Gesicht zu spüren; dies war keine schöne Erfahrung.

Das Leben dort war wie in jeder anderen Militärschule: Es wurde viel gelaufen, marschiert, salutiert, Wache gestanden, Böden wurden geputzt und gewachst, Latrinen gereinigt, Wäsche gewaschen, man wurde von den Älteren schikaniert und man ging in den Unterricht. Wir hatten an fünfeinhalb Tagen in der Woche Unterricht und lernten größtenteils Englisch. Am meisten hasste ich den Wachdienst dort, insbesondere wenn ich nach Mitternacht Schicht hatte. Das schwere und sperrige amerikanische M1-Gewehr herumtragen und damit auch noch manchmal auf den Überwachungsturm klettern zu müssen, war ebenfalls kein Vergnügen. Ich betete, dass ich niemals mit einer M1 als Waffe in den Krieg ziehen müsste. Ich wog gerade mal sechsundvierzig Kilogramm und hatte deswegen mit dem schweren Gewehr einige Probleme.

Die Höhepunkte meines Aufenthalts in der Marineschule waren der Englischunterricht – was an meiner Lehrerin lag, die eine entzückende junge Dame war und in New York City studiert hatte – und die Mahlzeiten in der Kantine. Ich lernte alle möglichen fantastischen persischen Gerichte kennen, von denen ich bis zu dem Zeitpunkt nur gehört hatte.

Meine gesamte Kompanie wurde nach der Grundausbildung zu einem Kasernenlager direkt an den Strand geschickt, sodass

Masood und ich uns erneut ein Etagenbett teilen konnten. Fast wöchentlich las der Bootsmann der Kompanie eine Liste vor, auf der die Namen derer standen, die in die Vereinigten Staaten oder nach Großbritannien geschickt wurden. Ich stand also jeden Morgen voller Vorfreude auf, weil ich mir vorstellte, wie an dem Tag mein Name vorgelesen wurde und ich den Befehl bekam, in die Vereinigten Staaten zu reisen. Ironischerweise wurde mein Freund Masood bereits nach der zweiten Woche in die Vereinigten Staaten geschickt. Er hatte keine Gelegenheit gehabt, im neuen Kasernenlager Englisch zu lernen, und ich befürchtete, dass ihm das in den Vereinigten Staaten zum Verhängnis werden könnte. Viele Auszubildende scheiterten an den Englischschulen dort und wurden bereits nach ein paar Monaten wieder zurück nach Hause geschickt. Die Wartezeit war also eher von Nutzen für mich. Mit jedem Tag, der verging, ohne dass ich ausgewählt wurde, ins Ausland zu reisen, wurde mein Englisch immer besser, und das sollte letztendlich ein Segen für mich sein. Denn ich glaube daran, dass nichts im Leben dem Zufall überlassen ist. Selbst die unscheinbarsten Ereignisse, wie einen Moment stehen zu bleiben, um jemanden auf der Straße Hallo zu sagen oder einen Fußgänger nach dem Weg zu fragen, haben ihre Bedeutung und beeinflussen unser Leben auf eine bestimmte Art und Weise. Nur ein geringer Prozentsatz von Männern wurde ausgewählt, um im Ausland zu studieren, und ich hoffte, bald einer von ihnen sein zu können.

Übrigens ging mein Freund Parveez einige Monate nach mir ebenfalls zur Marine und leistet nun seine Grundausbildung in Hassan Rood ab.

An den Wochenenden durften wir das Lager verlassen, außer natürlich, wenn wir Wachdienst hatten oder aus irgendwelchen Gründen das Ausgangsprivileg verwirkt hatten. Die Auszubildenden, die aus den nahe gelegenen Städten oder aus Teheran kamen, fuhren dann übers Wochenende nach Hause. Der Rest blieb in der Stadt oder ging nach Rascht, um dort den Abend zu verbringen, ins Kino oder in die Nachtclubs zu gehen und sich dort zu betrinken.

Eine ganze Zeit lang besaß ich kein Geld, um irgendwo hinzugehen und blieb daher in Bandar Pahlewi, bummelte durch die Stadt oder saß mit Freunden in einem beliebten Park am Fluss. In den frühen Abendstunden war der Park immer gefüllt mit charmanten Damen und jungen Matrosen in Uniform. Überall waren Lautsprecher in den hohen Bäumen versteckt, sodass aus allen Richtungen Musik drang, die die jungen Herzen dazu verleitete, sich nach Liebe zu sehnen. Den ganzen Abend über wurden berühmte Liebeslieder moderner Sänger und Sängerinnen wie Googoosh, Sattar und Ebi gespielt und sorgten dafür, dass die einfühlsamen aber unerfahrenen leidenschaftlichen Jugendlichen ihre Herzen der ersten Person des anderen Geschlechtes schenkten, der sie begegneten. Jungen und Mädchen, Männer und Frauen, Jung und Alt, alle schlenderten in Pärchen oder Gruppen durch den malerisch schönen Park, lachten und tauschten schüchterne Blicke aus, während Googoosh ihr Herz wie Feenstaub über die Narzissen, Tulpen und jungen Seelen ausschüttete, die da waren, um das Leben zu genießen und zu feiern.

Am Wochenende nachdem die Marine mein erstes Bankkonto eröffnet und meinen ersten Lohn eingezahlt hatte, kaufte ich ein paar Schachteln Wallnusskekse sowie ein Glas Orangenblütenmarmelade – beliebte Geschenke aus der Region – und stieg in den Bus nach Teheran, um meine Mutter zu besuchen. Ich hatte sie schon sehr lange nicht mehr gesehen.

Ich wusste, dass sie aus ihrem alten Viertel Nezamabad weggezogen war, ich wusste jedoch nicht, wohin. Am Busbahnhof in Teheran nahm ich ein Taxi zum Shoosh-Platz, denn ich hatte gehört, dass Baba dort vor ein oder zwei Jahren seine eigene Schneiderei eröffnet hatte. Er fiel förmlich aus allen Wolken, als er mich in meiner Marineuniform in sein Geschäft kommen sah. Wir umarmten und küssten uns, dann schloss Baba seine Schneiderei und nahm mich mit nach Hause. Meine Mutter und er wohnten nur einen halben Block von seiner Schneiderei entfernt, lebten in einem sehr kleinen Zimmer eines riesigen Mehrfamilienhauses und hatten mittlerweile fünf Kinder.

Als meine Mutter mich sah, weinte sie wie immer und schüttelte traurig den Kopf, während sie beteuerte, wie groß ich doch geworden sei und wie sehr sie es bedauere, dass sie mich nicht hatte aufwachsen sehen. Von dem Tag an fuhr ich jedes Wochenende nach Teheran, um meine Mutter zu besuchen, und brachte für meine Brüder und Schwestern immer ein paar Schachteln Süßigkeiten mit. Baba war sehr stolz auf mich.

Eines frühen Aprilmorgens 1974 las der ausbildende Bootsmann eine Liste mit Namen der Männer vor, die ausgewählt wurden, um nach Großbritannien zu reisen. Auch mein Name stand auf dieser Liste.

»Nein! Das muss ein Fehler sein! Ich war für die Vereinigten Staaten vorgesehen«, rief ich enttäuscht aus.

»Tut mir schrecklich leid, *Admiral*. Die Marine scheint Ihr Memo wohl nicht erhalten zu haben!«, sagte der Bootsmann und alle lachten. Der äußerst feminine Tonfall und die Haltung unseres schwulen Bootsmannes unterstrichen seine ironische Reaktion auf meinen plötzlichen Ausbruch.

Als die Versammlung vorüber war, ließ er alle wegtreten, nur ich sollte bleiben. Ich vermutete erst, dass ich für meinen Ausbruch Liegestütze machen oder ein paar Stunden um das Feld herum laufen müsste, denn ich wurde regelmäßig und häufiger als alle anderen in meiner Kompanie bestraft. Dies lag daran, dass ich den Sinn gewisser Befehle gerne mal infrage stellte oder meiner Meinung nach einfach nur »die Wahrheit« sagte. Meine Bestrafungen erhielt ich jedoch ausschließlich von den älteren Auszubildenden, denn der Bootsmann unserer Kompanie bestrafte nie jemanden persönlich. Er war ein einfühlsamer und freundlicher Mann, der sich gegenüber seiner Kompanie nicht wie ein Chef, sondern vielmehr wie eine Art Übermutter verhielt. Ich war daher nicht sonderlich überrascht, als er versuchte, mich aufzumuntern, statt mich zu bestrafen. Er erklärte mir, wie glücklich ich mich doch schätzen könnte, überhaupt ausgewählt worden zu sein, und fügte hinzu, dass er selbst Bandar Pahlewi nie verlassen hatte. Er wusste, wie sehr ich mir wünschte, in die Vereinigten Staaten zu reisen, denn seit ich in dem Kasernenlager angekommen war, hatte ich über nichts anderes mehr gesprochen.

Die Neuigkeit machte schnell die Runde und alle, die mich kannten, gratulierten mir. Ich war jedoch sehr unzufrieden und unglücklich. In meinen Träumen hatte ich mich sehr oft in dem hohlen Baumstamm vor dem Alamo im texanischen San Antonio stehen sehen. Einige Tage später wurde mir gesagt, dass ich nicht mehr auf der Liste für die Ausreise nach England stand. So sehr ich auch in die Vereinigten Staaten wollte, diese Nachricht war dennoch nicht nur demütigend, sondern auf gewisse Weise äußerst enttäuschend.

Doch eines schien in meinem Leben immer gleich zu laufen: Jedes Mal, wenn ich das Gefühl hatte, den Bus verpasst zu haben oder aus ihm herausgeworfen worden zu sein, und mich deswegen niedergeschlagen fühlte, fuhr kurz darauf stattdessen eine Limousine für mich vor. Denn zwei Wochen nachdem mir gesagt worden war, dass ich das Land nicht verlassen würde, stand ich gerade Wache, als der Bootsmann meiner Kompanie plötzlich fröhlich stolzierend und mit einem breiten Grinsen im Gesicht auf mich zu kam und verkündete: »*Admiral* Golmakani, ich habe gute Nachrichten für Sie! Sieht so aus, als hätte die Marine ihr Memo nun doch erhalten. Sie gehen nach Amerika, mein Freund.«

◆ DAS WEITE MEER

Ich kam lange vor der geplanten Abflugzeit am Flughafen Teheran an. Meine Mutter, Baba und mein Bruder Mehdi hatten mich begleitet und für uns alle war es das erste Mal, dass wir uns an einem Flughafen befanden. Die Vorstellung, den Flugzeugen nun so nah zu sein, war äußerst aufregend und glamourös.

Ich umklammerte einen für mich sehr wertvollen Umschlag, in dem sich meine Reisedokumente befanden – darunter mein Reisepass und mein Flugticket in die Vereinigten Staaten von Amerika. Ich hatte noch nie etwas so Bedeutungsvolles und Kostbares besessen. Der Inhalt dieses Umschlages war für mich eine Art Beweis, dass ich im Leben alles erreichen konnte, was ich mir wünschte. Unter welchen Umständen man auch aufwachsen mag, man ist immer seines eigenen Schicksals Schmied.

Ich war mittlerweile siebzehn Jahre alt und hätte nicht glücklicher sein können. Dass ein gewöhnlicher Junge wie ich – insbesondere einer in meinem Alter und mit meinem Hintergrund – die Chance bekam, ins Ausland, geschweige denn in die Vereinigten Staaten zu reisen, sah man nicht alle Tage. Und das hatte ich nur Kia und Maman Bozorg zu verdanken.

Damals war es der Traum vieler junger Iraner, eines Tages in die Vereinigten Staaten fliegen zu können, das Land, das unsere Kultur so sehr beeinflusst hatte. Und über genau dieses Thema wurden unzählige Filme gedreht. Als überwiegend arische oder indoeuropäische Nation identifizierten sich viele Iraner eher mit ihren westlichen Vorfahren als mit ihren Nachbarn aus dem Mittleren Osten. Der Westen und vor allem die Vereinigten Staaten hatten im Iran deutliche Spuren hinterlassen, insbesondere in der Stadt Teheran und in den südwestlichen Regionen des Landes. Den größten Einfluss hatte der Westen jedoch auf Fernsehen und Kino. Amerikanische Serien, Cartoons sowie Seifenopern machten einen hohen Prozentsatz des gesamten regionalen Fernsehprogramms aus. In Teheran gab es sogar einen Sender, der regelmäßig auf Englisch ausstrahlte. Die Menschen hier wuchsen vor ihren Fernsehern auf und sahen Serien wie *Zeit der Sehnsucht, Der Chef, In Geheimer Mission, Auf der Flucht, Unsere Kleine Farm, Flipper, Der 6 Millionen Dollar Mann* und hundert andere dieser Art. John F. Kennedy und Muhammad Ali waren im Iran wie Nationalhelden, und einige der wichtigsten Straßen der Hauptstadt wurden nach berühmten amerikanischen Präsidenten benannt. Kinder, die zu Hause Zugang zu einem Fernseher hatten, wuchsen quasi, ohne es zu wissen, als Amerikaner auf. Das iranische Militär wurde überwiegend von Amerikanern ausgestattet und ausgebildet. Der Großteil der Luftwaffe und alle Marineoffiziere wurden in den Vereinigten Staaten weitergebildet. Kein anderes Volk im Nahen Osten identifizierte sich so sehr mit den Amerikanern wie die Iraner der Mittel- und Oberschicht.

Meine Mutter hatte den gesamten Morgen über kaum ein Wort gesprochen. Ihr Schweigen war ihre Art, die Umstände und somit Gottes Willen hinzunehmen. Ihre Augen waren rot und ließen vermuten, dass sie geweint hatte und nun keine Tränen mehr übrig waren. Sie lehnte an einer Wand, die Hände vor ihrem Körper baumelnd und den Kopf nach unten geneigt, während sie mich ansah und ab und zu seufzte. Das letzte Mal, dass ich sie in dieser Haltung und mit diesem Gesichtsausdruck gesehen hatte, war im Winter 1962 gewesen, als Baba ihr sagte, dass es das Richtige sei, mich zu der Pflegefamilie zurückzubringen, aus der ich weggelaufen war.

»Du hast nicht vor, zurückzukommen, Ali *joon*, oder?«, sagte meine Mutter traurig.

Auf diese Frage war ich nicht gefasst gewesen. Ich schaute Baba an, der meinen Blick kurz erwiderte und dann auf den Boden sah, als ob er die Antwort bereits kannte.

Ich wusste nicht, was ich sagen sollte, schaute meiner Mutter deshalb einfach tief in ihre traurigen Augen und sagte: »Ich liebe dich, Mama, und ich werde dich für immer und ewig lieben. Das weißt du doch, oder?«

»Ich hatte neulich einen Traum, in dem du eine weiße Taube warst und aus einem Käfig hinausflogst. Du zeigtest allen stolz deine weit ausgebreiteten Flügel und flattertest davon«, antwortete meine Mutter und brach wieder in Tränen aus. »Es tut mir leid, *pesaram*. Ich weiß, dass ich dir keine gute Mutter war. Ich weiß, dass mir Gott dafür niemals vergeben wird, aber ich hoffe, dass du es eines Tages können wirst, Ali *joon*. Ich wünschte, du wüsstest, wie sehr auch ich darunter litt, dich und Shahnaz nicht in meinem Leben haben zu können.«

»Das reicht jetzt aber, Soory. Du blamierst Alireza ja völlig«, sagte Baba leise aber bestimmt. Ich war völlig schockiert, aus dem Mund meiner Mutter den Namen meiner verschollenen Schwester Shahnaz zu hören; und das direkt vor Baba, der von ihr eigentlich gar nichts wissen durfte. Ich nahm an, dass es nach all den Jahren, die sie nun zusammen waren, keine Geheimnisse mehr zwischen ihnen gab.

Ich umarmte meine Mutter, gab ihr einen Kuss auf ihre feuchte Wange und bat sie, für mich glücklich zu sein. »Die Vergangenheit liegt in der Vergangenheit, und wenn sie keine angenehmen Erinnerungen mit sich führt, werde ich nie wieder auf sie zurückblicken; und du solltest dasselbe tun«, riet ich ihr. »Das Wichtigste ist, dass du meine Mutter bist, und es auch immer sein wirst. Daran wird nie irgendjemand etwas ändern können.«

Die Zeit war gekommen, mich von dieser Familie, die ich als solche nur sehr flüchtig erleben durfte, zu verabschieden. Im tiefsten Innern wussten meine Mutter, Baba und ich, dass dieser Abschied die letzte Szene unseres gemeinsamen Theaterstücks sein würde. Ich war das letzte Andenken an die erste Ehe meiner

Mutter, und mit meinem Fortgang könnte sie dieses schmerzhafte Erlebnis nun für immer aus ihrem Leben löschen. Nie wieder würde ihr in meinem Gesicht ein Spiegelbild ihres ersten Ehemannes entgegenblicken.

Als ich schließlich ging, und mich die bittersüße Erkenntnis überkam, dass auch ich gerade ein Kapitel meines Lebens abschloss und bald ein neues beginnen würde, schlug mein Herz immer wilder. Ich hatte bereits alles Unschöne meines kurzen Lebens im Iran in einer imaginären Tasche verstaut und ließ diese nun an der Tür zurück, als ich durch den Ausgang des Flughafengebäudes schritt. Diese Tasche beinhaltete unter anderem alle Gedanken daran, jemals der Sohn meines Vaters gewesen zu sein, der mittlerweile ein wohlhabender und einflussreicher Geschäftsmann geworden war. Die angenehmen Erinnerungen und all die Dinge, die ich an dem Land liebte, behielt ich in meinem Herzen und nahm sie mit auf meine Reise. Dies waren überwiegend Erinnerungen an all meine wunderbaren Trostspender – groß wie klein –, die mich jedes Mal an die Hand nahmen und sicher über die Straße geleiteten, wenn mir mein Lebensweg mal wieder einsam und kalt erschien. Der kleine schwarze Fisch wusste damals, dass jenseits seines winzigen Baches das weite Meer auf ihn wartete, und auch ich wusste nun, dass jenseits des Flughafens meine Zukunft auf mich wartete.

NACHSATZ

Assad, Sohn von Banafsheh (mein leiblicher Vater), wurde im Sommer 1990 enthauptet, als sein Auto frontal mit einem Lastwagen zusammenstieß, der Stahlträger transportierte. Offensichtlich hatte sich bei dem Aufprall einer der Stahlträger gelöst und durch die Windschutzscheibe seines Wagens gebohrt. Er war zu dem Zeitpunkt ein sehr wohlhabender Mann gewesen. Man sagte mir jedoch, dass er seinen Reichtum erlangt habe, indem er über Jahre hinweg unzählige Menschen betrogen und hintergangen hatte. Augenzeugen und Verwandten zufolge habe seine Frau, Zahra, ein ähnliches Schicksal ereilt. Sie starb einen langsamen und schmerzvollen Tod, als ihr Körper von innen verfaulte und von Würmern zerfressen wurde.

Baba starb 1988 an einem Schlaganfall.

Kia lebt bis heute mit seiner Frau und vielen Kindern im Iran.

Mehdi, mein kleiner Bruder, ist verheiratet und hat zwei Kinder. Er verdient sein Geld als Tiefseetaucher. Während der letzten 35 Jahre versuchte er mehrfach, mich zu besuchen, konnte jedoch nie ein Visum bekommen.

Maman Bozorg schied 1995 dahin.

Meine Mutter führte noch lange nach meiner Auswanderung ein sehr schweres Leben im Iran. In den letzten Jahren verlor sie zwei ihrer jüngsten Söhne an die Drogenabhängigkeit, eine Krankheit, die viele hoffnungslose Jugendliche im Iran heimsucht. Wir sahen uns ein einziges Mal im Jahr 1990.